D1725952

Helmut Baumgarten – Hanspeter Stabenau –
Ulrich Steger – Joachim Zentes

**Qualitäts- und Umweltmanagement
logistischer Prozeßketten**

Helmut Baumgarten – Hanspeter Stabenau –
Ulrich Steger – Joachim Zentes

# Qualitäts- und Umweltmanagement logistischer Prozeßketten

Gefördert durch:
Bosch-Siemens Hausgeräte GmbH
Deutsche Bahn AG DB Cargo
Deutsches Verkehrsforum e.V.
Fiege Logistik GmbH & Co.
Lufthansa Cargo AG
Quelle Schickedanz AG & Co.
Siemens AG

Verlag Paul Haupt
Bern · Stuttgart · Wien

Ein Forschungsprojekt unter Mitarbeit von:
Alexander Bott – Tobias Hagen – Claudia Jakszentis –
Dietmar Ludwig – Dirk Morschett – Clemens Riedl –
Bernhard Swoboda – Petra Tiebler – Axel Wege

Die Deutsche Bibliothek – CIP-Einheitsaufnahme

*Qualitäts- und Umweltmanagement logistischer Prozeßketten ; [Ein Forschungsprojekt] :*
[im Auftr. der Kühne-Stiftung und der Daimler-Benz AG]. –
Helmut Baumgarten ... –
Bern ; Stuttgart ; Wien : Haupt, 1998
ISBN 3-258-05896-2

# Vorwort

Die Kühne-Stiftung initiierte im Jahre 1992 ein Forschungsprogramm unter dem Titel „Transport und Umwelt". Im Zuge der inzwischen abgeschlossenen drei Projekte „Umweltbewußtes Transportmanagement", „Güterverkehrszentren und Umwelt" sowie „Umweltdynamik im Transport" (alle Ergebnisberichte im Verlag Paul Haupt veröffentlicht) wurde deutlich, daß die Fokussierung auf die Optimierung der Transportfunktion allein nicht ausreicht, um die Interdependenzen zwischen Logistik, Umwelt und Qualität unter mikro- und makroökonomischen Gesichtspunkten hinreichend zu berücksichtigen.

Die zunehmende Verringerung der Fertigungstiefe in der Industrie, das sich daraus ergebende Wachstum des Transportaufkommens, die stärkere Integration der Lieferanten in die Fertigungsprozesse, die steigende Individualisierung der Kundennachfrage sowie die daraus folgende Tendenz, auch logistische Dienstleistungen auf die entsprechenden Unternehmen der Verkehrswirtschaft auszulagern, führen zu völlig neuen Formen der Zusammenarbeit der jeweils in einer Prozeßkette beteiligten Unternehmen.

Nachdem in einer Voruntersuchung festgestellt wurde, daß für die effiziente Gestaltung solcher Prozeßketten die klare Definition der logistischen Abläufe besonders wichtig ist, wurde gleichzeitig erkannt, daß in dieser unternehmensübergreifenden Planung Qualitäts- und Umweltkriterien in einem hohen Maße identisch sind. Demzufolge hat der Beirat der Kühne-Stiftung angeregt, ein Forschungsprojekt „Qualitäts- und Umweltmanagement logistischer Prozeßketten" durchzuführen. Die Daimler-Benz AG konnte als zweiter Projektträger gewonnen werden.

Es wurde eine Forschungsgruppe beauftragt, bestehend aus:

- Forschungsinstitut der Deutschen Außenhandels- und Verkehrs-Akademie (DAV), Leitung: Dr. Hanspeter Stabenau

- Institut für Handel und Internationales Marketing an der Universität des Saarlandes, Leitung: Professor Dr. Joachim Zentes

- Institut für Ökologie und Unternehmensführung an der European Business School (EBS), Leitung: Professor Dr. Ulrich Steger

- Institut für Technologie und Management, Bereich Logistik, an der Technischen Universität Berlin, Leitung: Professor Dr.-Ing. Helmut Baumgarten

Das Forschungsinstitut der Deutschen Außenhandels- und Verkehrs-Akademie koordinierte die Projektarbeiten.

Der vorliegende Ergebnisbericht beinhaltet die Erfahrungen aus 35 logistischen Prozeßketten mit rund 100 Unternehmen. Die systematische Auswertung erfolgte durch die Institutsleiter und ihre wissenschaftlichen Mitarbeiter:

Dipl.-Ing. Alexander Bott, Dipl.-Ing. Tobias Hagen, Dipl.-Ökon. Claudia Jakszentis, Dipl.-Kfm. Dietmar Ludwig, Dipl.-Kfm. Dirk Morschett, Dr. Clemens Riedl, Dr. Bernhard Swoboda, Dr. Petra Tiebler, Dipl.-Wirtschaftsing. (FH) Axel Wege.

Als Ergebnis wurden richtungsweisende Handlungsempfehlungen erarbeitet, die in den Unternehmen bei der Gestaltung effizienter logistischer Prozeßketten eine wichtige Hilfestellung sein werden.

Die Projektträger Kühne-Stiftung und Daimler-Benz AG danken den Firmen und Organisationen, die im Projektbeirat die Arbeiten kritisch begleitet und mit finanziellen Beiträgen gefördert haben:

Bosch-Siemens Hausgeräte GmbH, Deutsche Bahn AG DB Cargo, Deutsches Verkehrsforum e. V., Fiege Logistik GmbH & Co., Lufthansa Cargo AG, Quelle Schickedanz AG & Co., Siemens AG.

Unser Dank gilt den vier wissenschaftlichen Instituten, ihren Leitungen und den beteiligten wissenschaftlichen Mitarbeitern sowie den beteiligten Unternehmen, die sich für ausführliche Befragungen zur Verfügung gestellt und damit auch eigene Erfahrungen eingebracht haben.

Abschließend kann festgestellt werden, daß die hier aufgezeigte unternehmensübergreifende Initiative zur effizienten Gestaltung vertikaler kooperativer Prozeßketten unter Qualitäts- und Umweltkriterien in Zukunft eine wachsende Bedeutung haben wird. Der Ergebnisbericht dieser Forschungsarbeit soll dazu anregen, die gewonnenen Erkenntnisse in weiteren praxisorientierten Studien zu vertiefen. Die Projektträger gehen davon aus, daß mit diesem Forschungsbericht eine umfassende Diskussion zur logistischen Prozeßkettengestaltung eingeleitet wird.

Klaus-Michael Kühne                    Professor Werner Pollmann

Präsident der Kühne-Stiftung           Mitglied des Direktionskreises
                                       und Umweltbevollmächtigter der
                                       Daimler-Benz Aktiengesellschaft

# Inhaltsverzeichnis

## Anhang

# 1    Zur Notwendigkeit von integrierten Qualitäts- und Umweltmanagementsystemen in der Logistik

## 1.1    Ausgangslage

Es sind insgesamt fünf Faktoren, die dazu führen, daß die Logistik für alle Unternehmen in Industrie, Handel und Dienstleistungswirtschaft eine ständig zunehmende Bedeutung erlangt. Es sind dies die steigende Komplexität durch wachsende Kundenanforderungen, die Intensivierung des Wettbewerbs durch neue Wettbewerber in bisher geschlossenen Märkten, die Globalisierung der Prozesse durch Ausnutzung weltweiter Standortvorteile, die Beschleunigung der Innovationsgeschwindigkeit durch Vertikalisierung über neue Kommunikationstechniken und wachsende Umweltauflagen bzw. ökologieorientierte Kundenanforderungen. Das Ergebnis ist die Herabsetzung der Fertigungstiefe in der Industrie mit folgender Herabsetzung der Logistiktiefe durch differenzierte Outsourcingprozesse je nach Wirtschaftszweig. Logistische Systeme werden daher in zunehmender Weise nicht mehr allein unternehmensbezogen gestaltet. Dies bedeutet den Aufbau von vertikalen Kooperationen in sogenannten Wertschöpfungsketten mit außerordentlich hohem Individualisierungsgrad.

Indem die Logistik unternehmensübergreifend gestaltet wird, werden auch die Qualitäts- und Umweltschutzanforderungen gemeinsam von den Gliedern der Prozeßkette an jeden der Beteiligten definiert. Alle Teilnehmer an der Prozeßkette haben daher in ihren Handlungsaktivitäten gegenüber ihren Kunden nicht nur effektive Logistikketten mit Unterstützung durch standardisierte und genormte Technologien, Informations- und Kommunikationssysteme etc. zu gestalten, sondern müssen in gleicher Weise Qualitätsaspekte und ökologische Anforderungen berücksichtigen.

Die Beachtung von qualitätsorientierten Aspekten erfolgt bereits in zahlreichen Unternehmen mit Hilfe von Qualitätsmanagementsystemen (QMS). Beim Einbezug ökologischer Gesichtspunkte in die Gestaltung logistischer Prozesse sind dagegen deutlich weniger Aktivitäten festzustellen. So haben Befragungen verschiedener

Großverlader[1] ergeben, daß der betriebliche Umweltschutz in der Logistik zwar von allen Unternehmen als relevantes Problemfeld erkannt und in den Unternehmensleitlinien verankert wird, die Umsetzung des Umweltschutzes in den einzelnen Unternehmensbereichen aber nur partiell erfolgt. Die ergriffenen Umweltschutzmaßnahmen sind in erster Linie technikorientiert, und insbesondere die organisatorische Dimension des betrieblichen Umweltschutzes oder die Erschließung von Marktpotentialen wird demgegenüber bislang noch weitgehend vernachlässigt.

Um durch eine Integration des Umweltschutzes in Managementprozesse eine weitreichende ökologische wie ökonomische Optimierung von Logistikprozessen zu erreichen, empfiehlt sich die Ergänzung von (vorhandenen) QMS um Umweltaspekte zu einem integrierten Managementsystem (IMS). Die Installation dieses integrierten Qualitäts- und Umweltmanagementsystems (UMS) bietet gute Ansatzpunkte für eine systematische Implementierung der Qualität und des betrieblichen Umweltschutzes in die Unternehmung und ermöglicht darüber hinaus Kosteneinsparungen sowie den Abbau von Informationsdefiziten bezüglich der Qualitätswirkungen sowie ökologischer Auswirkungen der betrieblichen Tätigkeit.

Durch die gleichzeitige Behandlung ökologischer und qualitätsorientierter Aspekte in Form eines IMS sind eine Reihe sowohl struktureller als auch inhaltlicher Synergieeffekte zu erwarten. Dies trifft insbesondere dann zu, wenn beide Bereiche von ihrem konzeptionellen Ansatz her nicht als Appendix, sondern als originäre und integrierte Führungsaufgabe verstanden werden. Denn sowohl die Berücksichtigung von Umwelt- als auch von Qualitätsaspekten erfordert eine angemessene organisatorische Verankerung im Unternehmen sowie die Motivation sämtlicher Mitarbeiter. Eine weitere entscheidende Gemeinsamkeit von Qualitäts- und Umweltaspekten ist die Notwendigkeit, nicht nur innerhalb des Unternehmens die Vielzahl und Vielfalt von Wechselbeziehungen zwischen den einzelnen Prozessen zu beachten, sondern auch vor- und nachgelagerte Unternehmen in die Optimierung einzubeziehen.

In dem Maße, in dem Effizienz-, Umweltschutz- und Qualitätsfragen nicht mehr alleine für ein einzelnes Unternehmen gelöst, sondern über die gesamte Prozeßkette

---

[1]    Vgl. Richter, Riedl, Tiebler 1997, S. 163 - 166 sowie S. 191 - 194.

betrachtet und optimiert werden, ist - in allen drei Punkten Qualität, Umwelt und Kundennutzen - eine „Schnittmenge" von positiven Wirkungen zu erwarten. Durch die gleichzeitige Verfolgung von Qualitäts- und Umweltschutzzielen unterstützen sich somit nicht nur diese beiden Bereiche, sondern sie verbessern gleichzeitig die ökonomische Effizienz der Logistik.

## 1.2    Ziel des Forschungsprojektes

Ziel des Forschungsprojektes ist die Gewinnung praktischer Erkenntnisse sowie die Erarbeitung von Handlungsempfehlungen hinsichtlich einer verbesserten Gestaltung von Logistikketten unter ökonomischen, qualitativen und ökologischen Gesichtspunkten mit Hilfe von integrierten QMS und UMS. Dabei kann das grundsätzliche Verhältnis dieser Gesichtspunkte zueinander nicht gleichrangig angelegt sein. Die ökonomische Effizienz der Logistik wird nach wie vor das „Kernziel" bilden, welches es jedoch unter den „Nebenbedingungen" der Qualitätssicherung und des Umweltschutzes zu erreichen gilt. Dabei wird davon ausgegangen, daß zwischen den drei Kriterien eine maßgebliche Schnittmenge besteht.

Die Anlage des Projektes geht also von der Annahme aus, daß Maßnahmen der Qualitätssicherung und des Umweltschutzes in der Logistikkette maßgeblich zur Erreichung des Effizienzzieles beitragen können. Zur systematischen Ausschöpfung dieser Optimierungspotentiale ist es - wie die Untersuchung gezeigt hat - wichtig, gemeinsame unternehmensübergreifende Managementsysteme zu implementieren, die gleichzeitig ökologische und qualitative Aspekte berücksichtigen.

Das Hauptaugenmerk des Forschungsprojektes liegt daher auf der unternehmensübergreifenden Ebene, denn die Gestaltung der Beziehungen zwischen den verschiedenen Akteuren von Logistikketten ist ein Aspekt, der bislang in den vorhandenen Managementsystemen zu kurz kam. Entsprechend liegen - wie noch gezeigt wird - in der unternehmensübergreifenden Gestaltung die größten ökologischen und qualitativen Verbesserungspotentiale.

Somit besteht die Zielsetzung des Projektes darin, eine innovative Konzeption zur Optimierung logistischer Prozeßketten zu erarbeiten, die gleichzeitig

- Produktivitätsreserven wecken,

- Qualität sichern und

- ökologische Zielsetzungen

durch IMS erfüllen.

Dabei sollen spezielle Handlungsempfehlungen für kooperative IMS für logistische Prozeßketten erarbeitet werden, um dem unternehmensübergreifenden Aspekt entlang einer logistischen Prozeßkette nachhaltig gerecht zu werden. Die gewonnenen Forschungsergebnisse sollen vornehmlich von Unternehmen genutzt werden, aber auch Verbänden und internationalen Organisationen, insbesondere der EU, zur Weiterentwicklung der bei ihr in Arbeit befindlichen Auditierungs-Standards zur Verfügung gestellt werden.

Es wurde von den Projektträgern eine Forschungsgruppe beauftragt, dieses Projekt durchzuführen:

- Institut für Technologie und Management (Bereich Logistik) an der TU Berlin
  Leitung: Prof. Dr.-Ing Helmut Baumgarten

- Institut für Handel und Internationales Marketing an der Universität des Saarlandes
  Leitung: Prof. Dr. Joachim Zentes

- Institut für Ökologie und Unternehmensführung an der European Business School (EBS)
  Leitung: Prof. Dr. Ulrich Steger

- Forschungsinstitut der Deutschen Außenhandels- und Verkehrs-Akademie (DAV)
  Leitung: Dr. Hanspeter Stabenau

Mit der Koordinierung wurde das Forschungsinstitut der Deutschen Außenhandels- und Verkehrs-Akademie beauftragt.

## 1.3    Methodische Vorgehensweise

Zu Beginn stand die Entwicklung methodischer Grundlagen mit folgenden Teilaufgaben an:

- Erarbeitung eines Kriterienrasters, das die Grundlage für die empirische Untersuchung schafft und zur Prüfung der Qualitätssicherung und der Umwelt-Auditierung dient;

- Entwicklung eines Leitfadens für die Pilotuntersuchungen hinsichtlich der Gestaltung logistischer Prozeßketten. Die Pilotuntersuchungen, die die Praxisrelevanz der Fragestellungen überprüft haben, wurden bei Siemens AG, dm Drogeriemarkt, Fiege Logistik, Kühne & Nagel AG, Stora und Südkraft durchgeführt.

- Entwicklung eines Forschungsdesigns für die empirische Hauptuntersuchung und

- Ausarbeitung von Fragebögen für die geplante empirische Untersuchung von in der Praxis realisierten Logistikketten.

Die Grundlage für das Forschungsprojekt ist eine empirische Erhebung entlang von 35 logistischen Prozeßketten auf der Basis von Interviews bei rund 100 Unternehmen, wobei einzelne Unternehmen teilweise - als Akteure in verschiedenen Prozeßketten - mehrfach befragt wurden. Zusätzlich bieten sechs Pretest und vier Fallstudien, die sich durch eine spezifische ökologische und/oder qualitätsorientierte Gestaltung der Prozeßkette auszeichnen, weitere Erkenntnisse. Folgende Unternehmen wurden in einer Vorstudie untersucht:

*dm-Drogerie Markt GmbH & Co. KG*

Untersucht wurde des weiteren ein neuartiges Versorgungskonzept, bei dem das Bestandsmanagement im Warenverteilzentrum der Drogeriemarktkette *dm-Drogerie Markt GmbH & Co. KG* in Weilerswist bei Köln für einige Produkte vom Hersteller übernommen wurde. Unter Nutzung der von dm zur Verfügung gestellten Lagerabgangsdaten wurde hier schon früh ein CRP-Projekt (Continuous Replenishment) erfolgreich getestet.

*Fiege Logistik GmbH & Co.*

Die Fiege-Logistik basiert im Kern auf drei Prinzipien: Alle Transporte werden weitestgehend gebündelt und wenn möglich von der Straße auf die Schiene verlagert.

*Kühne & Nagel AG*

Eine Pilotuntersuchung war die Analyse einer Transportkette von Singapur nach Deutschland für PC-Drucker und Workstations von *Hewlett-Packard GmbH* unter Einschaltung des Logistikdienstleisters *Kühne & Nagel AG*. Indem Lieferungszeiten für jedes Gerät aus Fernost individuell gesteuert werden und bei kurzfristigem Änderungsbedarf die Ware von einer Schiffs- auf eine Luftfracht überwechseln kann, wird eine maximale Flexibilität erreicht.

*Siemens AG*

Ein weiteres Unternehmen, bei dem ein Pretest durchgeführt wurde, ist die *Siemens AG*, Niederlassung Nürnberg. Untersucht wurde dabei die Prozeßkette des Warenumschlags in einem Logistikzentrum, das Güter aus verschiedenen Standorten Europas unter der Zielsetzung eines hohen Servicegrades und geringer Kosten umschlägt. Umgesetzt wurde dieses Ziel u. a. durch eine hohe Informationstransparenz für die Prozeßbeteiligten und eine Bündelung des weltweiten Versandes.

*Stora Kopparbergs Bergslags AB*

Schwerpunkt dieses Pretests ist die ökologische Bewertung von Transportketten des schwedischen Unternehmens *Stora* durch das hausinterne Programm STEP (Stora's Transport Environmental Programme). Auf Basis einer detaillierten Evaluierung von Emissionen, die beim Transport anfallen, kann so eine optimale Verkehrsmittelwahl getroffen werden.

*Südkraft GmbH*

Bei einem weiteren Pretest wurde - trotz Erhöhung einzelner Bestände - durch die Errichtung eines zentralen Beschaffungslagers durch den Logistikdienstleister *Südkraft GmbH* in Trento der Lagerbestand der gesamten Prozeßkette reduziert.

Das Unternehmen übernimmt für seine Kunden die gesamte Logistikabwicklung, kann so Mehrwegtransportsysteme einsetzen und damit Packmaterial einsparen sowie den anfallenden Verpackungsmüll optimal recyceln. Beim Bau und Betrieb der Warenverteilzentren kommen ausschließlich auf Ressourcenschonung ausgelegte Konzepte zum Einsatz. Somit profitieren die Kunden vom Ökologistik-System gleich zweifach: Sie handeln verantwortungsbewußt im Sinne der Umwelt und können gleichzeitig um im zweistelligen Prozentbereich liegende geringere Logistikkosten gegenüber früheren eigenen Transportlösungen verbuchen.

In der Hauptuntersuchung wurden insgesamt 35 Prozeßketten untersucht. Befragt wurden sowohl Großunternehmen als auch kleine und mittlere Unternehmen, gestreut nach verschiedenen Branchen, wobei diese Unternehmen in ihren logistischen Leistungen insgesamt nicht repräsentativ sind, sondern häufig zu den Besten ihrer Branche zu zählen sind. Vertreten sind die Automobil-, die Chemie- und die Nahrungsmittelbranche, der Maschinen- und Anlagenbau, die Papier- und Verpackungsindustrie, die Konsumgüterindustrie sowie Logistikdienstleister und der Handel.

In jeweils zwölf Ketten wurden Hersteller und Handelsunternehmen und in elf Ketten Logistikdienstleister als Hauptakteure intensiv und weitere vor- bzw. nachgelagerte Akteure speziell zu der Zusammenarbeit an den Schnittstellen befragt. Dies bedeutet z. B., daß ein Hersteller zu seinen Lieferanten und Händlern befragt wurde, nicht aber z. B. zu den Endabnehmern in der Kette, denn es scheint plausibel, daß dem Hersteller nur geringe Informationen über deren logistische Gegebenheiten vorliegen. Jedoch wurde z. B. der interviewte Händler auch nach seinen logistischen Beziehungen zu dem jeweiligen Endabnehmer befragt. In diesem Fall wurde der Händler also zweimal interviewt: einmal über seine Beziehung zum Hersteller und einmal über seine Beziehungen zum Kunden.

Da zu fast gleichen Teilen die Hersteller, die Handelsunternehmen und die Logistikdienstleister Ausgangspunkt der Befragung waren, konnten umfassende Informationen über sämtliche Akteure von Logistikketten und sämtliche Schnittstellen gewonnen werden (also vom Zulieferer bis hin zum Einzelhandel). Eine Gesamtsicht der gewonnenen Ergebnisse über alle Akteure hinweg bildet dann eine gesamthafte Logistikkette ab (siehe Abbildung 1).

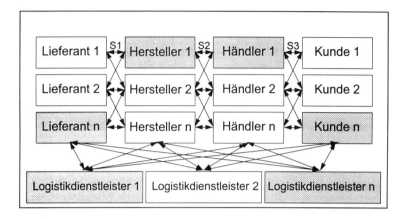

**Abbildung 1:** Beispiel für die Untersuchung von konzeptionellen Logistikketten

## 1.4 Aufbau des Berichtes

In Kapitel 2 werden zunächst die generellen Trends und die politischen Rahmenbedingungen logistischer Prozesse dargelegt (Abschnitt 2.1). Vor dem Hintergrund einer verstärkten europaweiten Arbeitsteilung, des Anstiegs von Halb- und Fertigwaren als Transportgüter sowie der zunehmenden Forderung nach Flexibilität der Logistik sind Lösungen für eine qualitätsorientierte und ökologiegerechte Gestaltung der Logistikprozesse gefordert. In Abschnitt 2.2 und 2.3 wird zum einen auf die Entstehung logistischer Prozeßketten und ihre Besonderheiten sowie auf Qualitäts- und Umweltmanagementsysteme eingegangen, um Ansätze für IMS für logistische Prozeßketten aufzeigen zu können.

In Kapitel 3 werden vier logistische Prozeßketten beispielhaft hinsichtlich ihrer ökologischen und qualitätsorientierten Ausgestaltung dargestellt. Die Untersuchung dieser Fallbeispiele soll Erkenntnisse darüber eröffnen, wie die Zusammenarbeit entlang der Logistikkette an ausgewählten Schnittstellen erfolgt, ob sich planerische, organisatorische oder logistische Besonderheiten für die beteiligten Unternehmen bzw. die Prozeßkette feststellen lassen und welche Wirkungen damit für die natürliche Umwelt, die Qualität und die Effizienz der Logistikprozesse verbunden sind.

Hierfür wurden die Bosch-Siemens Hausgeräte Gruppe, Paul Günther Cargo, Siemens und Logex (Abschnitt 3.1), Dow, HOYER und SARA LEE D. E (Abschnitt 3.2), Quelle Schickedanz und Zanussi (Abschnitt 3.3) sowie Stora und Rhenus (Abschnitt 3.4) untersucht, wobei jede Kette einen speziellen Aspekt der Gestaltung der Logistikkette, wie z. B. die unternehmensübergreifende Zusammenarbeit oder besondere ökologische Leistungen, verdeutlicht.

In Kapitel 4 werden die Ergebnisse der empirischen Hauptuntersuchung dargestellt. Ausgehend jeweils von zwölf Industrieunternehmen (Abschnitt 4.1), elf Logistikdienstleistern (Abschnitt 4.2) und zwölf Handelsunternehmen (Abschnitt 4.3) als Hauptakteure werden die logistischen Prozeßketten in ihren planerischen und organisatorischen sowie logistischen Besonderheiten vorwiegend qualitativ mit einer Reihe von Beispielen beschrieben. In Abschnitt 4.4 wird diese Darstellung zum einen um eine quantitative Zusammenfassung der einzelnen Ergebnisse ergänzt. Zum anderen werden hier Problemfelder der Gestaltung der Prozeßketten analysiert, für die im anschließenden Kapitel 5 Handlungsempfehlungen abgeleitet werden.

Als Hauptansatzpunkte für eine Optimierung der Logistikketten unter ökologischen und qualitativen Gesichtspunkten wurden die gemeinsame Zieldefinition (Abschnitt 5.1), Integration von QMS und UMS (Abschnitt 5.2), die unternehmensübergreifende Implementierung von IMS (Abschnitt 5.3), die kooperative Informationsversorgung (Abschnitt 5.4), das unternehmensübergreifende Controlling (Abschnitt 5.5) sowie die Auditierung der IMS (Abschnitt 5.6) identifiziert.

Für diese Felder werden eine Reihe von Managementinstrumenten, wie z. B. die „Rückwärtsprofilierung" zur Ermittlung der Anforderungen an den jeweils vorgelagerten Akteur, das Leistungsportfolio zur Visualisierung der Güte und Bedeutung der ökologischen und qualitativen Leistungserfüllung, das House of Quality aus dem Instrumentenkasten der Quality Function Deployment (QFD), die Fehlermöglichkeits- und -einflußanalyse (FMEA) sowie integrierte Qualitäts- und Umweltinformationssysteme, erläutert. Da diese Handlungsempfehlungen sowohl für Industrie- und Handelsunternehmen als auch für Logistikdienstleister Relevanz besitzen, sind diese hinsichtlich der spezifischen Ausgestaltung offen. Umsetzungshilfen finden sich in

Form von Checklisten im Anhang. In Kapitel 6 erfolgt eine übergreifende Zusammen-fassung, die zukünftige Handlungsfelder hinsichtlich einer Gestaltung der Rahmen-bedingungen für die ökologische und qualitative Optimierung logistischer Prozeßket-ten darlegt.

# 2 Konzeptionelle Grundlagen

In diesem Kapitel werden konzeptionelle Grundlagen für die Rahmenbedingungen unternehmensübergreifender Prozeßketten sowie für Qualitäts- und Managementsysteme erläutert. Ziel ist es, die Umgebung zu beschreiben, in der eine integrierte Logistik aktiv zur Realisierung von Synergiepotentialen beitragen kann.

Dabei liegt in diesem und den folgenden Kapiteln der Fokus darauf, für den operativ-taktischen Bereich Schlüsse zu ziehen und anhand dieser Handlungsempfehlungen für eine ganzheitliche Logistikstrategie zu geben. Die Logistik bildet dabei eine der wesentlichen Säulen der Gesamt-Unternehmensstrategie. Die Untersuchung ist konsequent konzentriert auf den große Erfolgspotentiale bietenden Qualitäts- und Umweltbereich. Sie erhebt nicht den Anspruch, die volle Komplexität aller Managementgesichtspunkte zu integrieren. Dies ließe sich, wenn überhaupt, nur zu Lasten des Detaillierungsgrades erreichen und wäre für das Ziel der Hilfestellung bei der praktischen Umsetzung der Ergebnisse hinderlich. Die Fokussierung soll explizit gewährleisten, daß anhand einer konkreten Thematik die Vorteile eines integrierten, unternehmensübergreifenden Prozeßkettendenkens deutlich dargestellt werden.

## 2.1 Rahmenbedingungen logistischer Prozesse

## 2.1.1 Trends in der Logistik

Die Globalisierung der Märkte bedingt tiefgreifende Veränderungen des Aufgabenumfeldes von Unternehmen, die letztlich dazu führen, die Organisation von Unternehmen auf eine neue Grundlage zu stellen. Während das auf der Industriellen Revolution basierende Paradigma von riesigen, innerbetrieblich stark arbeitsteiligen und hierarchisch strukturierten Organisationen als effiziente Form des Wirtschaftens ausging, werden heute nicht allzu große, auf ihre Kernkompetenzen fokussierte und horizontal organisierte Netzwerke bevorzugt. Die damit einhergehende stetig sinkende Fertigungstiefe der Unternehmen (Outsourcing) und die immer stärkere Arbeitsteilung lassen der Logistik einen zentralen Stellenwert zukommen, so daß bereits davon ausgegangen werden kann, daß die Logistik eine wesentliche Voraussetzung für eine weitere Globalisierung der Wirtschaft darstellt.[2]

Generelle Determinanten logistischer Rahmenbedingungen sind:

*Verstärkte welt- und europaweite Arbeitsteilung*

Vor dem Hintergrund der Globalisierung kommt es zu einer zunehmenden Arbeitsteilung der Volkswirtschaften, wodurch sich das Management von Logistikketten zu einem zentralen Wettbewerbsfaktor entwickelt. Beispielsweise hat sich der grenzüberschreitende Güterverkehr in Europa im Zeitraum von 1975 bis 1995 verdoppelt, wobei das Güterverkehrsaufkommen auf der Straße um den Faktor 3 (von 70,6 Mio. t auf 221,2 Mio t)[3] , der Luftverkehr um den Faktor 6 (von 275 Mio. t auf 1.648 Mio. t), der Bahnverkehr um den Faktor 1,3 (von 56,6 Mio. t auf 76,7 Mio. t)[4] gestiegen ist.[5]

*Der Güterstruktureffekt*

Der Güterstruktureffekt besteht in der - langfristig sehr wesentlichen - Veränderung der gesamtwirtschaftlichen Produktionspalette, die durch einen Rückgang von Rohstoffen, Basismaterial, landwirtschaftlichen Erzeugnissen u. ä. bei gleichzeitigem Anstieg von Halb- und Fertigfabrikaten, insbesondere langlebigen Konsum- und Investitionsgütern, gekennzeichnet ist. Durch die Individualisierung der Nachfrage verlieren standardisierte Massengüter zusätzlich an Bedeutung. Wegen der hohen Affinität der Massengüter (i. S. von Rohstoffen etc.) zum Schienen- bzw. Binnenschifftransport sowie der Halb- und Fertigwaren zum Straßenverkehr führt der Güterstruktureffekt zu einer Bevorzugung des Straßengüterverkehrs zu Lasten des Schienenverkehrs und der Binnenschiffahrt. Auch der an Bedeutung gewinnende Servicesek-

---

[2]  Vgl. Stabenau 1996, S. 1.
[3]  Bis 1990 ohne tarifliches Stückgut, ab 1994 ohne Transporte deutscher Lastkraftwagen bis 6 t zulässiges Gesamtgewicht oder 3,5 t Nutzlast, vgl. Bundesverkehrsministerium 1996, S. 192.
[4]  Ohne Expressgut und Stückgut, vgl. Bundesverkehrsministerium 1996, S. 192.
[5]  Vgl. Bundesverkehrsministerium 1996, S. 192.

tor, wie z. B. KEP-Dienstleister sowie die zahlreichen Bringdienste, basieren auf dem Straßengüterverkehr.

*Der Logistikeffekt*

Der Logistikeffekt ist das Ergebnis der seit den 80er Jahren bestehenden Trends zum Outsourcing, zur Just-in-time-Lieferung (JIT), zum Reengineering etc. Die Vergangenheit war durch mehrstufige Lagersysteme mit Produktions- bzw. Zentrallägern, Regional- und Auslieferungslägern geprägt, bei denen die Verfügbarkeit der Produkte bei insgesamt niedrigen Transportkosten durch gebündelte Verkehrsströme erreicht wurde. Derartige Konzepte, bei denen sich Beschaffungs-, Produktions- und Distributionsbereiche durch eigene Vorratshaltung gegeneinander abpuffern, befinden sich derzeit in einer Umbruchphase. Es dominieren Bemühungen, über den sukzessiven Abbau mehrstufiger Systeme Kostensenkungspotentiale (Lagerhaltungskosten, Kapitalbindungskosten) zu erschließen.

Diese Zentralisierung im Bereich der Lagerhaltung hat unmittelbare Auswirkungen auf die Gestaltung der physischen Distribution. Eine Anpassung an Absatzschwankungen kann bei der beschriebenen Form der Warenverteilung nicht mehr durch Sicherheitsbestände abgefangen werden. Insofern werden hohe Anforderungen an die Zuverlässigkeit und Flexibilität der Lieferung gestellt, denen ebenfalls systembedingt am ehesten durch den Einsatz des Straßengüterverkehrs Rechnung getragen werden kann. Des weiteren wird durch das Outsourcing und die steigende Arbeitsteilung zwischen verschiedenen Akteuren bzw. verschiedenen Standorten der Effekt erzielt, daß Güter während ihrer Fertigstellungsprozesse zwischen mehreren Wertschöpfungsstufen transportiert werden müssen. D. h. in der zunehmenden Anzahl der Unternehmen mit geringer Fertigungstiefe müssen die Komponenten der Produkte nicht nur innerbetrieblich zwischen verschiedenen Produktionsstationen transportiert werden, sondern vermehrt auch außerbetrieblich zwischen verschiedenen Kooperationspartnern. Die Reduzierung der Fertigungstiefe führt in diesem Sinne zu einer Erhöhung des Transportaufkommens bei gleichzeitig steigenden Ansprüchen an Zuverlässigkeit und Flexibilität sowie damit einhergehend einer größeren Komplexität.

## 2.1.2 Politische Einflußfaktoren

Die identifizierten generellen Trends wirken sich sehr unterschiedlich auf die Wirtschaftsräume aus. Dies ist insbesondere auf topographische, geographische, politische und ökonomische Unterschiede der einzelnen Regionen zurückzuführen. Diese Unterschiede manifestieren sich in z. T. stark regional differenzierten Arbeitskosten, Steuersystemen, Infrastrukturkostenanlastungen, Markteintrittsbarrieren, Förderungsprogrammen etc. Aufgrund dieser unterschiedlichen Wettbewerbsvoraussetzungen auf der regionalen Ebene führen der allgemein verschärfte globale Wettbewerb sowie die (zumindest europaweit) beobachtbaren Liberalisierungstendenzen auf sämtlichen Transportmärkten zu starken Spannungen innerhalb der Logistikketten, da sie einzelne Akteure der logistischen Prozeßkette ungleich stärker belasten.

Als politische Determinanten logistischer Rahmenbedingungen auf der regionalen Ebene gelten insbesondere:

- *Fehlende fiskalische Harmonisierung*: Die unterschiedlichen Steuer- und Abgabesysteme (fiskalische Sonderbelastungen) führen zu ungleichen Voraussetzungen der Verkehrsmittel. Für eine effiziente Logistikkette sind insbesondere die verkehrspolitischen Entwicklungen auf der europäischen Ebene und ihre Auswirkungen auf die nationalen Verkehrspolitiken von Bedeutung.

- *Lokale und regionale Wirtschafts- und Arbeitsmarktentwicklung*: Die einzelnen Regionen weisen stark unterschiedliche wirtschaftliche Daten auf. Die verschiedenen Technologie-, Subventions-, Umwelt- und Beschäftigungspolitiken beeinflussen die Gestaltung der Logistikkette.

- *Rechtliche Rahmenbedingungen*: Verpackungsverordnungen, Produkthaftungsund Entsorgungsgesetze üben Einfluß auf die logistische Prozeßkette aus mit allerdings z. T. sehr unterschiedlichen Auswirkungen auf die einzelnen Teilnehmer der Logistikkette.

- *Deregulierung im gesamten Güterverkehrssystem*: Die Deregulierung ist auf vielen Gebieten der europäischen Verkehrspolitik weit fortgeschritten, z. B. völlige Aufhebung des Kabotageverbots zum 01.07.1998 für den Straßengüterverkehr, Privatisierung der Bahn und des Luftverkehrs etc. Diese Liberalisierungsmaßnahmen besitzen weitreichende Konsequenzen für die Logistikkette, da der verschärfte Wettbewerb auf den einzelnen Transportmärkten zu Veränderungen hinsichtlich Preis, Flexibilität und Integration in logistische Prozeßketten führen wird.

- *Vorhandene und geplante Infrastruktur*: Die vorhandene Infrastruktur, die geplante Infrastrukturpolitik auf staatlicher und europäischer Ebene (Transeuropäische Netze) und die regionale Flächennutzung geben Rahmenbedingungen für das Logistikkettenmanagement vor. Im Rahmen der Infrastrukturpolitik ist kein wesentlicher Ausbau des deutschen Straßennetzes vorgesehen. Die finanziellen Mittel werden vorwiegend für die - sehr kostenintensive - Erhaltung der vorhandenen Infrastruktur sowie für den Aufbau von grenzüberschreitenden „Achsen" verwendet, wobei dieser im wesentlichen in der Verknüpfung von vorhandenen Teilstücken besteht.

### 2.1.3 Handlungsrahmen der Logistikakteure

Die Ausgestaltung und Möglichkeiten der Optimierung der Logistikkette wird neben den generellen politischen und wirtschaftlichen Einflußfaktoren auch von den einzelbetrieblichen Spezifika von Hersteller sowie Handelsunternehmen und Logistikdienstleistern beeinflußt. Deren Besonderheiten - z. B. die Marktstellung des Handels oder der Einsatz EDV-gestützter Warenwirtschaftssysteme beim Handel - beeinflussen die Logistik anderer Teilnehmer der Prozeßkette.

Die Rolle der Lieferanten in der Logistikkette hängt stark von der Machtkonstellation in der Kunden-Lieferanten-Beziehung ab. Geht man von einer - in der einschlägigen Literatur[6] meist implizit unterstellten - starken Position des Kunden aus, so kann dieser ökologieorientierte und qualitative Forderungen gegenüber seinen Lieferanten

---

[6] Vgl. z. B. Stahlmann 1989, S. 19 - 21; Blom 1990, S. 44 f.

geltend machen. Diese können beispielsweise darin bestehen, daß von Lieferanten ein Austausch umweltrelevanter Informationen über die Verarbeitung und die Auswirkungen der gelieferten Vorprodukte erwartet wird. Bei einer monopolartigen Marktstellung von Lieferanten könnten diese ihrerseits umweltschutz- und qualitätsorientierte Anforderungen gegenüber ihren Kunden stellen. Hier ist beispielsweise eine Offenlegungspflicht der Kunden über die mit der Nutzung der Vorprodukte verbundenen Umweltbelastungen oder eine sofortige Unterrichtung bei entstandenen Umweltschäden möglich.

Der Handel wird vielfach noch als „eigentlicher" Kunde der Hersteller angesehen. Ihm erwächst aufgrund der sich immer stärker gegenseitig ausgleichenden Herstellerwerbung und der zunehmenden Nivellierung der Qualitätsunterschiede in einer Preislage ein erhebliches Einfluß- und Akquisitionspotential im Kommunikationsprozeß mit dem Konsumenten. Insbesondere dem Lebensmittelhandel stehen nur noch wenige wirklich „gleichberechtigte" Lieferanten oder gar Logistikdienstleister gegenüber. Aufgrund dieser Marktmacht wird der Handlungsrahmen der Teilnehmer der Logistikkette stark eingeschränkt, und es kann zu einer „einseitigen" Optimierung der Logistikketten kommen.

Weitere Rahmenfaktoren für die Gestaltung der Logistik neben der Marktmacht sind die:

- *Standortfrage*: Einen wesentlichen Aspekt für die Optimierung der Logistikkette stellt die Standortwahl dar. Beispielsweise kann die Ansiedlung der Zulieferer am Herstellerstandort erhebliche Auswirkungen hinsichtlich der Umweltschutzaspekte der Prozeßkette zeigen (Transport und Lagerhaltung).

- *Aufbau- und Ablauforganisation*: Durch die Aufbau- und Ablauforganisation der einzelnen Unternehmen wird die Gestaltung der logistischen Prozeßkette mitgeprägt. So kann etwa eine prozeßorientierte Aufbau- und Ablauforganisation gegenüber einer funktionalen oder divisionalen Ausrichtung die Optimierung der Logistikkette erleichtern.

- *Steuerungsinstrumente*: Auch unternehmensübergreifende Steuerung - sowohl auf der strategischen Ebene (z. B. Leitbilder) als auch auf der operativen Ebene (z. B. Prozeßkostenrechnung) - kann zur Optimierung der gesamten Prozeßkette beitragen.

## 2.2    Unternehmensübergreifende Prozeßketten

### 2.2.1  Definition

Es gibt heute eine Vielzahl von Definitionen für den Begriff „Logistik".[7] Bei dieser Untersuchung wird ein prozeßorientierter Definitionsansatz zugrunde gelegt. Danach ist Logistik die Planung, Organisation, Kontrolle und Durchführung eines Güterflusses von der Entwicklung und/oder vom Kauf durch die Produktion und die Distribution bis zum endgültigen Kunden mit dem Ziel der Befriedigung der Anforderungen des Marktes bei minimalen Kosten und minimalem Kapitalaufwand.[8] Zur Logistik gehören somit alle Tätigkeiten, durch die die raum-zeitliche Gütertransformation und die damit zusammenhängenden Transformationen hinsichtlich der Gütermengen und -sorten, der Güterhandhabungseigenschaften sowie der logistischen Determiniertheit der Güter geplant, gesteuert, realisiert oder kontrolliert werden.[9]

*Funktionen der Logistik*

Eine Möglichkeit zur Systematisierung der Funktionen der Logistik (Subsysteme) ergibt sich, wenn man sich an den verrichtungsorientierten Aufgabeninhalten der Logistik orientiert. Diese erweisen sich für das vorliegende Projekt als geeignete Grundlage, da es die verschiedenen logistischen Tätigkeiten entlang einer Prozeßkette sowohl im einzelnen als auch gemeinsam zu untersuchen und zu optimieren gilt. Die folgende Abbildung 2 bietet einen Überblick über die logistischen Teilaufgaben.

---

[7]  Vgl. z. B. Baumgarten 1996, S. 2 - 3; Ihde 1991, S. 28 - 31.
[8]  Vgl. European Logistics Association (ELA) 1993, S. 1.
[9]  Vgl. Pfohl 1996, S. 12.

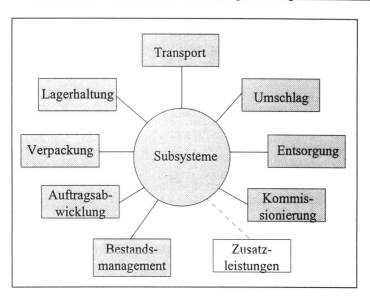

**Abbildung 2:**   Subsysteme der Logistik

Der Aufgabenumfang der Logistik hat sich in den letzten Jahren deutlich erweitert. Kernaufgaben der Logistik - sowohl der Beschaffung-, als auch der Produktions- und Distributionslogistik - sind nach wie vor Lagerhaltung, Transport, Auftragsabwicklung, Umschlag und Verpackung. In jüngerer Zeit trat die Aufgabe der Entsorgung hinzu. Die dunkel schattierten Felder bilden diese herkömmlichen Subsysteme der Logistik ab. Das weiße Feld (Zusatzdienstleistungen) weist auf neuere Funktionen der Logistik hin, die insbesondere im Zuge der Senkung der Fertigungstiefen (Outsourcing) zunehmende Bedeutung erlangt. Als Beispiele für Zusatzleistungen, die Logistikdienstleister heute bereits verstärkt anbieten, können folgende gelten:

- Vorfertigung und/oder Zusammenstellung von Teilen für Anforderungen der Prozesse für Hersteller bzw. Handel (z. B. Vormontage bestimmter Zulieferteile)

- Aufbereitung von Waren (z. B. Bügeln von Textilien)

- Finishing von Gütern (z. B. Einnähen von Etiketten)

- Verkaufsförderung (z. B. Werbemaßnahmen).

Trotz der Entwicklung von profitablen zusätzlichen Geschäftsfeldern ist die Logistik für die verladende Wirtschaft eine Supportfunktion der Leistungserstellung und generiert nur in Teilbereichen direkte Wertschöpfung. Dies ist ein Grund für ihre bisherige Vernachlässigung. Um aber die Optimierungsreserven in der Logistik durch professionelles Management zu nutzen, bilden immer mehr Unternehmen ein zentrales Ressort Logistik.[10] Die Anzahl der Unternehmen, in denen die Logistik dezentral von jedem Bereich autonom ausgeführt wird, hat abgenommen.

*Logistische Prozeßketten*

Eine logistische Prozeßkette wird definiert als ein arbeitsteiliges Zusammenwirken logistischer Betriebe und der logistischen Subsysteme der Unternehmen.[11] Bei einer solchen Systembetrachtung wird der Waren- und Informationsfluß vom Rohmateriallieferanten zum Hersteller und weiter über den Handel zum Endverbraucher als eine durchlaufende Wertschöpfungskette organisiert.

Die logistische Kette besteht in der Regel aus Zulieferer, Hersteller, Händler und Endverbraucher, wobei sich an einer oder mehreren Stellen ein Logistikdienstleister als Bindeglied befindet. Des weiteren sind in der Praxis meist mehr als ein Lieferant oder mehr als ein Händler eingebunden, was die Komplexität der zu erbringenden Leistung erhöht.

---

[10]  Vgl. Pfohl, Jünemann 1994, S. 66.
[11]  Vgl. Ihde 1991, S. 43.

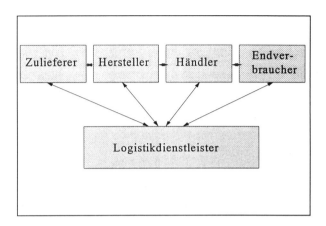

**Abbildung 3:**    Elemente von Logistikketten

Ein Zulieferer beliefert in der Regel mehrere Hersteller, ein Hersteller kooperiert mit mehreren Händlern, ein Händler hat mehrere Endabnehmer usw. Der Logistikdienstleister ist jeweils an den Schnittstellen zwischen den Akteuren der Logistikkette einbezogen. Dieser Sachverhalt weist darauf hin, daß die geplante Untersuchung sowohl eine Betrachtung der Logistikaufgaben innerhalb der Unternehmen/Akteure als auch zwischen den Unternehmen/Akteuren der Logistikkette (also an den Schnittstellen) vornehmen muß - und dies für sämtliche logistische Teilaufgaben.

### 2.2.2  Entstehung von logistischen Prozeßketten

Die Kapitalgeber und Kunden sind immer weniger bereit, Ineffizienzen hinzunehmen. Verbunden mit einem zunehmend verschärften Wettbewerb konzentrieren sich Unternehmen auf ihre (profitablen) Kernkompetenzen und trennen sich dementsprechend von Geschäftsfeldern, die weniger profitabel sind. Damit rückt die Make-or-Buy-Entscheidung (MoB) in den Vordergrund.

Die Frage nach der Fertigungstiefe wird heute oftmals zugunsten einer deutlichen Senkung der Eigenerstellung gefällt, da sich hierdurch hohe Kostensenkungspotentiale erschließen lassen. Empirische Studien gehen davon aus, daß sich die Fertigungstiefe zumindest in der Elektronik-, der Metall- und Fahrzeugindustrie von derzeit 45 bis 55 Prozent zukünftig auf 30 bis 40 Prozent reduziert.[12]

Die mit der Reduzierung der Eigenerstellung einhergehende Konzentration auf die Kernkompetenzen der Unternehmen haben insbesondere im Bereich der Logistik zunehmend zu Outsourcing-Strategien in der verladenden Wirtschaft geführt. Hieraus erwachsen den Speditionsbetrieben neue Geschäftsfelder, die parallel zu den traditionellen Aufgaben der Transportorganisation, des Transports als Einzelsendung oder Sammelladung, der Zwischenlagerung und der Kommissionierung erschlossen werden können. So legt der Kunde mittlerweile Wert auf die komplette Bewirtschaftung zentraler oder regionaler Läger - inklusive Kommissionierung, Konfektion von Produkten, Systemprüfung, Regalpflege und Factoring; darüber hinaus übernehmen Speditionen auch Montagen, Qualitätskontrollen, Verpackung und Reparaturen.

Insbesondere Automobil- und Computerhersteller sind sogar dazu übergegangen, einfache Montagearbeiten von Speditionsunternehmen ausführen zu lassen. Diese unter dem Stichwort „Customizing" oder „value-added services" zusammengefaßten Dienstleistungen sind nicht ausschließlich als logistische Dienstleistungen zu begreifen, finden aber meist an Umschlagpunkten statt und bieten sich deshalb für eine Auslagerung von Speditionen an.

Durch die zunehmende Herabsetzung der Fertigungstiefe und in deren Folge auch der Logistiktiefe bei Industrie und Handel entstehen komplexe logistische Prozeßketten, die eines unternehmensübergreifenden Managements bedürfen, wenn sie nicht zu einem enormen Anstieg der Transporte führen sollen. Denn durch die hohen Belieferungsstandards hinsichtlich Kurzfristigkeit und Häufigkeit der Lieferungen ist die Gefahr gegeben, daß die optimale Auslastung der Verkehrsträger auf optimal genutzten Routen zugunsten der Einhaltung des zugesicherten Lieferservices gegenüber einem Kunden vernachlässigt wird.

So sind logistische Prozeßketten bislang sehr individuell nach den Bedürfnissen der Prozeßeigentümer strukturiert. Aus dieser „einseitigen" Gestaltung der Logistikkette

---

[12]    Vgl. Baumgarten 1996, S. 19.

So sind logistische Prozeßketten bislang sehr individuell nach den Bedürfnissen der Prozeßeigentümer strukturiert. Aus dieser „einseitigen" Gestaltung der Logistikkette resultiert häufig eine suboptimale Gestaltung der Logistik, da eine Optimierung eines einzelnen Akteurs nicht automatisch zu einer Gesamtoptimierung der Kette führt. Dabei liegt die Vermutung nahe, daß durch ihre unternehmensübergreifende kooperative Gestaltung nicht nur ökonomische Vorteile resultieren, sondern auch eine Verbesserung der Umweltsituation - aufgrund einer ressourcenschonenderen Organisation von Logistikprozessen - möglich wird.

## 2.3 Qualitäts- und Umweltmanagementsysteme

### 2.3.1 Qualitäts- und Umweltmanagementsysteme als Instrumente zur Optimierung logistischer Prozeßketten

Eine systematische Optimierung der gesamten Logistikkette ist eine komplexe Herausforderung. Sie setzt beträchtliche Veränderungsbereitschaft im Management voraus und kann Anpassungen der Prozesse und der Zuständigkeiten erfordern. Gerade ein ökologisch orientiertes Management muß bereit sein, alte Wege in Frage zu stellen und neue Lösungen zu suchen. Um diesem Anspruch gerecht zu werden, ist es notwendig, Verfahren und Strukturen zu entwickeln und einzuführen, die das Zusammenwirken von Ökologie und Ökonomie erleichtern und auch in der betrieblichen Praxis realisierbar machen. Hierfür eignen sich insbesondere Umwelt- und Qualitätsmanagementsysteme.

Die Installation von unternehmensübergreifenden IMS kann dazu beitragen, die Logistik gesamthaft zu optimieren und das Defizit an einer Integration des Umweltschutzes in Managementprozesse abzubauen. Sie bieten gute Ansatzpunkte für eine systematische Implementierung des betrieblichen Umweltschutzes in die Unternehmung und ermöglichen darüber hinaus Kosteneinsparungen, den Abbau eines Informationsdefizites sowie die Erfüllung von Kundenanforderungen und rechtlichen Anforderungen.

Das Managementsystem dient zum einen als eine Art „Klammer" für ökologische und qualitative Strategien, zum anderen bietet es einen Ausgangspunkt für die Entwicklung einer ökologie- und qualitätsorientierten „Logistikkettenkultur" und eröffnet somit die Möglichkeit eines umfassenden Wertewandels. Die Implementierung eines Qualitäts- und Umweltmanagementsystems sowie die Durchführung von Audits bewirken zudem eine Fortbildung der Mitarbeiter. Diese kann technischer und/oder organisatorischer Natur sein, deren wichtigster Punkt ist jedoch die Anhebung des Qualitäts- und Umweltbewußtseins der Mitarbeiter. Dies führt zu mehr Eigenverantwortung und Engagement der Akteure der Logistikkette.[13]

Eine weitere wichtige Funktion von unternehmensübergreifenden IMS ist die Schaffung geeigneter Informationsgrundlagen und das Aufdecken von Schwachstellen bzw. Einsparpotentialen. Es kann davon ausgegangen werden, daß zum einen auf der Ebene der einzelnen Unternehmen eine Reihe qualitäts- und umweltrelevanter Daten vorhanden sind. Diese sind aber zumeist einzelfallorientiert aufbereitet und werden weder systematisiert noch gesondert ausgewiesen. Das in Unternehmen vorhandene Wissen über die ökologischen Auswirkungen betrieblicher Tätigkeit läßt sich insofern als „informatorische Hügellandschaft"[14] bezeichnen: In bestimmten betrieblichen Funktionen liegen diesbezügliche Informationen beispielsweise in Form von personengebundenem Fachwissen relativ detailliert vor, während das betriebliche Rechnungswesen sowie sonstige betriebliche Informationstechnologien qualitäts- und umweltrelevante Daten nur in betriebswirtschaftlich sinnvoller Systematik beinhalten.[15]

Bezogen auf die gesamte Logistikkette bietet ein unternehmensübergreifendes Managementsystem ein besonderes Optimierungspotential. Indem die Unternehmensgrenzen keine „Verantwortungsgrenzen" mehr darstellen und demzufolge die Prozesse auch nicht mehr „zerstückelt" werden, kann der gesamte Ablauf von Informations- und Warenflüssen optimiert werden.

---

[13]    Vgl. Steger, Ebinger 1996, S. 215 - 234.
[14]    Hallay 1990, S. 15.
[15]    Vgl. ebenda, S. 14 f.

## 2.3.2 Entwicklung von Qualitäts- und Umweltmanagementsystemen

Vieles deutet darauf hin, daß die Entwicklung von UMS ähnlich verläuft wie bei QMS in den letzten Jahrzehnten. Hier wurden in den 60er und 70er Jahren in zukunftsorientierten Unternehmen Anstrengungen unternommen, nicht nur Produkte herzustellen, die Kunden- bzw. Marktforderungen erfüllen, sondern auch die Systematik der Entstehung der Produkte im gesamten Unternehmen zu verbessern. Damit sollte erreicht werden, stets Produkte mit gleichmäßiger, hoher Qualität liefern zu können. Qualität sollte nicht mehr in die Produkte „hineinkontrolliert", sondern im Prozeß sichergestellt werden. Es entstanden in wesentlichen Industriestaaten unterschiedliche nationale Normen zum Thema QMS, wobei der Vergleich dieser Normen zeigte, daß die Prinzipien und Werkzeuge des QMS allgemein gültig gefaßt werden können.

Wie in den 70er und 80er Jahren nationale und schließlich internationale Normen für QMS entwickelt wurden - die ISO 9000-Reihe - , so haben sich in den 90er Jahren europäische Verordnungen über UMS (EMAS-Verordnung) und die internationale Normenreihe DIN EN ISO 14001 gebildet. Für den Umweltschutz in Unternehmen bestehen seit einiger Zeit somit diverse Konzepte, die die Umsetzung von Umweltschutzaspekten durch das Management erleichtern und gleichzeitig zu Kostenreduzierungen beitragen können. So gibt es in Deutschland bereits eine Vielzahl von Erfolgsbeispielen für Kostensenkungen durch Reduzierung des Energie-, Wasser- oder Rohstoffverbrauchs, durch Abfalltrennung und -verwertung oder durch Wiederverwendung von Verpackungen.[15]

Im Juni 1993 wurde die Verordnung Nr. 1836/93 „über die freiwillige Beteiligung gewerblicher Unternehmen an einem Gemeinschaftssystem für das Umweltmanagement und die Umweltbetriebsprüfung", die als „Öko-Audit"- oder „EMAS-Verordnung" bekannt wurde[16] und stark auf das Engagement und die Eigenverantwortung der Unternehmen gegenüber der natürlichen Umwelt setzt, veröffentlicht. Nach einer deutschen Erweiterungsverordnung, die am 9. Februar 1998 veröffentlicht wurde und einen Tag später in Kraft trat, kann auch der Dienstleistungsbereich ein UMS imple-

---

[15] Vgl. die Beispiele bei Gege 1997
[16] Im folgenden wird diese Verordnung kurz als EMAS-Verordnung bezeichnet.

mentieren und eine „Umweltbetriebsprüfung" ablegen. Parallel zur EMAS-Verordnung trat im September 1996 die DIN EN ISO 14001 in Kraft, die ebenfalls inhaltliche Grundlagen für UMS regelt.

### 2.3.3 Gemeinsamkeiten und Unterschiede zwischen Qualitäts- und Umwelt-managementsystemen

Zwischen QMS und UMS sollte es keine Trennung geben, da sich beide Systeme durch eine Reihe struktureller und inhaltlicher Gemeinsamkeiten auszeichnen, die eine Integration in einem gemeinsamen Managementsystem erleichtern und sinnvoll erscheinen lassen. Hier sind - ohne Anspruch auf Vollständigkeit zu erheben - folgende zu nennen.[17] Dem Qualitäts- und Umweltschutz gemeinsam ist ein prinzipiell holistisches Verständnis von Prozessen, d. h. Vorgänge in der Logistik und auch in anderen Unternehmensbereichen werden nicht isoliert betrachtet, sondern mit all ihren komplexen Wechselwirkungen. Somit sind beide Gebiete als bereichsübergreifende Querschnittsaufgaben anzugehen. Ein solches Verständnis impliziert wiederum, daß beide Managementsysteme als eine originäre Führungsaufgabe anzusehen sind. Erfolgreiches Wirken in den Bereichen Umweltschutz und Qualitätssicherung heißt darüber hinaus auch, daß sie insgesamt eine angemessene organisatorische Verankerung im Unternehmen benötigen. Die motivationale Verankerung bei allen Unternehmensangehörigen ist eine weitere wesentliche Erfolgsvoraussetzung. Im Sinne der Optimierung der gesamten Logistikkette ist ihnen vom Ansatz her eine über die betriebliche Betrachtung hinausgehende Beachtung des gesamten Zyklus von der Beschaffung bis zur Entsorgung gemein. Damit ergibt sich schließlich als ein gemeinsamer „philosophischer Überbau" von Qualität und Umweltschutz eine proaktive Präventions- statt der bisher dominierenden reaktiven Reparaturorientierung.

Neben diesen Gemeinsamkeiten lassen sich auch bei der Struktur von QMS und UMS Gemeinsamkeiten und Synergieeffekte aufzeigen. Eine systematische Zuordnung der Elemente der ISO 14001 und der ISO 9001 erfolgt in der Matrix in Abbildung 4.

---

[17]   Vgl. Dyllick 1997, S. 7.

| Elemente der ISO 14001 / Elemente der ISO 9001 | | 4.1 Verantwortung der Leitung | 4.2 Qualitätsmanagementsysteme | 4.3 Vertragsprüfung | 4.4 Designlenkung | 4.5 Dokumentenlenkung | 4.6 Beschaffung | 4.7 Beigestellte Produkte | 4.8 Rückverfolgbarkeit | 4.9 Prozesslenkung | 4.10 Prüfungen | 4.11 Prüfmittel | 4.12 Prüfstatus | 4.13 Fehlerhafte Produkte | 4.14 Vorbeugung/Korrektur | 4.15 Lagerung und Verpackung | 4.16 Qualitätsaufzeichnungen | 4.17 interne Audits | 4.18 Schulung | 4.19 Kundendienst | 4.20 Statistische Methoden | Hinweise |
|---|---|---|---|---|---|---|---|---|---|---|---|---|---|---|---|---|---|---|---|---|---|---|
| ALLGEMEINE FORDERUNGEN | 1 | ✓ | | | | | | | | | | | | | | | | | | | | 1) |
| UMWELTPOLITIK | 2 | ✓ | | | | | | | | | | | | | | | | | | | | |
| PLANUNG | 3 | | | | | | | | | | | | | | | | | | | | | 2) |
| Umweltaspekte | 3.1 | ✓ | | | | | | | | | | | | | | | | | | | | |
| Gesetzliche und andere Forderungen | 3.2 | ✓ | | | | | | | | | | | | | | | | | | | | |
| Zielsetzungen und Einzelziele | 3.3 | ✓ | | | | | | | | | | | | | | | | | | | | |
| Umweltmanagementprogramm(e) | 3.4 | ✓ | | | | | | | | | | | | | | | | | | | | |
| IMPLEMENTIERUNG UND DURCHFÜHRUNG | 4 | | | | | | | | | | | | | | | | | | | | | |
| Organisationsstruktur und Verantwortlichkeit | 4.1 | ✓ | | | | | | | | | | | | | | | | | | | | |
| Schulung, Bewusstsein und Kompetenz | 4.2 | | | | | | | | | | | | | | | | | | ✓ | | | |
| Kommunikation | 4.3 | ✓ | | | | | | | | | | | | | | | | | | | | 3) |
| Dokumentation des Umweltmanagementsystems | 4.4 | | ✓ | | | | | | | | | | | | | | | | | | | |
| Lenkung der Dokumente | 4.5 | | | | | ✓ | | | | | | | | | | | | | | | | |
| Ablauflenkung | 4.6 | | | ✓ | ✓ | | ✓ | ✓ | ✓ | ✓ | | | | | | ✓ | | | | ✓ | | |
| Notfallvorsorge und -massnahmen | 4.7 | | | | | | | | | | | | | | ✓ | | | | | | | 4) |
| KONTROLL- UND KORREKTURMASSNAHMEN | 5 | | | | | | | | | | | | | | | | | | | | | |
| Überwachung und Messung | 5.1 | | | | | | | | | | ✓ | ✓ | | | | | | | | | | |
| Abweichungen, Korrektur-und Vorsorgemassnahmen | 5.2 | | | | | | | | | | | | | ✓ | ✓ | | | | | | | |
| Aufzeichnungen | 5.3 | | | | | | | | | | | | | | | | ✓ | | | | | |
| Umweltmanagementsystem-Audit | 5.4 | | | | | | | | | | | | | | | | | ✓ | | | | |
| BEWERTUNG DURCH DIE OBERSTE LEITUNG | 6.0 | ✓ | | | | | | | | | | | | | | | | | | | | |

**Abbildung 4:**   Vereinbarkeit von QMS und UMS

Quelle:         Dyllick 1997, S. 7

Somit lassen sich als Gemeinsamkeiten folgende Aspekte festhalten:

- *Gemeinsame Philosophie*: Es geht bei beiden Systemen um die Verwirklichung einer praktizierten, methodisch unterstützten Eigenverantwortung des Unternehmens für Umwelt- und Qualitätsziele. Prägende Idee ist hierbei die Prozeßbeherrschung durch Managementsysteme: Anstelle inhaltlicher Ziele und Vorgaben vertrauen beide Normen auf ihre lenkende Wirkung. Weiterhin basieren beide Systeme auf dem Prinzip der ständigen Verbesserung.

- *Gemeinsame Systemelemente*: Zu nennen sind insbesondere Organisationsstruktur und Verantwortlichkeit, Schulung, Dokumentation, Lenkung der Dokumente, Prozeßlenkung sowie Überwachung und Messung, Ermittlung von Abweichungen, Ergreifen von Korrektur- und Vorsorgemaßnahmen, Aufzeichnungen, internes Audit.

- *Zertifizierung als gemeinsames Ziel*: In der Regel ist davon auszugehen, daß für beide Systeme eine Zertifizierung durch eine akkreditierte Stelle angestrebt wird, als Grundlage eines Nachweises nach außen. Dies erfolgt zudem häufig durch dieselbe Zertifizierungsgesellschaft.

Es bestehen jedoch auch eine Reihe unterschiedlicher Randbedingungen wie z. B. unterschiedliche Regelungsdichten durch Rechts- und Verwaltungsvorschriften sowie Normen für beide Managementsysteme. So muß sich ein QMS in erster Linie an Kundenanforderungen orientieren. Kundenanforderungen können auch Umweltforderungen mit einschließen. In diesem Fall wird Umweltverträglichkeit zum Qualitätsmerkmal der Produkte. Das UMS ist demgegenüber an Umweltanforderungen ausgerichtet, die z. B. durch gesetzliche Anforderungen, Genehmigungsvoraussetzungen und durch das Interesse der Öffentlichkeit begründet werden.

Gemäß der derzeitigen Vorstellungen dient das Qualitätsmanagement eines Unternehmens vornehmlich dazu, die Qualitätsforderungen einschließlich Umweltschutzforderungen an die Angebotsprodukte zu erfüllen. Das Umweltmanagement sorgt demgegenüber dafür, daß die Umweltschutzforderungen als Teile der Qualitätsforderungen nicht nur an die Angebotsprodukte, sondern auch an die Nebenergebnisse (unbeabsichtigte Kuppelprodukte und Effekte) erfüllt werden.

Ein weiterer Unterschied ist die Vielfalt von Anspruchsgruppen beim Umweltmanagement, die Anforderungen sowohl über den Markt als auch über Politik und Öffentlichkeit zur Geltung bringen und den Umweltschutz zu einem äußerst sensiblen Bereich werden lassen. Vor dem Hintergrund eines nach wie vor ausgeprägten Umweltbewußtseins der Bevölkerung stoßen Umweltereignisse auf ein hohes Interesse der Medien. Beim QMS ist dagegen das Feld der relevanten Anspruchsgruppen und Forderungen deutlich kleiner und homogener. Auch im öffentlich-rechtlichen Bereich bestehen deutlich weniger Vorgaben.

### 2.3.4 Vergleich der EMAS-Verordnung und der Norm DIN EN ISO 14001

Nachdem nun sowohl die DIN EN ISO 14001 als auch die EMAS-Verordnung für Industrie, Handel und Dienstleister anwendbar sind und somit parallel Grundlagen für ein UMS darstellen, soll an dieser Stelle ein Überblick über die Unterschiede und

Gemeinsamkeiten Klarheit darüber verschaffen, wo Vor- bzw. Nachteile der beiden Normen liegen.[18]

*Philosophie*

Im Hinblick auf die zugrundeliegende Philosophie der beiden UMS lassen sich keine wesentlichen Unterschiede ausmachen. Anstelle ordnungsrechtlicher Regulierungen in Form von Ge- und Verboten sowie Grenzwerten soll ein marktwirtschaftlicher Anreiz Unternehmen dazu veranlassen, ihre Verantwortung gegenüber der natürlichen Umwelt stärker eigenverantwortlich und selbstgesteuert wahrzunehmen. Das bislang eher „reaktive Muster" der Unternehmen gegenüber Umweltschutzproblemen soll damit durchbrochen werden. Entsprechend zielen beide UMS darauf ab, geeignete Maßnahmen für ein proaktives und selbstgesteuertes Handeln in Umweltschutzbelangen zu ermöglichen.

*Struktur*

Beide Normen verlangen von den teilnehmenden Unternehmen die Etablierung eines umfassenden UMS, das der Erreichung selbstdefinierter Umweltschutzziele dienlich sein soll. Weiterhin sind beide Systeme durch einen hohen Formalisierungsgrad gekennzeichnet, wobei sie einige Unterschiede in der Aufbaustruktur aufweisen.[19]

*Geltungsbereich*

Die EMAS-Verordnung galt zunächst nur für den gewerblichen Bereich. Da weder die Güterbeförderung noch der Transportbereich in diesen Abschnitten angeführt werden, konnten Speditionen bisher nicht an einer (offiziellen) Zertifizierung teilnehmen. Inzwischen hat eine Ausweitung der Geltungsbereiche der EMAS-Verordnung auf den gesamten Dienstleistungsbereich stattgefunden. Die DIN EN ISO 14001 ist im Gegensatz zum EMAS-System nicht standortspezifisch konzipiert. Gleichzeitig

---

[18]   Vgl. zu den folgenden Ausführungen Richter, Riedl, Tiebler 1997, S. 130 - 134.
[19]   Vgl. ebenda, S. 127 - 130 sowie Forschungsgruppe FEU 1998.

wird jedoch eine standortspezifische Anwendung der Norm DIN EN ISO 14001 nicht ausgeschlossen.

Während also die EMAS-Verordnung lange nur auf gewerbliche, standortbezogene Unternehmen in der EU anwendbar war und erst seit dem 10. Februar 1998 eine Ausweitung auf den Dienstleistungsbereich erfahren hat, wies die Norm DIN EN ISO 14001 von Anfang an einen für sämtliche Aktivitäten, Produkte und Dienstleistungen gültigen, weltweiten Geltungsbereich auf.

*Inhalt*

Wesentliche inhaltliche Gemeinsamkeiten und Unterschiede der beiden Umwelt-standards lassen sich wie folgt in aller Kürze zusammenfassen:

| Inhaltliche Gemeinsamkeiten der EMAS-Verordnung und DIN EN ISO 14001 | |
|---|---|
| **Allgemeine Ziele** | Einhaltung von gesetzlichen Vorschriften sowie klares Bekenntnis der obersten Managementebene zur Umweltverantwortung des Unternehmens |
| **Periodische Kontrollen** | Periodische Durchführung von Umweltprüfungen zur Bestandsaufnahme der umweltrelevanten Situation sowie Audits zur Überprüfung und Entwicklung des bestehenden UMS |
| **Strukturelemente, Formalisierungsgrad** | Definition von Umweltzielen und -politiken, Benennung eines Managementbeauftragten und Aufbau einer Umweltorganisation, Definition eines Umweltprogramms bestehend aus Maßnahmen, Mitteln und Fristen, Dokumentation des Managementsystems |

**Tabelle 1:**     Inhaltliche Gemeinsamkeiten der EMAS-Verordnung und der DIN EN ISO 14001

| Inhaltliche Unterschiede im Bereich | EMAS | ISO 14001 |
|---|---|---|
| Optimierungsobjekt | Kontinuierliche Verbesserung der Umweltleistung im Hinblick auf die gesetzten Umweltziele | Kontinuierliche Verbesserung des UMS |
| Validierungspflicht | Umweltprüfung ist obligatorisch, wenn man sich zur Teilnahme an der Verordnung entschieden hat | Umweltprüfung wird empfohlen |
| Zeitlicher Anfall der periodischen Kontrollen | Umweltbetriebsprüfung spätestens nach drei Jahren | Jährliche UMS-Audits (Management Review) |
| Veröffentlichungspflicht | Umwelterklärung erforderlich | Keine Umwelterklärung erforderlich |

**Tabelle 2:** Inhaltliche Unterschiede der EMAS-Verordnung und der DIN EN ISO 14001

Mit der Entwicklung der DIN EN ISO 14001 wurde gewissermaßen ein „Konkurrenzinstrument" zur EMAS-Verordnung geschaffen. Obwohl in inhaltlicher Sicht weitgehende Übereinstimmungen zwischen beiden Systemen bestehen, kann jedoch davon ausgegangen werden, daß die Anforderungen der DIN EN ISO 14001 im Vergleich zur EMAS-Verordnung um einiges niedriger ansetzen. Dies kann im wesentlichen wie folgt begründet werden:

- Während sich Unternehmen im Rahmen der EMAS-Verordnung dazu verpflichten, die negativen Umweltauswirkungen ständig zu verringern, verlangt die DIN EN ISO 14001 lediglich eine Verbesserung des UMS. Dies geht jedoch nicht zwingend mit einer Verbesserung der Umweltsituation einher.

- Im Gegensatz zur EMAS-Verordnung verlangt die DIN EN ISO 14001 vom teilnehmenden Unternehmen keine öffentliche Umwelterklärung.

- Im Zusammenhang mit dem vorgenannten Punkt ist für die DIN EN ISO 14001 auch das Fehlen einer Überprüfung durch einen zugelassenen Umweltgutachter anzuführen. Im Gegensatz dazu werden in der EMAS-Verordnung sowohl eine öffentliche Umwelterklärung als auch eine externe Prüfung über die Einhaltung der internen Umweltziele verlangt, die eher eine Umsetzung geplanter Umweltschutzmaßnahmen garantieren.

Aufgrund des weltweiten Geltungsbereichs der DIN EN ISO 14001 und der auf Europa beschränkten EMAS-Verordnung bleibt schließlich - Erfahrungsberichten zufolge[20] - zu resümieren, daß die EMAS-Verordnung unter amerikanischen und asiatischen Geschäftspartnern kaum bekannt ist.

Welches der beiden Systeme sich letztlich am Markt durchsetzen wird, kann derzeit noch nicht abschließend beurteilt werden. Möglicherweise wird das Resultat entscheidend von dem Wert abhängen, den die verschiedenen gesellschaftlichen und marktlichen Anspruchsgruppen der Unternehmen dem jeweiligen UMS beimessen. In diesem Zusammenhang scheint es plausibel, daß das hauseigene Management und verschiedene marktliche Anspruchsgruppen, wie z. B. Aktionäre, Banken, Versicherungen etc., mit einer Zertifizierung nach der Norm DIN EN ISO 14001 zufrieden sind, dagegen Kunden und gesellschaftliche Anspruchsgruppen (z. B. Medien, Umweltschutzinstitutionen etc.) wahrscheinlich eher eine Zertifizierung nach der EMAS-Verordnung befürworten.[21]

### 2.3.5 Synergieeffekte durch die Integration von Qualitäts- und Umweltmanagementsystemen

Für die Integration des UMS in ein bestehendes QMS sprechen praktische Gründe und Effizienzüberlegungen. So ist naheliegend, eine im Unternehmen vertraute und wirksame Systemstruktur beizubehalten und dieser ein UMS hinzuzufügen. Dabei ist zu prüfen, ob bestehende Verfahren und Dokumente um die für UMS spezifischen Elemente ergänzt werden können oder ob zusätzliche Elemente eingeführt werden müssen.

---

[20]   Vgl. Weber 1996, S. 7.
[21]   Vgl. Dyllick 1995, S. 314 u. 336 f.

Als Synergien und somit erzielbare Kostenvorteile, die bei der Integration von Umwelt- und Qualitätsmanagement als Vorteile im Vordergrund stehen, lassen sich beispielsweise folgende nennen:

- Gemeinsame Zielfestlegung und Verankerung im Management

- Gemeinsame Dokumentation

- Optimierung aller innerbetrieblichen Geschäftsabläufe durch Steigerung der Transparenz der Abläufe und ganzheitlicher Betrachtungsweise

- Qualitäts- und Umweltaspekte werden gleichzeitig auf allen Ebenen des Unternehmens verstanden und umgesetzt

- Steigerung der Motivation der Mitarbeiter

- Steigerung der Marktanteile durch Berücksichtigung der Kundenanforderungen hinsichtlich Qualität und Umweltschutz, Imageaufwertung des Unternehmens

- Risikoverringerung im Produkthaftungsbereich durch Berücksichtigung rechtlicher und auch wirtschaftlicher Aspekte

- Ressourceneinsparung, Minimierung von umweltbezogenen Kosten, geringerer Fehlleistungsaufwand

Inwieweit sich diese Synergiepotentiale realisieren lassen, hängt von der spezifischen Ausgestaltung des integrierten Managementsystems ab. Im folgenden Kapitel werden daher logistische Prozeßketten hinsichtlich ihrer Berücksichtigung qualitätsorientierter und ökologischer Aspekte untersucht.

# 3 Ausgewählte Fallbeispiele zur Gestaltung logistischer Prozeßketten unter Umweltschutz- und Qualitätsaspekten

In diesem Kapitel erfolgt die Darstellung besonderer Leistungen hinsichtlich der unternehmensübergreifenden Gestaltung von Logistikketten anhand von vier Fallbeispielen.

Mit diesen Fallstudien wird zum einen das Ziel verfolgt, einen ersten Überblick darüber zu geben, wie Logistiksysteme in der Unternehmenspraxis geplant und ausgestaltet werden - generell sowie im Hinblick auf Umweltschutz- und Qualitätsaspekte. Zum anderen soll dargestellt werden, inwieweit Unternehmen, die in der Logistik „Spitzenleistungen" erbringen, sich in ihrem Aufbau, ihrer Struktur und/oder ihrem Vorgehen durch Besonderheiten auszeichnen.

## 3.1 Innovative Partnerschaften in der logistischen Prozeßkette der Bosch-Siemens Hausgeräte Gruppe

### 3.1.1 Darstellung der beteiligten Kooperationspartner

#### 3.1.1.1 Bosch-Siemens Hausgeräte Gruppe

Die Bosch-Siemens Hausgeräte Gruppe (BSH) ist weltweit einer der führenden Hersteller von elektrotechnischen Gebrauchsgütern. Insgesamt verfügt die BSH über 31 internationale Werke. In der Gruppe sind folgende Unternehmen integriert:

- BS Continental S.A. Utilidades Domésticas, São Paulo

- BSP A.B.E, Athen

- BSW Household Appliances Co., Ltd., Wuxi

- BYSE Electrodomésticos, S.A., Huarte-Pamplona

- EBS Home Appliances Limited Partnership, New Bern

- Gaggenau Werke Haus- und Lufttechnik GmbH, Gaggenau

- Hausgerätewerk Nauen GmbH, Nauen

• MAG Mali Gospodinjski Aparati d.o.o., Nazarje

• PEG Profilo Elektrikli Gerecler Sanayii A.S., Istanbul

Das Kapital der BSH wird zu gleichen Teilen von der Robert Bosch GmbH und der Siemens AG gehalten.

In fast allen Ländern verfügt die BSH auch über eigene Vertriebs- und Kunden-dienstgesellschaften. Weltweit werden derzeit (Stand 1997) von der BSH jährlich über neun Mio. Großgeräte produziert. Die Gruppe hat Fertigungsstätten in Deutschland, Frankreich, Griechenland, Polen, Slowenien, Spanien und der Türkei sowie in Brasilien, Mexiko, Peru und in der Volksrepublik China.

Das Produktspektrum der BSH umfaßt Kühl- und Gefriergeräte, Geschirrspüler, Wä-schepflegegeräte, Wärmgeräte, Bodenpflegegeräte, kleine Hausgeräte, Warmwas-sergeräte, Klima- und Kühlaggregate sowie Geräte der Unterhaltungselektronik.

In Deutschland verfügt die BSH über den größten Marktanteil in ihrem Marktseg-ment, europaweit liegt sie auf Platz zwei. Im weltweiten Vergleich ist die BSH auf Platz fünf der Hausgerätehersteller. Der deutschlandweite Vertrieb der Hausgeräte erfolgt unter einer Reihe verschiedener Marken:

• Bosch

• Siemens

• Constructa

• Neff

• Gaggenau

Im Geschäftsjahr 1997 erwirtschaftete die BSH einen Umsatz von neun Mrd. DM. Insgesamt sind derzeit über 30.000 Mitarbeiter bei der BSH beschäftigt.

Im Rahmen von Umstrukturierungsmaßnahmen wurde die Distributionsstruktur der BSH von ehemals 30 europäischen Regionallägern auf elf reduziert. In Deutschland erfolgt die Warendistribution über zwei Regionalläger, eines in Giengen und das an-dere am untersuchten Standort Leinefelde, wo zudem ein Umschlagpunkt für die

Feinverteilung integriert ist. Die Führung des Regionallagers und des Umschlag-
punkts wurden an den Systemdienstleister Paul Günther Cargo fremdvergeben.

### 3.1.1.2 Paul Günther Cargo

Der Logistikdienstleister Paul Günther Cargo verfügt deutschlandweit über acht
Standorte in Bremen, Düsseldorf, Erfurt, Frankfurt, Hamburg, Leinefelde, München
und Schwerin. Internationale Standorte befinden sich in Aarhus, Kopenhagen, Chicago, Genua, Houston, Prag, Rotterdam und Singapur. Der Unternehmensumsatz
der Paul Günther Holding lag 1997 bei über 450 Mio. DM, der Gewinn der Gruppe
bei über zehn Mio. DM. Die Anzahl der Mitarbeiter bei Paul Günther beläuft sich auf
knapp 400. Tabelle 3 zeigt die Geschäftsbereiche bzw. organisatorischen Einheiten
der Paul Günther Holding.

| Geschäftsbereiche | Leistungskennzahlen |
|---|---|
| Liner Shipping Servi-ces | Containerverschiffung 370.000 TEU, konventionelle Ver-schiffung 360.000 Frachttonnen |
| Container Trading | Verkaufte Container 8.500 weltweit |
| Freight Forwarding | Seefracht 14.100 TEU, Luftfracht 2.200 Frachttonnen |
| Chassis Leasing | Einsatz Chassisflotte 650 in Deutschland, 35 in Dänemark |
| Warehousing | Lagerfläche 62.000 qm, Umschlag 3,5 Mio. Kolli = 65.100 t |

Tabelle 3:        Geschäftsbereiche der Paul Günther Holding, Angaben für 1996
Quelle:           Selbstdarstellung Paul Günther Holding 1996

Im Rahmen des vorliegenden Forschungsprojektes wurde die Integration des Stand-
ortes Leinefelde in die logistische Prozeßkette der BSH untersucht. Beim Standort
Leinefelde handelt es sich um ein Logistikzentrum mit einer Lagerfläche von über
62.000 qm, das sich über eine Länge von 500 und eine Breite von 125 m erstreckt.
Das Lager umfaßt 9.000 Palettenstellplätze, über 5.000 im Hochregallager (14,5 m
Höhe) und 3.000 im Kommissionierbereich. Am Standort Leinefelde sind 100 Mitar-
beiter beschäftigt. Das Logistikzentrum von Paul Günther Cargo verfügt über 32
Lkw-Verladetore für sämtliche Fahrzeugklassen und ein direktes, 500 m langes An-
schlußgleis. 1996 wurde allein am Standort Leinefelde ein Umsatz von sieben Mio.
DM erwirtschaftet.

Im Hinblick auf eine enge Kooperation sind am Standort Leinefelde die BSH und Paul Günther Cargo auf dem Betriebsgelände in demselben Gebäude angesiedelt.

### 3.1.1.3 Weitere Kooperationspartner

Ein weiterer Partner in der logistischen Prozeßkette der BSH ist die Siemens AG. Die Altgeräte, die im Bereich um den Umschlagpunkt Leinefelde redistribuiert und dort in einem Puffer zwischengelagert werden, werden im Auftrag von Siemens abgeholt. Der Transport erfolgt dabei über externe Fuhrunternehmer. Die Altgeräte werden zu regionalen Entsorgungspartnern transportiert, die für eine fachgerechte Schadstoffentsorgung und Rohstoffrückgewinnung sorgen.

Die Entsorgung der Umverpackungen geschieht über die Logex, die ihrerseits spezialisierte Subunternehmer einsetzt. Die einzelnen Dienstleister übernehmen die Entsorgung von Papier-, Holz- und Kunststoffabfällen.

### 3.1.2 Skizze der logistischen Prozeßkette

### 3.1.2.1 Warenfluß

Im Standort Leinefelde werden 6.000 Artikel geführt und jährlich Waren im Wert von ca. einer Mrd. DM umgeschlagen. Dabei handelt es sich um Weiße Ware. Jährlich werden bei einer Lagerkapazität von 200.000 Großgeräten annähernd 3,5 Mio. Geräte (Colli) umgeschlagen. Die Belieferung des Regionallagers Leinefelde erfolgt aus allen europäischen Fertigungsstandorten (vgl. Abbildung 5), wobei der Bahnanteil beim Warennachzug über 70 Prozent beträgt. Im Regionallager erfolgt die Lagerung für die Warendistribution nach Mittel-, Nord- und Ostdeutschland. Am Standort Leinefelde ist zudem ein Umschlagpunkt integriert, von dem aus die Feinverteilung zum Handel erfolgt. Insgesamt sind im Bundesgebiet 29 Umschlagpunkte vorhanden, 18 davon werden vom Regionallager Giengen bedient. Vom Regionallager Leinefelde erfolgt die Versorgung von elf Umschlagpunkten. Von den Umschlagpunkten aus wird der Handel beliefert. Die Versorgung der Endkunden geschieht über den Handel.

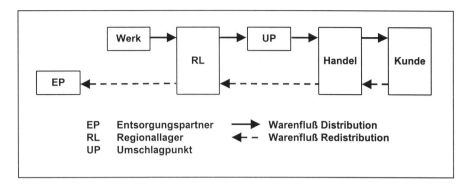

**Abbildung 5:**     Warenfluß in der logistischen Prozeßkette der BSH

Die gesamte Warendistribution der BSH erfolgt zu 80 Prozent (bezogen auf den Umsatz) über die Regionalläger und Umschlagpunkte zum Handel (vgl. Abbildung 6). Zu 15 Prozent erfolgt eine einstufige Distribution ausschließlich über die Regionalläger. Fünf Prozent der Waren werden direkt, d. h. ohne Zwischenlagerung oder Umschlag in Regionallägern oder Umschlagpunkten, ausgeliefert. In diesen Fällen handelt es sich entweder um Direktbelieferungen des Handels oder um Lieferungen an Werksangehörige.

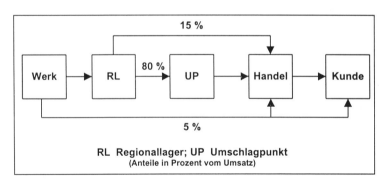

**Abbildung 6:**     Formen der Warendistribution der BSH

Die Belieferung des Regionallagers in Leinefelde erfolgt zum Großteil über den Verkehrsträger Bahn. Im Wareneingang kommen jährlich 6.000 Großraumwaggons sowie 2.700 Lkw an. Über den Warenausgang verlassen jährlich 1.440 Waggons das Regionallager Leinefelde, die zum Großteil in die Umschlagpunkte Berlin und Wahlstedt transportiert werden. Da am Standort Leinefelde auch ein Umschlagpunkt inte-

stedt transportiert werden. Da am Standort Leinefelde auch ein Umschlagpunkt integriert ist, erfolgt von dort aus auch eine Feinverteilung der Waren, die zum überwiegenden Teil über Lkw abgewickelt wird. Jährlich verlassen insgesamt 8.500 Lkw den
Standort Leinefelde. Die Distribution erfolgt über den Nah- und Fernverkehr und erreicht Ziele in Nord-, Ost- und Mitteldeutschland.

BSH hat als erste der Hausgeräteindustrie das Rücknahmeangebot für Altgeräte an
den Handel gerichtet. Seit 1994 nimmt die BSH Altgeräte aller Marken kostenpflichtig
von ihren Händlern zurück und läßt diese von regionalen Dienstleistern verwerten
bzw. entsorgen. Bei der Auslieferung des Neugeräts durch den Handel kann der
Endkunde dem Lieferanten sein Altgerät mitgeben. Die Altgeräte werden beim Handel gesammelt, von Paul Günther Cargo dort abgeholt und zum Regionallager Leinefelde gebracht.

Die in den Altgeräten enthaltenen Wertstoffe (85 Prozent) werden von den Entsorgungsdienstleistern demontiert, die Reststoffe zerlegt, sortiert und in neue Stoffkreis-
läufe rückgeführt. Jährlich werden die Entsorgungsunternehmen durch die BSH auditiert, wobei die ein- und ausgegangenen Stoffströme analysiert werden und der
Verbleib der Materialien dokumentiert wird.

### 3.1.2.2 Informationsfluß

Als letztes Glied in der logistischen Prozeßkette ordert der Endkunde beim Handel
und dieser bei den Vertriebsgesellschaften der BSH die Waren. Die Vertriebsgesellschaften sind bundesweit vertreten. Eingehende Bestellungen des Handels werden
zentral in München bei der BSH verwaltet. Die Bestandssteuerung erfolgt durch die
BSH, die Bestandsverantwortung dagegen durch Paul Günther Cargo. Mit dem System „Auftrags-Split und Sortieren" (ASS) wird eine Prüfung der Warenverfügbarkeit
durchgeführt. Dabei werden neben der Bestandsprüfung auch die entsprechenden
Warenlagerorte ausgegeben. Liegen Warenorder aus Mittel-, Nord- oder Ostdeutschland vor, so werden die Aufträge an das Regionallager Leinefelde ausgelöst. Über
das System Euroload, mit dem alle Umschlagpunkte ausgerüstet sind, werden die
Ladelisten und Transportpläne für die Umschlagpunkte generiert.

Der Systemdienstleister Paul Günther Cargo verfügt über ein zur BSH kompatibles Informations- und Kommunikationssystem. Die logistischen Prozesse sind vom Wareneingang über die Einlagerung, Kommissionierung und Dokumentation bis hin zum Warenausgang EDV-gestützt mit der BSH vernetzt. In das EDV-System integriert sind ein Lagerverwaltungssystem für palettierte Ware und ein SAP/R2-Direktanschluß. Für das Jahr 1998 ist ein neues, das komplette Lager umfassendes System in Arbeit, welches in Abstimmung mit der BSH auf SAP/R3 basieren wird.

Von seiten der BSH sind drei Subsysteme in SAP-Umgebung entwickelt worden, die standardisierte Schnittstellen zum Dienstleister aufweisen. Im System Eurotrace sind die Standardplanungsfunktionen der Distributionssteuerung integriert. Ebenfalls integriert ist hierbei die Datenübertragung an die Systeme Eurostore und Euroload. Im System Eurostore ist die Lagerverwaltung integriert. Am gemeinsamen Standort der BSH mit Paul Günther Cargo in Leinefelde, bei dem das Regionallager mit dem Umschlagpunkt räumlich identisch ist, wird über dieses System die barcode-gestützte Verladung erfaßt. Dieses System ermöglicht eine unternehmensübergreifende, arbeitsmengenbezogene Planung des Lagerbetriebes. Eine beleglose Kommissionierung wird mit Hilfe von Staplern ermöglicht, die über ein Transportmanagementsystem (TMS) gesteuert werden und mit denen über Datenfunk kommuniziert wird. Im System Euroload erfolgt die Ist-Erfassung der Primärtransporte per Scanner. Am Umschlagpunkt können vom System produktgruppenbezogene sowie tourenbezogene Daten ausgegeben werden.

Die Distributionslogistik ist eng mit der Werkslogistik der verschiedenen Fertigungsstandorte verknüpft. Schon vor dem Transport vom Werk zum Regionallager in Leinefelde werden Informationen über Fertigungspläne nach Typ, Menge und Termin zur Verfügung gestellt. Aufgrund dieser Vorlaufinformationen können die benötigten Kapazitäten für Transportmittel und Personal für die Verteilung der Geräte an das Regionallager in Leinefelde disponiert werden. Die Umschlagpunkte erhalten die Informationen über bevorstehende Lieferungen mit einem Tag Vorlauf.

Nach Auftragseingang werden auch weitere Umschlagpunkte von dem Regionallager Leinefelde auftragsbezogen beliefert. Der Primärtransport zum Umschlagpunkt erfolgt in einem Zeitrahmen von maximal 24 Stunden, was durch die gemeinsame, unternehmensübergreifende EDV-Plattform ermöglicht wird.

Die logistische Prozeßkette der BSH ist durch deutliche Schwankungen gekennzeichnet. Saisonale Schwankungen treten insbesondere bei Kühlgeräten auf, die aufgrund höherer Leistungsabgabe verstärkt in warmen Jahreszeiten ausfallen und dann vom Kunden geordert werden. Die Nachfrage nach Trocknern ist ebenfalls stark saisonal abhängig, die Spitzenbedarfe liegen hierbei in den kälteren Jahreszeiten. Um dem Ziel der Lieferbereitschaft gerecht zu werden, erhält die bestandsorientierte Produktion vom Vertrieb Vergangenheitswerte, um entsprechende Kapazitäten disponieren zu können.

Bei der BSH wurde eine Ausweitung des Bereichs Logistik zu einem zentralen Ressort Absatzwirtschaft umgesetzt. Ziel dieser neuen Abteilung ist es, Absatzfunktionen, insbesondere die Bestandsverwaltung und –steuerung, weiter zu optimieren.

Beim Kauf eines Großgerätes gibt der Endkunde an, ob er die Entsorgung seines Altgerätes wünscht. Ist beim Handel ein bestimmter Bestand an Altgeräten erreicht, so wird eine Meldung an das Regionallager Leinefelde gegeben, die Altgeräte beim Handel abzuholen. Ist wiederum am Standort Leinefelde eine bestimmte Menge an gelagerten Altgeräten erreicht, so wird ein Entsorgungsauftrag an die Siemens AG ausgelöst, die den Abtransport der Geräte durchführt. Analog erfolgt der informatorische Ablauf zur Entsorgung der Verpackungsmaterialien.

An den Informationsfluß hinsichtlich der Redistribution der Altgeräte werden weitaus geringere Anforderungen gestellt als bei der Distribution. Zum einen ist in diesem Bereich keine vereinbarte „Entsorgungszeit" einzuhalten, zum anderen bedeuten erhöhte Altgerätebestände keine erhöhten Kapitalbindungskosten, sondern im wesentlichen lediglich zusätzliche Lagerflächenkosten.

### 3.1.2.3 Planung, Organisation und Controlling

Die Funktionen der Logistik erstrecken sich bei der BSH über die Bereiche Beschaffung, Distribution und Produktion. Bei der Beschaffung werden beratende Funktionen zu den logistischen Funktionen gezählt, die die Transporte hinsichtlich der Teilebedarfe betreffen. Im Produktionsbereich erfüllt das Ressort Logistik produktionslogistische Aufgaben bzw. Funktionen. Hierzu zählen die unternehmensinterne Warentransportsteuerung, die Werkslagerhaltung, die Warendisposition sowie die Absatzplanung. Die Warendistribution ist ein wesentliches Aufgabenfeld der Logistik bei BSH. Dieser Funktionsbereich reicht von den Werkslägern über die Regionalläger und Umschlagpunkte bis zum Wareneingang des Handels.

Die Wiederbeschaffungszeit wird bei der Produktion der BSH stetig verkürzt. Oberstes Ziel bei der Planung von logistischen Prozessen ist ihre Zuverlässigkeit, deren Gewichtung höher als das Kriterium Schnelligkeit gesehen wird. Die Dispositionsplanung von A-Teilen erfolgt wöchentlich, die von B-Teilen in einem Zwei-Wochen-Rhythmus und die von C-Teilen monatlich.

Grundsätzlich sieht die BSH in der Fokussierung auf Kernkompetenzen kein Dogma. Mit „voreiligen" Outsourcing-Entscheidungen wurden bisher nicht in jedem Fall positive Erfahrungen gemacht. Die Frage des Outsourcing von Leistungen an Dienstleister wird differenziert betrachtet. Die BSH vergibt im Rahmen der Konzentration auf das Kerngeschäft Funktionen an externe Dienstleister, wie es bei der Bewirtschaftung des Regionallagers und des Umschlagpunktes Leinefelde durch Paul Günther Cargo der Fall ist. Aus Gründen des Leistungsvergleichs werden jedoch 30 Prozent der Regionalläger in Eigenbewirtschaftung behalten. Die Kooperationen, die die BSH mit ihren Partnern in der logistischen Prozeßkette eingeht, werden mit Nachdruck gepflegt. Es wird sowohl von Seite der BSH als auch seitens der Kooperationspartner das hohe Wettbewerbspotential von enger Zusammenarbeit betont.

Um die Beziehungsqualität zwischen den Partnern zu halten und weiterhin zu verbessern, werden regelmäßige, gemeinsame Qualitätszirkel durchgeführt. Dabei werden weitere Optimierungspotentiale analysiert und gemeinsame, unternehmensübergreifende Ziele formuliert. BSH ist zweifellos der dominante Partner in den

Dienstleisterbeziehungen. Diese Tatsache hindert jedoch nicht daran, gemeinsam Konzepte und Strategien zu entwickeln.

Der produktbezogene Logistikkostenanteil ist bei der BSH stark produktabhängig. Werden die Logistikkostenanteile bei den verschiedenen Geräten betrachtet, so können deutliche Unterschiede festgestellt werden. Liegt bei einer Waschmaschine der Logistikkostenanteil bei etwa 14 Prozent, so liegt er bei einem Kühlschrank bei einer Größenordnung von 40 Prozent. Die Logistikkosten über die gesamte Wertschöpfungskette sind dabei wie folgt verteilt (vgl. Abbildung 7): Transport zum Umschlagpunkt knapp zehn Prozent und Handling in der Produktion über acht Prozent, was in Summe ca. 18 Prozent ergibt. Die Lagerkosten belaufen sich auf sechs Prozent. Insgesamt fällt im Handel für die Prozesse Transport, Umschlag und Lagerung ein Logistikkostenanteil von 30 Prozent an. Der Transport der Ware zum Endkunden bedeutet einen Logistikkostenanteil von über 40 Prozent. Das größte Einsparungspotential in der Logistik wird in der Umsetzung von ECR-Konzepten und -Technologien gesehen. Die BSH schätzt dieses Einsparungspotential auf rund 30 Prozent.

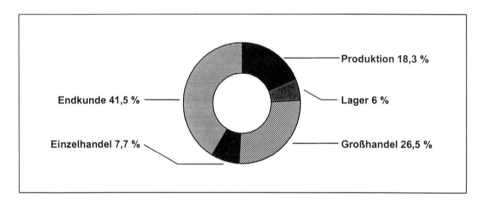

**Abbildung 7:**    Produktbezogene Logistikkosten in der Prozeßkette

### 3.1.3 Spezifische Aspekte der logistischen Prozeßkette

#### 3.1.3.1 Qualitative Aspekte

Seit 1994 werden von der BSH hinsichtlich der eingesetzten Logistikdienstleister Qualitätswettbewerbe durchgeführt. Als Ziele werden dabei verfolgt:

- Steigerung der Logistikqualität

- Erhöhung der Kundenzufriedenheit

- Verbesserung der Identifikation der Dienstleister mit der BSH

Die Wettbewerbe werden für die Warennachschubspediteure, also Transporte von den Fertigungsstandorten zu den Regionallägern, und für die Umschlagpunkt-Spediteure voneinander getrennt durchgeführt. Die wesentlichen Punkte bei der Bewertung sind die Erreichung von hoher Kundenzufriedenheit, Wirtschaftlichkeit und das umweltverträgliche Handeln der Dienstleister. Um diese Oberziele zu operationalisieren, wurde ein Qualitätsbeirat geschaffen, der sich zu gleichen Teilen aus Vertretern der BSH und Mitarbeitern der Speditionen zusammensetzt, von dem konkrete Meßgrößen erarbeitet werden, die wie folgt gewichtet sind (vgl. Tabelle 4):

| Kriterienkatalog (75 %) | Audit (20 %) | Kooperation (5 %) |
|---|---|---|
| • Schäden/Verluste | • Qualitäts-management | • Zeitgerechte und umfassende Information |
| • Termineinhaltung | • Mitarbeiter | • Zügiges Umsetzen organisatorischer Veränderungen |
| • Umwelt | • Fahrzeuge | • Innovative Vorschläge, um die Abläufe zu verbessern |
| • Ausstattung/ Bereitstellung | • Schutz des Gutes | |
| • Regreßzahlung | • Sendungsverfolgung | |

**Tabelle 4:**       Elemente der Dienstleisterwettbewerbe

Die umfangreiche Messung der Qualitätsmerkmale erfolgt alle zwei Jahre durch Audits, die von den Regionalverantwortlichen durchgeführt werden, durch Kundenbefragungen durch den Vertrieb und durch die Erfassung von Qualitätskennzahlen. In einem Benchmarking werden die Ergebnisse aller Dienstleister verglichen und allen Teilnehmern kommuniziert. Den Dienstleistern ist es somit möglich, Potentiale zu identifizieren und qualitätssteigernde Maßnahmen zu ergreifen. Die Ergebnisse der Dienstleisterwettbewerbe sind direkt an die Vergütung gekoppelt, die sich aus einem fixen und einem variablen, leistungsabhängigen Anteil (maximaler Bonus sieben Prozent des Umsatzes) zusammensetzt. Die Spediteure erhalten gemäß ihrer Bewertung leistungs- und qualitätsbezogene Boni, die in unterschiedliche Rangstufen unterteilt sind. Nachdem der erste „Anstoß" überwunden ist, stellt dieses Bonussystem für die Dienstleister einen wichtigen Anreiz dar, Logistikqualität zu halten und weiter zu verbessern. Besondere Leistungen einzelner Mitarbeiter werden mit Sachleistungen zusätzlich belohnt. Als ein wichtiges Mittel für die Steigerung der Mitarbeitermotivation der eingesetzten Dienstleister wird die persönliche Einladung der „Siegermannschaften" zur BSH-Zentrale nach München bewertet. Somit kann der Einsatz der entsprechenden Mitarbeiter, die in ihrer Funktion z. B. als Fahrer regelmäßig Kundenkontakte haben und die Kontaktqualität maßgeblich mitbestimmen, erheblich optimiert werden. Die Mitarbeiter der eingesetzten Dienstleister, die direkten Kundenkontakt haben, werden eingehend bewertet. Obwohl sie keine direkten Mitarbeiter der BSH sind, werden sie vom Handel als Kontaktpersonen und Repräsentanten der BSH gesehen.

Bei Betrachtung der Konstellation der Rangfolge im Wettbewerb 1997 ist klar ersichtlich, daß ein zertifiziertes Qualitätsmanagementsystem nicht unbedingt mit der tatsächlich geleisteten Qualität korreliert. Es existieren zahlreiche Spediteure auf den untersten Rängen in der Bewertung, die nach DIN EN ISO 9000 ff. zertifiziert sind. Andererseits sind im Spitzenfeld der Rangfolge einige Dienstleister anzutreffen, die über kein zertifiziertes Qualitätsmanagementsystem verfügen.

Von den teilnehmenden Partnern der logistischen Prozeßkette wird die Durchführung dieser Wettbewerbe zum Großteil begrüßt. Die schriftlichen Kundenbefragungen des Vertriebs beim Handel, die ein Bestandteil des Wettbewerbs sind, weisen einen

Rücklauf von annähernd 40 Prozent auf, was deutlich als positives Signal des Handels zu verstehen ist. Der Handel sieht in diesem Instrument ein geeignetes Mittel, auf Mißstände oder Verbesserungspotentiale aufmerksam zu machen.

Seit der Einführung der Dienstleisterwettbewerbe hat sich die logistische Qualität in den Prozeßketten der BSH deutlich verbessert (vgl. Abbildung 8). Gegenüber dem Initialwettbewerb konnten die Schadensquote um annähernd die Hälfte reduziert und die Terminüberschreitungen um knapp 90 Prozent verringert werden.

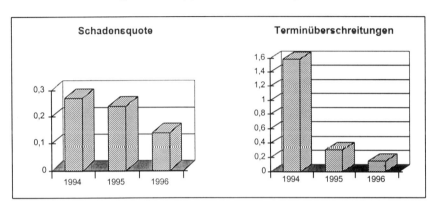

**Abbildung 8:**    Ergebnisse der Dienstleisterwettbewerbe bei der BSH

Paul Günther Cargo liegt mit seinen Leistungen (vgl. Abbildung 9) in der untersuchten logistischen Prozeßkette bei dem durchgeführten Wettbewerb an der Spitze des Rankings.

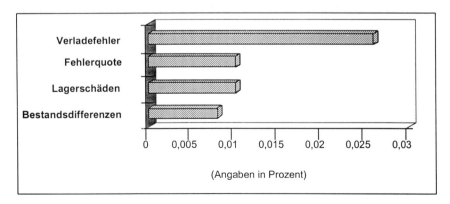

**Abbildung 9:**    Leistungskennzahlen von Paul Günther Cargo

### 3.1.3.2 Ökologische Aspekte

Bei der BSH wurden bereits 1989 Leitlinien zum Umweltschutz festgelegt und die Umweltverträglichkeit der Produkte und Prozesse zu zentralen Umweltzielen erklärt. Die Umweltschutzaufgaben werden bei der BSH ganzheitlich gesehen; der Umweltschutz ist nicht nur produkt-, sondern auch prozeßorientiert ausgerichtet. Neben standortbezogenen Umweltschutzmaßnahmen wie Immissionsschutz, Gewässerschutz, Bodenschutz werden bei der BSH prozeßorientierte Umweltschutzbemühungen wie umweltgerechte Verpackung, Produktentsorgung sowie umweltverträglicher Transport vorgenommen. Die Leitlinien im Umweltschutzbereich sind gemäß den Maßgaben der EMAS-Verordnung durch detaillierte Umweltziele ergänzt und werden den Mitarbeitern kommuniziert.

Die BSH hat als erstes Unternehmen ihrer Branche die EMAS-Verordnung umgesetzt. Insgesamt sind bei der BSH seit 1995 drei Fertigungsstandorte in Dillingen, Traunreut und Bretten nach der EMAS-Verordnung validiert. Das Werk in der Türkei ist nach DIN EN ISO 14001 zertifiziert.

Das Umweltmanagementsystem der BSH ist in das Gesamtzielsystem eingebunden (vgl. Abbildung 10). Auf der höchsten Ebene werden strategische Ziele in Form von Leitlinien, Richtlinien etc. festgeschrieben. Auf der Bereichsebene erfolgt die Herunterbrechung auf taktische Ziele, wo insbesondere Umweltprogramme erarbeitet werden. Operative Ziele, die in bestimmten Arbeitsanweisungen und Aufgaben festgeschrieben sind, werden auf Abteilungs- oder Gruppenebene und teilweise auf der Mitarbeiterebene gesetzt.

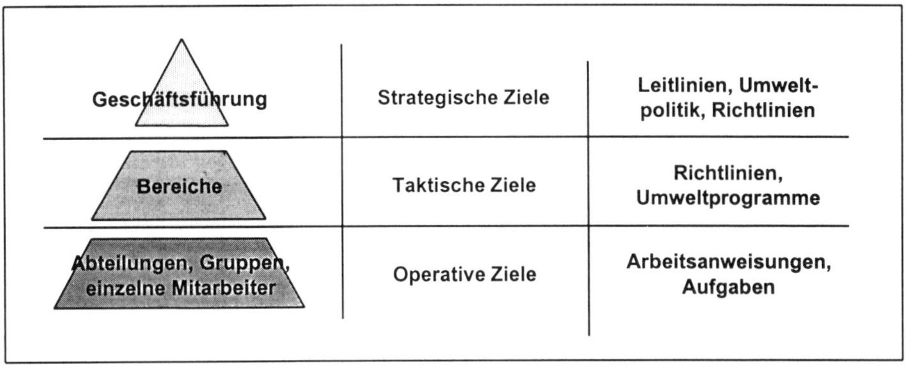

**Abbildung 10:**    Umweltmanagementsystem bei BSH

Die Abbildung 10 zeigt den Aufbau des Umweltmanagementsystems bei der BSH. Strategische Umweltziele und Schwerpunkte der Umweltschutzbemühungen werden von dem „Lenkungsausschuß Umweltschutz" erarbeitet. Hier erfolgt die Vorbereitung der Entscheidungsvorlagen fur die Geschäftsführung. Im Lenkungsausschuß sind sowohl Führungskräfte aus den verschiedensten Unternehmensbereichen als auch der Leiter des Ressorts Umweltschutz integriert. Die „Zentralabteilung Umweltschutz" steuert die Umweltaktivitäten der BSH und informiert darüber die Geschäftsführung. Von dieser Einheit werden stichprobenartig interne Umweltaudits durchgeführt; sie funktioniert somit im Sinne der EMAS-Verordnung als Managementvertreterin. In allen Fertigungsstätten der BSH werden Umweltschutzbeauftragte eingesetzt, die sich speziell den Umweltfragen und –audits widmen.

Verschiedene Arbeitskreise erarbeiten in den Schwerpunktbereichen „Produkt", „Produktion", „Logistik" und „Kommunikation" Konzepte, um die Unternehmensumweltpolitik zu operationalisieren. Der Fokus dieser Bereiche liegt auf der umweltgerechten Produktgestaltung, auf der Durchführung von Umweltaudits, auf Verpackungs- und Transportfragen sowie auf Umweltschutzanforderungen an die Zuliefer- und Dienstleisterunternehmen.

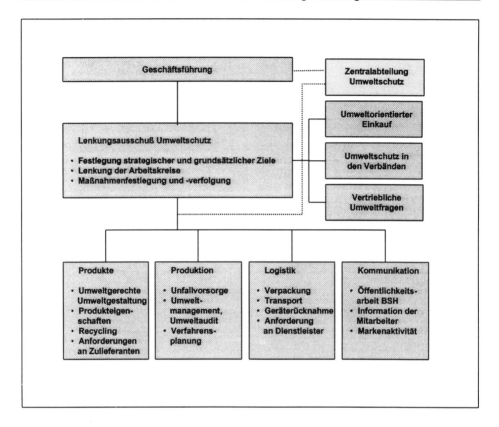

**Abbildung 11:**   Organisation und Umsetzung der Umweltpolitik

Quelle:            in Anlehnung an Goralczyk, Heller 1995, S. 130

In der Produktion konnte bei BSH seit der Intensivierung der Umweltschutzaktivitäten eine Reihe von Verbesserungen realisiert werden (vgl. Tabelle 5).

| Umweltkennzahl | 1993 | 1995 | Einheit |
|---|---|---|---|
| Energieeinsatz | 62,9 | 55,8 | kWh |
| Rohstoffe | - | 23,8 | kg |
| Verpackung | 5,6 | 4,5 | kg |
| Abfälle | 7,1 | 6,6 | kg |
| Wertstoffanteil | 88 | 91 | % |
| Abwassermenge | 181 | 122 | l |
| $CO_2$-Emissionen | 21,8 | 20,3 | kg |

**Tabelle 5:**     Entwicklung der Umweltkennzahlen (Angaben pro Gerät)

Bei der Planung von Verpackungsfragen werden folgende Punkte von der BSH schwerpunktmäßig geprüft:

- Möglichkeit der flächendeckenden Verpackungsentsorgung

- Einsatz von Mehrwegverpackungssystemen

- Einsatz von Recyclaten

- Reduzierung der Verpackung

- Reduzierung der Anzahl eingesetzter Materialarten

Hinsichtlich der Verpackung ist bei der BSH weiterhin der Trend zu umweltverträglichen und wiederverwendbaren Materialien zu beobachten (vgl. Abbildung 12), deren Anteil am Gesamtverpackungsvolumen über 80 Prozent beträgt. Seit 1993 konnte das Verpackungsgewicht um fast 15 Prozent verringert werden.

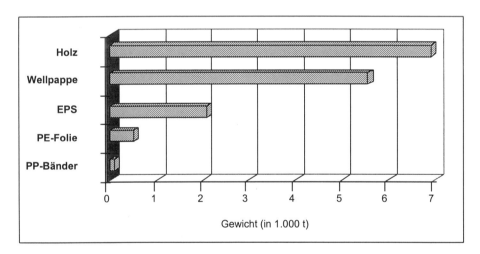

**Abbildung 12:** Eingesetzte Transportverpackungen in der Prozeßkette
Quelle: in Anlehnung an Goralczyk, Heller 1995, S. 140

Sämtliche Pappen sind sortenrein und frei von papierfremden Bestandteilen. Zu den Pappen werden zusätzlich auch Kartonagen gerechnet, die bis zu einem Prozent mit Aufklebern aus andersstofflichen Materialien oder mit eingelegten Kunststofffäden versehen sind. Bei den Polyethylen-Folien (PE-Folien) handelt es sich im wesentlichen um Schrumpffolien und Aufkleber. Polypropylen-Bänder (PP-Bänder) werden im allgemeinen zur Sicherung der Waren auf Paletten verwendet und sind kaum substituierbar. Holz wird in der logistischen Prozeßkette der BSH nur unbehandelt verwendet. EPS (Styropor) wird in Form von Formteilen oder Loose-fills (Chips) verwendet.

Um die Umweltverträglichkeit der logistischen Prozeßkette zu verbessern, wurde von der BSH eine spezielle Mehrwegverpackung entwickelt. Das Material der Ober- und Unterteile sowie der Seitenstützen ist Polycarbonat, ein recyclingfähiger Kunststoff. Mit PP-Bändern oder PE-Folie werden die Verpackungsmodule zusammengeschnürt. Die Mehrwegverpackung bietet eine Reihe von Vorteilen. Bei einem Gesamtgewicht von ca. 14 Kilogramm kann die gesamte Verpackung bis auf 700 Gramm an Einwegteilen vollständig wiederverwendet werden. Die Mehrwegverpackung hat bei 15 Umläufen pro Jahr eine geschätzte Mindestlebensdauer von fünf Jahren. Systembedingt ergibt sich jedoch gegenüber einer Einwegverpackung der Nachteil der Erfordernis einer Rückführorganisation, die für die beteiligten Prozeßkettenpartner einen zusätzlichen Aufwand bedeutet. Beim Handel hat dieses Verpackungskonzept großen Zuspruch gefunden. Ein großes Potential zur weiteren Verbreitung der entwickelten Mehrwegverpackung liegt in der Abstimmung mit anderen Hausgeräteherstellern, die dieselben Handelsunternehmen beliefern.

Alle Fertigungsstandorte der BSH verfügen über einen Gleisanschluß. Die Warentransporte von den Fertigungsstandorten zu den Regionallägern erfolgen wie im Fall Leinefelde zu über 70 Prozent per Bahn. Die Versorgung der Umschlagpunkte durch die Regionalläger erfolgt zu 10 Prozent mit der Bahn. Insgesamt werden 53 Prozent aller Warentransporte mit der Bahn abgewickelt, ein Bahnanteil, der im Vergleich mit anderen Unternehmen derselben Branche hoch ist. Der Einsatz des Verkehrsträgers Bahn soll in Zukunft noch weiter intensiviert werden. Hintergrund dafür sind die bessere Planbarkeit bei Bahntransporten sowie die erhöhte Umweltverträglichkeit der Transporte. Die Transporte vom Regionallager Leinefelde zu den Umschlagpunkten Berlin und Wahlstedt erfolgen ausschließlich per Bahn.

Seit dem Jahre 1994 wird im Rahmen der Dienstleisterwettbewerbe der Einsatz von emissions- und lärmarmen Lkw gefördert. Seit Beginn der Speditionswettbewerbe hat sich der Anteil derartiger Lkw im Fernverkehr nahezu verdoppelt, im Nahverkehr konnte der Anteil um über 100 Prozent gesteigert werden. Der Einsatz von Gas- oder Elektrofahrzeugen wird dann geplant, wenn eine flächendeckende Versorgung mit den entsprechenden Treibstoffen gesichert ist.

80 Prozent der für die deutschen Fertigungsstandorte strategisch wichtigen Teile werden von Zulieferern beschafft, die in einem Umkreis von weniger als 50 Kilometern um den Produktionsstandort angesiedelt sind. Die Strategie der fabriknahen Ansiedlung führt bei der Gesamtprozeßkette der BSH nicht nur zu einer Optimierung der JIT-Anlieferungen, sondern auch zu deutlich verbesserten Umweltwirkungen im Beschaffungsbereich, da Transportstrecken minimiert werden.

### 3.1.3.3 Integration der Aspekte

Grundsätzlich läßt sich bei der untersuchten logistischen Prozeßkette der BSH ein signifikanter Zusammenhang zwischen logistischer Qualität und Umweltverträglichkeit beobachten. Optimierungen der Logistik-Performance gehen in vielen Fällen mit der Verbesserung der Umweltverträglichkeit von logistischen Prozessen einher. Beispielsweise wurde seit Anfang der Lieferantenwettbewerbe 1994 bei der BSH die Fahrzeugauslastung um 13 Prozent erhöht. Die Steigerung der Transportmittelauslastung führte unmittelbar zu einer Verringerung der zu erbringenden Fahrleistungen, die sich nicht nur kostenreduzierend auswirkt, sondern auch zu einer deutlichen Reduzierung der Umweltbelastung führt.

Der positive Kosteneffekt bestimmter Umweltschutzmaßnahmen zeigt sich am Beispiel der Verkehrsmittelwahl. Durch den verstärkten Einsatz von „Jumbo-Lkw" konnten die Straßentransporte in den letzten Jahren um ein Viertel reduziert werden. Diese Fahrtenreduktion bewirkte eine Verminderung des Dieselverbrauchs von 320.000 auf 230.000 Liter, was neben einer erheblichen Umweltentlastung einer Kosteneinsparung von ca. 90 TDM entspricht.

Deutlich wird im Falle der logistischen Prozeßkette der BSH die „win-win"-Situation hinsichtlich Umwelt und Kosten auch bei der Verkehrsträgereinsatzkalkulation. Durch die Zusammenfassung unterschiedlicher Distributionsstufen werden im Warennachschub verstärkt Bahntransporte im Rundlaufverkehr zwischen dem Werk Berlin zu

den Regionallägern Giengen und Leinefelde durchgeführt. Durch dieses Rückbe-
frachtungskonzept wird bei der Bahn ein optimierter Auslastungsgrad erreicht, woraus für die BSH Kosteneinsparungen von bis zu 25 Prozent aufgrund von Fracht-
nachlässen resultieren.

Um den stetig steigenden Anforderungen an das Handling und den Transport sowie
den steigenden Umweltschutzanforderungen gerecht zu werden, wurde von einem
Team aus Verpackungsingenieuren, Logistikern und Konstrukteuren eine Mehrweg-
und Mehrzweckverpackung entwickelt. Durch den Einsatz der Mehrwegverpackung
können pro Jahr ca. 23 Tonnen Karton und vier Tonnen expandiertes Polystyrol eingespart werden, was einen direkten Kosteneinsparungseffekt bewirkt.

Im Rahmen eines verbesserten Abfallmanagements wurde der Wertstoffanteil der
Großgeräte auf 85 Prozent erhöht. Aufgrund dessen konnte am Fertigungsstandort
Giengen eine Senkung der Entsorgungskosten um 210.000 DM erreicht werden.
Gleichzeitig stieg der Erlös für Wertstoffe um 160.000 DM. Zusammenfassend läßt
sich sagen, daß bei einer geeigneten Gesamtkonzeption, wie sie in diesem Fallbeispiel vorliegt, Optimierungen in der Logistik zu höherer Qualität und Umweltverträglichkeit führen. Die Untersuchung der logistischen Prozeßkette der BSH hat eine
Reihe derartiger „win-win"-Situationen aufgezeigt. Es läßt sich feststellen, daß bei
einer monetären Bewertung des Nutzens und des Aufwands von Umweltschutzmaßnahmen vielfach ein ausgeglichenes Verhältnis, in etlichen Fällen auch ein Kostenvorteil, entsteht.

### 3.1.4 Zusammenfassung

Die Prozeßkette BSH zeichnet sich insbesondere dadurch aus, daß sich das Pro-
zeßkettendenken zwischen den verschiedenen Akteuren überdurchschnittlich stark
durchgesetzt hat. Die BSH als Hauptakteur in der untersuchten Logistikkette hat
durch ihre ausgeprägte Logistikorientierung gemeinsam mit ihren Kooperationspartnern einen deutlichen Fortschritt beim Service erreicht.

Das Instrument einer unternehmensspezifischen Auditierung setzt sie sehr erfolgreich als Bestandteil der Logistikstrategie ein. Der Lieferanten- bzw. Qualitätswett-
bewerb ist ein Hauptbestandteil der Logistikstrategie und führt dazu, daß die BSH

und ihre Partner in puncto Qualität und Umwelt eine führende Stellung einnehmen.

Durch die Fokussierung auf die Logistik gelang es den Beteiligten in der Prozeßkette, die Logistikqualität und Kundenzufriedenheit signifikant zu steigern. Dabei beschränkt sich die Qualitätssicherung und der Umweltschutz nicht auf eine offizielle Zertifizierung, sondern in Kooperation der Partner wurde mit dem Lieferantenwettbewerb ein Instrument entwickelt, das alle Beteiligten zu einer Steigerung ihrer Leistung speziell in bezug auf die Prozeßkette anspornt. Diejenigen, die beim Wettbewerb sehr gut abschneiden, erhalten finanzielle und ideelle Belohnung. Die schlechter abschneidenden Partner erhalten einen Anreiz, ihre Leistung zu steigern, indem sie ein (anonymisiertes) Benchmarking erhalten. So können sie ihre Defizite detailliert nachvollziehen.

Die Integration von Qualitäts- und Umweltschutzkriterien mit dem Ziel größerer Wirtschaftlichkeit und gestiegenen Kundennutzens findet in dieser Prozeßkette daher mit dem Lieferantenwettbewerb ein adäquates Instrument. Gleichzeitig ist dessen Wirkung nicht eine einmalige Erscheinung, sondern im Sinne eines kontinuierlichen Verbesserungsprozesses steigen die Leistungen von Jahr zu Jahr.

Durch die Integration der Prozeßbeteiligten schon bei der Aufstellung und regelmäßigen Modifikation der Bewertungskriterien für den Wettbewerb wird deutlich, daß eine enge Kooperation aller Akteure Akzeptanz und Motivation schafft. Sie ist die Voraussetzung für ein gemeinsames Denken in logistischen Kategorien und für einen nachhaltigen Markterfolg.

## 3.2    Die integrierte Qualitäts- und Umweltauditierung der Spedition HOYER

### 3.2.1  Darstellung der beteiligten Kooperationspartner

#### 3.2.1.1  Dow Deutschland Inc.

Das Unternehmen Dow Deutschland Inc. ist eine Tochtergesellschaft von The Dow Chemical Company mit Hauptsitz in Midland/Michigan (USA). Das im Jahre 1897 gegründete Unternehmen bietet zusammen mit seinen Beteiligungsgesellschaften mehr als 2.400 Produkte und Dienstleistungen in 157 Ländern an. An insgesamt 115 Produktionsstandorten werden mit ca. 40.000 Mitarbeitern neben chemischen Pro-dukten, wie z. B. organischen und anorganischen Stoffen, Spezialchemikalien, Mo-nomere, Polymere, Expoxidharze, Latexprodukte sowie Bau- und Dämmstoffe, ebenso Dienstleistungen im Umweltbereich angeboten. Mit einem Umsatz von über 20 Mrd. US Dollar im Jahr 1996 gilt Dow als das fünftgrößte Chemieunternehmen der Welt.

Das Werk in Stade liegt direkt an der Elbe. Es wurde 1969 gegründet und in mehre-ren Stufen zum größten Standort von Dow in Deutschland ausgebaut. Schwerpunkt der dortigen Produktion sind Zwischenprodukte für die industrielle Weiterverarbei-tung. Beispielhaft wurde die Kooperation mit dem Konsumgüterhersteller SARA LEE D. E. Deutschland GmbH in Düsseldorf untersucht.

#### 3.2.1.2  HOYER Internationale Fachspedition GmbH

Die HOYER GmbH Internationale Fachspedition ist ein mittelständisches Familienun-ternehmen mit Hauptsitz in Hamburg. Die ca. 2.400 Mitarbeiter verteilen sich auf 22 Niederlassungen in Deutschland sowie 42 Niederlassungen in ebenso vielen Län-dern weltweit. Die Dienstleistungspalette umfaßt die komplexe Bulk-Logistik für flüs-sige und feinkörnige Stoffe sowie verflüssigte Gase. Neben den klassischen Aufga-ben Transport, Umschlag und Lagerung beinhaltet das Dienstleistungsangebot zu-sätzlich die Funktionen Containerreparatur und -wartung sowie Tankreinigung. HOYER verfügt über ca. 6.500 eigene Tankcontainer sowie ca. 1.500 Tankfahrzeu-ge. Darüber hinaus betreibt HOYER eigene Depots mit Tankinnenreinigungs- und

Abwasserbehandlungsanlagen sowie Werkstätten und Umschlageinrichtungen an den wichtigsten Industriestandorten in Europa und Übersee. HOYER ist ausgewiesener Spezialist für eine anspruchsvolle Gefahrgutlogistik.

### 3.2.1.3 SARA LEE D. E. Deutschland GmbH

Das Unternehmen SARA LEE D. E. Deutschland GmbH gehört zum SARA LEE-Konzern mit Hauptsitz in Chicago (USA). Der Konzern mit seinen weltweit 135.000 Mitarbeitern bietet einen breiten Branchenmix an Produkten und Dienstleistungen an. In Deutschland gibt es zwei Niederlassungen mit ca. 200 Mitarbeitern - die Verwaltung in Köln sowie ein Werk in Düsseldorf, in dem Kosmetik- und Hygieneartikel aus verschiedenen Grundstoffen produziert werden. Ferner stellt SARA LEE verschiedene Nahrungs- und Genußmittel her.

### 3.2.2 Skizze der logistischen Prozeßkette

### 3.2.2.1 Warenfluß

Hauptuntersuchungsgegenstand dieser Fallstudie ist die Kooperation zwischen dem Hersteller Dow in Stade und dem Logistikdienstleister HOYER in Hamburg. In dieser Kooperation hat Dow die logistischen Funktionen Landtransport und Umschlag distributionsseitig an HOYER vergeben. Generell ist die Distribution von Dow europaweit ausgerichtet und die Empfängerstruktur vielfältig. In dieser Fallstudie werden exemplarisch die Lieferungen an das Werk von SARA LEE in Düsseldorf betrachtet (vgl. Abbildung 13).

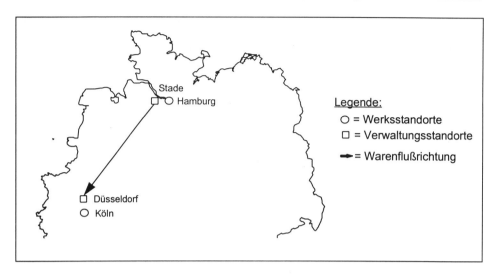

Stade
Hamburg

Legende:
○ = Werksstandorte
□ = Verwaltungsstandorte
➤ = Warenflußrichtung

Düsseldorf
Köln

**Abbildung 13:**　Die Standorte der Prozeßbeteiligten

Dow beliefert SARA LEE u. a. mit Silikonen. Dieses Zwischenprodukt verarbeitet SARA LEE zu Kosmetikartikeln weiter. Dow liefert „frei Ankunft". Somit hat der Versender die organisatorische und haftungsmäßige Verantwortung sowie die Kosten der Transporte zu tragen. HOYER führt diese Funktionen als Unterauftragnehmer von Dow durch. Nach Ankunft der Sendungen in Düsseldorf erfolgt der Haftungs- und Kostenübergang auf SARA LEE als Empfänger. Daher ist SARA LEE für die Entladung der Transportmittel verantwortlich (vgl. Abbildung 14).

Bei den zu befördernden Gütern handelt es sich um feinkörnige oder flüssige Stoffe. In diesem Fall werden ausschließlich größere Mengen pro Sendung transportiert, so daß es sich bei den Transporteinheiten immer um ganze Wagenladungen handelt. Dadurch entfällt eine separate Transportverpackung, da die Transportmittel selbst die Funktion der Verpackung übernehmen. Aufgrund der Gütereigenschaften der feinkörnigen oder flüssigen Stoffe werden Tankfahrzeuge oder -container eingesetzt, die mit entsprechenden Umschlageinrichtungen einfach zu be- und entladen sind. Eine gründliche und umweltgerechte Reinigung der Tankbehälter vor jeder erneuten Beladung ist hierbei von besonderer Bedeutung. Etwaige Stoffrückstände im Reinigungsabwasser bzw. Reinigungsmittel dürfen nicht zu einer Boden- oder Wasserverschmutzung führen. Ferner sind die Umschlageinrichtungen so zu gestalten, daß bei Be- und Entladevorgängen keine Stoffverluste auftreten. Diese Anforderungen sind bei der technischen Gestaltung der Warenflüsse zu beachten.

Die Lieferungen an SARA LEE erfolgen nach dem JIT-Prinzip. Die Sendungen werden produktionssynchron abgerufen. Dabei ist in diesem Fall die Besonderheit zu beachten, daß die Anlieferung der Güter schon vier Arbeitstage vor dem eigentlichen Einsatz in der Produktion zu erfolgen hat. Diese Zeitspanne benötigt SARA LEE für die notwendige Wareneingangskontrolle, die sich vornehmlich auf eine Mengen-überprüfung bezieht. Die sich dadurch bedingende Zwischenlagerung wird somit von den Prozeßbeteiligten nicht als eine solche betrachtet. Vielmehr werden die Ein-zelaktivitäten Umschlag und Kontrolle unter dem Prozeßschritt Wareneingang sub-sumiert (vgl. Abbildung 14). Eine detaillierte Qualitätskontrolle der abgerufenen Pro-dukte erfolgt bereits vor der Beladung durch Dow in Stade und wird von SARA LEE voll anerkannt. Beide Kontrollaktivitäten tragen nicht unmittelbar zur Wertschöpfung bei.

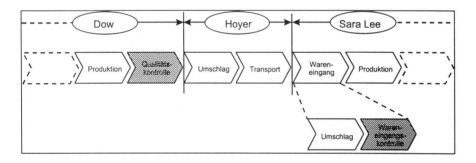

**Abbildung 14:**    Logistische Einzelaktivitäten in der Wertschöpfungskette

Die Transporte werden durch den Logistikdienstleister HOYER durchgeführt, der die Transporte in diesem Fall zu 100 Prozent per Lkw in Tankfahrzeugen abwickelt. Umweltverträglichere Verkehrsträger wie die Bahn oder das Binnenschiff können hier trotz der Massenguteigenschaft der Güter aufgrund der JIT-Lieferungen nicht eingesetzt werden. Der Zeitraum zwischen dem endgültigen Abruf seitens SARA LEE und dem Anlieferungstermin ist zu kurz, um einen zuverlässigen Transportlauf per Bahn oder Binnenschiff sicherzustellen. Da sich außerdem Liefermengen und -zeiten kurzfristig ändern können, muß der einzusetzende Verkehrsträger einen hohen Flexibilitätsgrad aufweisen. Diese Anforderungen werden derzeit weder von der Bahn noch vom Binnenschiff im ausreichendem Maß erfüllt. Daher existiert zum Lkw momentan kein ausreichendes Angebot alternativer Verkehrsträger.

### 3.2.2.2 Informationsfluß

*Informationsfluß zwischen Dow und SARA LEE*

Der Informationsfluß zwischen Dow und SARA LEE erfolgt in zwei Schritten. Im ersten Schritt wird die Lieferinformation durch die über drei Monate vorausschauende Produktionsplanung durch SARA LEE ausgelöst. Entsprechend wird frühzeitig der Auftrag an Dow erteilt, ein bestimmtes Produkt mit einer definierten Qualität in einer gewünschten Menge herzustellen und in drei Monaten für die Belieferung bereitzuhalten. Im zweiten Schritt erfolgt der definitive Abruf der Waren im wöchentlichen Rhythmus. Dieser beinhaltet neben dem Liefertermin die definitive Liefermenge. Sämtlicher Informationsaustausch zwischen beiden Unternehmen erfolgt ausschließlich per Telefon, Telefax und Brief. Für die Zukunft ist allerdings geplant, die unternehmensübergreifende Kommunikation auf E-mail umzustellen.

*Informationsfluß zwischen Dow und HOYER*

Der Informationsaustausch zwischen Dow und HOYER erfolgt beleglos. Im operativen Tagesgeschäft werden in erster Linie die Auftragsdaten pro Lieferung von Dow an HOYER übermittelt. Diese beinhalten neben den spezifischen Sendungsdaten (Bezeichnung des Gutes, Menge, Gewicht und Liefertermin beim Empfänger) auch das Zeitfenster für die Beladung bei Dow. Ferner werden alle für die Wahrung der Transportsicherheit notwendigen Informationen über die Produkteigenschaften der Lieferung übermittelt. Bei Gefahrgütern sind dies die relevanten Vorschriften der Gefahrgut-Verordnung Straße (GGVS) sowie die daraus resultierenden Sicherheitsdatenblätter.

*Informationsfluß zwischen SARA LEE und HOYER*

Zwischen diesen beiden Unternehmen der logistischen Prozeßkette bestehen keine Vertragsbeziehungen. So findet an dieser Stelle generell kein Informationsaustausch statt, solange die Lieferungen reibungslos ohne jegliche Qualitätseinbußen erfolgen.

### 3.2.2.3  Planung, Organisation und Controlling

*Planung, Organisation und Controlling zwischen Dow und SARA LEE*

Zwischen SARA LEE und Dow besteht eine langjährige Kunden-Lieferanten-Beziehung, die in Form eines Rahmenvertrages geregelt ist. Neben der Lieferbedingung sind hier alle Vereinbarungen, die für den reibungslosen Ablauf der Zusammenarbeit notwendig sind, schriftlich fixiert. Dazu gehören insbesondere Vereinbarungen über Qualitätsmaßstäbe sowie Verfahrensanweisungen im Falle von Abweichungen. Hiervon sind sowohl die Produktqualität als auch die Qualität der Logistik betroffen. In bezug auf Umweltschutzaspekte existieren keine Vereinbarungen.

Aufgrund der langjährigen Zusammenarbeit zwischen Dow und SARA LEE gestaltet sich die Planung und Steuerung der Lieferprozesse reibungslos. Gemeinsame Projektteams sind nicht erforderlich, da das eingespielte System mit der vorausschauenden Produktionsplanung über drei Monate sowie den wöchentlichen Lieferabrufen optimal funktioniert. Auf beiden Seiten sind lediglich die Ansprechpartner festgelegt, die in der jeweiligen Linienorganisation eingebunden sind. Die verantwortlichen Stellen beider Unternehmen treffen sich etwa vierteljährlich.

Das Controlling der Lieferbeziehung umfaßt die Messung und Bewertung der Produktqualität sowie der Lieferzuverlässigkeit durch interne Kennzahlen. In den vergangenen Jahren gab es nur eine Reklamation seitens SARA LEE, die aus einer mangelhaften Produktqualität resultierte. Schäden an den gelieferten Gütern, Verspätungen in der Belieferung oder Unfälle wurden nicht festgestellt. Ein Controlling hinsichtlich der Transportkosten erfolgt seitens SARA LEE nicht, da diese bei der vereinbarten Lieferbedingung im Einkaufspreis der Waren enthalten sind.

*Planung, Organisation und Controlling zwischen Dow und HOYER*

Zwischen Dow und HOYER besteht eine langjährige enge Kooperation, die in einem Rahmenvertrag sowie gemeinsamen Leitlinien und Vorschriften über die Zusammenarbeit geregelt ist. Neben Vereinbarungen über die zu befördernden Güter, deren Eigenschaften und Mengen sowie einzuhaltende Lieferzeiten existieren spezifische Vorgaben hinsichtlich der Anforderungen an die einzusetzenden Fahrzeuge. Ferner werden Umweltschutz- und Sicherheitsaspekte einbezogen. Die verantwortlichen Stellen treffen sich halbjährlich.

Die Kooperation zwischen Dow und HOYER ist vom gegenseitigen Einverständnis über die hohe Relevanz von Qualitäts-, Umweltschutz-, und Sicherheitsaspekten in Logistikprozessen geprägt. Das diesbezügliche Know-how beider Unternehmen sowie die daraus folgenden Aktivitäten sind auf einem entsprechend hohen Niveau etabliert. Demzufolge sind beide Partner gleichberechtigt an der Planung und Steuerung der Logistikprozesse beteiligt. Dies erfolgt immer unter der Prämisse, neben der Berücksichtigung von Qualitäts-, Umweltschutz- und Sicherheitsaspekten gleichzeitig eine hohe Effizienz sicherzustellen.

Um diesen Anforderungen gerecht zu werden, wurde als organisatorische Maßnahme ein gemeinsames Projektteam gebildet. Hier werden in regelmäßigen Treffen alle relevanten Logistikprozesse permanent gemeinsam optimiert. Ferner werden gemeinsame Qualitäts- und Umweltschutzziele definiert. Die Erreichung bzw. Einhaltung der Ziele wird mit Hilfe von Kennzahlen kontrolliert. Bei etwaigen Abweichungen werden entsprechende Korrekturmaßnahmen gemeinsam erarbeitet und umgesetzt. Aus dem Bestreben, Probleme gemeinsam zu lösen, resultiert ein offenes Klima in dem Projektteam, welches maßgeblich zur guten Zusammenarbeit beiträgt.

Neben den Zielsetzungen sowie der Kooperationsform sind die Frachtraten und alle anderen Preise für die zu erbringenden Dienstleistungen in dem Rahmenvertrag fixiert. Ferner verständigten sich Dow und HOYER auf ein unternehmensübergreifendes Gesamtkostendenken. Zwischen beiden Partnern besteht eine beidseitige Kostentransparenz. Beide Seiten legen in Jahresgesprächen ihre Kosten für alle relevanten Logistikprozesse der Kooperation offen. Außerdem werden zur gemeinsamen

Bewertung der Logistikkosten Kennzahlen ermittelt. Dies ist die Basis für neue Fracht- und Preisvereinbarungen. Zusätzlich bestehen im Rahmenvertrag sowohl Vereinbarungen über Kostenverrechnungen als auch über die Weitergabe von erzielten Rationalisierungspotentialen. Damit sind für beide Seiten Anreize geschaffen, permanent alle relevanten Logistikprozesse unternehmensübergreifend zu optimieren.

Vornehmlich aufgrund der strategischen Bestrebung, sich zunehmend auf das eigene Kerngeschäft zu konzentrieren, hat sich Dow für Serviceverträge in der Logistik u. a. mit HOYER entschieden. Außerdem sollte das Logistik-Know-how von HOYER, insbesondere im Hinblick auf Qualitäts-, Umweltschutz- und Sicherheitsaspekte, genutzt werden. Darüber hinaus wurden die Logistikkosten durch die enge Zusammenarbeit in erheblichem Umfang reduziert. Für HOYER wiederum bedeutet die enge Kooperation mit Dow, neben der langfristigen Kundenbindung und dem damit einhergehenden Imagegewinn, die kontinuierliche Weiterentwicklung vom klassischen Spediteur zum logistischen Systemlieferanten.

### 3.2.3  Spezifische Aspekte der logistischen Prozeßkette

### 3.2.3.1  Qualitative Aspekte

Aufgrund der JIT-Lieferungen haben bei der Planung und Steuerung dieser logistischen Prozeßkette die Qualitätskriterien Zuverlässigkeit, Flexibilität, Sicherheit der Ware und des Transportes sowie die Lieferzeit den höchsten Stellenwert. Diese Qualitätsanforderungen ergeben sich aus den Vorgaben des Rahmenvertrages zwischen Dow und SARA LEE. Zwar ist der Preis der Lieferungen für SARA LEE das entscheidende Kriterium, jedoch wirkt sich dieser Aspekt bei der Gestaltung der logistischen Prozesse nicht dementsprechend aus, da die Logistikkosten bei der vereinbarten Lieferbedingung in den Einkaufspreisen der Produkte enthalten sind. So werden die Vertragsverhandlungen zwischen Dow und SARA LEE vom Verkauf und Einkauf ohne direkte Einbeziehung der Logistik geführt. Da jedoch die Qualitätsanforderungen an die Transporte ebenfalls im Rahmenvertrag festgelegt werden, führt Dow die interne Vertragsprüfung in enger Abstimmung mit der Logistik durch.

Aufgrund der geringen gestalterischen Handlungsspielräume gibt es auf der Beschaffungsseite von SARA LEE keinen Verantwortungsbereich, der explizit für die logistischen Prozesse verantwortlich ist. In erster Linie müssen die vertraglichen Vorgaben bezüglich der Lieferqualität überwacht werden, damit in den folgenden Produktionsprozessen keine Störungen auftreten. Diese Wareneingangskontrolle wird vom „Total Quality Manager" wahrgenommen, der für die Qualität sämtlicher betrieblicher Prozesse bei SARA LEE verantwortlich ist. Darunter subsumieren sich ebenfalls die logistischen Qualitätsaspekte.

SARA LEE und Dow haben unterschiedliche QMS implementiert. Während das QMS von SARA LEE nach den Richtlinien der kosmetischen Industrie aufgebaut ist und entsprechend zertifiziert wurde, ist das QMS von Dow seit September 1995 nach der DIN EN ISO 9001 zertifiziert. Die Richtlinien der kosmetischen Industrie wurden speziell für die Bedürfnisse der kosmetischen Industrie entwickelt und stark an die formale Struktur der Normenreihe DIN EN ISO 9000 ff. angelehnt. Eine Zertifizierung nach einer der ISO-Normen ist nicht vorgesehen, da in dieser Branche die oben genannte Richtlinie maßgebend ist. So werden von den Lieferanten und Dienstleistern keine nach bestimmten Normen oder Vorschriften zertifizierten QMS gefordert. Entscheidend für SARA LEE ist, daß ihre Lieferanten und Dienstleister eigene QMS aufgebaut haben, die den Anforderungen von SARA LEE gerecht werden. Hierzu werden relevante Handbücher, Anweisungen und andere systembezogene Dokumente der Lieferanten geprüft und gegebenenfalls Audits vor Ort durchgeführt. Zusammen mit anderen Meßdaten und Kennzahlen über die Produkt- und Lieferqualität münden diese Bewertungen in eine Lieferantenbeurteilung. Für SARA LEE ist nicht die Erfüllung formaler Kriterien, die in Normen oder anderen Richtlinien festgehalten sind, entscheidend. Vielmehr müssen zur Erfüllung der vertraglich vereinbarten Vorgaben entsprechend effiziente Managementsysteme von den Lieferanten und Dienstleistern nachgewiesen werden. Mit dem zertifizierten QMS wird Dow diesen Anforderungen gerecht. Zukünftig plant SARA LEE, das eigene QMS nach der Strategie des Total Quality Management (TQM) weiterzuentwickeln und in eine prozeßorientierte Gesamtunternehmensorganisation zu integrieren.

Die QMS von Dow und HOYER sind beide nach der Normenreihe der DIN EN ISO 9000 ff. strukturiert: Dow ist gemäß der DIN EN ISO 9001 und HOYER gemäß der DIN EN ISO 9002 zertifiziert. Zudem besteht völlige Übereinstimmung bei der Bewertung des Stellenwertes von Qualitätsaspekten in den logistischen Prozessen. Zwar verlangt Dow von seinen Dienstleistern keine zertifizierten QMS nach DIN EN ISO 9000 ff., allerdings auditiert Dow seine Logistikdienstleister nach dem „Sicherheits- und Qualitäts-Assessment-System (SQAS) für den Straßentransport" des European Chemical Industry Council (CEFIC) vom September 1994. Dieses speziell von der chemischen Industrie für den Bereich des Straßentransports angewandte Beurteilungssystem deckt die Forderungen der ISO-Norm ab und wird im Abschnitt 3.2.4 näher erläutert.

### 3.2.3.2 Ökologische Aspekte

Obwohl der Umweltschutz für SARA LEE im allgemeinen einen hohen Stellenwert hat, spielen ökologische Aspekte bei der Gestaltung logistischer Prozesse nur eine untergeordnete Rolle. So wird deren Umweltverträglichkeit nicht gemessen. Auch bestehen zwischen SARA LEE und Dow keine Umweltschutzvereinbarungen bezüglich der Logistik. SARA LEE hat selbst kein zertifiziertes UMS und stellt auch an ihre Lieferanten und Dienstleister diesbezüglich keine Forderungen. Einzelne ökologisch relevante Aspekte sind im QMS der kosmetischen Industrie integriert. Diese beziehen sich allerdings vornehmlich auf Produktionsprozesse.

Bei Dow steht der Schutz des Menschen und der Umwelt im Mittelpunkt der Aktivitäten und Entscheidungen. Im Jahre 1991 verpflichtete sich Dow Europe, die Emissionen aller prioritär definierten Chemikalien und Abfälle bis 1995 um die Hälfte zu verringern. Erreicht wurde dieses Ziel bereits ein Jahr früher als geplant im Jahre 1994. So verfügt das Werk in Stade beispielsweise über ein Reststoffmanagementsystem, das eine quasi abfallfreie Produktion ermöglicht. Die Abluft von Tanks sowie Umschlageinrichtungen wird über ein Abluftsystem der Verbrennung zugeführt. Die dadurch selbsterzeugte Energie wird wieder für die Produktion verwandt. So konnte der Anteil zugekaufter Energie vermindert werden. Ferner konnten die industriellen Abfallmengen um 99 Prozent gesenkt werden. Der Hausmüllanteil an externen Deponien wurde um etwa zwei Drittel reduziert.

Sämtliche Umweltprogramme von Dow unterliegen den Grundsätzen des Responsible Care®. Responsible Care® ist eine Gemeinschaftsinitiative der chemischen Industrie mit der Verpflichtung zu verantwortlichem Handeln sowie der Zielsetzung einer kontinuierlichen Verbesserung von Gesundheit, Sicherheit, Umweltschutz und Kommunikation. Darunter fällt auch die Beachtung von Umweltschutz- und Sicherheitsaspekten im Umgang mit chemischen Produkten sowie bei ihrem Transport. So hat sich Dow zum Ziel gesetzt, sämtliche durch Logistikprozesse - insbesondere durch Transport, Umschlag und Lagerung - bedingten Emissionen in die Luft, ins Wasser und in den Boden bis zum Jahre 2005 um 50 Prozent zu reduzieren.

Zur Erreichung dieses Zieles hat sich Dow folgende Strategie zu eigen gemacht:

- Beachtung aller Einzelschritte in den logistischen Prozeßketten von den Lieferanten bis zu den Kunden

- Permanente Erfassung und Analyse von Umweltschutz- und Sicherheitskriterien in ausgewählten Logistikketten zwecks Optimierung in einem kontinuierlichen Verbesserungsprozeß

- Initiierung und aktive Unterstützung des Einsatzes von umweltverträglichen Transportlösungen

- Betrachtung und Berücksichtigung aller Umweltwirkungen, die durch eine Veränderung der Distributionsstruktur ausgelöst werden

Im Kontext dieser allgemein formulierten Strategie arbeiten verschiedene Projektteams daran, Logistiklösungen mit hoher Umweltschutzeffizienz zu definieren und umzusetzen. In diesem Prozeß werden externe Leistungspartner, wie z. B. HOYER sowie Endabnehmer einbezogen, um positive Umweltwirkungen über die gesamten logistischen Prozeßketten hinweg zu erzielen. In der offenen Kooperation zwischen Dow und den Logistikdienstleistern zeigt sich, daß durch eine erhöhte Effektivität bei der Ausnutzung von Ressourcen sowie durch den Einsatz effizienter Techniken das

Erreichen von definierten Umweltschutzzielen ohne eine Erhöhung der Kosten möglich ist.

Seit 1994 wurde der Anteil an intermodalen Transporten unter verstärktem Einsatz der Bahn um 22 Prozent gesteigert. Auch sonst wird bei Dow ein hoher Stellenwert auf eine umweltverträgliche Durchführung der Transporte gelegt. So wurden im Jahre 1996 nur insgesamt 37,5 Prozent aller Landtransporte per Lkw durchgeführt (vgl. Abbildung 15). Auf die Bahn entfielen 53 Prozent der Landtransporte, der Rest wurde per Pipelines befördert. Zukünftig wird noch eine deutliche Erhöhung des Bahnanteils angestrebt. Dabei machen die Landtransporte insgesamt nur einen Anteil von 32 Prozent aller Transporte aus. Der Rest wird per Seeschiff befördert.

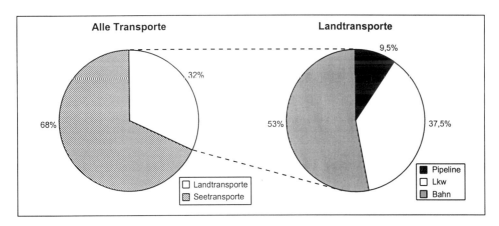

**Abbildung 15:**    Verteilung der Transportdienstleistungen nach Verkehrsträgern

Neben der Verpflichtung zum Responsible Care® hat Dow ein UMS implementiert, das im Mai 1996 sowohl nach der EMAS-Verordnung als auch nach der DIN EN ISO 14001 zertifiziert wurde. Von seinen Rohstofflieferanten fordert Dow ebenfalls ein nach EMAS zertifiziertes UMS. An seine Logistikdienstleister hat Dow diese Anforderung bisher nicht gestellt, da Dienstleister erst seit kurzem ihre UMS nach der EMAS-Verordnung zertifizieren lassen können. Trotzdem wird besondere Aufmerksamkeit auf die Auswahl von qualifizierten Logistikdienstleistern gelegt, damit diese den Anforderungen gemäß der Verpflichtung zum Responsible Care® gerecht werden. Die Sicherheits- und Umweltmanagementsysteme der Logistikdienstleister werden ebenso wie die QMS nach dem SQAS bewertet. Ferner vergibt Dow seit 1995 den Titel des Responsible Care „Carrier of the Year" an Logistikdienstleister, die sich durch besondere Leistungen in diesem Bereich ausgezeichnet haben.

In engem Zusammenhang zum Umweltschutz steht bei Responsible Care® der Sicherheitsaspekt. Bezogen auf logistische Prozesse hat sich Dow das Ziel gesetzt, Unfälle, die ein Risiko für die Umwelt sowie für die Gesundheit des Menschen darstellen, zu vermeiden. Diese Ziele gehen weit über die gesetzlichen Vorgaben hinaus. Dies gilt insbesondere im Umgang mit Gefahrstoffen und -gütern. Um dieses Ziel zu erreichen, führt Dow eine detaillierte Risikobewertung verschiedener möglicher Transportarten für bestimmte Transportgüter durch. Auf Basis dieser Analyse wurde ein Sicherheitsprogramm für die Distribution entwickelt und umgesetzt. Somit werden z. B. aromatische Güter ausschließlich in Doppelhüllentanks befördert. Als erster Erfolg steht die systematische Verringerung der Anzahl der Unfälle in Logistikprozessen für Dow Europe seit 1994 (vgl. Abbildung 16). Für das Jahr 2005 wird bezogen auf die Werte von 1994 eine Reduzierung der Unfälle um 90 Prozent angestrebt.

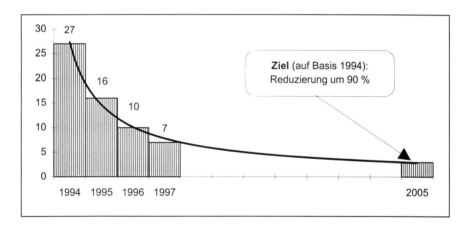

**Abbildung 16:**    Entwicklung der Unfallzahlen in Logistikprozessen für Dow Europe

Eine weitere Leitlinie von Dow ist die intensive Kommunikation mit der Öffentlichkeit. Getreu dem Motto „Tue Gutes und rede darüber" werden neben Imageprospekten jährlich die Umwelterklärungen pro Werk sowie ein Umweltbericht veröffentlicht. In einem gesonderten Prospekt werden Interessenten über die einzelnen Bausteine der

Dow-Umweltideologie informiert und aktiv zum Dialog aufgefordert. Anregungen und Verbesserungsvorschläge sind ausdrücklich erwünscht.

Der Logistikdienstleister HOYER ist mit seinem Kunden Dow über die hohe Relevanz von Umweltschutzaspekten in logistischen Prozessen in völliger Übereinstimmung. Um den eigenen und den Anforderungen seiner Kunden gerecht zu werden, hat HOYER das QMS um die gleichberechtigten Bereiche Sicherheit, Gesundheit und Umweltschutz erweitert. Es wurden Umweltleitlinien formuliert, die in ihren wichtigsten Punkten wie folgt lauten:

- Festlegung gleichberechtigter Unternehmensziele bezogen auf die
    - Qualität der Dienstleistungsausführung
    - Erhaltung der Sicherheit und der Gesundheit der Menschen
    - Gewährleistung des Umweltschutzes

- Festlegung von vertrauensbildenden Rahmenbedingungen im Kontext des TQM und Bereitstellung der erforderlichen Mittel zur kontinuierlichen Systementwicklung zwecks Zielerreichung

- Ausrichtung des UMS nach den Forderungen der Norm DIN EN ISO 14001 sowie permanente Anpassung an die Erfordernisse anwendbarer Vorschriften, Normen und Richtlinien

- Verpflichtung zur Einhaltung der relevanten gesetzlichen Bestimmungen zum Themenkomplex für die Mitarbeiter und die Öffentlichkeit

- Entwicklung von geeigneten Maßnahmen zur Minimierung von Emissionen und Immissionen sowie zur Optimierung der Qualität, der Sicherheit und des Gesundheitsschutzes in Logistikprozessen im Dialog mit anderen Prozeßbeteiligten

- Aufforderung an die Mitarbeiter, einen Beitrag zur Erreichung der Ziele beizutragen sowie aktiv Anregungen zur Weiterentwicklung des TQM zu geben

- Unterstützung der Mitarbeiter zur Erreichung der Zielsetzungen durch die Vorbildfunktion der Führungskräfte

Seit November 1996 ist das UMS von HOYER nach der Norm DIN EN ISO 14001 zertifiziert. Ebenfalls wurde das UMS gemäß der Forderung seitens Dow nach dem SQAS bewertet. Die UMS beider Unternehmen sind aufeinander abgestimmt. Aus den oben genannten Umweltleitlinien hat HOYER konkrete Maßnahmen abgeleitet und umgesetzt. Diese zielen zum einen auf Verbesserungen in den technischen Einrichtungen und zum anderen auf eine sach- und umweltgerechte Handhabung durch die Mitarbeiter ab. Exemplarisch sind hier einige Aktivitäten dargestellt:

- Vermeidung von Wasser- und Bodenverunreinigungen bei der Tankreinigung durch direkt angeschlossene Kläranlagen

- Minimierung der Produktverbräuche bei der Tankreinigung durch eine EDV-gesteuerte Optimierung des Reinigungsverfahrens sowie den Einsatz effizienter und zugleich umweltverträglicher Reinigungsmittel

- Verringerung der Kraftstoffverbräuche und Schadstoffemissionen durch den standardmäßigen Einsatz von Fahrzeugen und Zugmaschinen mit Euro-2-Motoren, die alle vier Jahre auf den neuesten technischen Stand mit der Tendenz zu Euro-3-Motoren gebracht werden

- Entwicklung eines Fahrerhandbuchs sowie regelmäßige Fahrerschulungen durch interne und externe Institutionen zu einer umweltbewußten schonenden Fahrweise zwecks Verringerung der Kraftstoffverbräuche, Schadstoffemissionen und Anzahl der Unfälle

- Systematische Schulungsbedarfsermittlung und -planung sowie Durchführung von strategischen Schulungen zum gesamtem Themenkomplex des TQM in allen Bereichen und auf allen Mitarbeiterebenen

- Einsatz einer vorbeugenden Instandhaltung bei allen eingesetzten Tankfahrzeugen und -containern durch eine Reduzierung der Wartungsintervalle auf zwei Monate anstatt der gesetzlich vorgeschriebenen Fristen von einem Jahr für Tankfahrzeuge und 2½ Jahren für Tankcontainer mit dem Ziel der Erhöhung der Transportsicherheit sowie zur Vermeidung von Unfällen und Gesundheitsrisiken

* Messung und Auswertung von Sicherheits- und Umweltschutzdaten auf der Grundlage einer automatischen Erfassung, interner Kennzahlen und Kundenbefragungen

* Erstellung von Schulungs-, Prüf-, Abweichungs- und Jahresberichten, Lieferantenbewertungen, Budgetplänen sowie Protokollen von Mitarbeitergesprächen und Arbeitskreisen zwecks Dokumentation des TQM, der Aufdeckung von Schwachstellen sowie der Ableitung und Umsetzung von geeigneten Korrektur- und Vorbeugungsmaßnahmen

* Durchführung von internen sowie externen Audits zwecks Überprüfung der Funktionalität des Systems und Einhaltung der gestellten Anforderungen in allen Bereichen und Niederlassungen

### 3.2.3.3 Integration der Aspekte

Die Unternehmen Dow und HOYER haben jeweils ihre QMS und UMS integriert. Bezogen auf die Logistikprozesse sind die integrierten QMS und UMS kompatibel. HOYER faßt die Berücksichtigung aller Aspekte unter dem Dach des TQM zusammen. Die Umsetzung der Forderungen von DIN EN ISO 9002, DIN EN ISO 14001 und SQAS ist in einem Handbuch dokumentiert.

Die interne sowie externe Auditierung bzw. Beurteilung (Assessment) des TQM von HOYER erfolgt in erster Linie nach dem „Sicherheits- und Qualitäts-Assesment-System (SQAS) für den Straßentransport" des European Chemical Industry Council (CEFIC) vom September 1994 durch eine Zertifizierungsgesellschaft. Der Geltungsbereich der Zertifikate umfaßt den Straßentransport, den kombinierten Verkehr und die Tankreinigung. Eine explizite Auditierung der ISO-Normen erfolgt nicht, da die Forderungen des SQAS sowohl die Forderungen der ISO 9002 als die der ISO 14001 abdeckt (vgl. Abbildung 17). In einem Anhang der SQAS werden die für die einzelnen ISO-Normen relevanten Beurteilungskriterien zur Vereinfachung des Zertifizierungsverfahrens herausgefiltert.

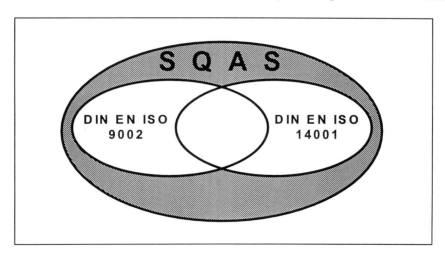

**Abbildung 17:**   Zusammenhang zwischen SQAS und den ISO-Normen

### 3.2.3.4 Das Sicherheits- und Qualitäts-Assessment-System (SQAS)

Das SQAS besteht aus den zwei Teilen „SQAS Beurteilung" und den „Richtlinien für die SQAS Beurteilung". Es versetzt die verschiedenen Chemieunternehmen in die Lage, die Managementsysteme ihrer Logistikdienstleister auf einheitliche Weise zu beurteilen. Dadurch werden Mehrfachbeurteilungen durch jedes einzelne Chemieunternehmen vermieden. Das Assessment erfolgt im Auftrag des Logistikdienstleisters durch eine unabhängige, akkreditierte Zertifizierungsgesellschaft. Der qualifizierte Assessor hat unter Berücksichtigung der durch das SQAS definierten Kriterien einzig die Aufgabe, Fakten festzustellen. Die Bewertung dieser Tatsachenergebnisse erfolgt dann durch das jeweilige Chemieunternehmen im Kontext der unternehmensspezifischen Anforderungen.

Die SQAS-Beurteilung ist in vier Bereiche aufgeteilt. Nach den allgemeinen Informationen zum Assessment sowie einem Gesellschafts- und Betriebsstättenportrait folgen ein detaillierter Fragenkatalog sowie eine Zusammenfassung der Ergebnisse als die beiden Hauptbestandteile des Assessments. Abschließend können der beurteilte Logistikdienstleister und der Assessor jeweils ihre Bemerkungen zum Beurteilungsverfahren dokumentieren, ohne jedoch eine Bewertung der Ergebnisse vornehmen zu dürfen. Die Beurteilungsbereiche des Assessments sind wie folgt gegliedert:

1. Management

2. Sicherheit, Gesundheits- und Umweltschutz

3. Qualität

4. Equipment

5. Betrieb

6. Anlagenschutz (Security)

7. Depotinspektion (Betriebsstättenbegehung)

Die Beurteilung des Erfüllungsgrads der insgesamt 532 Einzelfragen erfolgt durch eine Benotung nach Punkten. Da einige Fragen sich auf mehrere Aspekte beziehen und somit unterschiedliche Punktzahlen pro Frage erzielt werden können, liegt die maximal zu erreichende Gesamtpunktzahl bei 613 Punkten. Zwecks besserer Differenzierung sind die Fragen in drei Kategorien unterteilt:

(M) = Erfüllung zwingend vorgeschrieben

(I)  = Erfüllung innerhalb eines zu vereinbarenden Zeitrahmens von maximal sechs Monaten

(D) = Erfüllung wünschenswert

Dabei soll der auditierte Logistikdienstleister die Gesamtanforderungen der (M) und (I) Kategorien dringend einhalten. Jedoch werden den Chemieunternehmen Freiräume gelassen, ihre eigenen Bewertungskriterien und Minimalanforderungen im Rahmen der (M), (I) und (D) Fragen festzulegen.

Die Anwendung der SQAS-Beurteilung ist in den „Richtlinien für die SQAS Beurteilung" detailliert geregelt. Neben der Systembeschreibung und den allgemeinen Benotungsrichtlinien beinhalten die Richtlinien einen Leitfaden für die Interpretation der einzelnen Fragen. Die Richtlinien helfen einerseits dem Assessor bei der Benotung der Fragen und andererseits dem Logistikdienstleister bei der Vorbereitung auf das Assessment. Schließlich ist ein beidseitiger Abgleich zwischen dem SQAS und den ISO-Normen in den Richtlinien integriert.

### 3.2.3.5 Kostenreduzierungen durch Umweltmanagement bei HOYER

Durch die Maßnahmen zur Verbesserung der Sicherheit sowie des Gesundheits- und Umweltschutzes erzielt HOYER deutliche Kosteneinsparungen. Exemplarisch seien hier folgende Beispiele genannt:

- Durch den Einsatz optimierter EDV-gesteuerter Tankreinigungsverfahren werden der Wasser- und Produktverbrauch sowie die Abfallschlammengen gesenkt, was in eine generellen Reduzierung der Reinigungskosten mündet.

- Durch die regelmäßige Erneuerung der Zugmaschinen wird der gesamte Fuhrpark immer schadstoffärmer. Daraus ergeben sich deutliche Einsparungen aus der schadstoffabhängigen Besteuerung der Fahrzeuge. Ferner werden die Ölwechselintervalle verlängert, aus der eine Kostensenkung für den Einkauf von Schmierölen resultiert.

- Die regelmäßigen Fahrerschulungen zur umweltschonenden Fahrweise führen zu einer Verringerung der Kraftstoffverbräuche. Außerdem wurde durch diese Maßnahme die Anzahl der Unfälle gesenkt, so daß aufgrund der verbesserten Unfallbilanz einschließlich der daraus folgenden Verminderung von Schäden für Menschen, Material und Umwelt günstigere Versicherungsprämien in der Fahrzeug- und Güterschadensversicherung erzielt werden.

- Durch die vorbeugende Instandhaltung der Tankfahrzeuge und -container werden die Reparaturkosten deutlich vermindert. Außerdem verlängert sich die Lebensdauer des Equipments. Dadurch reduzierten sich die Equipmentkosten bereits um 80 Prozent.

- Durch das intensiv gelebte TQM wird eine höhere Transparenz in den Betriebsabläufen erreicht, so daß die Prozesse optimiert sowie geeignete Vorbeugungsmaßnahmen zur Fehlervermeidung entwickelt werden. Dies führt insgesamt zu einer Kostenreduzierung bei der Dienstleistungserbringung.

Bei HOYER ist die Integration von ökologischen und ökonomischen Aspekten konfliktfrei möglich. Durch die Erfüllung ökologischer Zielsetzungen werden ebenfalls gezielt ökonomische Vorteile erreicht. Umweltschutz fängt keineswegs erst dort an, wo Kostenreduzierungen ausgeschöpft sind.

Abschließend kann festgehalten werden, daß die verstärkte Berücksichtigung von Qualitäts- und Umweltschutzaspekten während der Planung und Steuerung der logistischen Prozesse die Effizienz der Kooperation zwischen Dow und HOYER stark beeinflußt. Qualitätssicherung und Umweltschutz stellen keine Kostenfaktoren dar, sondern tragen maßgeblich zur Wertschöpfung in der logistischen Prozeßkette bei. Durch die Integration der Qualitäts- und Umweltschutzaspekte sowie der gemeinsamen Auditierung der Managementsysteme werden Synergieeffekte innerhalb der logistischen Prozeßkette erzielt. Der hohe Integrationsgrad innerhalb der unternehmensübergreifenden Kooperation setzt zusätzliche Wertschöpfungspotentiale frei.

### 3.2.4  Zusammenfassung

Die Fallstudie Dow - HOYER - SARA LEE D. E. unterstreicht in eindrucksvoller Weise, welche positiven Effekte sich aus der unternehmensübergreifenden Gestaltung logistischer Prozeßketten ergeben können. Besonders erfolgswirksam sind hierbei die offene und ausgesprochen kooperative Zusammenarbeit zwischen Logistikdienstleister und Kunden sowie das spezifische integrierte Auditierungssystem SQAS der chemischen Industrie.

Darüber hinaus wird gerade bei HOYER deutlich, daß es im Grundsatz keine Zielkonflikte zwischen ökonomischen, qualitativen und ökologischen Intentionen geben muß. Vielmehr ist das Managementsystem von HOYER bezogen auf Qualität und Umwelt hochgradig integriert, wobei die jeweils umgesetzten Maßnahmen immer betriebswirtschaftlich begründet sind.

**3.3    Der Wertschöpfungskreislauf der Quelle Schickedanz AG & Co. am Beispiel der Kühlgeräte von Zanussi**

**3.3.1 Darstellung der beteiligten Kooperationspartner**

**3.3.1.1 Zanussi**

Der schwedische Electrolux-Konzern, zu dem die Elektrolux Zanussi Elettrodomestici Spa seit 1984 gehört, ist Weltmarktführer bei elektrischen Geräten, mit weltweit über 100.000 Mitarbeitern und rund 16 Mrd. US Dollar Umsatz. Im Bereich Haushaltsgroßgeräte („Weiße Ware") ist Electrolux Marktführer in Europa.

Der Electrolux-Konzern ist international in drei Produktdivisionen (cold, hot, wet) aufgeteilt, eine Organisationsstruktur, die 1997 eingeführt wurde. Die Tochtergesellschaft Zanussi erwirtschaftet dabei in Italien über zwei Mrd. US Dollar Umsatz mit rund 12.000 Mitarbeitern. Zanussi operiert dort im Bereich der Haushaltsgeräte mit fünf spezialisierten Produktionsstandorten (vgl. Abbildung 18), in denen jeweils nur ein Produktbereich gefertigt wird.

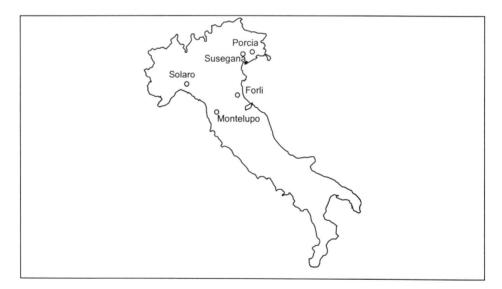

**Abbildung 18:**    Zanussi-Produktionsstandorte in Italien

Der Bereich Logistik ist im Electrolux-Konzern für die Optimierung des gesamten Warenflusses zuständig. Übergeordnet gibt es seit 1997 die Electrolux Logistic Division (ELD), die Distrilux, die als Integrator der Logistik der einzelnen Produktionsplattformen dient. Hauptziele dieser Neuorganisation im Logistikbereich sind die Erhöhung der Kundenzufriedenheit und eine Senkung der Lagerbestände in der Kette. Die ELD kooperiert dabei mit den beiden Electrolux-Organisationssäulen „Portfolio", die für Absatzplanung, Marketing und Verkauf sowie Verwaltung zuständig sind, und mit den Produktdivisionen, die die Produktionsplanung und die Lagerbewirtschaftung verantworten. Sie ist dabei im Sinne eines Supply Chain Management für die Integration dieser Aspekte verantwortlich.

### 3.3.1.2  Quelle

Die Quelle-Gruppe mit Sitz in Fürth ist Europas größtes Versandhaus. Sie erzielte im Geschäftsjahr 1996/97 mit rund 27.000 Mitarbeitern einen Umsatz von zwölf Mrd. DM, davon sieben Mrd. DM im deutschen Versandgeschäft. Im Geschäftsjahr 1996/97 wurde ein Technik-Umsatz von 3,2 Mrd. DM erzielt, womit Quelle der größte Anbieter in dieser Warengruppe im deutschen Versandhandel ist.

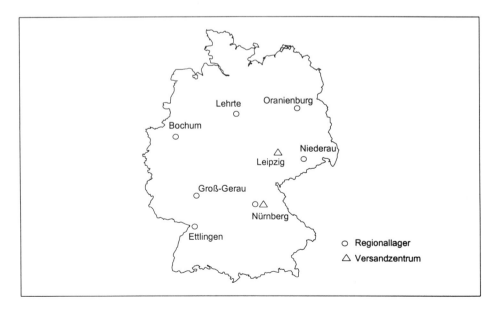

**Abbildung 19:**   Standorte der Quelle-Läger

Die Distributionslogistik erfolgt über verschiedene Wege, so die Versandzentren, über die der Paketversand läuft, und die Regionalläger (vgl. Abbildung 19).

Die Versandzentren sind in Leipzig und in Nürnberg angesiedelt. Rund 80 Prozent der gesamten Paketversandleistung von Quelle entfallen auf Leipzig, 20 Prozent auf das Versandzentrum Nürnberg. Mit einer Investition von rund einer Mrd. DM, der größten Investition in der Unternehmensgeschichte, wurde in Leipzig eines der modernsten und größten Versandzentren der Welt errichtet. Der gesamte Versand aus den Versandzentren wird dabei durch die Post durchgeführt.

Ein weiteres Logistiksystem besteht aus den sieben Regionallägern. Diese sind in Deutschland verteilt, haben ein festes Zuständigkeitsgebiet und jeweils die gleiche Warenstruktur.

Ein bestimmter Artikel läuft dabei immer nur über einen Weg, wird also beispielsweise immer über die Versandzentren oder über die Regionalläger versendet. Die Elektrogroßgeräte, die im Vordergrund der Fallstudie stehen, werden über die Regionalläger geleitet.

Die Auslieferung findet dabei durch Vertragsspediteure statt, wobei im allgemeinen unterschiedliche Spediteure für die jeweiligen Regionalläger eingesetzt werden. Ein Grund für das Outsourcing ist die Schwankung des Liefervolumens. Sowohl saisonal als auch tageweise sind starke Schwankungen zu verzeichnen, wobei teilweise 500 Kommissionen an einem Tag und 1.100 Kommissionen am nächsten ab einem Regionallager möglich sind. Dies erschwert die eigene Kapazitätsplanung, wohingegen eine Spedition beispielsweise kurzfristig auftretende Überkapazitäten anderweitig nutzen kann.

Seit einigen Jahren hat Quelle begonnen, Logistikleistungen auch am Markt anzubieten und ein eigenständiges Logistikunternehmen, die servicelogiQ gegründet. Innerhalb eines Jahres ist servicelogiQ zum Marktführer in der Ausstattung von Großorganisationen mit Dienstbekleidung aufgestiegen. Zu den Partnern zählen Unternehmen wie Eurowings und die Deutsche Bahn ebenso wie die Bayerische Polizei und die Bayerische Justiz. Für Mandanten, die logistisches Outsourcing betreiben wollen, entwickelt die Dienstleistungstochter servicelogiQ maßgeschneiderte Lösungen aus dem gesamten logistischen Leistungsspektrum von Quelle, vom reibungslosen Wareneingang über die Lagerung bis zum Versand der Ware. Ziel ist es, das Geschäftsfeld „Logistische Dienstleistungen" zu einem weiteren starken Standbein der Quelle-Gruppe auszubauen.

### 3.3.1.3 Weitere Kooperationspartner

Als enge Kooperationspartner sieht Quelle die Vertragsspeditionen an, die die Artikel an den Kunden ausliefern. Dies sind für die meisten Läger Generalspediteure, die den vollständigen Warenversand ab dem jeweiligen Regionallager vornehmen. Besonders wichtig ist dabei eine intensive und vertrauensvolle Zusammenarbeit mit Quelle, da der Eindruck des Kunden von dem Handelsunternehmen Quelle stark mitgeprägt wird von den Mitarbeitern der Vertragsspediteure.

Die WRS (Wertstoff-Recycling Schumacher), die die Altgeräte im Auftrag der Westricher Recycling im Lager Groß-Gerau abholt, ist eine kleinere Spedition mit Sitz in Bad Kreuznach, die sich auf den Transport von Altgeräten, Schrott usw. spezialisiert hat.

Die Westrichter Recycling GmbH mit Sitz in Baumholder gehört zur RWE-Entsorgungs-Gruppe in Essen. Sie verfügt über eine 1995 in Betrieb genommene Recycling-Anlage, die den modernsten Stand der Technik repräsentiert. Die Westricher Recycling verfügt zwar über einen eigenen Fuhrpark zur Entsorgung ihres näheren Umkreises, setzt aber für längere Strecken die WRS ein. Andere Gesellschaften der RWE-Entsorgungs-Gruppe, z. B. die Bresch GmbH, sind für die Entsorgung bei anderen Quelle-Regionallägern verantwortlich.

Die Firma Sehn GmbH mit Sitz in Homburg/Saar führt Schrottverwertung durch. Sie verarbeitet mit über 100 Mitarbeitern rund eine halbe Mio. Tonnen Schrott pro Jahr. Sie verfügt über einen eigenen Fuhrpark, um Schrott abzuholen bzw. den Rohstoff Schrott an ihre Kunden auszuliefern. Ihre Kunden sind Stahlwerke, v.a. im südwestdeutschen Raum und dem umliegenden Ausland.

### 3.3.2 Skizze der logistischen Prozeßkette

#### 3.3.2.1 Warenfluß

Alle fünf Zanussi-Produktionsstätten haben in unmittelbarer Nähe auch Produktionslager, in die die Ware direkt ab Produktion verbracht wird. Ab hier werden die Quelle-Regionalläger einzeln beliefert, wobei die Verbindung im Warenfluß direkt zwischen jeweils einem Regionallager und einem Produktionslager besteht.

Der Transport von den Zanussi-Produktionslagern zu den Quelle-Regionallägern wird von der ausgegliederten Electrolux Logistik Division organisiert. Quelle wird dabei im Normalfall zu 100 Prozent per Bahn beliefert.

Das Lagerhandling, insbesondere die Beladung der Waggons bei Zanussi, ist fremdvergeben; die Planung der Waggonbeladung wird allerdings von Zanussi-Mitarbeitern vorgenommen. Die optimale Waggonbeladung erfolgt in Abstimmung zwischen den Anforderungen von Zanussi (bezüglich einer optimalen Volumenausnutzung) und den Anforderungen von Quelle (bezüglich der Entladeprozesse).

Die Lieferzeit beträgt zwei bis drei Tage für die Läger im Westen, vier Tage für die Läger im Osten Deutschlands. Nachdem die Ware im Quelle-Regionallager angekommen ist und eingelagert wurde, erfolgt die Auslieferung ab den Regionallägern zum Kunden durch Vertragsspediteure. Jedes Postleitzahlengebiet hat dabei einen fixierten Lieferrhythmus, der fest eingehalten wird.

Der Transport ab Regionallager läuft ausschließlich per Lkw; die Fahrer leisten auch den Kundenservice, der mit der Lieferung zusammenhängt, z. B. Auspacken der Ware, Entfernen von Transportsicherungen, Anschluß der Geräte an einen vorhandenen Wasseranschluß, Rücknahme der Verpackungen usw.

Die Altgeräte werden dann bei der Auslieferung der neuen Geräte entgegengenommen und zurück zum Regionallager gebracht, wo sie in Containern gesammelt werden. Der Entsorger übernimmt diese dann „frei beladenen Container", d. h. eine vom Entsorgungsunternehmen beauftragte Spedition holt die Container vom Quelle-Regionallager ab, gleichzeitig wird ein leerer Wechselcontainer bereitgestellt. Hierbei

werden unterschiedliche Entsorgungsfirmen für die jeweiligen Regionalläger eingesetzt.

Im Falle des Regionallagers Groß-Gerau werden die Altgeräte anschließend von der
Spedition WRS zur Westricher Recycling in Baumholder transportiert, wo ebenfalls
ein Containertausch stattfindet. Die Kühlgeräte werden dann vollautomatisch (nach
manueller Entfernung einiger Teile) in der Verwertungsanlage zerlegt. Es erfolgt das
Absaugen von Kältemittel und Öl sowie das Entfernen des Kompressors, anschließend wird das Gerät geshreddert und die Schäumung entfernt. In der Schäumung
findet sich in der Regel zwei Drittel des FCKW der Kühlgeräte, das durch Matrix-
Entgasung gebunden wird. Es erfolgen eine Windsichtung (um Eisen von Kunststoff
zu trennen) und die Sortierung der Fraktionen nach wiederzuverwertenden Materialien und Reststoffen. Anschließend wird das Restmaterial zur Entsorgung abgege-
ben. Die Teile (Metall und Kunststofffraktionen) werden dann in Container geleitet,
die vom Hof der Westricher Recycling GmbH abgeholt werden. Die Kühlgeräte von
Quelle werden zu über 70 Prozent einer stofflichen Verwertung zugeführt.

Metallfraktionen werden an die Firma Sehn verkauft, die die notwendigen Mengen
bündelt und anschließend das geshredderte Rohmaterial an Stahlwerke liefert.

### 3.3.2.2 Informationsfluß

*Informationsfluß zwischen Quelle und ihren Kunden*

Ein wesentlicher Teil der Bestellungen bei Quelle erfolgt auf der Basis des Versand-
hauskataloges. Hierbei bestellt der Kunde die Ware auf verschiedenen Wegen im
Quelle-Vertriebssystem, nämlich als Einzelbesteller, bei Sammelbestellern, in den
Agenturen (über 6.600 in Deutschland) oder den Quelle-Verkaufshäusern (über 170
in Deutschland).

Die Auftragsannahme ist rund um die Uhr möglich. Die Bestellannehmer kennen den
Bestand im jeweiligen Regionallager und die Tourenpläne der Regionalläger und
teilen den Kunden bereits bei der Bestellannahme den Liefertermin mit.

Der Auftrag des Kunden wird am Abend per DFÜ in das System des Regionallagers
überspielt. In der Nacht nimmt dann der Spediteur die Tourenfeinplanung vor.

*Informationsfluß zwischen Quelle und Zanussi*

In einem Zweikreis-System, unabhängig von der Bestellung des Kunden, bestellt Quelle die Ware bei Zanussi. In den meisten Bereichen wird noch die Ware von Quelle „auf Lager" bestellt, teilweise auch in Rahmenplänen für einen längeren Zeitraum im voraus geplant. Die endgültige Fixierung auf die genaue Bestellmenge und die Regionallager erfolgt erst einige Wochen vor dem Liefertermin (vgl. Abschnitt 3.3.2.3). Dabei ist die Verfügbarkeit für Quelle gerade im Bereich Elektrogroßgeräte aus mehreren Gründen von hoher Bedeutung. Erstens werden diese oft spontan gekauft, wenn das alte Gerät einen Defekt aufweist; in dieser Situation akzeptiert der Kunde keine langen Lieferzeiten. Und zweitens sucht der Kunde im stationären Handel seinen Artikel aus den verfügbaren Produkten aus, während er bei Quelle aus dem Katalog aussucht; die abgebildete Ware muß also verfügbar sein.

Derzeit wird ein VMI-Projekt (Vendor-Managed Inventories) zwischen zwei Zanussi-Standorten und den Quelle Regionallägern getestet. Dabei meldet Quelle einmal pro Woche je Regionallager die Verkäufe der Vorwoche, die durchschnittlichen Verkäufe der letzten Wochen, den Bestand und den Zielbestand sowie die Prognose für die nächsten fünf Wochen an Zanussi. Zanussi hat die Bestandsverantwortung und berechnet, unter Beachtung der „rollenden Ware", die notwendige Produktions- und Bestellmenge. Durch dieses Verfahren konnte der Lagerbestand der jeweiligen Artikel im Quelle-Regionallager um 50 Prozent reduziert werden, die Out-of-Stock-Situation wurde drastisch verbessert. Gleichzeitig wird entlang der Wertschöpfungskette eine weitere Verbesserung erzielt. Grobe Planungsdaten, die durch das VMI-Projekt jetzt früher verfügbar sind, bekommen die Vorlieferanten von Zanussi heute schon drei bis vier Wochen im voraus. Mittelfristiges Ziel ist es, daß alle Werke von Zanussi die VMI-Systeme für Quelle und auch für andere Kunden einsetzen.

Im Rahmen der transportbegleitenden Informationen arbeitet Electrolux momentan daran, alle Produkte mit Transportaufklebern mit Barcodes zu versehen. Dazu setzte man sich mit Quelle zusammen, um gegenseitig die Vor- und Nachteile sowie die Anforderungen, die an die Informationsübermittlung auf den Paketen bestehen, zu erläutern. Dabei kam die Quelle-Gruppe, die in den Regionallägern (anders als im Versandzentrum Leipzig) noch kein Barcode-Scanning einsetzt, Electrolux dahingehend entgegen, daß Electrolux ein Barcode-System auswählen kann. Allerdings wurde festgelegt, welche Informationen Quelle auf dem von Electrolux erzeugten Barcode in Zukunft wünscht. Der erste Schritt - vor der Barcode-Erfassung im Wareneingang - wird bei Quelle allerdings die Einführung des Barcode-Scanning im Warenausgang sein. Die Barcodes werden dann kundenspezifisch bei Quelle erzeugt werden.

Das neue Barcode-System wird man auch Zanussi-intern nutzen: Während früher im Handling der Pakete (zwischen Produktion und Waggonbeladung) mit Papier gearbeitet wurde, werden heute die Barcodes eingescannt.

*Informationsfluß zwischen Quelle, WRS und der Westricher Recycling*

Die Container-Abholung von den Regionallägern erfolgt bei Bedarf. Das jeweilige Quelle-Regionallager ruft bei der betreffenden Spedition an, im Falle der WRS wird am nächsten Tag der Container abgeholt bzw. ausgetauscht. Nach dem Anruf durch Quelle informiert die WRS die Westricher Recycling über die Abholung.

*Informationsfluß zwischen der Westricher Recycling, Sehn und den Stahlwerken*

Wenn ein mit Shreddermaterial gefüllter Container bereit steht, informiert die Westricher Recycling die Sehn GmbH telefonisch. Diese holt die Container mit einem eigenen Fuhrpark ab. Nach der Bündelung wird das Material mit eigenen Fahrzeugen an die Stahlwerke geliefert.

### 3.3.2.3 Planung, Organisation und Kontrolle

1997 wurde eine größere Umstrukturierung bei Quelle vorgenommen. Quelle wandelte ihre bislang funktionsorientierte Organisationsstruktur in eine prozeßorientierte um. Das Zukunftsprogramm von Quelle zielt auf strikte Kundenorientierung auf allen Ebenen und in allen Funktionen sowie auf umfassende Dienstleistungsbereitschaft zur Erhöhung der Kundenzufriedenheit. Der Wechsel zu prozeßorientierten Abläufen mit Hilfe eines Produkt- und Vertriebsmanagements - von der Produktauswahl über die Werbung und Vermarktung bis zur Erfolgskontrolle - soll zu klaren Profit-Center-Strukturen führen und damit zu weniger Reibungsflächen und schnelleren Abläufen.

Die heutige Matrix-Organisation besteht aus vier Produktbereichen (Textil I und II, Technik, Hartwaren) und vier Vertriebsbereichen (für die Absatzkanäle Einzelbesteller, Sammelbesteller, Agenturen und Quelle-Verkaufshäuser). Die Logistik ist nicht in die Matrix eingeordnet. Während die oben aufgeführten Stellen für den Warenfluß bis hin zu den Regionallagern verantwortlich sind, übernimmt ab dort die Logistik die Verantwortung. Hierbei existiert, der hohen Bedeutung der Logistik gerade in einem Versandhandelsunternehmen angemessen, ein eigenes Vorstandsressort Logistik (vgl. Abbildung 20).

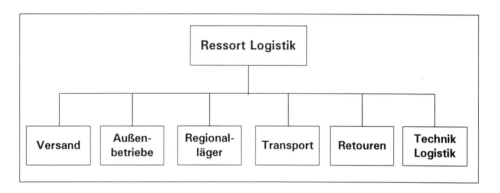

**Abbildung 20:**    Organisationsstruktur der Quelle-Logistik

Quelle verfügt über ein gesondertes Logistik-Controlling, zu dessen Aufgaben u. a. kostenstellenorientiertes Controlling, Investitions-Controlling, Leistungsabrechnung der Logistik und Kalkulation von Prozeßkosten gehören. Für die logistischen Prozesse werden eine Vielzahl von Kennzahlen berechnet, die sich alle auf die Wirtschaftlichkeit der Prozesse, also auf Input-Output-Relationen, beziehen.

Für die Logistikplanung bei Zanussi sind - wie vorne bereits erwähnt - die ELD-Regionen zuständig. Intern sind in den Regionen einem Managing Director eine Abteilung Verwaltung, eine Abteilung Operations (Lager, Qualitätskontrolle etc.) und eine Abteilung Kunden- und Transportmanagement ebenso unterstellt wie eine Stabsabteilung für Human Resources, Informationstechnologie und Qualitätssicherung. Die Ziele der ELD sind dabei die Zuverlässigkeit, die Durchlaufzeiten, der integrierte Bestand (alle Konzernlager inklusive der „rollenden Ware") und die Kosten je

Auftrag. Diese Zielgrößen sind genau quantifiziert und werden permanent kontrolliert.

Die enge Geschäftsbeziehung zwischen Zanussi und Quelle ist historisch gewachsen. So beliefert Zanussi Quelle schon seit der Zeit, in der Quelle das Geschäft mit Elektrogroßgeräten aufnahm. Zanussi liefert einen wesentlichen Teil der rund 1,5 Mio. Elektrogroßgeräte, die Quelle im Jahr absetzt. Als Konsequenz daraus ergibt sich einerseits eine hohe Bedeutung der Planung gerade dieser Schnittstelle für beide Partner, andererseits ermöglichen die hohen Mengen eine effiziente Gestaltung des Warenflusses.

Die Planung der Prozesse erfolgt durch Teams von Mitarbeitern auf beiden Seiten. Vertreter des Einkaufs, der EDV und der Logistik von Quelle treffen sich regelmäßig mit Mitarbeitern von Electrolux aus den Bereichen Fabrikation, EDV, Vertrieb und Logistik und führen gemeinsame Gespräche über die Einführung neuer Logistiksysteme bzw. über Veränderungen und mögliche Verbesserungen.

Da, wie bereits erwähnt, das Produktmanagement für den Warenfluß von der Bestellung bis zum Regionallager sowie den Warenbestand in den Regionallägern zuständig ist, zahlt dieses, um auch die verursachten Kosten mit den jeweiligen Entscheidungsträgern zu verbinden, einen Verrechnungspreis für entstehende Kosten an die Regionalläger.

Der Einkauf erfolgt jedoch meist „frei Haus", so daß ein wesentlicher Teil der Logistik in der Hand der Hersteller, hier Zanussi, vertreten durch die Distrilux, liegt.

### 3.3.3 Spezifische Aspekte der logistischen Prozeßkette

### 3.3.3.1 Qualitative Aspekte

Alle Zanussi-Standorte verfügen heute über ein zertifiziertes Qualitätsmanagementsystem nach EN ISO 9000 ff., auch die neu gegründete Logistiktochter Distrilux ist nach EN ISO 9002 zertifiziert.

Bei Quelle wird Qualität in den Unternehmensgrundsätzen aus der Kundensicht definiert: *„Qualität ist für uns etwas sehr Konkretes. Sie drückt sich nicht nur in den*

*Produkten, die wir anbieten, aus, sondern auch in den Leistungen, die jeder von uns für die Kunden erbringt. Das Prinzip ist, freiwillig mehr zu leisten als vom Kunden erwartet wird. Dadurch entsteht eine feste Kundenbindung - unsere wichtigste Erfolgsbasis für die Zukunft. In diesem Sinne ziehen wir nachhaltig Qualitätssicherung und dauerhaftes Vertrauen kurzfristigem Erfolg vor.*"[20]

Das Unternehmen ist mit einer Vielzahl von Einzelmaßnahmen auf dieses Ziel ausgerichtet. Diese beziehen sich sowohl auf die Sicherung der Produktqualität als auch auf die Qualität der Prozesse. Da die Auslieferung durch Vertragsspediteure vorgenommen wird, ist hier die Qualitätssicherung von hoher Bedeutung, zumal das (fremde) Montageteam den letzten Eindruck beim Kunden hinterläßt, der häufig den Wiederkauf bestimmt. Aus diesem Grund wird das Personal der Vertragsspediteure intensiv geschult; es gibt einen Qualitätsbeauftragten, der für diese Schulungen zuständig ist. Man verlangt von seinen Dienstleistungspartnern kein zertifiziertes QMS, sondern agiert auf der Basis eigener Kennzahlen.

Aber nicht nur in der Relation zum Kunden, auch zum Lieferanten hin muß die Qualität sichergestellt werden. Bereits seit 1953 führt Quelle selbständige Qualitätsprüfungen durch. Das Quelle-eigene „Institut für Warenprüfung und Umwelt" (IWU) ist mit rund 200 Mitarbeitern im In- und Ausland die größte Warenprüforganisation des deutschen Handels. Jährlich werden mehr als zwei Mio. Stichproben bei Warenlieferungen durchgeführt. Das IWU achtet auf Qualitätskriterien wie Sicherheit, Verarbeitung und Haltbarkeit. Neben der Produktbeurteilung führt das IWU auch Lieferantenchecks durch, um schon beim Lieferanten die Qualität sicherzustellen. Hierdurch versucht man, fehlerhafte Produkte nicht erst bei der Wareneingangskontrolle zu entdecken, sondern schon beim Lieferanten fehlerfreie Prozesse sicherzustellen, da die Kosten, die durch die Fehlerbeseitigung entstehen, zu hoch und weite Rücktransporte ökologisch und ökonomisch nachteilhaft sind.

So wurde beispielsweise von einem Quelle-Team ein Film für Lieferanten im In- und Ausland erstellt. Durch diesen Film, der zeigt, welche Konsequenzen Lieferantenfehler haben und wie sie vermieden werden können, erwartet sich Quelle von den Liefe-

---

[20]     Quelle (Hrsg.) o. J.

ranten mehr Verständnis für die Gegebenheiten vor Ort und die Einhaltung der vorgegebenen Standards.

Außenprüfer des IWU sind in den Werken der Hersteller, so auch bei Zanussi in Italien, tätig, nehmen Stichproben und kontrollieren nicht nur die Produktqualität, sondern auch den Produktionsprozeß. Auftretende Probleme können somit direkt vor Ort besprochen werden. Zudem wirkt die Anwesenheit der Prüfer auch psychologisch qualitätsfördernd.

Die enge Kooperation mit Zanussi im Rahmen des VMI bringt Vorteile für die Qualität der Prozeßkette mit sich. Der Ablauf bei Zanussi sieht - nach der Übermittlung der notwendigen Abverkaufs- und Prognosedaten durch Quelle - folgendermaßen aus:

1. Errechnung der „Bestellmengen"

2. Vergleich mit eigenem Bestand und mit der Planung der Logistikabteilung

3. Errechnung der Produktionsmengen und zeitgleich Optimierung der Waggonbeladung, notfalls „Bestellung" von Mengen von anderen Standorten, falls dies für die Optimierung notwendig ist

Dadurch, daß Zanussi die Informationen selbst errechnet und damit früher verfügbar hat, laufen die einzelnen Schritte schneller und ineinander verzahnt ab. Dazu kommt, daß die Mindestlosgröße bei Zanussi durch moderne Fabrikationsmethoden stark gesunken ist.

Auch im Entsorgungsteil der logistischen Prozeßkette ist der Qualitätsgedanke von Bedeutung. Die Spedition WRS arbeitet an einem Qualitätsmanagementsystem. Im ersten Schritt strebt man die Zertifizierung nach der Verordnung über Entsorgungsfachbetriebe (EfbV) an; im nächsten Schritt will man auch ein Qualitätsmanagementsystem nach DIN EN ISO 9000 ff. zertifizieren lassen, wobei aufgrund der Überschneidungen zur EfbV Synergieeffekte genutzt werden können.

Die Westricher Recycling hat eine DIN EN ISO 9002 Zertifizierung erlangt und sich darüber hinaus den freiwilligen Kriterien des Güteverbundes Rheinland-Pfalz unterworfen. Zusätzlich ist das Unternehmen zertifizierter Entsorgungsfachbetrieb. Die Zertifizierung zum Entsorgungsfachbetrieb wurde von der Dekra durchgeführt. Beim

Wiederholungsaudit hat man - aus Synergiegründen - das Qualitätsmanagementsystem auch nach DIN EN ISO 9002 zertifiziert. Die Dokumentation der beiden Systeme lief weitgehend parallel.

Die Sehn GmbH arbeitet ebenfalls an der Zertifizierung als Entsorgungsfachbetrieb, und auch die Stahlwerke, als letztes Glied der betrachteten Logistikkette, verfügen fast alle über QMS.

Insgesamt kann man entlang der gesamten Kette feststellen, daß die Qualität ein wichtiger Faktor im betrachteten Prozeß geworden ist. Die meisten Partner sind deshalb auch bereits qualitätszertifiziert.

### 3.3.3.2 Ökologische Aspekte

Electrolux sieht drei treibende Kräfte für seine Umweltpolitik: die Marktkräfte, denn Konsumenten verlangen heute Produkte, die die Umwelt weniger belasten und dadurch für ihn in der Regel geringere Kosten verursachen, die Ressourceneffizienz und die gesetzlichen Regelungen. Als Leistungsindikatoren nutzt man den Anteil des Umsatzes mit ökologisch führenden Produkten, die durchschnittliche jährliche ökologische Verbesserung der Produkte, die Erhöhung der Recyclingfähigkeit der Produkte und die ökologische Verbesserung der Werke.

EN ISO 14001 wird hierbei von Electrolux als Basis dieser Bemühungen gesehen und soll deshalb bis zum Jahr 2000 in allen 150 Produktionsstandorten eingeführt werden.

Zanussi ist hier in der Umsetzung schon weit fortgeschritten. Einige Standorte haben bereits heute eine Zertifizierung nach EN ISO 14001, die restlichen sollen bis Mitte 1998 zertifiziert werden. Die entsprechenden UMS bestehen bereits.

Auch im Logistikbereich arbeitet die Distrilux an umweltfreundlichen Maßnahmen. So werden momentan Tests mit Mehrwegtransportverpackungen durchgeführt, und auch das Füllmaterial in den Verpackungen, das zum Schutz der Geräte notwendig ist, könnte eventuell durch wiederverwertbare Airbags ersetzt werden, die man bisher im konzerninternen Transport der Geräte testet. Zanussi bemüht sich zudem, einen möglichst hohen Bahnanteil zu erreichen. Dabei versucht man, vor allem lange

Strecken mit der Bahn zurückzulegen (vgl. Tabelle 6). Der immer noch bei rund 18 Prozent liegende Straßenanteil in Europa liegt u. a. daran, daß die Bahninfrastruktur in Spanien sehr schlecht ist, so daß man die Ware hier per Lkw transportiert.

|  | Italien | Europa (ohne Italien) |
|---|---|---|
| **Lkw** | 20.300 | 3.400 |
| **Bahn** | 1.100 | 15.600 |

**Tabelle 6:** Transport der Fertigprodukte der Zanussi-Gruppe (Anzahl der Waggons bzw. Lkw-Fahrten)

Auch die Distrilux als Tochtergesellschaft von Electrolux strebt eine Zertifizierung nach EN ISO 14001 an. Diese ist, obwohl die Tochtergesellschaft noch sehr jung ist, schon für 1999 geplant.

Umweltschutz geht aber weit über das eigene Unternehmen hinaus. Electrolux hat diesen Aspekt in seine Überlegungen mit einbezogen. „Die Schlüsselwörter für unsere Operationen sind deshalb Ressourceneffizienz und Recycling."[21] Der Vorstandsvorsitzende formulierte dementsprechend: „Wir brauchen einen ganzheitlichen Blick auf den Produktlebenszyklus - von der Rohmaterialverarbeitung über die Nutzung bis zur Entsorgung. Deshalb muß der Umweltgedanke in alle Prozesse, in allen Stufen und auf allen Ebenen in der Gruppe integriert werden."[22]

Aus diesem Grund ist gerade die Betrachtung des Partners Quelle, der für den weiteren Weg des Produktes verantwortlich ist, von Bedeutung.

Quelle hebt sich seit vielen Jahren durch einen intensiven Umweltschutz hervor. Die Unternehmensgrundsätze von Quelle beinhalten die Verpflichtung hierzu: „Der Umweltschutz stellt einen wesentlichen Bestandteil unseres unternehmerischen Handelns dar. Über die konsequente Erfüllung gesetzlicher Verpflichtungen hinaus streben wir ganzheitliche, wirtschaftlich sinnvolle Lösungen an, die wir auch zur Verbes-

---

[21] Electrolux (Hrsg.) 1996, S. 5.
[22] Ebenda, S. 5.

serung unserer Marktchancen nutzen. Jeder Mitarbeiter ist aufgefordert, aktiv zum Schutz der Umwelt beizutragen und wird dabei vom Unternehmen unterstützt."[23]

Dazu werden eine Vielzahl von Maßnahmen, auch außerhalb der hier vorrangig betrachteten Logistik, durchgeführt, so u. a.:

- Um eine ordnungsgemäße Einhaltung aller relevanten Rechtsvorschriften noch besser abzusichern, wird ein Umwelt-Rechtskataster erarbeitet.

- Ökologisch relevante Daten werden gezielt in die Controlling- und Informationssysteme integriert.

- Das Angebot an ökologischen Informations- und Ausbildungsmaßnahmen für die Mitarbeiter wird weiter ausgebaut mit der Zielsetzung, Umweltwissen und Umweltbewußtsein der Mitarbeiter zu fördern.

- Ein Arbeitskreis Umwelt unter Vorsitz des Vorstandsvorsitzenden erarbeitet Ziele und diskutiert Verbesserungsmöglichkeiten für das gesamte Unternehmen.

All dies soll dazu beitragen, den Prozeß einer kontinuierlichen Verbesserung im Umweltschutz bei Quelle aufrechtzuerhalten und voranzubringen.

Dabei hat das IWU im Bereich Umwelt eine koordinierende und beratende Funktion. Es sieht sich eher als Stabsstelle, weil bewußt die Verantwortung für Umweltschutzmaßnahmen und eine umweltgerechte Gestaltung der Prozesse in den einzelnen Funktionen liegen soll. Nur bei rechtlichen Fragen hat das IWU ein Veto-Recht.

Quelle arbeitet auf eine Teilnahme am EG-Öko-Audit hin und befürwortete daher die Erweiterung der Verordnung auf Handelsunternehmen, die Anfang Februar diesen Jahres beschlossen wurde. Schon heute erfüllt Quelle die meisten notwendigen Kriterien für dieses Audit, die Überprüfung selbst wäre nur der letzte, formale Schritt.

Der wichtigste Bereich, in dem Quelle umweltpolitisch Einfluß nimmt, ist der Produktbereich. Quelle bemüht sich in allen Sortimentsbereichen, die ökologischen Artikel auszuweiten. Wichtigstes Ziel im Bereich der Haushaltsgroßgeräte ist die stetige Reduzierung des Energie- und Wasserverbrauchs. Als eines der ersten Handelsunter-

---

[23]   Quelle (Hrsg.) o. J.

nehmen in Deutschland hat Quelle eine EU-Richtlinie zur Kennzeichnung des Energieverbrauchs von Kühlgeräten und Waschmaschinen umgesetzt. Mehr als 80 Prozent der Kältegeräte fällt heute in die Energieeffizienzklassen A bis C und kann somit als besonders energieeffizient eingestuft werden. Der Wasserverbrauch von Waschmaschinen wurde weiter reduziert. Benötigte vor zehn Jahren die durchschnittliche Waschmaschine im Angebot noch 110 Liter, kommt die modernste Maschine heute mit 34 Litern aus. Da auch der FCKW-Ersatzstoff FKW eine klimaschädigende Wirkung besitzt, werden bei neu in den Katalog aufgenommenen Geräten nur noch reine Kohlenwasserstoffe für Kühlung und Isolierung eingesetzt.

Waschmaschinen, Kühl- und Gefriergeräte, die besonders sparsam im Verbrauch sind, werden von Quelle mit dem Zeichen „Öko, weil..." versehen. Zusätzlich werden die jeweiligen Energieeffizienzklassen angegeben.

In Kooperation mit Electrolux arbeitet Quelle momentan daran, ökologische Anforderungen an die zukünftigen Elektrogeräte zu definieren, um auf dieser Basis eine entsprechende ökologische Markierung vorzunehmen.

Auch im Bereich der Läger wurden vielfältige Anstrengungen unternommen, um die Umweltbelastungen zu reduzieren. So wurden beim Bau des neuen Versandzentrums in Leipzig ökologische Aspekte berücksichtigt. Mehrere tausend Gehölze wurden gepflanzt, das Dach in weiten Teilen begrünt und eine Windkraftanlage installiert.

In der Auslieferung der Produkte bemüht sich Quelle, den Versand der meisten Artikel über die Post durchzuführen. Hier verursacht das Frachtaufkommen nur in geringem Maße tatsächliche Mehrtransporte, vor allem in der Distribution an den Kunden sind die Fahrzeuge auf den Strecken sowieso unterwegs, während ein eigener Zustelldienst zusätzliche Transporte verursachen würde. Güter, die auf diesem Weg zum Kunden gebracht werden, werden über die Versandzentren in Leipzig und in Nürnberg versendet. Dadurch kann Quelle auf einen eigenen Paketdienst verzichten, und es sind keine zusätzlichen Quelle-Fahrzeuge bei der Auslieferung der Ware notwendig. Dieser Bündelungseffekt ist ökologisch sinnvoll, weil dadurch die Fahrzeugdichte in den Städten und Gemeinden, der Kraftstoffverbrauch und damit schließlich auch die $CO_2$-Emissionen reduziert werden. Nur für Güter, die entweder aufgrund ihres Gewichts oder aufgrund einer zusätzlichen Dienstleistung (Installation, Einrichten des Gerätes etc.) nicht von der Post ausgeliefert werden können, nutzt man den Weg über andere Distributionswege.

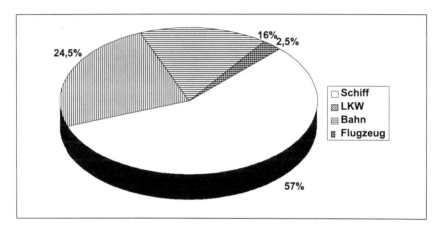

**Abbildung 21:** Verteilung der Warentransportleistung bei Quelle nach Verkehrsträgern 1995/96 (Anteile bezogen auf Transportleistung in tkm)

Quelle: Quelle (Hrsg.) 1996, S. 37

Im Geschäftsjahr 1995/96 betrug die gesamte Warentransportleistung von Quelle 930 Mio. Tonnenkilometer. Quelle wickelt 73 Prozent der gesamten Transportleistung über die Verkehrsträger Bahn und Schiff ab (vgl. Abbildung 21). Innerhalb der vergangenen drei Geschäftsjahre hat Quelle die durchschnittlich verursachten Kohlendioxidemissionen je Kilogramm abgesetzter Ware um rund zehn Prozent von 215 auf 194 Gramm gesenkt. Zudem führt man Tests mit Biodiesel und erdgasbetriebenen Fahrzeugen durch.

Der zweite logistische Aspekt mit wesentlichen Auswirkungen auf die Umwelt ist die Verpackung. Beim Verpackungsverbrauch und in der internen Abfallsammlung konnte Quelle starke Mengenrückgänge realisieren. Durch Vermeiden, Verringern und umweltorientierte Alternativen - wie beispielsweise den Einsatz von Mehrweg- statt Einwegverpackungen - spart Quelle jährlich 3.000 Tonnen Verpackungsmaterial ein. Konsequente Abfallsammlung und -sortierung und dadurch auch eine weitgehende Entfrachtung des Restmülls um verwertbare Abfälle trugen entscheidend zu dieser Entwicklung bei. So wurde früher der Styropor-Müll in den Regionallägern teuer entsorgt. Heute wird dagegen, beispielsweise im Regionallager Nürnberg, dieser Müll verwertet und als Dämmstoff an die Bauindustrie verkauft. Auf diese Weise entfallen die Entsorgungskosten für Quelle. Insgesamt reduzierten sich die Kosten der Abfallentsorgung in den Regionallägern in den vergangenen zwei Jahren um über 90 Prozent. Gerade dieses Beispiel verdeutlicht, daß konsequenter betrieblicher Umweltschutz erhebliche Einsparpotentiale eröffnet und zu positiven wirtschaftlichen Effekten führen kann.

Um die logistische Prozeßkette in Zukunft noch umweltverträglicher zu gestalten, ist eine enge Zusammenarbeit mit den jeweiligen Lieferanten notwendig. Neben Qualität und Preiswürdigkeit haben in den Einkaufsverhandlungen ökologische Aspekte eine immer größere Bedeutung. Zur Verdeutlichung der strategischen Relevanz des Umweltschutzes für Quelle wurde Ende 1995 der erste Umweltbericht an alle großen deutschen Lieferanten verschickt. Langfristig soll erreicht werden, daß zunehmend Lieferanten die Umweltverträglichkeit ihrer Produktion auch durch die erfolgreiche Teilnahme am EG-Öko-Audit bzw. einer Zertifizierung nach DIN EN ISO 14001 dokumentieren.

Das bereits erwähnte IWU prüft nicht nur anhand von Qualitätskriterien. Es werden auch Lieferantenaudits bezüglich ökologischer Aspekte durchgeführt. Neben den qualitativen Kriterien bestimmen zunehmend umweltrelevante Produkteigenschaften wie niedrige Schadstoffwerte, optimierte Verpackung, lange Lebensdauer und Wartungsfreundlichkeit, geringe Materialvielfalt, niedrige Verbrauchswerte und günstige Entsorgungsmöglichkeiten die Arbeit des IWU. Ziel ist es außerdem, die Mehrwegwirtschaft bei Versand und Verpackung weiter auszubauen und für den Warentransport einen umfassenden Öko-Check durchzuführen. Außerdem drängt man in den Gesprächen mit den Herstellern auf den Einsatz der Bahn.

Trotz der relativ großen Transportleistungen ist der direkte Einfluß von Quelle auf die Transportmittelwahl und damit auch den Ressourcenverbrauch und die $CO_2$-Emissionen eingeschränkt, da die Anlieferung der Waren zum Teil im Verantwortungsbereich der Lieferanten liegt. Quelle ist hier aber auch aktiv dabei, den Bahnanteil zu erhöhen, indem alle Regionalläger einen Bahnanschluß haben und auch das neue Versandzentrum Leipzig mit einem solchen ausgestattet ist. Intensive Gespräche mit den Partnern führen zu stetigen Verbesserungen. Die Funktion des Umweltbereiches des IWU beinhaltet neben den unternehmensinternen Verbesserungen auch ständige Gespräche mit den Lieferanten. Mit Zanussi, als einem wichtigen Lieferanten, werden dabei - wie bereits hervorgehoben - gegenseitige Konsultationen durchgeführt.

Mit der Beschaffung und dem Verkauf der Waren sieht Quelle seine ökologische Verantwortung nicht als beendet an. Im deutschen Handel ist Quelle mit großem Abstand führend bei der Rücknahme von gebrauchten Elektrogroßgeräten. So haben die Kunden im Geschäftsjahr 1996/97 rund 180.000 alte Haushaltsgroßgeräte an Quelle zurückgegeben, davon rund 80.000 Kühlgeräte. Die Herde, Waschmaschinen, Trockner, Fernseher, Kühlgeräte und Geschirrspüler wurden einer fach- und umweltgerechten Entsorgung zugeführt und recycelt. Jeder Kunde, der bei Quelle ein neues Haushaltsgroßgerät kauft, kann das entsprechende Altgerät gegen eine geringe Gebühr zurückgeben. Die Rücknahme des Altgerätes erfolgt, wie oben beschrieben, gleichzeitig mit der Auslieferung des neuen Gerätes, so daß diese logistische Anforderung nicht isoliert, sondern als integrierter Bestandteil der Auslieferung gelöst wird. Die Auslieferer nehmen die Verpackung und das Altgerät mit und bringen sie zum Regionallager. Über die korrekte Verwertung wachen verschiedene unabhängige Institute.

Quelle achtet bei den eingesetzten Entsorgern auf eine umwelt- und fachgerechte Entsorgung, die durch Zertifizierungen belegt werden muß. Zusätzlich kontrolliert Quelle aber auch selbst, achtet also darauf, was mit den Altgeräten geschieht. Quelle-Mitarbeiter besichtigen die Anlage vor der Auftragsvergabe, um vor Ort zu sehen, daß die Entsorgung ordnungsgemäß ablaufen kann.

Die Westricher Recycling hat bereits die Zertifizierung als Entsorgungsfachbetrieb, wobei die Efb-Verordnung freiwillig befolgt wird. Zudem wendet man eine Vielzahl von Schutzmaßnahmen an, um eventuelle Störfälle zu vermeiden. Aufgrund der Efb-Verordnung muß die Westricher Recycling zudem verlangen, daß ihre Dienstleistungspartner, z.B. die WRS, ebenfalls zertifiziert sind.

Die Spedition WRS, die die Altgeräte vom Regionallager abholt, arbeitet an der Zertifizierung als Entsorgungsfachbetrieb. Auch die Sehn GmbH arbeitet an der Zertifizierung als Entsorgungsfachbetrieb. Dies ist - wie in den anderen Fällen - zunehmend eine Anforderung der „Lieferanten". Sowohl die Gemeinden, von denen ein hoher Anteil der Altgeräte kommt, als auch die anderen Unternehmen, wie z. B. Quelle, die ihren Schrott zur Entsorgung weitergeben, achten darauf, daß die Entsorger die umweltgerechte Entsorgung durch eine Zertifizierung belegen können.

### 3.3.3.3 Integration der Aspekte

*„Viele Entwicklungen innerhalb des Unternehmens verdeutlichen, daß konsequenter betrieblicher Umweltschutz nach einer Investitionsphase erhebliche Einsparpotentiale eröffnet und zu positiven wirtschaftlichen Effekten führen kann. [...] Die Einheit von Ökonomie und Ökologie ist für Quelle kein Widerspruch, sondern lohnende Zukunftsaufgabe eines aktiven Umweltmanagements.*"[24]

Oft sind ökologische Innovationen in der Anfangsphase mit hohen Investitionen verbunden. Mittel- und langfristig ergeben sich in vielen Fällen jedoch spürbare Kostenentlastungen. Reine end-of-pipe-Investitionen verursachen tatsächlich meist nur Mehrkosten, weil die bestehenden Abläufe nicht verändert, sondern lediglich um einen Schritt erweitert werden. Grundsätzlich gilt aber, daß überall, wo Material vermieden wird, ein wesentlicher Kostenspareffekt auftritt. Beispiele für solche Einsparungen bei Quelle, die zugleich eine ökologische Verbesserung brachten, sind:

- Verzicht auf Noppenpapier im Kundenpaket (1 Mio. DM),

- Ersatz der Kunststoffetuis für Uhren durch Kartonverpackung (250 TDM),

- Mehrwegverpackungen für die Belieferung von Agenturen (100 TDM) sowie

- Optimierung der Abfallwirtschaft (2,5 Mio. DM).

Electrolux weist darauf hin, daß Produkte mit einer guten ökologischen Leistung auch dem Konsumenten erhebliche Einsparungen bringen können. So spart ein „guter" Kühlschrank aufgrund des niedrigeren Stromverbrauchs gegenüber einem

---

[24]  Quelle (Hrsg.) 1997, S. 35.

durchschnittlichen während seiner Lebenszeit etwa 790 DM. Dementsprechend ist in den letzten Jahren auch die Nachfrage nach ökologisch orientierten Produkten angestiegen, d. h. daß Ökoprodukte den Umsatz steigern können.

Nach einer Untersuchung der Gesellschaft für Konsumforschung (GfK) sind Quelle-Kunden überdurchschnittlich umweltbewußt. Dadurch erhöht sich der Anreiz zu umweltbewußtem Handeln für Quelle zusätzlich. Andererseits ist die Umweltorientierung von Quelle sicherlich auch ein Grund für die Öko-Orientierung ihrer Kunden. Auch der Einsatz der Bahn zwischen Italien und Deutschland ist nicht nur ökologisch, sondern auch ökonomisch sinnvoll. Gerade auf dieser langen Strecke ist der Transport per Bahn billiger und umweltfreundlicher als per Lkw, wobei beide Transportmittel gleich schnell sind. Zudem kann die Entladung von Bahnwaggons zeitlich verschoben werden, während Lkw sofort entladen werden müssen. Somit ist eine gleichmäßigere Kapazitätsauslastung des Lagerpersonals möglich.

Nicht zuletzt wird in diesem Fallbeispiel deutlich, daß zwischen dem Management mit Qualitätszielen und dem Management mit Umweltzielen erhebliche Interdependenzen bestehen. Das gleiche gilt für QMS und UMS, so daß eine Integration der Systeme sowie eine integrierte Zertifizierung wesentliche Synergieeffekte beinhalten. Darauf wird im Fall von Zanussi hingewiesen, wo man davon ausgeht, daß die Zertifizierung des Umweltmanagementsystems nach EN ISO 14001 sehr einfach und billig zu erlangen ist, da das Qualitätsmanagementsystem bereits nach EN ISO 9002 zertifiziert ist. Auch die Westricher Recycling konnte in hohem Maße die Arbeit nutzen, die in die Zertifizierung als Entsorgungsfachbetrieb investiert wurde, um mit nur geringem Mehraufwand auch das Qualitätsmanagementsystem nach EN ISO 9002 zu zertifizieren.

### 3.3.4 Zusammenfassung

Die dargestellte logistische Prozeßkette - von der Zanussi-Produktion in Italien über die Quelle-Regionalläger bis zum Kunden mit anschließender Rücknahme der Altgeräte, Zerlegung durch die Westricher Recycling und Verwertung der Restfraktionen, u. a. durch Stahlwerke - zeichnet sich durch einige Besonderheiten aus. So führt die langjährige, enge Zusammenarbeit der Quelle Schickedanz AG & Co. mit ihrem Lieferanten Zanussi zu einem besonderen Vertrauensverhältnis. Es zeigt sich, daß dieses Vertrauensverhältnis und die kooperative Einstellung der Partner - und nicht technische Entwicklungen - die wichtigste Voraussetzung für eine effiziente Wertschöpfungspartnerschaft sind.

Ein innovativer Faktor ist die Übernahme der Verantwortung für die verkauften Produkte auch über den Gebrauch hinaus, wodurch diese Wertschöpfungskette einen Wertschöpfungskreislauf darstellt. Quelle legt großen Wert auf eine umweltgerechte Entsorgung der Altgeräte durch seine Partner und führt - über die Forderung nach Zertifizierungen hinaus - auch eigene Kontrollen durch.

Insgesamt zeigt sich, daß Quelle dabei, trotz eines hohen Outsourcing-Grades, entscheidenden Einfluß auf die logistische Prozeßkette ausübt.

Am Wertschöpfungskreislauf der Quelle Schickedanz AG & Co. werden zwei Aspekte der unternehmensübergreifenden Optimierung von logistischen Prozeßketten unter Qualitäts- und Umweltgesichtspunkten besonders deutlich:

Einerseits hat die Einstellung der beteiligten Partner, also die Kooperations- und Vertrauenskultur und die Umweltorientierung, einen wesentlichen Einfluß auf die Gestaltung der Wertschöpfungskette. Erst das „Wollen", nicht schon das „Können", führt über die enge Einbindung aller Wertkettenpartner zu einer effizienten und ökologischen unternehmensübergreifenden Partnerschaft.

Andererseits zeigt sich, daß Qualität, Ökonomie und Ökologie entlang der logistischen Prozeßkette heute oftmals keinen Gegensatz darstellen, sondern eine untrennbare Einheit bilden, wobei sich eine Verbesserung der ökonomischen und qualitativen Effizienz häufig auch zugunsten der Ökologie auswirkt.

## 3.4     Zur Analyse internationaler Belieferungsketten

### 3.4.1  Darstellung der beteiligten Kooperationspartner

#### 3.4.1.1  Stora

Stora ist ein international operierender schwedischer Industriekonzern mit Sitz in Falun. Ehemals aus dem Kupferabbau hervorgegangen, ist Stora heute eines der größten Unternehmen im Bereich der holzverarbeitenden Industrie. Zur Produktpalette zählen Zellstoffe, Presse- und Katalogpapiere, Feinpapiere, Packstoffe (Karton, Verpackungspapiere), Schnittholz und Holzbauelemente.

*Zur Rolle des Transportes*

Diese Fallstudie mit Stora im Mittelpunkt soll die Möglichkeiten einer ökologischen Gestaltung des Transportes verdeutlichen. Dieses international operierende Unternehmen wurde ausgewählt, da dieses Beispiel zeigt, wie ein empfindliches Transportgut (Zellstoff) in großen Mengen über weite Entfernungen ökologisch sinnvoll transportiert werden kann.

Dem Transport wird bei Stora seit langem ein großer Stellenwert zugemessen, denn einerseits sind die Geschäftsbereiche in über 20 verschiedenen Produktionsstätten (vorwiegend in Schweden und Deutschland, aber auch in Frankreich, Belgien, Portugal, Dänemark, England und Kanada) angesiedelt, und andererseits ist der Absatz der Stora-Produkte weit verteilt: Lediglich 16 Prozent der gesamten Produktionsmenge werden in Schweden, 73 Prozent werden in anderen europäischen Märkten und elf Prozent in außereuropäischen Märkten abgesetzt.

| Märkte | Absatz in % |
|---|---|
| Deutschland | 21 |
| Schweden | 16 |
| England | 11 |
| Frankreich | 9 |
| Dänemark | 5 |
| Niederlande | 5 |
| Italien | 5 |
| Belgien | 5 |
| Norwegen | 3 |
| Andere europäische Länder | 9 |
| Außereuropäische Länder | 11 |

**Tabelle 7:**    Verteilung des Absatzes der Stora-Produkte

Die Exportneigung von Stora wird sich zukünftig noch verstärken: Denn während die relativ weit entwickelten Papiermärkte in Europa und USA nur noch mäßig wachsen - jeweils jährlich ca. plus drei Prozent - versprechen vor allem die Märkte in Asien mit durchschnittlichen Wachstumsraten von plus neun Prozent, erheblich zu expandieren. In den damit verbundenen Transportdistanzen liegt auch ein Grund dafür, daß sich Stora kontinuierlich mit der Optimierung der Logistik, insbesondere des Transportwesens, befaßt.

Neben den Entfernungen ergeben sich auch durch spezifische Kundenwünsche Anforderungen an die Logistik. Hier spielen in erster Linie qualitative Aspekte wie Sicherheit und Zuverlässigkeit der Lieferungen eine Rolle. Zunehmend wirken sich aber auch ökologische Forderungen durch die Kunden (insbesondere Verlage, die ihrerseits einem gestiegenen Umweltbewußtsein ihrer Kunden gegenüberstehen) aus.

*Organisationsstruktur der Logistik*

Die Logistik ist bei Stora zusammen mit dem Einkauf als eine eigene „production unit" organisiert. Sie wird als „Servicefunktion" verstanden, die die Geschäftsbereiche in allen Belangen des Einkaufs- und Transportwesens unterstützt.

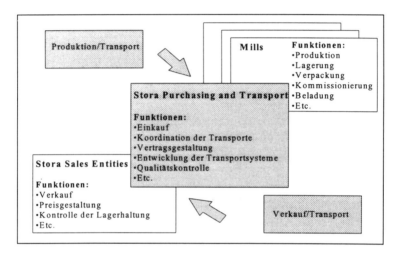

**Abbildung 22:**   Zur Rolle der Servicefunktion „Purchasing and Transport"

Die Logistikaufgaben sind insgesamt wie folgt verteilt: Aufgaben, die allein von den einzelnen Papierfabriken von Stora erfüllt werden, sind vor allem die Produktion, der Einkauf spezieller Einsatzstoffe und die Vorbereitung der Transporte z. B. durch Lagerung, Verpackung, Kommissionierung und Beladung bei dem Werk. Der Einkauf der Basiseinsatzstoffe sowie die Planung und Durchführung der Transporte einschließlich der Umladung an Terminals erfolgt von seiten des Servicebereichs „Purchasing and Transport". Die Aufgaben des Verkaufs und der Preisgestaltung werden von dem Bereich „Sales Entities" für alle Werke übernommen.

Für Optimierungen der Logistikkette unter ökologischen und qualitativen Gesichtspunkten ist die Organisation der Logistik als eigenverantwortliche Stabstelle von großem Vorteil: So ermöglicht die Zusammenfassung der Planung und Qualitätskontrolle der Transporte durch die Servicefunktion „Purchasing and Transport" eine Optimierung der gesamten Kette; im Gegensatz dazu bliebe eine Einzelplanung durch

die verschiedenen Werke suboptimal. Infolge dieser Planung „aus einer Hand" können ökonomische, aber auch qualitative und ökologische Verbesserungen der
Transporte angegangen werden. So können insbesondere durch Bündelungen
Transporte vermieden werden. Des weiteren können z. B. die Umweltbelastungen
auf sämtlichen Transportwegen für alle Papierwerke erfaßt und kontinuierlich verringert werden.

*Logistikkosten*

Die Kosten für die Bahntransporte von den Werken bis zum Umschlagplatz übernimmt zunächst Stora „Purchasing and Transport", legt diese aber später anteilig auf
die Werke um. Distributions- und Terminalkosten werden zunächst von Stora „Sales
Entities" bezahlt, später aber auch den Werken in Rechnung gestellt. Der Teil der
logistischen Aufgaben, den die Werke erfüllen, wird dort häufig der Produktion, nicht
dagegen der Logistik zugerechnet, wodurch geringere Logistikkosten ausgewiesen
werden. Die Logistikkosten verteilen sich wie folgt:

| Produktionskosten | Logistikkosten |
|---|---|
| Lagerung, Beladen 1,7% | Transport 85% |
| Verpackung 1% | Zölle 1% |
| Kennzeichnung 0,3% | Lagerung (extern) 1% |
| Kommissionierung 97% | Schäden an der Ware 1% |
|  | Umladung, Terminal Kosten 12% |

**Tabelle 8:**     Produktions- und Logistikkosten

*Outsourcing von Logistikaufgaben*

Alle Aufgaben, die im Zusammenhang mit der operativen Durchführung der Logistik
stehen, hat Stora an Dienstleister ausgegliedert. Ihre Devise lautet: *„Jeder konzentriert sich auf seine Kernkompetenzen, und Transporte können besser und preiswer-
ter durch Spezialisten durchgeführt werden"*. Die logistischen Funktionen des Hau-
ses Stora können sich daher auf die Koordination der Transporte, Vertragsverhandlungen mit Dienstleistern, die Entwicklung neuer Transportsysteme und Maßnahmen
zur Qualitätssicherung fokussieren.

*Effekte der Logistikorganisation von Stora*

Hinsichtlich der logistischen Aufgaben lassen sich drei Ebenen unterscheiden:

- Die gesamte Planung und Qualitätskontrolle aller Transporte erfolgt durch die Servicefunktion „Purchasing and Transport",

- logistische Aufgaben der Transportvorbereitung werden durch die Werke erfüllt,

- und die Durchführung der Transporte wird an Logistikdienstleister ausgelagert.

Durch die Ausgliederung der stark operativen Aufgaben der Logistik an Spezialisten einerseits und die Aufgabentrennung zwischen den einzelnen Werken und Stora „Purchasing and Transport" andererseits kann eine hohe Transportqualität gewährleistet werden. So sind z. B. alle Positionen der Servicefunktion „Purchasing and Transport" mit Ingenieuren besetzt, die kontinuierlich über die Einhaltung von Qualitätsstandards wachen sowie Verbesserungsprozesse initiieren.

### 3.4.1.2 Rhenus

Bereits 1912 als Schiffahrtsunternehmen gegründet, ist Rhenus AG & Co. KG heute als Dienstleistungsunternehmen an über 100 Plätzen in Mitteleuropa präsent und in den Aufgabenbereichen Spedition, Transport, Lagerei und Umschlag tätig. Bis Rhenus im März 1998 von der Rethmann Gruppe übernommen wurde, gehörte es zur Stinnes AG. Im Jahr 1997 erzielte es mit 3.000 Mitarbeitern einen Umsatz von 1,1 Mrd DM. Für die Gestaltung der Prozeßkette ist insbesondere die ökologisch orientierte Organisation des Transportes und die Umschlagsleistung von Rhenus von Bedeutung. Rhenus übernimmt das zu transportierende Papier in Maschen bei Hamburg und organisiert den Weitertransport per Bahn bis zu seinem Lager in Düsseldorf. Hier werden die Papierballen entsprechend ihrer Kennzeichnung zwischengelagert. Aufgrund der Empfindlichkeit des Transportgutes bezüglich Feuchtigkeit und Beschädigungen werden, veranlaßt durch Stora, regelmäßig Mitarbeiterschulungen hinsichtlich des Handlings der Ware durchgeführt. Auch stellt Stora hohe Ansprüche an den Lagerraum sowie an die eingesetzten Waggons. Beispielsweise müssen die Ballen stets gesondert von anderen Waren transportiert und gelagert werden.

## 3.4.2 Skizze der logistischen Prozeßkette

*Zur untersuchten Prozeßkette*

Die ausgewählte Prozeßkette, anhand derer ökonomische, ökologische und quali-tätsbezogene Aspekte näher untersucht werden sollen, umfaßt die Akteure Stora Mill Kvarnsveden, Stora „Purchasing and Transport", Scandinavian Rail Cargo und den Logistikdienstleister Rhenus. Gegenstand der Betrachtung ist die gesamte logisti-sche Kette von der Herstellung des Zellstoffes bzw. Papiers bis zur Auslieferung an die Verlage.

Die betrachtete Prozeßkette nimmt ihren Anfang in Borlänge bei dem Werk in Kvarnsveden. Hier wurden im Jahr 1996 604.709 t Zellstoff hergestellt und anschlie-ßend zu Zeitungspapier (61 %), zu Feinpapier (23 %) und zu Papier für Zeitschriften (16 %) weiterverarbeitet. Das Werk in Kvarnsveden ist organisatorisch in die drei Geschäftsfelder „Market order", „Administration" und „Sales department" gegliedert. Die Logistikaufgaben, die vor Ort bei den Werken durchgeführt werden, sind dem „Sales department" zugeordnet. Weitergehende Logistikaufgaben werden durch die Servicefunktion „Purchasing and Transport" wahrgenommen.

Das Werk übernimmt die Aufgaben des Lagerns, Verpackens, Kommissionierens und Beladens der Züge. Per Bahn wird der Zellstoff bis Helsingborg transportiert, wo die Züge mit der Fähre nach Dänemark übergesetzt werden. Auf diesem Weg müs-sen auf einigen Streckenabschnitten, die nicht elektrifiziert sind, Dieselloks benutzt werden; üblich sind jedoch E-Loks. Durch Dänemark erfolgt der Transport gleichfalls mit der Bahn; auf dem Weg nach Deutschland wird noch einmal eine Fähre benutzt. In Deutschland führt der Weg direkt nach Maschen bei Hamburg zum größten Um-schlagplatz von Stora, wo der Bahntransport und der Verantwortungsbereich von Stora „Purchasing and Transport" endet. Nun übernimmt der Logistikdienstleister Rhenus die Verantwortung für die zu transportierenden Güter. Er organisiert den weiteren Transport per Bahn bis zu seinem Lager in Düsseldorf. Dort führt er die Aufgaben der Entladung, der Zwischenlagerung und der Kommissionierung durch. Alle Güter werden entsprechend ihrer Kennzeichnung gelagert und über weitere Dienstleister an ihren Bestimmungsort geliefert. Dort beginnt der Verantwortungsbe-

reich der Dienstleister, die den Warentransport per Lkw zu den Endkunden übernehmen.

*Ökologieorientierte Transportmittelwahl*

Bei der Transportmittelwahl berücksichtigt Stora auch ökologische Aspekte; Bahntransporte nehmen einen großen Anteil am Transportaufkommen ein. Da nicht alle
Strecken in Schweden elektrifiziert sind (hierzu zählt auch der Gleisanschluß bei
dem Werk) und da das jeweils umweltverträglichste Verkehrsmittel bevorzugt wird,
kommt es zu einer Reihe von „Zugfahrzeugwechseln" von elektrisch- zu dieselbetrie-
benen Loks. Sofern die Möglichkeit besteht, den Wasserweg zu nutzen, und sofern
dies auch ökonomisch vertretbar ist, werden die Waren in den Waggons auf Fähren
umgesetzt.

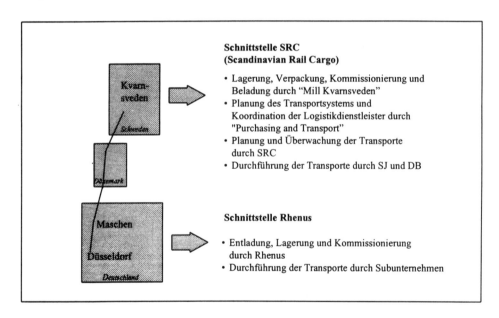

**Abbildung 23:** Darstellung der Transportkette von dem Werk in Kvarnsveden nach
Düsseldorf zu den Verlagen

### 3.4.3 Spezifische Aspekte der logistischen Prozeßkette

### 3.4.3.1 Storas Umweltprogramm

Kern der Umweltschutzaktivitäten von Stora ist Step (Stora´s Transport Environmental Programme). Es soll zum einen ökologische Forderungen von Kunden (u. a. vom Axel Springer-Verlag) zu erfüllen helfen, zum anderen sollen durch Qualitätsverbesserungen, insbesondere beim Handling der empfindlichen Ware, Kostensenkungen und eine Erhöhung der Kundenzufriedenheit erreicht werden. Es ist im Jahr 1996 entwickelt worden und organisatorisch als Arbeitsgruppe („Step-Team") verankert. Im Jahr 1998 wird die Umweltschutzarbeit des Step-Teams in die Linienorganisation übertragen. Sie soll somit von einer „Sonderrolle" hin zu einer Integration in das Tagesgeschäft gelangen.

Ein Kernziel des Programms ist es, geeignete Indikatoren der durch den Transport verursachten Wirkungen auf die natürliche Umwelt zu entwickeln, diese Wirkungen zu messen und zu verringern. Die entwickelte Methode wurde „TCA" (Transport Chain Assessment) genannt. Als Grundlage für Verbesserungen im Umweltschutz dienen die im Jahr 1995 für ausgewählte Transportketten erfaßten Umweltwirkungen (Baseline 1995). Darüber hinaus bietet es Unterstützung bei der ökologisch orientierten Lieferantenauswahl und bei der weiteren Verbesserung des betrieblichen Umweltschutzes.

Zum Zeitpunkt der Erhebung befand sich Step noch in einer Aufbau- und Umsetzungsphase. Neben der Aufgabe der organisatorischen Verankerung des Umweltschutzes in das Unternehmen plant und führt Stora eine Reihe von Workshops durch mit dem Ziel, das Step-Programm optimal auszugestalten und zu nutzen sowie mögliche Hemmnisse abzubauen. Auch werden die - in den nachfolgenden Abschnitten skizzierten - Bausteine des Step-Programms ständig ergänzt.

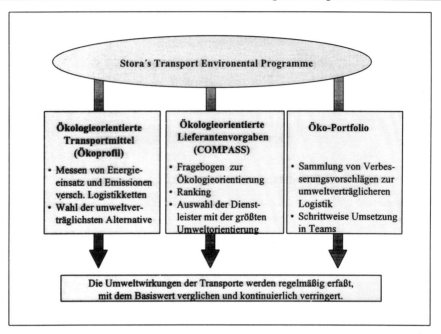

**Abbildung 24:** Step Bausteine

*Ermittlung der Umweltwirkungen der gesamten logistischen Prozeßkette mit Hilfe von Ökoprofilen*

Im Rahmen der Untersuchung der Umweltwirkungen logistischer Prozeßketten werden zunächst der durchschnittliche Energieeinsatz und die Emissionen der verschiedenen Transportmittel ermittelt und in einem sogenannten „Ökoprofil" dargestellt. Dabei finden insbesondere der Verbrauch fossiler Energieträger, Kohlendioxid-, Schwefel-, Kohlenwasserstoff- und Stickoxidemissionen sowie der Ausstoß von Kleinstpartikeln Berücksichtigung. Auf Basis dieser Durchschnittsdaten erfolgt die Berechnung des Energieverbrauchs und der Umweltbelastungen einer logistischen Kette vom Hersteller bis zum Endkunden. Derartige Berechnungen wurden bislang für knapp die Hälfte aller Ketten vorgenommen, es sind jedoch Analysen für die verbliebenen Ketten, bei denen von einer hohen Umweltrelevanz auszugehen ist, geplant. Auch wird der „Katalog" der zu berücksichtigenden Schadstoffe permanent um neue, sich als relevant erweisende Kriterien erweitert.

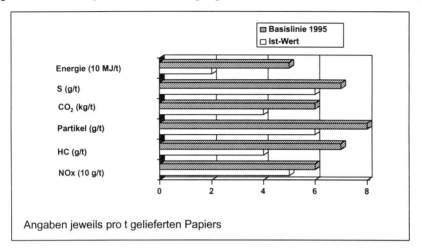

**Abbildung 25:** Transportmittelwahl unter Umweltverträglichkeitsaspekten

Auf Basis der ermittelten Umweltwirkungen der verschiedenen Transportmittel für die Logistikketten werden anschließend die Ketten bzw. Kettenabschnitte ermittelt, von denen die größten Umweltwirkungen ausgehen. Hierfür werden dann im Rahmen eines sogenannten „Ökoportfolios" gezielt - u. a. transportbezogene - Maßnahmen zur Verringerung der Umweltbelastungen entwickelt.

Schließlich können unter Zuhilfenahme von Ökoprofilen die erzielten Verbesserungen untersucht und gegebenenfalls weiterführende Maßnahmen eingeleitet werden. Die Umweltwirkungen werden jährlich gemessen. Die Ökoprofile dienen nicht nur als Maßstab für Verbesserungen im Umweltschutz, sondern auch der Kommunikation mit dem Kunden. So können ihm etwa verschiedene Transportalternativen vorgelegt werden, anhand derer Kostenverläufe und Umweltbelastungen er entscheidet, mit welchen Transportmitteln auf welchen Strecken die Güter letztendlich transportiert werden sollen.

*Beurteilung und Auswahl von Lieferanten und Dienstleistern unter Umwelt-*
*schutzaspekten*

Ein weiterer Baustein von Step ist das Instrument „COMPASS" (Company, Management, Performance, Assessment). Dieses Instrument dient zur Erfassung und Verbesserung der Ökologieorientierung der Lieferanten und Dienstleister.

Zur Beurteilung und Auswahl von ökologieorientierten Lieferanten und Dienstleistern wurde ein Fragebogen entwickelt. Der zweiseitige Bogen beginnt mit allgemeinen Fragen zur Bereitschaft des Dienstleisters bzw. des Lieferanten, z. B. Umweltschutzdaten freizugeben oder auf eigene Kosten ein Öko-Audit durchführen zu lassen. Weiterführend wird der Status der Zertifizierung abgefragt, wobei eine bereits bestehende Zertifizierung prinzipiell eine sofortige Aufnahme als Lieferant ermöglichen würde. Im Falle einer noch nicht durchgeführten Zertifizierung wird z. B. nach dem Vorhandensein ökologischer Ziele, eines Umweltschutzbeauftragten im Unternehmen, nach der Erfüllung gesetzlicher Auflagen oder nach ökologischen Forderungen des Lieferanten bezüglich seiner Zulieferer gefragt.

Die im Rahmen der Befragung gewonnenen Auskünfte bilden die Grundlage für ein Ranking und entscheiden somit über eine Zusammenarbeit mit dem Zulieferer bzw. Dienstleister. Erste Erfahrungen mit diesem Instrument waren unvollständig ausgefüllte Bögen. Erst aufgrund der Maßgabe, daß im Falle eines Nichtausfüllens die negativen Antworten als gegeben erachtet würden, wurden die Bögen vollständig bearbeitet zurückgesendet. Über den „Wahrheitsgehalt" liegen bisher allerdings noch keine Erkenntnisse vor. Dieser wird sich aber durch Besuche bei den Dienstleistern, die als nächster Schritt geplant sind, ermitteln lassen.

Als erstes positives Ergebnis bleibt festzuhalten, daß sich ein Großteil der Dienstleister aufgrund dieser Aktion verpflichtet hat, die geforderten Standards schrittweise zu erfüllen. Im Jahr 1997 wurde COMPASS fest installiert, so daß jedes Werk seine Lieferanten hinsichtlich ökologischer Kriterien bewerten kann.

*Entwicklung von umweltschutzbezogenen Verbesserungsmöglichkeiten mit Hilfe des Ökoportfolios*

Im Rahmen eines „Ökoportfolios" werden Maßnahmen entwickelt, die zur Verringerung der im Ökoprofil gemessenen Umweltwirkungen beitragen sollen. Erste realisierte Projekte bestehen in der Zusammenarbeit mit Spediteuren zur Senkung des Benzinverbrauchs durch Änderungen des Fahrverhaltens; mittels Schulungen der Fahrer in Theorie und Praxis wird angestrebt, die Umweltbelastungen deutlich zu senken. Ein weiteres Projekt beschäftigt sich mit der Reduzierung der Anzahl der

genutzten Achsen beim Güterfernverkehr. Denn mit jeder Achse, die weniger eingesetzt wird, kann zusätzliche Ware transportiert werden und somit die Anzahl der erforderlichen Transporte gesenkt werden. Auch mit der Reduktion von Leerfahrten
durch eine veränderte Routenplanung können Umweltbelastungen gezielt verringert
werden. Die ökologischen Wirkungen des Step-Programms sind zum jetzigen Zeitpunkt noch nicht quantifizierbar, da eine erneute Messung nach dem Basiswert 1995
noch nicht erfolgt ist. Sie ist für 1998 geplant. Es ist jedoch davon auszugehen, daß
die Maßnahmen innerhalb des Ökoportfolios meßbare Erfolge zeigen werden.

### 3.4.3.2 Ökologische Wirkungen

*Relevanz einzelner Umweltschutzkriterien*

Bei der Gestaltung der Logistik unter Umweltgesichtspunkten spielen für die Akteure
der Prozeßkette Emissionen in Wasser, Luft und Boden sowie Energieverbrauch und
Unfälle eine wesentliche Rolle. Das Kriterium „Stofflicher Input" wird als weniger
wichtig erachtet, ebenso Lärm.

| Kriterium | Bewertung |
|---|:---:|
| Schadstoffeinträge in die Luft | 1 |
| Schadstoffeinträge in Wasser | 1 |
| Schadstoffeinträge in den Boden | 1 |
| Energieverbrauch | 2 |
| Stofflicher Input, Abfälle | 3 |
| Lärm | 4 |
| Unfälle/Gesundheitsrisiken | 1 |

**Tabelle 9:** Bewertung von Umweltschutzkriterien (1 = sehr wichtig, 5 = nicht wichtig)

*Kontinuierliche Verbesserung der Prozesse zur Verringerung negativer Umweltwir-
kungen*

Stora beschäftigt sich bereits seit den 80er Jahren intensiv mit der Verringerung von
negativen Umweltwirkungen durch Produktion und Transport und nimmt in diesem
Zusammenhang eine kontinuierliche Überwachung und eine ständige Verbesserung
der Prozesse vor. Dies liegt zum einen in dem Selbstverständnis von Stora als holz-

verarbeitendes Unternehmen begründet, das einen engen Bezug zur Natur besitzt. Zum anderen unterliegen die Werke in Schweden einer strengen Gesetzgebung bezüglich der Luft- und Wasserreinhaltung sowie Arbeitssicherheit. So waren Stora Kabel in Deutschland und Stora Fors in Schweden die ersten Papierfabriken in Europa, die nach der EMAS-Verordnung validiert wurden. Die Zertifizierung wurde inzwischen bei weiteren zwölf Werken durchgeführt, in den restlichen Werken wird an einer Zertifizierung gearbeitet. Die ökologischen Verbesserungspotentiale des Step-Programms sind in den vorangegangenen Abschnitten bereits angeklungen und sollen an dieser Stelle deshalb nicht wiederholt werden. Zu resümieren bleiben jedoch zahlreiche Verbesserungen der Umweltsituation, auch wenn sich die erzielten Erfolge bei der Schadstoffverringerung erst bei der nächsten Vergleichsmessung (mit dem Basiswert 1995) quantifizieren lassen werden.

### 3.4.3.3 Qualitative Wirkungen

*Relevanz einzelner Qualitätskriterien*

Das Qualitätskriterium „Zuverlässigkeit der Transporte" steht für Stora an erster Stelle. Dies ergibt sich zum einen aus der Empfindlichkeit der zu transportierenden Güter und zum anderen aus den sehr engen zeitlichen Vorgaben der Anlieferung beim Kunden, denn aufgrund des JIT-Prinzips der Verlage ist eine punktgenaue Belieferung erforderlich.

Auch nimmt die schadensfreie Anlieferung („Sicherheit") einen hohen Stellenwert ein. Der Grund hierfür ist - neben dem Bemühen Storas, stets einwandfreie Qualität zu liefern - in den Druckmaschinen der Verlage zu sehen: Früher setzten die Verlage im Durchschnitt 20 kleine Druckmaschinen ein. War eine Rolle schadhaft, entstand somit ein Produktionsausfall von fünf Prozent. Heute sind bei den meisten Verlagen nur noch fünf Druckmaschinen im Einsatz, so daß im Fall einer beschädigten Rolle gleich 20 Prozent der Produktionskapazitäten kurzfristig nicht nutzbar sind.

Der „Service" spielt aufgrund der Organisation der Logistik als „Servicefunktion für die Werke" in zweifacher Hinsicht eine Rolle: So sind einerseits die Anforderungen der Werke, andererseits die Anforderungen der Kunden von der Servicefunktion

„Purchasing and Transport" zu erfüllen. Die Werke wünschen eine flexible Abholung, um Läger zu entlasten, und die Verlage als Kunden erwarten eine möglichst stundengenaue Anlieferung. Stora erfüllt diese Forderungen nach einer hohen Frequenz der Abholung und Belieferung auch weitestgehend, so wird z. B. ein Kunde in London dreimal täglich beliefert. Aus dieser Serviceforderung ergibt sich ein Konflikt mit der Umweltbelastung durch die häufigeren Transporte. Da bei Transporten überwiegend die Bahn und die Fähre genutzt werden, ist jedoch die zusätzliche Belastung eher gering.

Eine hohe „Beziehungsqualität" ist für Stora ebenfalls wichtig. Stora pflegt daher auch eher langfristige Beziehungen zu ihren Logistikdienstleistern. So werden die acht Umschlagterminals über mindestens vier bis sechs Jahre von denselben Logistikdienstleistern betreut. Es gilt die Philosophie „good work in healthy business". Es werden von daher keine „open books" angestrebt. Stora kennt die Marktpreise und - in etwa - die Gewinnspannen und arbeitet mit den Dienstleistern sehr kooperativ.

Der „Flexibilität" kommt ebenso wie der „Lieferzeit" insgesamt eine eher untergeordnete Bedeutung zu. Aufgrund des „built to order"-Prinzips und der relativ guten Planbarkeit im Verlagswesen sind kurzfristige Nachlieferungen eher die Ausnahme. Daher ist Stora mit der durchschnittlichen Lieferzeit von fünf Tagen von dem Werk bis zum Kunden zufrieden, auch wenn hier auf Seiten der Dienstleister noch Verbesserungspotentiale gesehen werden.

| Kriterium | Bewertung | Rangfolge |
|---|---|---|
| Lieferzeit | 3 | 6 |
| Zuverlässigkeit | 1 | 1 |
| Flexibilität | 3 | 5 |
| Sicherheit | 1 | 2 |
| Service | 1 | 3 |
| Beziehungsqualität | 2 | 4 |

Tabelle 10:   Bewertung der Qualitätsaspekte der Transporte durch Stora (1 = sehr wichtig, 5 = nicht wichtig)

*Permanente Kontrolle und Schulungen zur Sicherung der Qualität der Transporte*

Die Qualität der Transporte beinhaltet für Stora in erster Linie eine schadensfreie Anlieferung zum vom Kunden gewünschten Zeitpunkt. Aufgrund der hohen Relevanz dieser beiden Qualitätskomponenten legt Stora strenge Vorgaben bezüglich des Transportes zugrunde. So werden regelmäßig Schulungen für die Mitarbeiter der Logistikdienstleister durchgeführt, die auf einen sorgfältigen Umgang mit den Transportgütern abzielen. Auch schreibt Stora eine bestimmte technische Ausstattung für das Handling der empfindlichen Ware vor, um Schäden zu vermeiden. Darüber hinaus ist jeder Mitarbeiter aufgefordert, die Weitergabe des Gutes sofort zu stoppen, wenn ein Schaden sichtbar geworden ist.

Bezüglich der Transportmittel (Waggons, Lkw) legt Stora größten Wert auf Sauberkeit sowie darauf, daß keine fremden Güter im selben Waggon transportiert werden. Regelmäßige Gespräche mit Logistikdienstleistern gewährleisten, daß Stora die Wünsche ihrer Kunden und das Ausmaß ihrer Zufriedenheit genau kennen. Eine externe Messung der Kundenzufriedenheit durch Unternehmensberatungen erfolgt daher nur alle vier Jahre für die Bereiche „paper board" und „fine paper".

### 3.4.3.4 Ökonomische Wirkungen

Zwischen dem Ziel einer umweltverträglicheren Ausgestaltung der Transporte und wirtschaftlichen Zielen lassen sich zahlreiche Synergieeffekte resümieren. Somit können durch Maßnahmen wie z. B. einer Reduktion von Leerfahrten oder einer sparsameren Fahrweise neben einer Verringerung von Schadstoffen auch der Energieverbrauch und damit die Kosten gesenkt werden.

Auch die ökologisch motivierte Auswahl der Transportmittel wird weitestgehend dem Kostenaspekt gerecht: So sind auf den großen Landentfernungen in Schweden Bahntransporte ökologisch und ökonomisch am sinnvollsten. Für den Transport zu den Umschlagpunkten innerhalb Deutschlands wären zwar Lkw-Transporte preisgünstiger, da die Ware jedoch in Waggons auf der Fähre übergesetzt wird, wäre zur Nutzung des Straßengüterverkehrs ein weiterer Umladeprozeß erforderlich. Daher kommt der Lkw erst bei der anschließenden Feinverteilung von den Umschlagpunkten zu den Kunden zum Einsatz.

Schließlich konnten durch die Zusammenfassung logistischer Aufgaben in der Servicefunktion „Purchasing and Transport" neben ökologischen Effekten auch Effizienzsteigerungen verzeichnet werden. Denn durch die übergreifende Planung der gesamten logistischen Kette - insbesondere der dadurch erreichten Transparenz der Transportvorgänge - können Warenströme vorteilhafter gebündelt und damit auch effizienter umgeschlagen werden. Auch können durch die Bündelung von „Einkaufsmacht" bessere Konditionen bei Logistikdienstleistern erzielt werden.

### 3.4.3.5 Integration der Aspekte

Die drei Aspekte Ökologie, Qualität und Ökonomie sind bei Stora eng miteinander verknüpft: So zielen die drei Bausteine des Step-Programms

1. Messung negativer Umweltwirkungen der Logistikketten (Ökoprofil)

2. Prüfung vorgelagerter Lieferanten unter Umweltschutzaspekten (COMPASS)

3. Institutionalisierung genereller Verbesserungsvorschläge im Umweltschutz (Ökoportfolio)

nicht nur auf ökologische Verbesserungen, sondern bringen auch qualitative und ökonomische Vorteile für das Unternehmen mit sich:

Die Messung und Abbildung von Umwelteinwirkungen in „Ökoprofilen", die in erster Linie Potentiale zur Verringerung von Umweltbelastungen aufzudecken helfen soll, kann insofern gleichzeitig auch auf Kosteneinsparungen hinweisen, z. B. da Energieverbrauch und Kosten miteinander korrelieren.

Die Befragungen der Lieferanten bzw. Logistikdienstleister im Rahmen des „COMPASS" bringen nicht nur Erkenntnisse über ökologische Verbesserungspotentiale, sondern informieren auch über Qualitätsaspekte der Transporte.

Die Institutionalisierung umweltschutzbezogener Verbesserungsvorschläge im Rahmen des „Ökoportfolios" kann gleichzeitig auch als „Qualitätszirkel" genutzt werden.

So ist es plausibel, daß die Mitarbeiter, die gemeinsam Lösungsvorschläge zur Verringerung der Umweltbelastungen der Transportprozesse erarbeiten, sich allgemein auch stärker mit Verbesserungen ihrer täglichen Arbeit beschäftigen. Dies kann zu einer höheren Motivation und stärkeren Identifikation mit dem Unternehmen sowie auch zu Qualitätsverbesserungen und der Realisierung von Einsparungen führen.

Die Zusammenfassung der Transportaufgaben verschiedener Produktionsstätten in der Servicefunktion „Purchasing and Transport" hat den Vorteil, daß die Logistik übergreifend organisiert werden kann. Dabei können durch einen effizienteren Transport sowie durch eine größere Einkaufsmacht Kosten eingespart und gleichzeitig auch die Qualität der Transportprozesse besser gesteuert werden.

Schließlich können durch die gleichzeitige Implementierung von UMS und QMS Synergieeffekte erschlossen bzw. ausgeschöpft werden. Die Anfänge einer Zertifizierung nach der EMAS-Verordnung können dazu genutzt werden, gleichzeitig ein entsprechendes QMS zu installieren. Hier sind etwa Synergien hinsichtlich Dokumentationshandbüchern und gemeinsamen Schulungen zu erwarten.

### 3.4.4 Zusammenfassung

Die Gestaltung der beschriebenen Prozeßkette wird stark durch die hohen Umweltschutzanforderungen von Stora geprägt. So bestimmt Stora mit Hilfe des Instrumentes des Ökoprofils die ökologische Transportmittelwahl und wählt die eingesetzten Logistikdienstleister hinsichtlich ihrer Umweltorientierung aus. Die systematische Sammlung von Verbesserungsvorschlägen zur umweltverträglichen Logistik, die auch kurzfristig in Teams umgesetzt werden, führen zu einer permanenten Optimierung der Logistikgestaltung, machen aber auch Neustrukturierungen von Arbeitsabläufen notwendig.

Zur Sicherstellung einer hohen Logistikqualität strebt Stora eine kooperative Zusammenarbeit innerhalb der Prozeßkette an. Mit den Logistikdienstleistern, die den hohen Ansprüchen hinsichtlich der umweltorientierten Logistikgestaltung genügen, arbeitet Stora möglichst fünf oder mehr Jahre eng zusammen. Da eine schadensfreie Anlieferung des empfindlichen Transportgutes in jedem Fall gewährleistet sein muß, investiert Stora in Mitarbeiterschulungen hinsichtlich des Umgangs mit dem

Transportgut und gibt eine bestimmte technische Ausstattung für den Transport, die Lagerung und das Handling der Ware vor.

Um gleichzeitig eine ökonomisch sinnvolle Gestaltung der Logistik zu erreichen, ist diese bei Stora als eine eigene „production unit" organisiert. Diese als Stabstelle verankerte Serviceeinheit übernimmt für alle Werke Aufgaben des Einkaufs, der Planung und Organisation der Transporte sowie auch der Umladung an den Terminals. Die hierdurch erreichte Bündelung von Transporten ist auch unter ökologischen Gesichtspunkten vorteilhaft.

Diese Prozeßkette ist ein Beispiel für eine hohe Bedeutung ökologischer Aspekte bei der Logistikgestaltung, aus der gleichzeitig auch qualitätsorientierte und ökonomische Vorteile resultieren. So decken Ökoprofile neben hohen Energieverbräuchen auch Kosteneinsparungspotentiale auf, Lieferantenbewertungen decken qualitätsorientierte Aspekte ab und in die institutionalisierten Verbesserungsprozesse fließen auch qualitätssteigernde Maßnahmen ein.

## 3.5    Fazit

Als Fazit des dritten Kapitels bleibt somit zum einen festzuhalten, daß eine kooperativ und langfristig angelegte Zusammenarbeit den Grundbaustein für eine effiziente Gestaltung der Prozeßkette darstellt. Zum anderen läßt sich resümieren, daß sich eine Verbesserung der qualitativen und ökonomischen Effizienz auch positiv auf die ökologische Effizienz auswirken kann, bzw. eine Optimierung unter ökologischen Gesichtspunkten auch qualitative und ökonomische Vorteile mit sich bringt. Der Frage, welche Grundvoraussetzungen im Bereich der Logistikplanung, -organisation und -controlling zur Ausschöpfung dieser Synergieeffekte förderlich sind, wird im folgenden Kapitel 4 nachgegangen.

# 4 Empirische Hauptuntersuchung: Logistische Prozeßketten unter Qualitäts- und Umweltaspekten

In den folgenden Abschnitten werden nach einer kurzen Einführung über die Besonderheiten der jeweiligen Akteursgruppe die Ergebnisse der Hauptuntersuchung aus Sicht der Industrie, der Logistikdienstleister und des Handels dargestellt. Die Untersuchung der logistischen Prozeßketten unter Qualitäts- und Umweltschutzgesichtspunkten erfolgte dabei anhand des im Anhang dokumentierten Interviewguides jeweils in drei Schritten.

Im ersten Schritt wurden die einzelnen Stufen der Logistikplanung und -organisation sowie des Logistikcontrolling der an der Prozeßkette beteiligten Unternehmen analysiert. In einem zweiten Schritt wurde die Zusammenarbeit der Akteure an den Schnittstellen der Logistikketten untersucht; hier wurde also die Gestaltung unternehmensübergreifender Logistikprozesse betrachtet. Schließlich wurden in einem dritten Schritt die vorhandenen QMS und UMS hinsichtlich ihrer Bedeutung für eine Optimierung der gesamten logistischen Prozeßkette analysiert. Hatte ein Unternehmen sowohl ein QMS als auch ein UMS installiert, wurden auch erreichte und potentielle Synergieeffekte erfragt.

## 4.1 Logistische Prozeßketten aus der Perspektive von Industrieunternehmen

### 4.1.1 Einführung

Im Bereich der Industrie sind eine Reihe von Entwicklungen zu beobachten, die sich in hohem Maße nicht nur auf die Logistik und Prozeßqualität auswirken, sondern auch zu signifikant veränderten Umweltauswirkungen führen.

Der weiterhin steigende Wettbewerbs- und Kostendruck in der Industrie führt im Bereich der Beschaffung zu einer verstärkten globalen Ausrichtung. Knapp die Hälfte des europäischen Beschaffungsvolumens wird global eingekauft, ein Anteil, der in der nahen Zukunft noch weiter zunehmen wird. Mehr als zwei Drittel aller europäischen Industrieunternehmen planen neue Standorte außerhalb des eigenen Landes. Die Standortpräferenzen gehen dabei weit über die Europäische Union hinaus; fast ein Viertel der europäischen Industrieunternehmen plant eine globale Ausrichtung

ihrer Standorte. Die Europäische Union wächst zu einer starken Wirtschaftsgemein-
schaft, niedrigere Produktionskosten führen europäische Industrieunternehmen jedoch zunehmend in osteuropäische und asiatische Länder. Die globalen Relationen
stellen neue Anforderungen an eine leistungsfähige und umweltverträgliche Logistik.

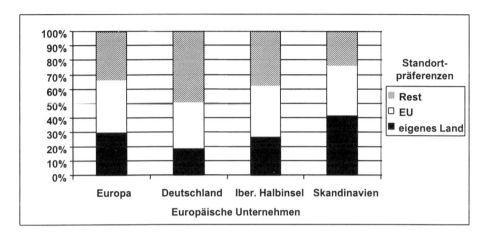

**Abbildung 26:** Standortpräferenzen europäischer Industrieunternehmen

Quelle: ELA 1997

Dies führt zu längeren Transportstrecken, gleichzeitig sind als Gegentendenz jedoch
deutliche Bündelungseffekte und Konzentrationen zu beobachten. Der Trend zur
Beschaffung aus „Supplier Parks", der konzentrierten Ansiedelung von Zulieferern,
reduziert insgesamt den Transportaufwand erheblich. Vielfach ist diese Art der Beschaffung trotz höherer Transportstrecken aufgrund von Bündelungseffekten effizienter und umweltverträglicher als eine regionale Beschaffung.

Der Kurs der Industrieunternehmen Richtung Systempartnerschaften mit Zulieferern
ist ungebrochen. In diesem Bereich nimmt die Automobilindustrie eine Vorreiterrolle
ein. Die in einen Pkw zu verbauende Teileanzahl konnte trotz einer steigenden Vari-
antenvielfalt innerhalb der letzten Jahre um die Hälfte reduziert werden. Durch die
erhöhte Integration von Systemdienstleistern in die logistischen Prozeßketten wird
die Effektivität und Effizienz von logistischen Prozessen deutlich gesteigert.

Einen weiteren entscheidenden Einfluß auf die Industrie hat der verstärkte Einsatz
von Multimedia sowie Informations- und Kommunikationstechnologien (IuK-

Technologien). Leistungsfähige IuK-Systeme haben deutlich positive Auswirkungen auf die Logistik-Performance und auf die Umweltwirkungen, die von der Industrie ausgehen. Durch ihren Einsatz können Prozeßketten hinsichtlich Logistik, Qualität und Umwelt durchgängig optimiert werden.

Um einen Branchenmix bei der Untersuchung logistischer Prozeßketten aus der Perspektive von Industrieunternehmen als Hauptakteure zu erhalten, wurden logistische Prozeßketten aus den verschiedensten Bereichen der Industrie untersucht. Von den insgesamt zwölf Industrieunternehmen sind vier der Automobilindustrie und fünf dem Maschinen- und Anlagenbau zuzurechnen. Zudem wurde ein Unternehmen aus dem Nahrungsmittelgewerbe und der Glasverarbeitung sowie ein Unternehmen aus dem chemischen Bereich analysiert.

Die Mitarbeiterzahlen aller befragten Industrieunternehmen liegen bei über 2.000 bei einem Unternehmensjahresumsatz von durchweg über 300 Mio. DM. Die Mitarbeiterzahlen bei den Nebenakteuren wie den Dienstleistern und Zulieferern sind dagegen durch eine stark ausgeprägte Bandbreite charakterisiert. Folgende Hauptakteure wurden bei der Analyse der logistischen Prozeßketten untersucht:

*Adam Opel AG*

Hierbei handelt es sich um die logistische Prozeßkette Zulieferunternehmen in Spanien – *Opel-Werk Rüsselsheim* – *Opel-Werk Eisenach*. Opel selbst ist sowohl qualitäts- als auch (außer am Standort Rüsselsheim) umweltzertifiziert. Die Umweltzertifizierung am Standort Eisenach wurde nach DIN EN ISO 14001 und nach der EMAS-Verordnung validiert. Die Transporte in dieser Prozeßkette werden zu einem besonders hohen Anteil mit dem Verkehrsträger Bahn durchgeführt, dieser liegt bei den Materialtransporten bei etwa 80 Prozent. Die Supplier Parks in Westeuropa gewähren bei der Versorgung der Produktion hohe Qualität und Sicherheit. Am Standort Eisenach ist zudem eine enge organisatorische und räumliche Anbindung mit dem Zulieferer *Lear Coporation GmbH & Co. KG* zu beobachten. Die Sitzgruppen werden fast produktionssynchron an das Montageband von Opel geliefert. Die Logistik im Werk Eisenach ist derart ausgestaltet, daß Bestände und Reichweiten auf ein Minimum von teilweise vier Stunden heruntergefahren werden können.

*Bahlsen KG*

Die betrachtete logistische Prozeßkette beginnt in den Kartoffelanbaugebieten in Süddeutschland und reicht über die Produktion bei *Bahlsen KG* in Hannover bis zur Distribution in den Handel. Die Material- und Fertigwarentransporte werden ausschließlich über Lkw abgewickelt. Bei der Distribution ist eine horizontale Kooperation mit einem weiteren Lebensmittelhersteller gegeben. Bahlsen hat diese Zusammenarbeit initiiert, um den Fuhrpark besser auszulasten und um Synergien bei der Belieferung des Handels zu nutzen. Bahlsen ist eines der wenigen Industrieunternehmen, die die Transporte nicht komplett an Dienstleister vergeben, sondern zu großen Teilen in Eigenleistung durchführen.

*Baulog GmbH*

Als Fundament der Baustellenlogistik am Potsdamer Platz dient das zentrale Logistikkonzept der *Baulog GmbH*, in das alle Bauprojektpartner eingebunden sind, vom Lieferanten über Systemdienstleister bis zu den Baufirmen. Aufgrund der ganzheitlichen Logistikplanung ist eine hohe Umweltverträglichkeit gewährleistet. In die Ver- und Entsorgung der Baustelle im City-Bereich sind die Verkehrsträger Straße, Bahn und Binnenschiff eingebunden. An diesem Beispiel läßt sich eindrücklich die positive Umweltwirkung einer leistungsfähigen Logistik demonstrieren.[25] Bei den befragten Unternehmen handelt es sich um die *Baulog GmbH*, die *Deutsche Bahn AG*, die *Deutsche Binnenreederei GmbH*, *Rhenus AG & Co. KG*, *Kapella Baustoffe GmbH* und *Hochtief AG*.

*Bayer AG*

Die *Bayer AG* wird als Lieferant von *Braas Dachsysteme GmbH* für die Produktion von Dachsteinen befragt. Braas Dachsysteme stellt für diesen Bereich den größten Kunden von Bayer dar. Der Verkauf der Dachsteine erfolgt zwar über den Handel, die Ware wird jedoch bei Braas direkt von den Bauunternehmen abgeholt.

Die Vorlaufzeit der Bereitstellung beträgt in wenigen Fällen mehr als einen Tag. Diese hohe Flexibilität der Bereitstellung erwartet Braas Dachsysteme demzufolge auch

---

[25]    Vgl. Baumgarten, Penner 1997.

von seinem Lieferanten, auch hier muß innerhalb eines Tages die gewünschte Menge mit der gewünschten Farbe der Eisenoxide gestellt werden. Um eine hohe Flexibilität der Logistik zu gewährleisten, stehen beide Unternehmen in einem engen, jedoch meist telefonischen Kontakt. Auch wird bei Bayer die Erfüllung der Aufträge von Braas Dachsysteme stets mit hoher Priorität behandelt.

*Bosch-Siemens Hausgeräte (BSH) GmbH*

Im Fall der *BSH GmbH* wurde die Distribution sowie die Redistribution Weißer Ware betrachtet. Dieser Hersteller arbeitet bei der Belieferung des Handels in sehr enger Kooperation mit dem logistischen Systemdienstleister *Paul Günther Cargo GmbH* zusammen. Die enge Zusammenarbeit ist auch räumlicher Natur; um die Qualität und Effizienz der Kooperation an der Schnittstelle zu optimieren, befinden sich Hersteller wie Dienstleister in demselben Gebäude. Die Redistribution der Altgeräte ist ebenfalls durch einen hohen Dienstleister-Integrationsgrad gekennzeichnet. In puncto Qualität bietet die BSH ein weiteres wichtiges Konzept; regelmäßig werden Dienstleisterwettbewerbe durchgeführt. Über ein Bonus-Malus-System konnte die Logistik-Performance erheblich gesteigert werden (vgl. Kapitel 3.1).

*Carl Zeiss*

Das Geschäft der Firma *Carl Zeiss* ist durch den Bedarf einer „Hochgeschwindigkeitslogistik" geprägt. Die Herstellung von optischen Geräten, hauptsächlich jedoch von Brillengläsern, erfolgt bei Losgröße 1. Die Produktion und Feinverteilung der Brillengläser über den Dienstleister *Transmed Transport GmbH* erfolgt innerhalb von 24 Stunden. Über ein unternehmenseigenes Netzwerk sind die Optikerfilialen an Carl Zeiss angebunden. Dies ist ein entscheidender Baustein für die Erreichung einer derart geringen Durchlaufzeit. Die Firma Transmed, die ihre Kompetenzen und Strukturen durch die Distribution von Medikamenten und Arzneien aufgebaut hat, stellt für Carl Zeiss einen wichtigen Partner für die Gewährleistung des Servicegrades dar.

*Daimler-Benz AG*

Die Prozeßkette der *Daimler-Benz AG*, Werk Bremen, ist geprägt durch die enge Kooperation mit dem Zulieferer *Lear Corporation GmbH & Co. KG*, der auf demselben Betriebsgelände angesiedelt ist. Im Rahmen dieser engen Lieferantenanbindung versorgt Lear die Produktionslinie sequentiell, d. h. annähernd produktionssynchron.

*Gillette Deutschland GmbH & Co.*

Im Fall von Gillette GmbH & Co. wurde die Prozeßkette USA-Deutschland betrachtet. Der Hersteller Gillette beschafft im Single-Sourcing-Verfahren Klingenstahl und Kunststoffgranulat für das Werk in Berlin. Klingengehäuse und ein Teil der Verpackung werden produziert, mit den Klingen bestückt und unter Einsatz eines Dienstleisters verpackt. Die Lagerung der Waren erfolgt zentral bei *MSAS Cargo International GmbH* bei Frankfurt am Main. Von dort aus erfolgt die Distribution zum Handel. Gillette befindet sich derzeit in weiteren Outsourcing-Prozessen. Zudem steht die Zertifizierung des UMS kurz bevor.

*Mercedes Benz AG*

Aus logistischer Sicht ist das Konzept von *MCC* (Micro Compact Car) *Auto Deutschland GmbH* besonders interessant. Betrachtet wurde die Prozeßkette vom *Daimler-Benz* Motorenwerk in Berlin/Marienfelde zum *MCC*-Montagewerk in Hambach/Lothringen. Bei dem Standort von MCC in Hambach handelt es sich um ein reines Montagewerk. Die untersuchte Prozeßkette ist Bestandteil eines innovativen Logistiksystems. Um hohe Logistikperformance und -qualität zu gewährleisten, werden eingehende Audits bei Zulieferern durchgeführt. Daimler-Benz geht hierbei mit speziellen Checklisten vor. Die Transporte erfolgen ausschließlich über Dienstleister per Lkw.

*Osram GmbH*

Die Distribution bei *Osram GmbH* wird über zwei zentrale Lagerstandorte abgewickelt. Bei Osram wird dem Umweltschutz eine ganz besondere Bedeutung zugeschrieben. Der Schutz der Umwelt ist fester Bestandteil der Unternehmenspolitik.

Der Standort in Berlin verfügt nicht nur über ein zertifiziertes Qualitätsmanagement, sondern auch über eine doppelte Zertifizierung nach DIN EN ISO 14001 bzw. EMAS.

*Otis GmbH*

Bei *Otis GmbH* wurde die Prozeßkette vom Produktionsort der Aufzugssteuereinheiten über die Aufzugkomplettierung in Frankreich bis hin zum Verbauort auf der Baustelle verfolgt. Otis verfügt über ein zertifiziertes QMS nach DIN EN ISO 9001.

*Volkswagen Transport GmbH & Co. OHG*

In der betrachteten Transportkette von *Volkswagen* sind alle gängigen Verkehrsträger integriert. Bei Engpässen wird der Transport der benötigten Teile und Werkzeuge auch per Flugzeug durchgeführt. Die Prozeßkette erstreckt sich vom Werk in Wolfsburg bis zum Verbauort bei Volkswagen in Mexico. Die bei Volkswagen verfolgte „Plattformstrategie" bedarf globaler und übergreifender Logistiknetzwerke. Volkswagen verfügt sowohl über ein zertifiziertes QMS als auch über ein zertifiziertes UMS.

### 4.1.2 Die generelle Ausgestaltung der Logistik in den untersuchten Industrieunternehmen

#### 4.1.2.1 Funktionen der Logistik

Die Logistik hat in den vergangenen Jahren erheblich an Bedeutung gewonnen. Dies spiegelt sich in der Vielzahl von Funktionen, die ihr zugeordnet werden, wider. Je größer dabei der Vorsprung eines Unternehmens in der Logistik gegenüber seinen Wettbewerbern ist, desto mehr weitet es sein Verständnis von Logistik aus. Die breiteste, über klassische Bereichsgrenzen hinweg integrierte Interpretation der Logistik haben die Logistikführer (vgl. Abbildung 27). Sie nutzen die Potentiale der Logistik als schnittstellenübergreifende Kernfunktion des Unternehmens aus, um das Denken in Prozessen und Wertschöpfungsketten zu forcieren. Die strategische Bedeutung der Logistik für den Gesamtunternehmenserfolg wird von ihnen erkannt.

Der Begriff und die Funktion der Logistik werden von den befragten Unternehmen nicht identisch definiert. Es existiert jedoch eine Reihe von Funktionen, die von fast allen Befragten der Logistik zugeordnet werden. In bezug auf Qualitäts- und Umwelt-aspekte werden vor allem die Funktionen Lagerhaltung, Transport und Umschlag übereinstimmend als Kernbereiche der konventionellen Logistik genannt.

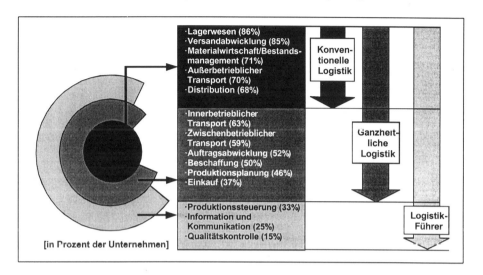

**Abbildung 27:**   Beispiele für Funktionen der Logistik

Quelle:            in Anlehnung an Baumgarten 1996, S. 3

Je nach Unternehmen bzw. Prozeßkette werden der Logistik noch weitere Bereiche und Funktionen zugeschrieben. Hierzu zählen u. a. Verpackung, Entsorgung, Quali-tätskontrolle, Information und Kommunikation sowie eine Vielzahl weiterer logisti-scher Teilgebiete. Durchgängige Meinung bei der Befragung war, daß der Aufga-benumfang der Logistik zur durchgängigen Gestaltung von Informations- und Mate-rialflüssen weiterhin ausgeweitet wird.

In allen betrachteten Fällen sind im Unternehmen Leitbilder oder Leitlinien für die Logistik vorhanden. Dort ist meist die Logistikphilosophie und -politik festgelegt. Lo-gistikstrategien werden schrittweise auf einzelne logistische Ziele und Kriterien her-untergebrochen. Dies sind im wesentlichen Kosten, Qualität, Durchlaufzeiten und Service. Die Leitlinien und Leitbilder müssen gelebt werden, die reine Existenz reicht nicht aus. Wichtig ist daher ihre Kommunikation innerhalb des Unternehmens. Nur durch eine funktionierende interne und externe Kommunikation kann die Voraussetzung geschaffen werden, ehrgeizige Logistikziele in der Praxis zu erreichen und Vorgaben zu erfüllen.

Hierfür werden von den Unternehmen verschiedene Methoden genutzt. In knapp der Hälfte der betrachteten Unternehmen sind die Logistikleitbilder und -leitlinien in Handbüchern schriftlich fixiert. Ein „Verinnerlichen" der Inhalte ist jedoch nur durch die ständige Auseinandersetzung mit der Thematik möglich, was in vielen Fällen erfolgreich mit Aushängen, Plakaten und ähnlichem erreicht wird. Als erfolgreichstes Mittel zur Kommunikation der logistischen Unternehmensstrategien und -ziele wird die Organisation von Workshops angesehen. Durch regelmäßige gemeinsame Besprechungen kann eine optimale Kommunikation erreicht werden. In der Praxis werden Workshops dieser Art jedoch nur von einer innovativen Minderheit abgehalten. Die Erfahrungen hierbei sind jedoch durchweg positiv. Das Denken in Prozeßketten und der Abbau von Bereichsegoismen kann dadurch gefördert werden.

Die Mehrzahl der Unternehmen plant die Logistik und ihre Funktionen anhand eigens entwickelter Instrumente. Basis hierfür sind z. B. Techniken wie Netzpläne und insbesondere Benchmarkings, die an den konkreten Spezialfall angepaßt angewendet werden. Make-or-Buy-Analysen und das Outsourcing spielen fast ausnahmslos bei Industrieunternehmen eine große bzw. sehr große Rolle. Die Unternehmen sind jedoch der Meinung, daß das Outsourcing zukünftig in deutlich geringerem Umfang als bisher auf weitere Bereiche ausgedehnt werden wird, da viele Unternehmen bereits stark auf Kernkompetenzen konzentriert sind, die aus strategischen Gründen nicht fremdvergeben werden sollen. Generell wird in allen Fällen angestrebt, das Knowhow von Prozeßkettenpartnern zu nutzen; das Outsourcing darf dabei jedoch nicht zu einer Verschlechterung der Prozeßbeherrschung führen.

Nahezu alle Industrieunternehmen rechnen in der näheren Zukunft mit weiteren Innovationen durch die Logistik. Der steigende Kostendruck durch die Globalisierung führt zu Umgestaltungen der Unternehmensstruktur, die ohne eine flexible und erfolgsorientierte Logistikstrategie nicht gemeistert werden können.

### 4.1.2.2 Organisatorische Verankerung der Logistik

Die Logistik wird in den untersuchten Industrieunternehmen durchgängig als Quer-schnittsfunktion über die Bereiche Beschaffung, Produktion, Distribution und Entsor-gung angesehen. In der überwiegenden Mehrzahl der Fälle ist die Logistik jedoch als eigenes Ressort organisatorisch im Hause verankert.

Der Großteil der Befragten ist mit dem Logistiksystem seines Bereiches und dessen Leistungsfähigkeit zufrieden. Teilweise gibt es jedoch Kritik an der übergeordneten Logistik des Gesamtunternehmens. Hierbei wird die ausgeprägte Abhängigkeit von anderen Abteilungen und Hierarchieebenen bemängelt, die eine schnelle Umsetzung von innovativen Ansätzen, Strategien und Konzepten behindern kann.

An dieser Stelle deutet sich bereits ein Schwachpunkt an, der bei einigen Unterneh-men zu beobachten ist: die interne Kommunikation. Oft ist die externe Kommunikati-on z. B. mit Zulieferern oder Dienstleistern organisatorisch und vertraglich realisiert und geregelt, Kommunikationsdefizite bestehen jedoch im eigenen Hause. Alle Be-teiligten sehen trotz der überwiegenden Zufriedenheit mit dem bestehenden Logi-stiksystem Verbesserungspotentiale.

### 4.1.2.3 Logistikcontrolling

In keiner der untersuchten Prozeßketten ist ein gesonderter Logistik-Controller vor-handen. Dennoch besteht in fast allen Unternehmen eine Kostenrechnung für den Logistikbereich. Die Mehrheit der befragten Unternehmen sieht den Bedarf, das Controlling logistikspezifischer zu gestalten. Als typische logistische Kennzahlen werden bis auf wenige Ausnahmen in den Unternehmen die Bestandsreichweiten, Durchlaufzeiten, Lieferzeiten und die auftretenden Schäden ermittelt. Insgesamt liegt der Durchschnitt der Logistikkosten bei den analysierten Unternehmen bei ca. zehn Prozent der Gesamtkosten. Kostenführer in der Industrie weisen teilweise einen Lo-gistikkostenanteil von lediglich fünf Prozent auf; sie sind diejenigen, die die Kosten-senkungspotentiale in der Logistik erkannt und sukzessive erschlossen haben. Selbst diese Logistikführer sehen sich jedoch nicht am Ende der Entwicklung und wollen durch kontinuierlich verbesserte Logistikstrategien weitere Erfolgspotentiale ausschöpfen.[26]

Der Zielkonflikt zwischen Logistikkosten und Service wird von allen Befragten als eine Schlüsselproblematik gesehen. Angestrebt werden sollte nach Ansicht der Mehrheit eine Logistikführerschaft, die nicht nur durch ein Kostenminimum, sondern auch durch ein Servicemaximum gekennzeichnet ist. Der Anteil der Logistikkosten an den Gesamtkosten wird nach Ansicht der Industrieunternehmen in den nächsten Jahren weiterhin abnehmen. Lediglich für die Bereiche der Auftragsbearbeitung und Transportkosten, hauptsächlich jedoch für die Gebiete der Sach- und Unterhaltungskosten und im Umweltschutz rechnen die Unternehmen mit Kostensteigerungen. Ansonsten wird eine fallende Tendenz der Logistikkosten erwartet.

Darüber hinaus sehen alle betrachteten Industrieunternehmen Kostensenkungspotentiale in den Gesamtkosten durch die Logistik. Als dringende Voraussetzung hierfür wird die Transparenz der Kostenstrukturen betrachtet. Das Kostensenkungspotential liegt im Durchschnitt bei etwa sechs Prozent der Gesamtkosten. Die größten Einsparpotentiale liegen bei den Beladungs-, den Umschlag- und den externen Lagerungskosten, weitere Potentiale werden im Kommissionierbereich gesehen.

### 4.1.2.4 Herausforderungen an die Logistik

Es kann festgestellt werden, daß bei praktisch allen Unternehmen die Logistik durch das Outsourcing geprägt ist. In fast allen der untersuchten logistischen Prozeßketten wurde die Bedeutung des Outsourcing als hoch bzw. sehr hoch angegeben.

Der Schwerpunkt bei dem Outsourcing logistischer Leistungen liegt beim Transport. In nahezu allen Fällen wurde diese Funktion zu 100 Prozent an Dienstleister fremdvergeben. Ein ähnliches Bild zeichnet sich beim Umschlag und der Kommissionierung sowie der Verpackung ab; hier ist das Outsourcing dieser Leistungen ebenfalls weit vorangeschritten. Die Entsorgung wird vielfach an spezialisierte Entsorgungsdienstleister vergeben. Die Fremdvergabe der Entsorgung bedeutet für die betreffenden Unternehmen zusätzliche Kosten. Es entstehen andererseits deutliche

---

[26] Vgl. Baumgarten, Bott, Hagen 1997.

Kostenersparnisse, da Flächen- und Personalkosten eingespart werden können und vielfach die Abnahmekosten aufgrund der Vorsortierung deutlich geringer ausfallen.

Der Trend des Outsourcing von Logistikleistungen wird sich weiter fortsetzen. Vielfach geben die befragten Unternehmen an, verstärkt Funktionen wie Kommissionierung, Verpackung und Sortierung/Trennung an Logistikdienstleister zu vergeben. Als einer der Hauptgründe für bevorstehende Veränderungen der Unternehmenslogistik in den nächsten fünf Jahren wird die Globalisierung der Märkte und die damit einhergehende Verschärfung der Wettbewerbssituation angesehen (vgl. Abbildung 28). Der Trend zur verstärkten Reduzierung der Fertigungstiefe erfordert Veränderungen in der Unternehmenslogistik. Neue Informations- und Kommunikationssysteme haben bereits jetzt schon in Form von Telematikanwendungen einen erheblichen Einfluß auf die Performance von Logistiksystemen.

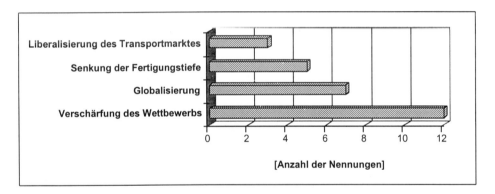

**Abbildung 28:**    Einflußfaktoren auf die Logistik

Alle der befragten Unternehmen in den untersuchten Prozeßketten sind der Meinung, daß die Bedeutung der Logistik weiterhin stark zunehmen wird.

### 4.1.2.5 Kooperationen entlang der Logistikketten

Die Industrieunternehmen bestätigen fast ausnahmslos die sehr hohe Bedeutung unternehmensübergreifender Abstimmungsprozesse. Die funktionierende Zusammenarbeit der verschiedenen Akteure in der logistischen Prozeßkette ist die Voraussetzung, um unternehmensübergreifende Abläufe organisieren und koordinieren zu können.

Als ein wichtiger Faktor bei der ganzheitlichen Optimierung der Prozeßkette wird die Stellung der Akteure im Gesamtgefüge gewertet. Die starke Dominanz eines bestimmten Akteurs kann bei Abstimmungsprozessen zu suboptimalen Ergebnissen für alle an der Prozeßkette Beteiligten führen. Gut die Hälfte der Industrieunternehmen sehen im allgemeinen keinen der beteiligten Akteure als dominierend an. Teilweise wird jedoch der Handel als bestimmender Faktor in der Gestaltung von Prozeßketten bewertet.

Voraussetzung für die Organisation und Koordination einer erfolgreichen Zusammenarbeit ist die Bereitschaft des Informationsaustausches. Alle befragten Unternehmen haben ihr Bestreben unterstrichen, gemeinsame Ergebnisse und Lösungen zu suchen, auch wenn einer der Partner als dominierend angesehen wird. Als kooperationshemmend wird tendenziell der jeweilige prozeßketteninterne Kunde der Unternehmen gewertet. Die Unternehmen sind mit stetig steigenden Kundenanforderungen hinsichtlich Preis, Qualität, Service und Umweltverträglichkeit konfrontiert, denen sie gerecht werden müssen. So sieht sich der Zulieferer den Vorgaben des Herstellers ausgesetzt, der Hersteller sieht sich durch den Handel dominiert.

Zulieferer/Herstellerkooperationen sind trotz eines Kräfteungleichgewichts die Regel. Laut der befragten Unternehmen mangelt es vielfach an der Bereitschaft, relevante Informationen mit den Partnern der Logistikkette auszutauschen. Lediglich eine Minderheit der befragten Industrieunternehmen gibt an, alle für sie wichtigen Informationen zu erhalten, um die Unternehmenslogistik optimal gestalten zu können.

Der Schwerpunkt des Mangels des Informationsaustausches liegt nach den Angaben der befragten Industrieunternehmen bei der Schnittstelle zum Handel. Die Hersteller/Lieferantenbeziehungen sind dagegen hinsichtlich der Informationsbereitstellung vielfach weit fortgeschritten. Die teilweise sehr engen informationstechnischen Anbindungen des Herstellers mit den Lieferanten und den Dienstleistern ermöglichen die effiziente Planung von übergreifenden Prozessen. Der komplette Informationsaustausch bis hin zu Erlös- und Kundenstrukturdaten zwischen den Akteuren wird von den meisten Unternehmen jedoch als nicht sinnvoll angesehen. Daten bezüglich Kostenstrukturen und Controlling werden den Partnern grundsätzlich nicht offenbart. Generell besteht bei den Industrieunternehmen das Bestreben, den informatorischen

Austausch weiter auszubauen, ohne unternehmenseigene Umsatz- und Kostenstrukturen offenzulegen.

### 4.1.3 Die Ausgestaltung der Logistik an den Schnittstellen der ausgewählten Logistikketten

#### 4.1.3.1 Logistikplanung und –steuerung entlang der Logistikkette

Die Gestaltung der Logistik an der Schnittstelle wird in der Mehrheit der Fälle unternehmensübergreifend geplant. Nur in wenigen Fällen erfolgt die Schnittstellenplanung getrennt. In den untersuchten Unternehmen herrscht jedoch grundsätzlich Einigkeit darüber, daß das gemeinsame Planen und Gestalten der Schnittstelle die Effizienz der Logistik an der Schnittstelle erheblich erhöht.

Zum Teil erfolgt eine permanente unternehmensübergreifende Planung der Schnittstelle, der Großteil der Befragten führt die Schnittstellenplanung jedoch fallweise durch. Dies ist meist dann gegeben, wenn Störfälle auftreten und aus diesem Grund „Notfallpläne" erarbeitet bzw. angewendet werden, die in vielen Fällen zuvor nicht entdeckte Schwachstellen in der Logistik aufdecken. Die gemeinsame Planung der Schnittstelle wird auch dann durchgeführt, wenn für die Performance der Schnittstellenlogistik neue Zielmarken gesetzt werden. In diesen Fällen wird in den Unternehmen auf beiden Seiten der Schnittstelle eine Optimierung der Kompatibilität der Logistiksysteme angestrebt.

Die Ausprägung der Mitgestaltung der beiden Schnittstellenakteure an der gemeinsamen Planung ist durchweg unterschiedlich gestaltet. Selten liegt bei den Planungsprozessen eine völlige Gleichgewichtigkeit der Partner vor. In der Mehrheit der Fälle ist einer der Partner dominierend. In diesen Fällen paßt sich der dominierte Partner an die Vorgaben an eine gemeinsame Logistik an. Es besteht jedoch grundsätzlich auf beiden Seiten das Interesse, das Know-how des Prozeßkettenpartners zu nutzen. Keiner der Befragten gab an, die Schnittstellenlogistik im „Alleingang" zu planen; der Nebenakteur wird durchweg initiativ bzw. beratend in den Planungsprozeß der Logistik an der Schnittstelle einbezogen.

Besonders enge Zusammenarbeit bei der Schnittstellenplanung kann durch starke personelle Kooperation zweier Prozeßkettenakteure erreicht werden. Bilden Industrieunternehmen Kooperationen mit Zulieferern, ist in allen dieser beobachteten Fälle die unternehmensübergreifende Zusammenarbeit auch mit gemeinsamen Projektteams implementiert. Gemeinsame Workshops oder Schulungen von Industrie- und Handelsunternehmen sind dagegen kaum zu verzeichnen.

An dieser Stelle zeigt sich bereits ein weiterer wichtiger Optimierungsansatz. Die gemeinsamen Leitlinien und Vorschriften zur Gestaltung der Schnittstelle sind zwar in den wenigsten Fällen vollständig dokumentiert, ständige unternehmensübergreifende Kommunikation sorgt jedoch dafür, abweichende Auffassungen über die Gestaltung der Schnittstelle zu vermeiden. Von fast allen befragten Industrieunternehmen wird die Optimierung der Logistik an der Schnittstelle als ein Ziel gesehen, das stetig neu definiert werden muß, um den steigenden Kundenanforderungen gerecht werden zu können. Bei der Optimierung von logistischen Abläufen ist bei einer Änderung der Schnittstellenlogistik eine enge Verzahnung von Organisations-, Informations- und Kommunikationssystemen erforderlich.

Viele der Befragten sehen in der Änderung von bestehenden Organisationsstrukturen ein Optimierungspotential. Die Durchsetzbarkeit von derartigen Maßnahmen wird jedoch nur von einer Minderheit als realistisch bewertet. Ein ebenso großes Potential hinsichtlich der Schnittstellenoptimierung wird bei der Modifikation der zwischenbetrieblichen Informationsflüsse gesehen. Die Umgestaltung des unternehmensübergreifenden Informationssystems wird als die wirksamste und effizienteste Möglichkeit zur Optimierung der Schnittstelle bewertet.

Als Gründe für MoB-Entscheidungen werden drei wesentliche Faktoren angegeben: die Auslastung von bestehenden Kapazitäten, die Nutzung von externem Spezial-Know-how, hauptsächlich jedoch die Konzentration auf das Kerngeschäft. Dabei wird den Make-or-Buy-Entscheidungen höchste strategische Bedeutung zugemessen. In der Mehrzahl der Fälle sind die Unternehmen der Meinung, daß das Outsourcing an den Schnittstellen weiterhin zunehmen wird. Dies wird jedoch in weitaus geringerem Maße vorangehen, als es bisher geschehen ist. Das Potential durch weiteres Outsourcing ist häufig nur noch relativ gering. Durch aufwendige MoB-

Entscheidungsprozesse werden lediglich einzelne Funktionen bzw. Teilfunktionen der Logistik an der Schnittstelle ausgelagert.

### 4.1.3.2 Organisatorische Gestaltung entlang der Logistikkette

Fast alle Unternehmen geben an, mit Schnittstellenpartnern in der logistischen Pro-zeßkette Kooperationen zu pflegen. Realistisch gesehen handelt es sich in den mei-sten Fällen eher um engere Anbindungen als um „echte" Allianzen. Kooperationen, bei denen sich beide Partner in eine starke wechselseitige Abhängigkeit begeben, sind nur bei drei der untersuchten Unternehmen zu beobachten. Diese Fälle stam-men aus der Automobilindustrie.

Bei den beobachteten Kooperationen arbeiten beide Schnittstellenpartner nicht nur organisatorisch, sondern auch räumlich eng zusammen. Es werden regelmäßige Treffen der Projektteams veranstaltet. Die Kooperationspartner sehen sich in den entsprechenden Fällen nicht immer als gleichgestellt, aber in gleicher Weise verant-wortlich für die zu leistende Qualität und Sicherheit. Die beiderseitigen Verantwort-lichkeiten in den Unternehmenskooperationen sind in allen Fällen eindeutig vertrag-lich geregelt. In fast allen Fällen sind Konventionalstrafen ein fester Bestandteil des Regelwerks. In regelmäßigen Treffen wird das logistische Kooperationskonzept in-haltlich vertieft und ergänzt.

Zu besonderen Anlässen wie Störungen im Logistiksystem - im Bereich der Auto-mobilindustrie wurden häufig drohende Streiks im Ausland genannt - oder Optimie-rungen der Logistikstrategie werden gesonderte Treffen und Schulungen veranstal-tet. Für potentielle Krisenfälle werden logistische Notfallstrategien und -konzepte entwickelt. Workshops und Schulungen werden fast ausnahmslos gemeinsam vor-genommen. Immer wieder wird von den betreffenden Unternehmen betont, wie wichtig der persönliche Kontakt mit dem Gegenüber ist. Einige Unternehmen sind aus diesem Grund dazu übergegangen, in den Initialphasen neuer Projekte Partner der Prozeßkette in das eigene Unternehmen einzuladen. Teilweise werden Schulun-gen in Projektstartphasen bei dem Partnerunternehmen vorgenommen, deren Erfol-ge sich nach Angaben der durchführenden Unternehmen messen lassen. Die persönliche Identifikation aller beteiligten Mitarbeiter mit dem gemeinsamen Projekt wird als Basis für eine erfolgreiche und effiziente Kooperation gesehen.

Durchgängige Prozeßoptimierungen in den untersuchten Prozeßketten zwischen den Industrieunternehmen und dem Handel existieren zu 40 Prozent und sollen weiterhin ausgebaut werden, doch sind sie bei weitem nicht so intensiv wie zwischen den Industrieunternehmen und den Lieferanten.

### 4.1.3.3 Informationsflüsse entlang der Logistikkette

Die Industrieunternehmen und die Nebenakteure an der Schnittstelle haben die Informationssysteme an der Schnittstelle soweit angepaßt, daß die Informationsversorgung beider Schnittstellenakteure zu einem Großteil als ausreichend betrachtet werden. Generell läßt sich sagen, daß sich trotz des Vorhandenseins moderner IuK-Systeme der Informationsaustausch der Schnittstellenpartner häufig auf herkömmliche Mittel beschränkt.

Telefon und Telefax sind die am häufigsten eingesetzten Kommunikationsmittel. Lediglich bei sehr enger Kooperation mit Lieferanten, dem Handel oder Logistikdienstleistern werden die Schnittstellen der unternehmenseigenen Datenverarbeitungssysteme angepaßt oder spezielle Systeme entwickelt. In der Mehrzahl der untersuchten Fälle sind die EDV-Systeme der Akteure nur sehr beschränkt kompatibel. Daneben wird als Begründung für den Einsatz herkömmlicher Kommunikationssysteme die höhere Flexibilität angegeben. Der „Griff zum Telefon" bei einer Störung oder Änderung im logistischen Ablauf an der Schnittstelle ist nach Meinung der Unternehmen nicht ersetzbar und in einem EDV-System kaum abzubilden. Das Fax wird aus Dokumentationszwecken der elektronischen Datenverarbeitung via E-Mail vorgezogen. Die übermittelten Daten werden nach der Übertragung von dem jeweiligen Akteur in das unternehmenseigene EDV-System eingegeben und weiterverarbeitet.

### 4.1.3.4 Gestaltung der Transportlogistik entlang der Logistikkette

Speziell an den Schnittstellen im Bereich der Transportlogistik ist der Einsatz moderner und durchgängiger EDV-Systeme nur partiell anzutreffen. Es gibt in einigen der untersuchten Fälle Beispiele von modernen automatisierten Datenübertragungssystemen, die Mehrzahl der Datenübertragungsvorgänge wird jedoch auch hier per Telefax und Telefon abgewickelt.

Bei den untersuchten Industrieunternehmen liegt der Artikelanteil der JIT-Beschaffung im Durchschnitt bei etwa zehn Prozent. Es wird nicht nur die produktionssynchrone Anlieferung als JIT-Beschaffung bezeichnet, sondern auch die tages- oder mehrtagesgenaue Lieferung. Die zunehmende Modul- und Systembeschaffung führt bei den betrachteten Unternehmen zu dieser Ausdehnung des JIT-Begriffes. Motivation für die JIT-Anlieferung ist hauptsächlich der dadurch entstehende Kostenvorteil, der durch die Reduktion der Warenbestände erreicht wird.

Die produktionssynchrone JIT-Belieferung kann bei drei der zehn befragten Industrieunternehmen beobachtet werden. Es handelt sich dabei um Kooperationen, bei denen sich der Lieferant in unmittelbarer Nähe zum Hersteller niedergelassen hat. Durch die enge räumliche Anbindung ist das direkte Einspeisen in die Produktionslinie möglich. In diesen Fällen kann der Hersteller die betreffenden Teile bzw. Komponenten und Systeme teilweise fast bestandslos führen.

Bis auf wenige Ausnahmen fällt die Verteilung der Transportaufkommen auf die unterschiedlichen Verkehrsträger deutlich zugunsten der Straße aus. Der Lkw ist in den meisten Fällen das bevorzugte Transportmittel. In fast der Hälfte der untersuchten Prozeßketten werden die Transporte zu 100 Prozent über den Straßengüterverkehr abgewickelt. Die Alternative Bahn wird oftmals nicht nur als zu teuer, sondern auch als zu inflexibel betrachtet. Als Hauptgrund gegen den Einsatz der Bahn als Transportmittel wird der Kostennachteil gegenüber dem Lkw angegeben.

Die Unternehmen, die die Schiene als Verkehrsträger einsetzen, haben jedoch partiell einen Bahnanteil von bis zu 80 Prozent. Den Kostennachteil der Bahn sehen diese befragten Unternehmen durch die bessere Planbarkeit und Zuverlässigkeit der Bahntransporte als kompensiert an. Dem Qualitätskriterium der kürzeren Transportzeit wird in diesen Fällen die Liefertreue vorgezogen. Der Vorteil der besseren Planbarkeit fällt um so stärker ins Gewicht, je länger die Transportstrecke ist. Er spielt insbesondere bei internationalen Transportbeziehungen, z. B. den untersuchten Prozeßketten über mehrere Staaten Europas, eine Rolle.

Das Binnenschiff wird nur in einem der Fälle eingesetzt, da in der Regel die benötigte Infrastruktur nicht vorhanden ist. Sind jedoch die infrastrukturellen Voraussetzungen gegeben, so erweist sich das Binnenschiff mitunter als sehr wirksame und effiziente Alternative, was sich an verschiedenen Beispielen der Ver- und Entsorgung von Ballungsgebieten mit einigen Massengüterarten aufzeigen läßt.

Für interkontinentale logistische Prozeßketten wird nach wie vor das Seeschiff verwendet. Der Verkehrsträgeranteil des Flugzeuges ist sehr gering; bei den befragten Akteuren werden nur Güter, deren Fehlen ganze Prozeßketten zum Erliegen bringen würde oder die sehr wertvoll sind, per Luftfracht transportiert. Elementare Änderungen im Modal-Split werden von keinem der Untersuchten erwartet. Der Lkw wird aus oben genannten Gründen auch in Zukunft der Bahn vorgezogen werden. Ausnahmen hiervon sind lediglich die Unternehmen, die sich einer besonderen Umweltpolitik verschrieben haben.

Die Distribution an den betrachteten Schnittstellen ist mit 70 Prozent überwiegend national ausgerichtet, die internationale Distribution hat hier einen entsprechend geringen Anteil. Bei der Distribution ist der internationale Anteil bezogen auf das Gesamtunternehmen häufig größer. An den untersuchten Schnittstellen liegen die Lieferzeiten national betrachtet zwischen einem und zwei Arbeitstagen. Eine Vielzahl der Unternehmen bietet diesen Lieferservice jedoch auch europaweit an. Lediglich in Einzelfällen erhöhen sich die europäischen Lieferzeiten auf das Doppelte gegenüber den nationalen.

In den jeweiligen Branchen der untersuchten Unternehmen liegen vergleichbare Lieferleistungen vor, wenn auch in etwas abgeschwächter Form. Einzelne Unternehmen im Bereich der Lebensmittelindustrie haben horizontale Kooperationen geschlossen, um Synergieeffekte in der Distribution zu nutzen. In diesen Fällen sind die Ziele der Kooperationspartner identisch und die Quellen der Partner in unmittelbarer Nähe. So können Distributionsstrukturen gemeinsam genutzt werden, wobei die typischen Bündelungseffekte auftreten: Transportkostenvorteile, Erhöhung des Auslastungsgrades, insgesamt Verkürzung der Wegstrecken, Dispositionsvorteile etc.

### 4.1.3.5 Logistikcontrolling entlang der Logistikkette

Knapp die Hälfte der befragten Unternehmen gibt an, an der betrachteten logisti-schen Schnittstelle herrsche ein unternehmensübergreifendes Gesamtkostenden-ken. Generell wird jedoch keine Kostenart unternehmensübergreifend an der Schnittstelle erfaßt. Hinsichtlich der Kostenstrukturen der Schnittstellenpartner liegt nur relativ selten und partiell Transparenz vor. Auch bei sehr engen Kooperationen möchten die Unternehmen dem Gegenüber nicht die Kostenstrukturen offenbaren.

Generell sehen sich die befragten Hersteller bei Preisverhandlungen hinsichtlich der Logistik mit dem Handel als untergeordnet an. Bei der Festlegung von Logistikprei-sen zwischen ihnen und Zulieferern oder Dienstleistern betrachten sie sich in den meisten Fällen dagegen als der Verhandlungspartner mit der einflußreicheren Aus-gangslage.

In der Mehrheit der untersuchten Unternehmen werden Kennzahlen bzw. Kennzah-lensysteme zur Beurteilung der Schnittstellen-Performance erstellt und gepflegt. Die wichtigsten Kriterien sind dabei Zeiten und auftretende Schäden. Dabei werden kei-ne gemeinsamen Abweichungsanalysen durchgeführt, jedoch gemeinsam Problem-lösungskonzepte erarbeitet. Die Logistikpersonalkosten werden ausnahmslos als der größte Kostenanteil angesehen. Im Outsourcing von logistischen Leistungen sehen die Unternehmen die effizienteste Lösung, die Personalkosten in der Logistik zu ver-ringern. Von Mitarbeiterschulungen und organisatorischen Veränderungen im Unter-nehmen versprechen sich die Unternehmen gleichfalls wirksame kostenreduzierende Wirkung.

Knapp die Hälfte der Befragten ist der Meinung, daß in der Schaffung von Koopera-tionen ein weiteres wesentliches Kostensenkungspotential in der Logistik liegt. Auch unternehmensübergreifende Abstimmungen führen nach Ansicht der Unternehmen zu Kostensenkungen in der Logistik, insbesondere in den Bereichen der Auftrags-abwicklungs- und Lagerkosten.

### 4.1.3.6 Erfolgswirkungen entlang der Logistikkette

Werden „Spitzenleistungen" von Unternehmen aus der Industrie betrachtet, so kann festgestellt werden, daß davon in den wenigsten Fällen die Schnittstellen zum Handel betroffen sind. Vielmehr sind es die Schnittstellen Hersteller/Lieferant und Hersteller/Dienstleister, die durch eine logistische Spitzenleistung berührt werden. Logistische Spitzenleistungen liegen meist an den Schnittstellen vor, an denen mit dem anderen Akteur eine enge Zusammenarbeit eingegangen wurde. Die gemeinsamen Entwicklungen von maßgeschneiderten Konzepten und Strategien sowie die Standardisierung von Schnittstellen der IuK-Systeme führen zur Effizienz der Schnittstelle, was maßgeblich zur Spitzenleistung des Unternehmens beiträgt.

Im Hinblick auf ihre Spitzenleistung sieht sich die Mehrheit der Unternehmen als deutlich erfolgreicher als andere vergleichbare Unternehmen an. Bezüglich der logistischen Spitzenleistung wird das Mitwirken anderer Akteure der Prozeßkette als elementar betrachtet. Zum Großteil wird in der Industrie die Meinung vertreten, daß die anderen Akteure stark bzw. sehr stark für die eigene logistische Spitzenleistung mitverantwortlich sind. Lediglich ein kleiner Bruchteil der Befragten sieht seine Spitzenleistung ausschließlich auf seiner eigenen Logistikperformance begründet.

Zum überwiegenden Teil sind die untersuchten Unternehmen der Meinung, ihre logistische Spitzenleistung sei auch auf andere Unternehmen übertragbar. Nach Ansicht aller befragten Industrieunternehmen bestehen trotz teilweise hervorragender Leistungen noch weitere Optimierungspotentiale in der Unternehmenslogistik und in der gesamten logistischen Prozeßkette. Die Erschließung dieser Leistungsreserven wird jedoch durch Restriktionen und Hemmnisse blockiert. Zum einen wird die dominierende Position einzelner Prozeßkettenakteure als bremsend empfunden, zum anderen sind noch immer Kommunikationsdefizite zwischen den Prozeßkettenpartnern zu bemängeln. Technische Restriktionen liegen bei einigen der Unternehmen dergestalt vor, daß mangelnde Kompatibilität der Datenübertragungssysteme zu Informations- und somit Leistungsverlusten führt. Unternehmensübergreifende Kooperationen wirken sich in vielfältiger Art und Weise nicht nur auf die Schnittstelle der beteiligten Unternehmen aus, sondern auf die Unternehmen insgesamt und auf die gesamte logistische Prozeßkette.

Die deutlichsten Kostensenkungspotentiale durch Kooperationen sehen die Unternehmen in der Distribution. Durch die Kooperation mit einem anderen Akteur in der logistischen Prozeßkette konnten vielfach der Auslastungsgrad der Verteilerfahrzeuge erhöht und die Transportstrecken optimiert werden. Die dadurch entstandenen Einsparungen in der Distribution wurden von den entsprechenden Unternehmen bisher noch nicht genau quantifiziert, grobe Schätzungen liegen jedoch bei 15 Prozent.

Durch kontinuierliche Schwächenanalysen der Schnittstellen können laufend neue Optimierungsansätze für die Logistikprozesse entwickelt werden. Daraus können neue Vorgaben und Ziele für die Logistik abgeleitet werden. Diese logistischen Zielsetzungen werden mit den entsprechenden Logistikkettenakteuren abgestimmt. Logistische Abläufe und Prozesse können besser geplant, durchgeführt und kontrolliert werden, was mit einer Erhöhung der Flexibilität zu einer deutlichen Verbesserung der Qualität der Logistik führt. Durch die unternehmensübergreifenden Kooperationen können an den Schnittstellen Personal effizienter eingesetzt und Bestände reduziert werden. Die Verknüpfung von Spezialwissen der Kooperationspartner führt somit zu einem höheren Kundennutzen.

Bei Änderungen seitens des Kunden ist die Schnittstelle zu dem Kooperationspartner schneller und effektiver in der Lage, auf die geänderten Anforderungen zu reagieren. Reaktionsqualität und Reaktionsgeschwindigkeit werden bei Kooperationen von den untersuchten Unternehmen aufgrund der engen Anbindung als außerordentlich leistungsstark eingeschätzt. Basis für eine flexible und leistungsstarke Kooperation ist der vollständige Informationsaustausch und -abgleich aller am logistischen Prozeß Beteiligten. In gemeinsamen Schulungen und Workshops werden die logistischen Abläufe und Prozesse geplant und vermittelt. Derartige Aktivitäten werden von den Industrieunternehmen insbesondere in Initialphasen spezifischer Logistikprojekte durchgeführt. Hier wird der Grundstein für eine erfolgreiche Zusammenarbeit gelegt.

## 4.1.4 Qualitätsmanagement

### 4.1.4.1 Bedeutung der Qualität im Rahmen der Gesamtunternehmenspolitik

Hohe Kundenzufriedenheit wird in allen untersuchten Prozeßketten unter „Qualität" gefaßt, ebenso die Lieferzuverlässigkeit, denn diese führt maßgeblich zur Kundenzufriedenheit. Die Einhaltung der vereinbarten Lieferzeiten wird in den meisten Fällen von den Kunden weitaus wichtiger bewertet als die Lieferzeit selbst. Neben der Termintreue werden die Kriterien Sicherheit und Flexibilität von der Mehrzahl der befragten Industrieunternehmen als weitere bedeutende Elemente der Qualität betrachtet.

Der maximale Grad an Unversehrtheit der Ware und die Fähigkeit, auf unvorhergesehene Änderungen schnell und wirksam zu reagieren, werden in den untersuchten Prozeßketten als wesentliche Bestandteile angesehen. Der Faktor Beziehungsqualität, dessen hohe Bedeutung an anderen Stellen wiederholt hervorgehoben wurde, wird nur in einigen Fällen unter den Begriff Qualität gefaßt. Die beteiligten Unternehmen erkennen, daß Verbesserungen der Qualität im wesentlichen durch einen Ausbau der Beziehungsqualität zu den anderen Akteuren der logistischen Prozeßkette erreicht werden kann. Dennoch wird die Beziehungsqualität, oder ein vergleichbarer Begriff, nur in den wenigsten Fällen in den Kriterienkatalog der Qualität aufgenommen.

Die Qualität wird in fast allen Prozeßketten als eines der wichtigsten Unternehmensziele verstanden. Die Relevanz der Qualität wird durchweg als sehr hoch angegeben. Die in den logistischen Prozeßketten untersuchten Unternehmen haben zur Erreichung ihrer hohen Qualitätsanforderungen eine Palette qualitätssichernder Maßnahmen ergriffen. Durch die Implementierung von QMS wird die Basis für ein hohes Qualitätsniveau geschaffen; in den meisten Fällen sind zertifizierte QMS Voraussetzung, um Beziehungen mit anderen Akteuren einzugehen.

Der Einsatz von QMS ist in der Industrie mittlerweile Standard. Die entsprechenden Unternehmen sehen in der Zertifizierung ihrer QMS daher keine Möglichkeit mehr, sich am Markt zu profilieren. In den meisten Unternehmen wurde die innerbetriebliche Organisation modifiziert und den Erfordernissen des QMS angepaßt. Das Qualitätsziel wird in allen Fällen als elementarer Bestandteil der Unternehmenskultur auf-gefaßt. Um die Qualitätsziele des Unternehmens in der Praxis umzusetzen, wird die entsprechende Ausbildung und Schulung der Mitarbeiter von der Mehrheit der Be-fragten als entscheidende Maßnahme bewertet.

Die Qualitätsvorgaben und -ziele sind in fast allen der untersuchten Fälle in Form von Checklisten und Handbüchern dokumentiert. Die Umsetzung der qualitätssi-chernden Maßnahmen wird zudem bei den betrachteten Unternehmen häufig durch die Organisation von Qualitätszirkeln erreicht. Ergänzend zu den oben genannten Maßnahmen werden in der Praxis zahlreiche spezielle Vorkehrungen getroffen, die die individuelle Qualität des betreffenden Unternehmens erhöhen.

Der Anteil der nach DIN EN ISO 9000 ff. zertifizierten Industrieunternehmen lag bei 100 Prozent. Dies ist ein Wert, der sicherlich nicht repräsentativ für die gesamte In-dustrie ist. Bei der Auswahl der zu untersuchenden Prozeßketten wurden gezielt In-dustrieunternehmen mit „best practice"- Charakter bevorzugt, um innovative Erfolgs-faktoren identifizieren zu können. TQM wird von weniger als der Hälfte der Unter-nehmen verfolgt. Knapp die Hälfte der Unternehmen haben eigene Qualifizierungs-kriterien entwickelt, die den unternehmenseigenen Besonderheiten besser gerecht werden. Ein wesentlicher Grund für den Einsatz von QMS wird in den Kundenanfor-derungen gesehen. In der Praxis ist ein zertifiziertes QMS mittlerweile ein Muß. War eine derartige Zertifizierung vor einiger Zeit noch ein geeignetes Mittel, um sich von der Konkurrenz abzuheben, so bietet sie heute als Standard in der Industrie keine Differenzierungsmöglichkeiten mehr am Markt.

Einige Unternehmen tendieren aus diesem Grund dazu, eigene QMS zu entwickeln, die strenger als DIN EN ISO 9000 ff. sind und diese als Standard für ihre Prozeßket-tenpartner zu etablieren. Die Aussagekraft eines allgemeinen QMS wird in der Regel als relativ gering eingeschätzt. Ein zertifiziertes QMS korreliert nicht mit der tatsächli-chen Qualität. Dennoch sehen alle Unternehmen in der Implementierung eines QMS den gewichtigen Vorteil, durch die Dokumentation der Unternehmensabläufe und -prozesse Unstimmigkeiten, Schwachstellen und Potentiale offenzulegen sowie ein Qualitätsbewußtsein bei den Mitarbeitern zu verankern.

### 4.1.4.2 Qualität in der Logistik

Wie Abbildung 29 verdeutlicht, werden bei der Planung der Logistikqualität verschiedene Instrumente bzw. Methoden benutzt. Alle befragten Unternehmen versuchen z. B., ihre Organisation auf die logistischen Prozesse auszurichten. Erhebliches Optimierungspotential wird des weiteren im Bereich der Mitarbeiter gesehen, denn Mitarbeiterschulungen sind das am wenigsten verwendete Mittel zur Logistikplanung an der Schnittstelle.

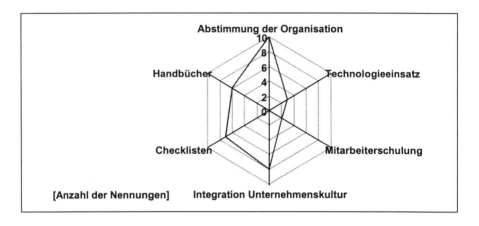

**Abbildung 29:** Planung der Qualität der Logistik an der Schnittstelle

In Industrieunternehmen wird die Qualität von logistischen Leistungen mit einer Reihe unterschiedlicher Instrumente und Methoden gemessen und bewertet. Für fast alle Unternehmen ist hierfür die Entwicklung interner Kennzahlen das gängigste Mittel. Die Aufnahme logistischer Kennzahlen und deren Abgleich mit Zielvorgaben werden als ein effektives Instrument betrachtet, um die Qualität logistischer Leistungen zu messen und zu verbessern.

Vielfach angewendet werden Qualitätschecklisten sowie die Befragung von Kunden. Einige der untersuchten Industrieunternehmen nehmen die Unterstützung externer, neutraler Institute wie Unternehmensberatungen in Anspruch. Diese Instrumente werden ebenfalls für die Messung der Kundenzufriedenheit hinsichtlich logistischer Leistungen angewendet. Die höchste Bedeutung in der Rangskala der Qualitätskriterien haben in den untersuchten Prozeßketten Service, Zuverlässigkeit und Preis.

Der Schwerpunkt liegt hierbei jedoch auf dem Service. Die Kostenstrukturen sind oftmals innerhalb bestimmter Branchen ähnlich, Möglichkeiten der Unternehmensprofilierung am Markt werden zumeist in hohen Serviceleistungen gesehen.

Nach den oben genannten Qualitätskriterien folgen die Faktoren Lieferzeit, Sicherheit und Flexibilität in der Skala der wichtigsten logistischen Qualitätskriterien. Obwohl die Beziehungsqualität häufig als ein wesentlicher Erfolgsfaktor für logistische Qualität betrachtet wird, erfolgt ihre Einstufung am unteren Ende der Skala der Qualitätsrelevanz. Ursächlich für diese Einstufung könnte sein, daß Zielkriterien wie Service, Sicherheit etc. in den Unternehmen verstärkt kommuniziert werden und sich dies in der Bewertung der Befragten widerspiegelt. Darüber hinaus läßt sich die Beziehungsqualität schwerer messen als die anderen Kriterien.

In allen analysierten Prozeßketten bestehen wechselseitige Vereinbarungen über Qualitätsmaßstäbe und -verletzungen zwischen den Akteuren, die in vertraglichen Regelwerken festgeschrieben sind. Fast alle Prozeßketten sind durch eine durchgängige Qualitätszertifizierung aller beteiligten Akteure gekennzeichnet. Die Zertifizierung der einzelnen Akteure wurde in allen Fällen getrennt voneinander durchgeführt; hier gab es keine Abstimmungsprozesse. Weitverbreitet ist die Durchführung eigener Qualitätsaudits bei Prozeßkettenpartnern, die bei mehr als der Hälfte der untersuchten Industrieunternehmen durchgeführt werden. Auf die Wirksamkeit zertifizierter QMS wird in der Praxis wenig vertraut. Eigene Audits, z. B. anhand von Checklisten, verschaffen den Unternehmen realistische Einschätzungen über das Erreichen bestimmter Qualitätsstandards. Ein hohes Qualitätspotential wird in der gemeinsamen Zertifizierung einer gesamten logistischen Prozeßkette gesehen.

## 4.1.4.3 Logistische Qualität entlang der Logistikkette

Industrieunternehmen verlangen von ihren Zulieferern fast ausnahmslos zertifizierte QMS. Teilweise trifft dies auch für die Dienstleister zu; in der Mehrzahl der Fälle verlangen die befragten Hersteller jedoch keine zertifizierten QMS. Oft wurde bei Lieferanten- oder Dienstleisterbewertungen festgestellt, daß Zertifizierung und reale Qualität nicht immer korrelieren. Zum Teil weisen nichtzertifizierte Logistikdienstleister eine weitaus bessere Logistikperformance auf als zertifizierte Konkurrenzunternehmen. Der Großteil der untersuchten Unternehmen vertraut der QMS-Zertifizie-rung daher nur eingeschränkt.

Für die Bewertung der Qualität der Logistik an den Schnittstellen werden in der Pra-xis unterschiedliche Verfahren angewendet. In Checklisten sind bei allen untersuch-ten Herstellern die Qualitätsziele und -vorgaben festgeschrieben. In Lieferanten- oder Dienstleisterbewertungen werden bei einigen Unternehmen mittels spezifisch entwickelter Logistikkennzahlensysteme die Logistikleistungen der entsprechenden Akteure aufgenommen und bewertet. Nicht selten werden die Daten gruppiert und mit denen konkurrierender Unternehmen abgeglichen. Anhand von Benchmarks können so die Akteure mit Qualitätsmängeln leicht identifiziert werden. Bei der Be-stimmung der logistischen Qualität an den Schnittstellen werden den Qualitätskriteri-en eine durchgehend wichtige Bedeutung beigemessen (vgl. Abbildung 30).

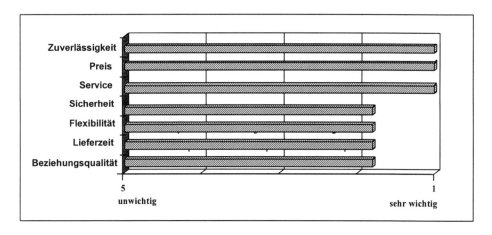

**Abbildung 30:**    Bewertung der logistischen Qualitätskriterien

*Lieferzeit*

Als zeitlich optimal werden von den befragten Unternehmen die Prozesse bezeich-net, die durch 100 Prozent Liefertreue gekennzeichnet sind. Durch entsprechende Ausgestaltung der Ablauf- und Aufbauorganisation wird die Geschwindigkeit der lo-gistischen Abläufe an der Schnittstelle erhöht. Dafür wird ein ausreichender Informa-tionsfluß zwischen den Schnittstellenakteuren in hohem Maße als notwendig ange-sehen.

*Zuverlässigkeit*

Zuverlässigkeit ist nach Ansicht der untersuchten Prozeßketten dann gegeben, wenn der Servicegrad 100 Prozent beträgt. In diesem Fall dürfen weder Lieferverzögerungen noch Falschlieferungen auftreten, was in der Praxis jedoch nur mit unverhältnismäßig hohem Aufwand gewährleistet werden kann. Die Zuverlässigkeit wird wie die anderen Qualitätsziele bei der Mehrheit der befragten Unternehmen über die entsprechende Gestaltung des Informationsflusses und Anpassung der Aufbau- und Ablauforganisation sichergestellt. Dennoch sind Verzögerungen an der Schnittstelle nicht ausgeschlossen. Der Anteil der Verspätungen ist bei fast allen Herstellern sehr gering und liegt dort im Promillebereich.

*Flexibilität*

Als Flexibilität verstehen alle Unternehmen die Fähigkeit, auf Veränderungen so zu reagieren, daß es zu keiner Verschlechterung des Servicegrades und der Liefertreue kommt. Generell ist es erwünscht, daß die anderen Akteure der logistischen Prozeßkette ihre Vorstellungen und Verbesserungsvorschläge bezüglich der logistischen Schnittstelle einbringen, da die Nutzung ihres Spezialwissens Nutzenvorteile für beide Seiten verspricht. Die Kommunikation der Akteure geschieht dabei herkömmlicherweise über Telefon oder Fax. Moderne IuK-Systeme sind jedoch bei allen der untersuchten Unternehmen vorhanden. Bei besonderen Anlässen oder wesentlichen Änderungswünschen werden gesonderte Treffen zwischen den Kooperationspartnern organisiert. Grundsätzlich eröffnen alle befragten Unternehmen den anderen Akteuren die Möglichkeit, Wünsche auf Änderungen der Lieferzeiten, Liefermengen und Lieferadressen zu stellen. Diese Vorschläge werden dann auf ihre Zweckmäßigkeit und Realisierbarkeit geprüft und gegebenenfalls in das Schnittstellenkonzept eingearbeitet.

*Sicherheit*

Logistische Prozesse werden von allen Unternehmen dann als sicher betrachtet, wenn bei der Lieferung keine Schäden oder Verluste auftreten. Im Durchschnitt ist die Sicherheit sehr hoch, die Schadenshäufigkeit liegt deutlich unter einem Prozent. Um die schonende Behandlung der Güter an den Schnittstellen zu gewährleisten, sehen fast alle Unternehmen den größten Nutzen in entsprechenden Mitarbeiter-schulungen. Arbeitseinstellung und Motivation des Personals werden weitgehend als Basis für Sicherheit und logistische Qualität gesehen.

Zu den technischen Maßnahmen der Sicherheitsgewährleistung zählen in fast allen Fällen spezielle Verpackungen, die in besonderer Ausprägung auf Sicherheitserfordernisse ausgerichtet sind. Für besonders „brisante" Notfallsituationen, wie z. B. bevorstehende Streiks im Ausland, die die Versorgung der Produktion gefährden, existieren in den meisten Fällen spezielle Notfallpläne, in denen detaillierte Handlungsanweisungen dokumentiert sind und die laufend aktualisiert werden. Personenschäden fallen in den meisten Fällen nicht unter den Begriff der logistischen Sicherheit, sondern berühren den Bereich der Arbeitssicherheit.

*Service*

Logistische Prozesse laufen nach Angaben der meisten untersuchten Industrieunternehmen dann serviceorientiert ab, wenn sie sich nach den Bedürfnissen des Kunden richten. Serviceorientierung wird in einer gewissen Weise gleichbedeutend mit Kundenorientierung verwendet. Im Bereich der Transportlogistik ist es in allen Unternehmen der analysierten Prozeßketten möglich, Zeiten und Mengen von Abholungen bzw. Abgaben variabel gemäß verschiedener Anforderungen zu gestalten. In einigen Fällen ist auch eine Sendungsverfolgung möglich, die jedoch meist nicht komplett durchgängig gestaltet ist. An diesem Punkt merken die Unternehmen verstärkt die Dringlichkeit einer leistungsfähigen Sendungsverfolgung an. Dies würde einen erheblichen Einfluß im Hinblick auf Kundenorientierung und auf den Kundenservice bedeuten.

Hinsichtlich des Kundenservices sehen die Unternehmen ferner eine große Relevanz der persönlichen Betreuung. Es wird oft hervorgehoben, wie wichtig feste Bezugspersonen bei dem Partnerakteur sind. Aus diesem Grunde werden bei einigen Firmen Workshops veranstaltet, bei denen sich die Mitarbeiter der verschiedenen Unternehmen persönlich kennenlernen und ihre Funktionen im logistischen Prozeß darstellen. Durch derartige Maßnahmen kann ein unternehmensübergreifender Teamgeist entstehen, der weitere Potentiale freisetzt.

*Beziehungsqualität*

Beziehungsqualität im Logistikprozeß ist nach Ansicht der meisten Unternehmen in den betrachteten Prozeßketten dann gegeben, wenn die beteiligten Akteure unternehmensübergreifenden Teamgeist entwickeln. Das Empfinden einer gemeinsamen Verantwortung setzt jedoch vielschichtige Bedingungen voraus. Ein hohes Maß an zwischenbetrieblicher Kommunikation und ein intensiver Informationsaustausch sind Grundvoraussetzungen für ein gemeinsames Denken und Handeln in der Logistik. Die Gleichwertigkeit der beteiligten Akteure wird als förderliche, nicht aber als zwingende Voraussetzung für ein wirkungsvolles und erfolgreiches Zusammenarbeiten angesehen.

Die Mehrheit der betrachteten Industrieunternehmen trifft sich wöchentlich mit ihren Kooperationspartnern, um logistische Probleme bezüglich der gemeinsamen Schnittstelle zu diskutieren und Lösungsmöglichkeiten zu erarbeiten. Diese Treffen sind jedoch in seltenen Fällen regelmäßig, vielmehr werden die Arbeitsgruppen nach Bedarf gebildet. Die Hälfte der analysierten Unternehmen befürwortet eine weitergehende Automatisierung der administrativen Schnittstellen. Ein großes Hemmnis dabei ist die mangelnde Kompatibilität der EDV-Systeme der verschiedenen Schnittstellenakteure. Zum überwiegenden Teil wird angegeben, die EDV-Systeme seien nicht, oder nur mit einem unverhältnismäßig hohen Aufwand, anzupassen.

Die Ermittlung der Kundenzufriedenheit wird von den meisten Herstellern anhand von Logistikkennzahlen bzw. Logistikchecklisten erhoben. Dabei sind die Kriterien Lieferzeit, Liefertreue und Liefermängel elementare Bestandteile. In knapp der Hälfte aller untersuchten Fälle war die Standortwahl eines Akteurs bzw. die gemeinsame Standortwahl mehrerer Akteure auf die Optimierung der logistischen Prozeßkette ausgerichtet. Es lassen sich nur dann gleichwertige Qualitätsstandards über eine logistische Prozeßkette erreichen, wenn alle beteiligten Akteure vergleichbares Gewicht auf die Sicherung der Qualität in der Logistik legen. Hinsichtlich dieser Zielsetzung sehen sich die Hersteller zu einem geringen Anteil als Impulsgeber hinsichtlich logistischer Qualität. Die Mehrheit der untersuchten Industrieunternehmen ist jedoch der Meinung, daß keiner der Prozeßkettenakteure in puncto Qualität eine besondere Vorreiterrolle eingenommen hat.

Die Einschätzung der Relevanz der Qualitätssicherung an den Schnittstellen der logistischen Prozeßkette wird in der Mehrheit der Fälle als gleich angesehen. Nur eine Minderheit sieht eine Diskrepanz in der Gewichtung der Qualitätssicherung der unterschiedlichen Akteure. In jedem zweiten der untersuchten Fälle sind die Unternehmen der Ansicht, daß die Wirkung der Qualitätssicherung auf die Effizienz an der entsprechenden Schnittstelle hoch ist.

Zur Optimierung der Logistik an der Schnittstelle wird von fast allen beteiligten Akteuren eine Palette von Maßnahmen durchgeführt. Ziele dieser Maßnahmen sind, Verbesserungen der Schnelligkeit, Zuverlässigkeit, Flexibilität, Sicherheit, des Services und der Beziehungsqualität zu erlangen. Werden diese Ziele erreicht, so hat dies unmittelbar einen positiven Einfluß sowohl auf die Kostenstruktur als auch auf die Kundenzufriedenheit und damit auf die Marktchancen.

## 4.1.5  Umweltmanagement

### 4.1.5.1 Bedeutung des Umweltschutzes im Rahmen der Gesamtunternehmenspolitik

Das Umweltbewußtsein in den Industrieunternehmen wird von fast allen Unternehmen als sehr ausgeprägt angegeben. Keines der befragten Unternehmen gab an, daß das Umweltmanagement im Unternehmen keinen Stellenwert hat. Zum überwiegenden Großteil wird daher die Bedeutung des Umweltmanagements im Unternehmen als sehr hoch angegeben, weshalb eine Reihe zentraler Umweltschutzmaßnahmen durchgeführt werden (vgl. Abbildung 31).

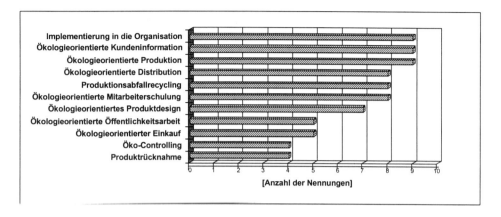

**Abbildung 31:**    Zentrale Umweltschutzmaßnahmen der Unternehmen

Der Umweltschutz ist fast ausnahmslos in der Unternehmensorganisation verankert. Bis auf wenige Ausnahmen sehen die Unternehmen sowohl in der internen als auch in der externen Kommunikation ihrer Ökologieorientierung eine wichtige Maßnahme. Die untersuchten Unternehmen möchten in hohem Maße den steigenden Kundenanforderungen hinsichtlich des Umweltschutzes gerecht werden und dies durch gezielte Kundeninformationen vermitteln.

In weit mehr als der Hälfte der untersuchten Prozeßketten ist die Einbeziehung umwelttechnischer Fragestellungen von der Beschaffung über die Produktion bis zur Distribution und Entsorgung zu beobachten. Als sehr wichtig für die Umweltwirkung der produzierten Güter wird der Bereich der Forschung und Entwicklung (F&E) betrachtet. Im F&E-Bereich wird die Grundlage für die Umweltverträglichkeit der entsprechenden Güter gesehen.

Bei knapp der Hälfte der analysierten Prozeßketten liegt in den Industriebetrieben ein zertifiziertes UMS vor. Der Schwerpunkt des Zertifizierungsverfahrens liegt eindeutig auf der Seite der EMAS-Verordnung. Diese wird als das strengere und wirksamere Verfahren betrachtet. Streben die Unternehmen eine Umweltzertifizierung an, so wird in den meisten Fällen auf eine Zertifizierung gemäß EMAS abgezielt, in weniger als der Hälfte der Fälle gemäß DIN EN ISO 14001. Zertifizierungen nach dem Verfahren gemäß DIN EN ISO 14001 werden dann durchgeführt, wenn das Unternehmen durch eine starke weltweite Ausrichtung geprägt ist. Der globale Stellenwert der EMAS-Verordnung wird als weniger wichtig angesehen.

Der Großteil der Industrieunternehmen hat sich nach seiner Aussage dem Umweltschutz verpflichtet. Ursächlich für den Einsatz einer Zertifizierung des UMS ist zum
überwiegenden Teil die Senkung der Umweltbelastung. Wichtig für die Unternehmen
ist jedoch auch, daß der Aufwand für die UMS-Zertifizierung vom Markt honoriert
wird. Die externe Kommunikation der Umweltbemühungen des Unternehmens wird
als zentrale Maßnahme zur Schaffung von Reputation am Markt aufgefaßt. Die Differenzierung der betreffenden Unternehmen am Markt durch den Einsatz von zertifizierten UMS wird für die Zukunft als ein wichtiger Wettbewerbsfaktor aufgefaßt.

Als Hauptgrund gegen den Einsatz von zertifizierten UMS sprechen nach Meinung
fast aller untersuchten Unternehmen der hohe Aufwand für die Zertifizierung und die
daraus resultierende Kostenbelastung. Lediglich ein geringer Anteil der untersuchten
Industrieunternehmen zweifelt die Wirksamkeit von UMS an und scheut deshalb den
Aufwand für die Schaffung eines derartigen Systems und seine Zertifizierung.

### 4.1.5.2  Umweltschutz in der Logistik

Für die nähere Zukunft werden von den meisten Unternehmen wesentliche Einflüsse
aus dem Umweltbereich erwartet. Die Erwartungen von strengeren Umweltauflagen
und -bestimmungen werden häufig bereits jetzt bei der Planung von logistischen
Systemen berücksichtigt und eingebunden. Hierbei spielt der Bereich der Entsorgung eine zentrale Rolle. Die Bedeutung von Kreislaufsystemen, insbesondere von
Recyclingfragen, wird fast ausnahmslos als weiterhin steigend angenommen. Die
integrierte Behandlung von Verpackungsfragen über die gesamte logistische Prozeßkette wird von allen befragten Industrieunternehmen als die sinnvollste Lösung
gesehen. Dies ist jedoch nur sehr begrenzt möglich, da hierfür die Akzeptanz aller an
der Prozeßkette Beteiligter notwendig ist. So geht über die Hälfte der Unternehmen
in der Industrie die Verpackungsfragen isoliert, d. h. ohne Einbeziehung und Abstimmung mit den Nebenakteuren, an.

Es wurden von einem der untersuchten Industrieunternehmen spezielle Mehrweg-
und Mehrzwecksysteme entwickelt, die in der logistischen Prozeßkette vom Hersteller über den Dienstleister und Handel zum Kunden einen Kreislauf beschreiben soll-

ten. Dieses Konzept scheiterte jedoch an der mangelnden Akzeptanz des Handels. Die Mehrzahl der Verpackungen wird in der Industrie dem Recycling zugeführt. Lediglich Verpackungssysteme, die speziell für besondere Güter entwickelt wurden, die durch besondere Abmessungen oder Gewicht gekennzeichnet sind, werden verstärkt wiederverwendet. Ansonsten werden Mehrwegverpackungen eine tendenziell untergeordnete Bedeutung beigemessen.

In Zukunft wird die Bedeutung von Mehrwegverpackungen nach Ansicht der meisten befragten Unternehmen nicht wesentlich zunehmen. Als Gründe hierfür werden vor allem die dadurch entstehenden Mehrkosten gesehen. Ferner wird die Frage der Durchsetzung solcher Verpackungssysteme in Frage gestellt, da dies einen erhöhten Organisations- und Realisationsaufwand für die beteiligten Unternehmen bedeutet. Trotzdem sehen sich nahezu alle Befragten als offen gegenüber derartigen Fragestellungen an.

Die Umweltverträglichkeit speziell logistischer Prozesse wird bei jedem zweiten Unternehmen nicht erfaßt. Der andere Teil der untersuchten Fälle führt eine Messung der Umweltverträglichkeit logistischer Prozesse anhand von Checklisten durch. Dennoch sind Umweltvorschriften bei allen Unternehmen erfaßt und dokumentiert. Um die Einhaltung der Vorschriften und Verordnungen des Umweltschutzes zu gewährleisten, werden in fast allen Fällen anhand von Checklisten regelmäßig interne Kontrollen durchgeführt. Durch Handbücher und Mitarbeiterschulungen soll sichergestellt werden, daß Umweltvorschriften und -verordnungen eingehalten werden.

Durchgängig als sehr wichtig wird die Bedeutung der folgenden Umweltwirkungen gesehen: Schadstoffeinträge in Luft, Wasser und Boden, der Energie-Input, die Entsorgung sowie Unfälle, Lärm und infrastrukturelle Wirkungen. Tendenziell wird jedoch dem Schutz vor Gesundheitsrisiken eine höhere Bedeutung zugemessen als beispielsweise den infrastrukturellen Wirkungen. Es wird von keinem der Akteure in den analysierten logistischen Prozeßketten die Forderung nach zertifizierten UMS gestellt; keiner der Befragten war zudem der Ansicht, daß dies in absehbarer Zeit sinnvoll ist und verlangt wird. In den meisten Industrieunternehmen herrscht die Meinung, daß die Einführung eines UMS dabei von Nutzen ist, umweltschädigende Prozesse zu identifizieren und umweltgerechter zu gestalten.

Gleichzeitig werden auch Zweifel an UMS angemerkt. In diesem Zusammenhang wird auf die häufig zu beobachtende Divergenz zwischen Qualitätszertifizierung und tatsächlicher Qualität verwiesen. Bei lediglich einem der untersuchten Fälle deckt sich das UMS des Herstellers mit dem des Lieferanten. Die Zertifizierung der beiden Akteure lief dabei ohne einen direkten Abstimmungsprozeß. Bis auf wenige Ausnahmen sehen die untersuchten Industrieunternehmen in der UMS-Zertifizierung sämtlicher Akteure ein effektives Instrument, die logistische Prozeßkette hinsichtlich Umweltschutzaspekten zu optimieren. Ähnlich wie bei der gemeinsamen Zertifizierung von QMS versprechen sich die Unternehmen von der übergreifenden Umweltzertifizierung der gesamten logistischen Prozeßkette ein erhebliches Optimierungspotential.

### 4.1.5.3 Umweltschutz in der Logistikkette

In einigen Unternehmen wird durch Umweltbeauftragte eine Registrierung der Umweltbelastungen veranlaßt und ausgeführt; dies geschieht periodisch und teilweise nach Bedarf. Im allgemeinen werden in der Mehrheit der Unternehmen keine speziellen Technologien wie besonders umweltverträgliche Maschinen, Anlagen oder Fahrzeuge eingesetzt, da dadurch zusätzliche Kosten für das Unternehmen entstehen würden. In einigen Fällen werden umweltverträgliche Technologien jedoch eingesetzt, um bestimmten Restriktionen vorzubeugen. Dies gilt z. B. für den verstärkten Einsatz von Lkw, die nach der Euro-2-Norm eingestuft sind, da deren Nutzung gegen Fahrverbote bei Smog schützt.

Eine gemeinsame, unternehmensübergreifende Organisation der Entsorgung ist nur in seltenen Fällen festzustellen. Bis auf vereinzelte Fälle erfolgt die Organisation der Entsorgung an der Schnittstelle gesondert für die Unternehmen in der Logistikkette. Die Beseitigung von Sondermüll wird meist von spezialisierten Entsorgungsdienstleistern übernommen. Ansonsten erfolgt die Entsorgung i. d. R. durch die unternehmenseigenen Logistikmitarbeiter oder ebenfalls durch externe Logistikdienstleister. Bezüglich der Durchsetzung von Umweltschutzmaßnahmen rechnen sich die Hersteller tendenziell zu den Vorreitern im Umweltschutz. Lediglich in einem Fall wird der Logistikdienstleister als treibende Kraft im Umweltschutz gesehen.

Verstärkte Umweltschutzmaßnahmen bedeuten für die betreffenden Unternehmen zumeist einen zusätzlichen Aufwand. Werden dem jedoch die Einsparungen gegenübergestellt, die beispielsweise durch die sortenreine Trennung von Verpackungsmaterialien entstehen, so ergibt sich teilweise eine positive Auswirkung der Umweltschutzmaßnahmen auf die Effizienz der Schnittstelle. In der Mehrzahl der Fälle wird jedoch nur eine marginale bzw. keine positive Wirkung auf die Schnittstelleneffizienz festgestellt.

Tendenziell wirken sich Umweltschutzmaßnahmen kurzfristig steigernd auf die Kosten aus und haben in den beobachteten Fällen einen geringen, meistens jedoch keinen meßbaren positiven Einfluß auf die Kundenzufriedenheit oder den Umsatz. In einigen Fällen wirken sich die ergriffenen Umweltschutzmaßnahmen kostentreibend auch auf den anderen beteiligten Akteur an der Schnittstelle aus. Dies wird sich nach Einschätzung der Unternehmen mittel- und langfristig ändern, wenn aufgrund geänderter gesetzlicher Rahmenbedingungen und Prioritaten von Kunden Umweltschutzkriterien für Kaufentscheidungen relevanter werden. Umweltschutzbemühungen werden dann vom Markt stärker honoriert, da der subjektive Nutzen für Endkunden bei einer Wertschöpfung in Prozeßketten, die ökologische Kriterien berücksichtigen, steigt.

### 4.1.6 Synergien zwischen Qualitäts- und Umweltmanagementsystemen

In mehreren Fällen liegen bei den Industrieunternehmen sowohl zertifizierte QMS als auch zertifizierte UMS vor. Die Zertifizierung der beiden Systeme wurde jedoch in allen diesen Fällen nicht gleichzeitig, sondern sukzessive durchgeführt. Bei einem der untersuchten Fälle wurden die beiden Zertifizierungen von demselben Zertifizierer durchgeführt.

Für die Zukunft rechnen die meisten Unternehmen mit einer Zunahme an Zertifizierungen sowohl nach DIN EN ISO 14001 als auch nach der EMAS-Verordnung. Dabei wird jedoch mit einem eher moderaten Anstieg gerechnet. Lediglich ein Unternehmen gab an, eine starke Zunahme an „doppelten" Zertifizierungen zu erwarten. Bisher wird seitens der Industrieunternehmen noch keine große Dringlichkeit zur doppelten Zertifizierung gesehen. Zum einen wird es von keinem der anderen Akteure in der logistischen Prozeßkette verlangt, zum anderen wird nach Ansicht fast aller Befragten der Aufwand für die UMS-Zertifizierung von den Kunden nicht honoriert.

Laut der Unternehmen, die über eine Zertifizierung sowohl des QMS als auch des UMS verfügen, wirkt sich die doppelte Zertifizierung sehr positiv aus. Die Mitarbeiter der Unternehmen wurden durch die QMS-Zertifizierung, die bei allen analysierten Fällen zuerst durchgeführt wurde, mit dem Verfahren und der Systematik von Zertifizierungen vertraut gemacht. Die Durchführung der Umweltzertifizierung gestaltet sich aus diesem Grunde wesentlich einfacher.

Die doppelte Zertifizierung führte bei betreffenden Unternehmen zu Synergieeffekten in der Unternehmenspolitik und in der Festlegung der Verantwortlichkeiten. Wesentliche Synergien ergeben sich auch in der gesamten Dokumentation und Kommunikation von Umwelt- und Qualitätszielen sowie Vorgaben.

Qualität und Umwelt werden in den Unternehmen nicht als völlig getrennte Bereiche gesehen, vielmehr wird die enge Verzahnung dieser beiden Komplexe hervorgehoben. Die Unternehmen, die über Standorte verfügen, die sowohl qualitäts- als auch umweltzertifiziert sind, betonen ausdrücklich die Zweckmäßigkeit „doppelte" Zertifizierungen gleichzeitig durchzuführen.

## 4.2 Logistische Prozeßketten aus der Perspektive der Logistikdienstleister

### 4.2.1 Einführung

Die traditionelle Hauptaufgabe des Spediteurs nach § 407 HGB ist es, gewerbsmäßig Güterversendungen durch Frachtführer oder durch Verfrachter von Seeschiffen für Rechnung eines anderen (des Versenders) im eigenen Namen zu besorgen. Er ist somit für die kaufmännische und organisatorische Auswahl und Kontrolle von Frachtführern bzw. Verfrachtern zuständig. Die eigentlichen speditionellen Dienstleistungstätigkeiten sind dabei die Planung, Organisation und Steuerung des Güter- und Informationsflusses. Dabei hat der Frachtführer die Aufgabe, die eigentliche Beförderung der Güter durchzuführen. Es ist jedoch möglich und üblich, daß der Spediteur diese Transportfunktion mit einem eigenen Fuhrpark selbst durchführt (Selbsteintritt). Dadurch wird die Trennung zwischen Spediteur und Frachtführer verwischt.

Darüber hinaus ist zu beobachten, daß Speditionen immer weitergehende logistische Aufgaben übernehmen, die über die traditionelle Transportaufgabe sowie ihre Nebenleistungen hinausgehen, und zwar in allen Abschnitten des Logistikprozesses. Die Spediteure entwickeln sich damit zu universellen Logistikdienstleistern. Deren Leistungen werden i. d. R. als Paket angeboten, d. h. die Dienstleister werden zu Partnern ihrer Auftraggeber, die den Produktionsprozeß begleiten. Dabei beinhaltet das logistische Aufgabenfeld ebenso die Auswahl der entsprechenden spezialisierten Leistungspartner, denen dabei die Durchführung der logistischen Dienstleistungen obliegt. Die Logistikdienstleister werden damit wieder ihren ursprünglichen Aufgaben gerecht, Dienstleistungen zu organisieren. Allerdings haben sich der Umfang sowie die spezifischen Anforderungen an die Logistikdienstleistung hinsichtlich Effizienz, Qualität und Umweltschutz deutlich erweitert. Ebenso erfahren die traditionellen Funktionsbereiche, wie Beratung, Informationsdienst, Serviceleistung etc., im Kontext der integrierten logistischen Dienstleistungen eine neue Form der Komplexität. Insgesamt erfährt heute der Begriff der Logistikdienstleistung eine differenziertere Ausprägung, die ausgehend vom Spediteur ein breites Leistungsspektrum mit vielfachen Schattierungen umfaßt.

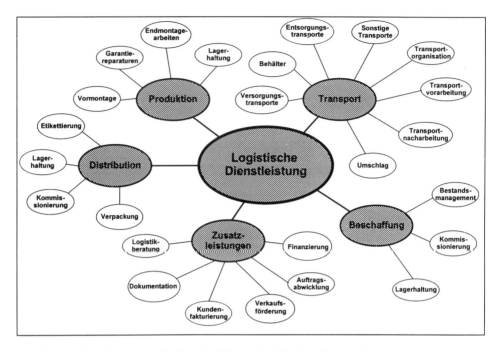

**Abbildung 32**:   Zunehmende Komplexität des logistischen Dienstleistungsangebotes

Dabei ist das Umfeld der Logistikdienstleister durch eine Vielzahl von veränderten Rahmenbedingungen sowie einer Reihe aktueller Trends und Entwicklungen in Politik und Wirtschaft gekennzeichnet. So ist bei allen anderen Akteuren, mit denen Logistikdienstleister in Berührung kommen, eine verstärkte Ausrichtung ihrer Prozesse auf die Qualität sowie die Zunahme der Beachtung zertifizierter Managementsysteme zu beobachten. Aufgrund der fortschreitenden Herabsetzung der Fertigungstiefe ergeben sich neue Beschaffungs- und Distributionsstrukturen. Die Kunden konzentrieren sich auf wenige leistungsfähige Dienstleister. Diesen Ansprüchen müssen sich die Logistikdienstleister stellen. In der Sicherstellung einer hohen Dienstleistungsqualität liegt für Logistikdienstleister eine wesentliche Chance zur Erzielung einer hohen und langfristigen Kundenbindung. Dabei ermöglichen die sich verändernden Märkte neue Wertschöpfungspotentiale.

Hieraus ergeben sich für die Logistikdienstleister vielschichtige Aufgaben in einem anspruchsvollen Umfeld unter Berücksichtigung einer Vielzahl von Anforderungen, die sie erfüllen müssen. Dabei sind die Anforderungen systemisch verknüpft und gleichzeitig Zielkonflikten ausgesetzt (vgl. Abbildung 33).

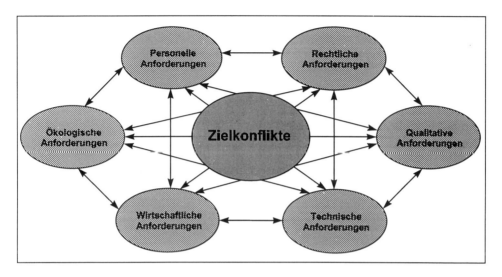

**Abbildung 33:**  Systemisches Anforderungsprofil der logistischen Dienstleistung

Im Rahmen der Erhebung wurden elf logistische Prozeßketten untersucht, die von den Logistikdienstleistern als Hauptakteure initiiert wurden bzw. maßgeblich getragen werden. Bei etwa der Hälfte der Unternehmen handelt es sich um mittelständische Unternehmen mit 100 bis 500 Mitarbeitern, die sich auf bis zu 13 Niederlassungen verteilen, und einem Umsatzvolumen von ca. 100 Mio. DM. Die andere Hälfte der Unternehmen sind mit mehr als 2.000 Mitarbeitern größere Einheiten mit bis zu 180 Standorten und Umsätzen pro Geschäftsjahr (1996) von über 300 Mio. DM. Die geschäftliche Ausrichtung der befragten Logistikdienstleister ist stark gestreut. Neben klassischen Speditionen und Frachtführern wurden ebenso Systemdienstleister in die Erhebung einbezogen. Mit jeweils einer See- und einer Binnenreederei sowie einer Eisenbahn- und einer Luftfrachtgesellschaft wurden alle Verkehrsträger in der Untersuchung berücksichtigt.

Neben den elf Hauptakteuren wurden in den logistischen Prozeßketten insgesamt 21 Kooperationspartner aus unterschiedlichen Wirtschaftszweigen und Branchen einer intensiven Befragung unterworfen. So wurden einerseits Unternehmen des Grundstoff- und Produktionsgütergewerbes, des investitions- und konsumgüterproduzierenden Gewerbes, des Nahrungs- und Genußmittelgewerbes sowie Handelsunternehmen und unterbeauftragte Logistikdienstleister interviewt. Alle Gesprächspartner sind in ihren Unternehmen leitende Führungskräfte aus den Bereichen Logistik, Qualitäts- und Umweltmanagement. Die untersuchten logistischen Prozeßketten waren im einzelnen:

*Bertelsmann Distribution GmbH*

Die Schnittstelle zwischen der *Bertelsmann Distribution GmbH* in Gütersloh und dem *DPD Osnabrück:* Hier werden verschiedene Industrie-Service-Produkte (Bedienungsanweisungen, Prospekte, Plakate, Werbegeschenke) durch Bertelsmann über den DPD an alle deutschen VW-Vertragshändler versendet. Exemplarisch wurde mit *VW Windels* in Bremen ein Händler als Empfänger befragt.

*BLG International Logistics GmbH & Co.*

Die Kooperation zwischen der *BLG International Logistics GmbH & Co.* in Bremen und dem Werk Bremen der *Daimler-Benz AG:* Um hohe Importzölle in bestimmten außereuropäischen Empfangsländern zu umgehen, werden die Automobile als Fahrzeugteilesätze exportiert und erst in den Empfangsländern montiert. Neben der Sortierung, Lagerung, Kommissionierung, Einzelverpackung, Containerisierung und dem Transport zum Verschiffungshafen übernimmt die BLG weitreichende Qualitäts- und Quantitätskontrollen in der Warenannahme und Endkontrolle vor Verpackung sowie Zusatzdienstleistungen, wie die umweltschonende Aufbringung von Korrosionsschutz auf nässeempfindliche Teile, Stanzarbeiten und Nachbesserungen an Glasscheiben.

*B. Dettmer Reederei GmbH & Co.*

Die Beziehung der Binnenschiffahrtsgesellschaft *B. Dettmer Reederei GmbH & Co.* in Bremen mit der *Stadtwerke Bremen AG*: Gegenstand der Untersuchung war die regelmäßige Belieferung eines Kraftwerkes in Bremen mit Steinkohle von der *Ruhrkohle Verkauf GmbH* im Ruhrgebiet. Neben dem Transport übernimmt Dettmer den Umschlag vom Binnenschiff in die Vorratslager des Kraftwerkes, das direkt an der Weser gelegen ist.

*Deutsche Bahn AG DB Cargo*

Der Ringzug, der zwischen den Werken der *Bayer AG* in Leverkusen, Dormagen und Krefeld-Uerdingen und der *EC Erdölchemie GmbH* in Köln-Worringen durch die *Deutsche Bahn AG DB Cargo* betrieben wird: Bei den Transportgütern handelt es sich vornehmlich um Vor- und Zwischenprodukte in flüssiger Form, die der Gefahrgutverordnung Eisenbahn (aber auch anderer Verkehrsträger) unterliegen und in Kesselwagen und Tankcontainern befördert werden. Der „Bayer-EC-Express" ermöglicht es, die Transportkette täglich zuverlässig und mit höchster Präzision innerhalb weniger Nachtstunden zu schließen. Bedingt durch diese kundenspezifische Logistiklösung eignen sich immer mehr Güterströme zwischen den Bayer-Werken für diese Transportkette.

*Hamburg Süd*

Die Beziehung zwischen der Seereederei *Hamburg Süd* und der *Hoechst AG* in Frankfurt/Main: Hierbei handelt es sich um eine traditionelle Vertragsbeziehung zwischen einem Industrieunternehmen und einer Seereederei. Hamburg Süd ist einer von mehreren „High-Performance-Carriern", die Hoechst im weltweiten Güterversand per Seeschiff einsetzt.

*Gebr. Hellmann GmbH & Co. KG*

Die *Gebr. Hellmann GmbH & Co. KG* tritt in der Kooperation mit dem Baubeschlaghersteller *Winkhaus Technik GmbH & Co. KG* und der *VBH Vereinigter Baubeschlag Handel GmbH* als logistischer Systemanbieter auf. Für Winkhaus wird ein Warenverteilzentrum in Osnabrück exklusiv betrieben sowie die Transporte organisiert. Das Warenverteilzentrum weist einen sehr hohen Automatisierungsgrad auf, und die Ökologie in der Logistik ist für beide Partner von großer Bedeutung. Sowohl das Kommissionier- als auch das Mehrwegverpackungssystem sind kundenspezifische Systemlösungen.

*HOYER Internationale Fachspedition GmbH*

Die Kooperation zwischen der *HOYER Internationale Fachspedition GmbH* in Hamburg und *Dow Deutschland Inc.* in Stade, einem Unternehmen der chemischen Industrie, das Zwischenprodukte zur Weiterverarbeitung herstellt: Die Güterbeförderung zu dem Empfänger *SARA LEE D. E. Deutschland GmbH* in Düsseldorf erfolgt ausschließlich per Lkw. Eine detaillierte Darstellung dieser logistischen Prozeßkette erfolgte als Fallbeispiel im Kapitel 3.2.

*Lufthansa Cargo AG*

Die Verbindung der *Lufthansa Cargo AG* und *der Schenker International GmbH* zur *Siemens AG* (Bereich Halbleiter). Zusammen führen beide Logistikdienstleister für Siemens die Equipmentlogistik (Beschaffung der gesamten produktionstechnischen Ausrüstung von Halbleiter-Werken), Beschaffungslogistik (Belieferung der Produktionsstandorte mit Rohstoffen und Teilen), Produktionslogistik (interkontinentaler Transport der Halbfertigprodukte zwischen den Werken) sowie Distributionslogistik (Verteilung der Endprodukte an die Kunden) durch. Dabei stehen kurze Lieferzeiten sowie höchste Zuverlässigkeit und Flexibilität im Vordergrund.

*SGL Steinbeck Global Logistics Deutschland GmbH*

Die langjährige Zusammenarbeit zwischen der *Kraft Jacobs Suchard Erzeugnisse GmbH & Co. KG* und der *SGL Steinbeck Global Logistics Deutschland GmbH*. SGL betreibt nahe Berlin das Zentrallager für den Produktbereich Jacobs und führt in einem Teilgebiet Deutschlands die Distribution von Jacobs-Produkten durch. Als ein Empfänger wurde die *REWE-Zentral AG* in Köln befragt.

*Erik Strasser Spezialtransporte GmbH & Co. KG*

Die Prozeßkette ausgehend von der Hafenumschlaggesellschaft *BLG Automobile Logistics GmbH & Co.* in Bremerhaven, über den Autotransporteur *Erik Strasser Spezialtransporte GmbH & Co. KG* bis zum Mitsubishi Vertragshändler *Autohaus Burg GmbH* in Bremen: Dabei handelt es sich bei dem Vertragshändler um einen ausgewählten Partner der Vertriebsgesellschaft *MMC Auto Deutschland GmbH* in Trebur, die als Generalimporteur der Mitsubishi Automobile für Deutschland agiert. Hier wurde die Prozeßkette vom Löschen der Neuwagen im größten Automobilumschlaghafen in Europa über die Zwischenlagerung inklusive dem Transport zum Vertragshändler untersucht.

*Stute Verkehrs-GmbH*

Die Kooperation zwischen der *Stute Verkehrs-GmbH* in Bremen und der *Rohrwerke Muldenstein GmbH*, die sämtliche logistischen Funktionen des Werkes ausgegliedert hat: Auf der Beschaffungsseite wurden mit der *Stahlwerke Bremen GmbH* der Hauptstahllieferant und auf der Absatzseite ein wichtiger Kunde, *die Verbundnetz Gas AG* in Leipzig, mit in die Untersuchung einbezogen.

## 4.2.2  Die generelle Ausgestaltung der Logistik bei den betrachteten Logistik-dienstleistern

### 4.2.2.1  Funktionen der Logistik

Die logistischen Funktionen Transport und Umschlag werden von allen sowie die Lagerhaltung von fast allen befragten Logistikdienstleistern abgedeckt. Auftragsab-wicklung, Verpackung und Entsorgung führt jeder zweite durch. Darüber hinaus wer-den vielfältige logistische Zusatzdienstleistungen entsprechend der unternehmens-spezifischen Geschäftsausrichtung und den auftragsspezifischen Kundenanforde-rungen wahrgenommen.

Bei allen Unternehmen existieren bis auf eine Ausnahme Leitbilder für die Ausgestal-tung der Logistik. Dabei stehen qualitative Aspekte wie Kundenzufriedenheit bzw. -orientierung im allgemeinen oder Zuverlässigkeit, Flexibilität und Service im speziel-len neben ökonomischen Aspekten wie Kostensenkungen und Effizienzsteigerungen im Vordergrund. Ökologische Aspekte wie die Verringerung der Anzahl der Transpor-te sowie deren Umweltwirkungen spielen bei der Hälfte der Unternehmen eine große Rolle. Den eigenen Mitarbeitern werden diese durch Mitarbeiterschulungen, Hand-bücher und Aushänge kommuniziert. Die Information der Kunden erfolgt durch Bro-schüren und Prospekte sowie in persönlichen Gesprächen. Es ist Stand des Mana-gements, daß die Logistikdienstleister für ihr Kerngeschäft Leitbilder formuliert ha-ben. Wenngleich nicht bei allen Versendern und Empfängern explizite Leitbilder für die Logistik entwickelt sind, deckt sich die Unternehmenspolitik der Logistikdienstlei-ster mit den Anforderungen ihrer Kunden.

Das Instrumentarium zur Planung der logistischen Funktionen im operativen Tagesgeschäft beschränkt sich i. d. R. auf eigene unternehmensspezifische Entwicklungen für die interne Auftragsabwicklung und Disposition. Gängige Informations- und Kommunikationssysteme sind darin eingebunden. Generelle Lösungen wie beispielsweise INTAKT (Interaktives Informationssystem für den Frachtführer Straße) spielen weitestgehend keine Rolle. Knapp die Hälfte der Unternehmen sind in vertikale Kooperationssysteme eingebunden und betreiben im Rahmen dieser Partnerschaften Benchmarking. Analytische Verfahren wie Tourenplanungsmodelle oder die Netzplantechnik sind schon in wenigen Einzelfällen implementiert. Die Planung von komplexen Logistiksystemen erfolgt i. d. R. durch interdisziplinär besetzte Planungsteams (Ingenieure, Wirtschaftswissenschaftler, Wirtschaftsingenieure, Informatiker, Systemanalytiker), die teilweise im späteren Verlauf von Projekten auch mit der Umsetzung betraut werden. Hier zeichnet sich ein deutlicher Trend zur Etablierung von Planungsabteilungen als Basis der Beherrschung einer zunehmenden Komplexität der Logistikprojekte ab.

Auch die Logistikdienstleister führen nicht alle logistischen Funktionen selber durch. Das Outsourcing spielt für sie somit in doppelter Hinsicht eine mittlere bis große Rolle. Dies gilt insbesondere für die Transportfunktion. Hiermit gehen die Logistikdienstleister wieder verstärkt ihrer ursprünglichen Aufgabe, der Planung, Organisation und Steuerung von Dienstleistungen, nach. Dabei wollen fast alle Logistikdienstler sich als Systemanbieter am Markt etablieren, weil sie dort die größten Wertschöpfungspotentiale erwarten. Für die Branche ergibt sich eine neue sensible Wettbewerbssituation. Dieselben Logistikdienstleister, die in einer vom gemeinsamen Kunden organisierten Prozeßkette gleichberechtigt zusammenarbeiten müssen, sind im gleichen Moment in einer anderen Logistikkette Mitbewerber um die Systemführerschaft und befinden sich in einem dritten Projekt in einer Kunden-Lieferanten-Beziehung mit den anderen Dienstleistern.

### 4.2.2.2 Organisatorische Verankerung der Logistik

Je nach Größe des Unternehmens ist die hierarchische Aufbauorganisation recht unterschiedlich gegliedert. Die i. d. R. stark mittelständisch geprägten Unternehmen haben flache Hierarchien mit verschiedenen operativ tätigen Fachabteilungen direkt unterhalb der Geschäftsführung, der es zusammen mit den Abteilungsleitern vorbehalten ist, die strategische Ausrichtung zu bestimmen. Die Differenzierung der Fachabteilungen erfolgt nach Funktionen, Relationen oder Projekten. Einige Dienstleister haben eine gesonderte Abteilung „Logistik", in der logistische Systeme entwickelt, geplant, gesteuert und weiter optimiert werden. Dabei steht der Begriff „Logistik" als Synonym für Großprojekte oder strategisch bedeutsame Aufgabenbereiche. Die abteilungsübergreifende Abstimmung erfolgt entweder auf der obersten Berichtsebene oder direkt über die Projektverantwortlichen. Dies gewährleistet eine schnelle Entscheidungsfindung. Häufig sind größere Abteilungen bis auf kleinere Organisationseinheiten heruntergebrochen. Dort wo die Geschäftsführung einen mitarbeiterorientierten Führungsstil anstrebt, werden diese Organisationseinheiten als Teams bezeichnet.

Für das Qualitäts- und Umweltmanagement findet man in Abhängigkeit der Größe des Unternehmens sowie des Stellenwertes der Themen im Gesamtkontext der Unternehmenspolitik eigene Stabsstellen vor. Größtenteils werden die Aufgaben von einzelnen Mitarbeitern wahrgenommen, wobei diese konkrete Unterstützung durch Verantwortliche in den Abteilungen oder Niederlassungen erfahren. Qualitäts- und Umweltbeauftragter sind i. d. R. identisch. In kleinen Unternehmen sind die Beauftragten häufig noch mit operativen Aufgaben betraut. Im allgemeinen sind alle Unternehmen mit ihren Systemen zufrieden. Vereinzelt befinden sich einige Unternehmen gerade in der Phase laufender oder abgeschlossener interner Umstrukturierungsprozesse, die größtenteils aus der veränderten Ausrichtung zum modernen Logistikdienstleister resultieren.

#### 4.2.2.3 Logistikcontrolling

Die Kostenrechnung der Unternehmen ist je nach Größe und Organisationsgrad unterschiedlich ausgestaltet. In fast allen Fällen werden Transport-, Personal-, Sach- und Unterhaltungskosten erfaßt. Ebenso weist die Mehrheit der Unternehmen Verpackungs-, Lagerungs-, Beladungs- sowie Umschlagkosten separat aus. In Einzelfällen werden weitere Kostenarten erfaßt. Ferner existieren bei allen Unternehmen

Kennzahlensysteme für logistische Prozesse. Deren Ausgestaltung ist entsprechend der unternehmensspezifischen Anforderungen sehr unterschiedlich. Die verbreitetsten Kennzahlen sind die Liefer- und Durchlaufzeiten. Dezidierte Prozeßkostenrechnungssysteme zur Unterstützung der Prozeßorientierung findet man nur bei wenigen Unternehmen.

Generell werden bezüglich der einzelnen Kostenarten nur wenige Änderungen prognostiziert. Viele Unternehmen erwarten noch Reduzierungen bei den Transport-, Umschlag- und Auftragsabwicklungskosten, wobei sich dies vor allem auf die Kostenart Personal bezieht. Steigerungen werden bei etwa der Hälfte der Unternehmen bei den Sach- und Unterhaltungskosten insbesondere für die EDV erwartet. Für die QMS und UMS wird ebenfalls eine Zunahme der Aufwendungen vorausgesagt. Allerdings wurde bei der Beurteilung nur selten ein differenziertes Meinungsbild zum Verhältnis von Fehlerverhütungskosten einerseits und Fehlerkosten andererseits dargestellt. Insgesamt wird durch den verstärkten Einsatz von IuK-Technologien sowie Managementsystemen der zunehmende Komplexitätsgrad der logistischen Dienstleistungen unterstrichen.

Das Controlling ist zu gleichen Teilen als Linienfunktion oder als Stabsstelle der Unternehmensführung installiert. In einem Fall ist diese Funktion im Bereich des zentralen Marketings integriert. Zu den Aufgaben zählen sowohl das operative als auch das strategische Controlling sowie die Planung bereichs- und leistungsbezogener Budgets. Wo man aufgrund der Aufgabenstellung explizite Logistikabteilungen vorfindet, gibt es auch ein gesondertes Logistikcontrolling.

### 4.2.2.4 Herausforderungen an die Logistik

Als größte Herausforderung für die zukünftige Entwicklung und Gestaltung der logistische Prozesse werden neue IuK-Technologien gesehen. Wenngleich die erste Euphorie bereits gebremst wurde, wird die weitere Nutzung des Internets als Transportträger und Medium eine wichtige Rolle einnehmen. Außerdem wollen die Logistikdienstleister große Anstrengungen im Bereich der Standardisierung des unternehmensübergreifenden Informationsaustausches (EDIFACT) unternehmen. Andere technologische Rahmenbedingungen (Transport- und Lagertechniken etc.) stehen nicht im Vordergrund.

Bei den erwarteten Veränderungen der ökonomischen Rahmenbedingungen liegen die Schwerpunkte bei der Mehrheit der Unternehmen in der Globalisierung, in der weiteren Verschärfung der Wettbewerbssituation sowie in der Senkung der Fertigungs- und Dienstleistungstiefe. Dies wird ein verstärktes Outsourcing von logistischen Dienstleistungen auf Hersteller- und Handelsseite zur Folge haben. Davon sind in erster Linie die logistischen Funktionen Transport, Auftragsabwicklung und Zusatzdienstleistungen betroffen. Für die Zukunft erwartet die Mehrheit der Unternehmen noch eine deutliche Zunahme des Outsourcing, wobei die Einschätzung der Logistikdienstleister im Vergleich zu ihren Kunden optimistischer ausfällt. Insbesondere in Bereichen, wo der Outsourcing-Grad besonders hoch ist, wird ein Ende der Outsourcing-Prozesse erwartet und über ein Insourcing einzelner Funktionen nachgedacht. Das ist vor allem dort gegeben, wo das Outsourcing von Funktionen in die eigenen Kernkompetenzen der Auftraggeber einbrach. Hinzu kommt, daß die Liberalisierung des Transportmarktes im Lkw-Bereich mit der endgültigen Freigabe der Kabotage ab 1. Juli 1998 als abgeschlossen gilt. Der Markt scheint bereinigt. Die Preissenkungspotentiale gelten weitestgehend als ausgeschöpft.

In enger Verbindung mit dem Outsourcing von Dienstleistungen stehen Veränderungen der Kundenanforderungen. Eine höhere Beachtung der Qualität wird erwartet. So geht gut die Hälfte der Logistikdienstleister davon aus, daß sich ihre eigenen internen Strukturen weiter verändern müssen, um den vielfältigen Aufgaben und Anforderungen gerecht zu werden. Genannte Aspekte sind dort interne Reorganisationsprozesse, Joint-Ventures oder Business Partnerships.

Bezüglich der rechtlichen Rahmenbedingungen sieht gut die Hälfte der Unternehmen die entscheidende Komponente in der Verschärfung der Umweltgesetzgebung. Um so wichtiger ist eine ökologisch ausgerichtete Gestaltung logistischer Prozesse zu bewerten. So werden diesbezüglich durch die Liberalisierung der Bahn und der sich daraus ergebenden Perspektiven Ansätze gesehen. Im Widerspruch dazu steht, daß nur wenige Unternehmen die Ökologie als strategisches Handlungsfeld aktiv besetzen.

Entsorgungs- und Recyclingfragen sowie Kreislaufsysteme werden nach Ansicht der Logistikdienstleister zukünftig die Gestaltung logistischer Prozesse stärker beeinflussen. Ein neues Geschäftsfeld etabliert sich. Diese Einschätzung wird von Industrie und Handel größtenteils bestätigt. Wo noch keine Mehrwegverpackungssysteme implementiert sind, wird in gut der Hälfte der Fälle mit einer Zunahme eines Einsatzes gerechnet. Gerade bei Mehrwegverpackungen scheint eine unternehmensübergreifende Abstimmung unabdingbar. Allerdings wird derzeit die Optimierung der Verpackung von Gütern teils unternehmensübergreifend und teils getrennt angegangen. Ebenso ist deren Einsatz und Bedeutung in den logistischen Prozeßketten völlig uneinheitlich. Häufig werden die hohen Investitionskosten für den Aufbau eines effektiven Mehrwegverpackungssystems gescheut. Viele warten auf das Erreichen einer kritischen Masse und blockieren so ihren Handlungsspielraum gegenseitig. Die Projekte der Innovationsführer hingegen sind zumeist sowohl ökologisch als auch ökonomisch für die Projektbeteiligten erfolgreich. Anders kann sich die Situation für direkt angrenzende, aber nur agierende Prozeßverantwortliche darstellen.

### 4.2.2.5 Kooperationen entlang der Logistikketten

Die Zusammenarbeit mit anderen Akteuren innerhalb logistischer Prozeßketten wird von fast allen Unternehmen als wichtig bis sehr wichtig beurteilt. So sind bis auf eine Ausnahme alle Kooperationspartner bereit, notwendige Informationen für die Optimierung logistischer Prozesse weiterzugeben. Dabei handelt es sich prozeßkettenspezifisch um unterschiedlichste Daten wie beispielsweise Produktions- und Verkaufsmengen, Endverbraucherwünsche, Qualitätsstandards sowie verwendete Informations- und Kommunikationstechnologien. Informationen über interne Kostenstrukturen sowie die Einhaltung von Umweltschutzstandards werden nur vereinzelt ausgetauscht.

Nur in gut der Hälfte der Fälle kann bei den logistischen Prozeßketten von „echten" Kooperationen mit gleichberechtigten Partnern gesprochen werden. In den anderen Fällen wird die Kooperation von einer Seite dominiert, die die Bedingungen hinsichtlich der Gestaltung der Logistikkette vorgibt. Dies ergibt sich aus Sicht der Logistikdienstleister i. d. R. aus der spezifischen Kunden-Lieferanten-Beziehung. Dabei handelt es sich neben den üblichen Vorgaben wie Preise, Mengen und Zeiten teilweise auch um Vorgaben bezüglich der Verwendung bestimmter Verpackungen, Transporthilfsmittel, IuK-Systeme sowie der Teilnahme an QMS bzw. UMS. Eine Präferenz bezüglich der einzusetzenden Verkehrsträger gibt es im ersten Schritt nicht, sondern leitet sich erst aus den jeweiligen Vorgaben ab. Trotz aller Dominanz wird in allen Fällen nach gemeinsamen Lösungen gesucht. Im Zweifel entscheidet allerdings immer der Prozeßführer. Bei den durch den Kunden dominierten Prozeßketten findet man eine übereinstimmende Beurteilung der Verhältnisse vor. Anders stellt sich die Situation in Segmenten dar, in denen die Logistikdienstleister oligopolartige Stellungen einnehmen. Hier beurteilen die Logistikdienstleister ihre eigene Position im Verhältnis zur Fremdbeurteilung häufig negativer.

### 4.2.3 Die Ausgestaltung der Logistik an den Schnittstellen der ausgewählten Logistikketten

#### 4.2.3.1 Logistikplanung und -steuerung entlang der Logistikkette

Die Hauptmotivation für die Fremdvergabe von Logistikleistungen liegt vor allem in der Reduzierung von Kosten. Außerdem werden mit dem Outsourcing die fixen Logistikkosten der Versender in variable Anteile gewandelt. Darüber hinaus verbessert sich die Transparenz der Kostenstruktur. Insgesamt profitiert der Kunde von der Kostendegression, die aufgrund der Bündelung von Aufgaben bei den Dienstleistern stattfindet. Daraus können sich zusätzliche positive Umwelteffekte ergeben, da die Anzahl der Transporte in vielen Fällen reduziert werden kann.

Weitere wichtige Entscheidungskriterien für das Outsourcing einzelner Logistikfunktionen sind die höhere Flexibilität der beauftragten Logistikdienstleister im Vergleich zu internen Lösungen. Auf Marktschwankungen und veränderte Kundenwünsche kann schneller reagiert werden. Außerdem streben viele Unternehmen eine Konzentration auf ihre jeweilige Kernkompetenz an. Nicht zuletzt wollen Industrie und Handel das spezifische Know-how der Logistikdienstleister nutzen, weil die Logistik in zunehmendem Umfang als strategisches Handlungsfeld entdeckt wird und entsprechend hohe Qualitätsansprüche erfüllt werden müssen. Bei der Mehrzahl der untersuchten Prozeßketten wurden sowohl kalkulatorische als auch strategische Kriterien

bei den Make-or-Buy-Entscheidungen berücksichtigt. In Einzelfällen standen ausschließlich Kostenaspekte im Vordergrund. Dies zeigte sich insbesondere bei Logistiklösungen, bei denen der Dienstleister für einen Kunden exklusive Distributions-
kanäle bedient und ausschließlich nach Vorgaben agiert. Hier waren in erster Linie
tarifliche Rahmenbedingungen für die Realisierung der Kostenreduzierungen ausschlaggebend. Insgesamt fehlt ein komplexes Instrumentarium zur dezidierten Ab-
wägung und Gewichtung transaktorischer, qualitativer und ökologischer Entschei-
dungsparameter.

Die Planung und Steuerung der logistischen Prozesse an den betrachteten Schnittstellen erfolgt ausschließlich unternehmensübergreifend durch alle beteiligten Akteure. Dabei werden die Abläufe entweder permanent in einem fortlaufenden Prozeß
oder fallweise angepaßt. Je nach Grad der Intensität der partnerschaftlichen Zusammenarbeit verläuft die Prozeßplanung und -steuerung auf höchst unterschiedlichem Niveau. In knapp der Hälfte der Fälle sind die Kooperationspartner gleichberechtigt und agieren initiativ in Abstimmung mit dem Partner. Bei den dominierten
Kooperationen werden die Logistikdienstleister meistens beratend und mitbestim-
mend beteiligt. Hier ist die Wahrscheinlichkeit allerdings sehr groß, daß strukturelle
Hemmnisse die vollständige Nutzung des Know-hows der Logistikdienstleister verhindern. In Einzelfällen wird die Planung und Steuerung der Logistik von den Auftraggebern sogar vollständig vorgegeben. Insgesamt finden auch innovative prozeßorientierte Kooperationsformen nur selten ihren Niederschlag in den Aufbauorgani-
sationen aller Partner, so daß ihr Potential aufgrund interner Widerstände nicht
gänzlich ausgeschöpft werden kann.

Gegenstand der Planungen sind vornehmlich die Gestaltung und Festlegung der
Ablauforganisation entlang der Logistikkette. Damit einher geht die Spezifikation der
technischen Investitionen sowie die Anforderungen an das einzusetzende Personal
und der daraus resultierende Schulungsbedarf.

### 4.2.3.2 Organisatorische Gestaltung der Logistikkette

Je nach Intensität der Zusammenarbeit und Grad der Dominanz der Auftraggeber
sind innerhalb der unternehmensübergreifenden Kooperationen entweder Projekt-

teams implementiert oder Mitarbeiter in Stabsstellen oder Linienfunktionen eingebunden. Dabei kann das Vorhandensein von Projektteams als organisatorischer
Gradmesser der Kooperationsbereitschaft gelten. Hier sind häufig regelmäßige Arbeitskreise eingeführt. In den anderen Fällen finden die Treffen meistens nach Bedarf statt.

In fast allen Fällen werden alle Aufgaben, Kompetenzen und weitere Aspekte innerhalb der unternehmensübergreifenden Kooperation in Form eines Rahmenvertrages
geregelt, der je nach Intensität der Zusammenarbeit, der Höhe der getätigten Investitionen und der daraus resultierenden gegenseitigen Abhängigkeiten höchst unterschiedliche Laufzeiten zwischen einem, fünf und bis zu zehn Jahren haben kann. Die
Tendenz geht eindeutig zu längerfristigen intensiven Kooperationen, wobei die Dau-
er der vertraglichen Vereinbarungen mit der Höhe des Investitionsvolumens korreliert. In Abhängigkeit der strategischen Bedeutung der Logistik werden mitunter
selbständige rechtliche Einheiten mit beidseitiger finanzieller Beteiligung gegründet.
Wichtige Inhalte der Vereinbarungen sind die Fragen der Haftung. Wobei nicht nur
die Gefahrenübergänge definiert und die Schadensregulierung festgeschrieben werden, auch die Probleme der Produkthaftung und des Organisationsverschuldens
müssen geregelt sein.

Zusätzlich gibt es in Einzelfällen für einzelne Teilprozesse Handbücher, Verfahrens-
bzw. Arbeitsanweisungen und Checklisten. Gemeinsame Mitarbeiterschulungen finden nur in der Minderheit der Fälle statt, wo die Intensität der Zusammenarbeit sehr
hoch ist. Teilweise ist der Outsourcing-Grad so hoch, daß sämtliche operativen Aufgaben vom Logistikdienstleister wahrgenommen werden.

### 4.2.3.3 Informationsflüsse entlang der Logistikkette

Bei allen untersuchten logistischen Prozeßketten ist eine umfassende unternehmensübergreifende Informationsversorgung gewährleistet. Jedoch sind Art und Weise je nach Integrationsgrad der Zusammenarbeit und Länge des Planungshorizonts
höchst unterschiedlich. Auch bestehen Zielkonflikte bei der Beurteilung des strategischen Nutzens der unternehmensübergreifenden IuK-Systeme zwischen Logistikdienstleister und Kunde. Gemeinsame Steuerungssysteme sind erst in einem Fall

etabliert. Die Möglichkeit des permanenten oder angefragten Zugriffs auf Daten des Auftraggebers seitens des Logistikdienstleisters existiert in einigen der untersuchten Kooperationen. Jedoch bestehen diesbezüglich für die Zukunft in anderen analysierten Ketten deutliche Bestrebungen bzw. sind schon teilweise konkrete Planungen begonnen worden. Ziel ist es, die unternehmensübergreifenden Informationsflüsse zu optimieren. Hemmnisse bestehen zum Teil durch inkompatible EDV-Systeme, da häufig Eigenentwicklungen im Einsatz sind. Große Industrie- und Handelsunternehmen verwenden oft Systeme von SAP, die für Logistikdienstleister aufgrund ihrer Mächtigkeit und industriellen Ausrichtung i. d. R. überdimensioniert sind. Hieraus ergibt sich auf allen Seiten hoher Abstimmungs- und Programmierungsaufwand, um anforderungsgerechte Schnittstellen zwischen den unterschiedlichen IuK-Systemen zu schaffen. Trotz EDIFACT wird nach wie vor ein sehr hoher Aufwand bei der Schnittstellengestaltung betrieben. Dieser Aufwand läßt sich häufig nicht verhindern, wenn er sich aus der Implementierung eines umfangreichen Informationsmanagements ableitet. Insgesamt spiegelt der Einsatz der Werkzeuge zur Parametrisierung von Standardschnittstellen jedoch nicht den Stand der Technik wider.

In etwa der Hälfte der Fälle sind EDI und/oder Email als elektronische Informationssysteme im Einsatz. Multimediasysteme wie beispielsweise das Internet spielen bis auf eine Ausnahme noch keine Rolle. Doch wird zukünftig gerade dem Internet eine sehr große Bedeutung zur Überwindung unternehmensübergreifender Schnittstellenprobleme in der Informationsversorgung beigemessen. Ferner wird das Angebot der Laderaumbuchung über das Internet von einigen Dienstleistern in Kürze umgesetzt sein. Eine beleglose Auftragsbearbeitung und/oder -abrechnung über elektronische Datenträger wie z. B. Disketten oder Magnetbänder ist in knapp der Hälfte der Fälle realisiert. Ansonsten erfolgt mehrheitlich der Informationsaustausch vor allem über die konventionellen Medien Telefon, Fax und Post bzw. KEP-Dienste.

#### 4.2.3.4 Gestaltung der Transportlogistik entlang der Logistikkette

Durch die explizite Auswahl der Logistikketten wurden alle Verkehrsträger in die Untersuchung einbezogen. In den Fällen, wo speziell ein bestimmter Verkehrsträger ausgewählt wurde, werden fast alle Transporte ausschließlich über diesen Verkehrsträger abgewickelt. Der Grund dafür ist im spezifischen Transportgut bzw. -weg zu sehen. In den beiden Fällen Bahn und Binnenschiff handelt es sich um Massengüter, die klassisch diesen beiden Verkehrsträgern zugeordnet werden. Seeschiff und Flugzeug werden in beiden untersuchten Fällen im Interkontinentalverkehr eingesetzt. Veränderungen diesbezüglich werden von allen befragten Unternehmen in den Prozeßketten aufgrund der spezifischen Anforderungen an die Transportlogistik nicht erwartet.

In den anderen sieben Fällen, wo bei der Auswahl der logistischen Prozeßketten kein Augenmerk auf den Verkehrsträger gelegt wurde, werden fast alle der anfallenden Transporte über den Verkehrsträger Lkw abgewickelt - 90 bis 100 Prozent. Die Bahn hat in den betrachteten Prozeßketten einen geringen Stellenwert. In nur zwei Fällen liegt ihr Anteil über zehn Prozent. Gründe dafür sind einerseits wiederum im Transportgut zu suchen. Großvolumige Massengüter gehen größtenteils auf die Bahn. Andererseits wird die Bahn nur auf den Strecken eingesetzt, wo der Bahntransport ausreichend schnell, flexibel und preisgünstig angeboten wird. In gut der Hälfte der Fälle wird eine Erhöhung des Anteils der Transporte per Bahn und/oder im kombinierten Verkehr konkret angestrebt. Jedoch stehen dem in den betrachteten Prozeßketten noch überwiegend schwerwiegende Hemmnisse entgegen, die vornehmlich in der mangelnden Konkurrenzfähigkeit der Bahn gegenüber dem Lkw hinsichtlich Schnelligkeit, Flexibilität und Preis gesehen werden. Aufgrund der spezifischen Anforderungen an die Logistik innerhalb der untersuchten Ketten kann in den meisten Fällen auf den Verkehrsträger Lkw derzeit nicht verzichtet werden. Die grundsätzliche Bereitschaft, die Bahn insbesondere aus ökologischer Sicht verstärkt zu berücksichtigen, ist jedoch überall gegeben, auch wenn sich dies noch nicht in konkreten Projekten niederschlägt.

Die Mehrheit der als Hauptakteure beteiligten Logistikdienstleister verfügen über eigene Transportmittel. Von diesen können jedoch nur knapp 50 Prozent über die Wahl der einzusetzenden Transportmittel frei disponieren. In den anderen Fällen existieren hinsichtlich der Wahl des Verkehrsträgers eindeutige Vorgaben durch die Auftraggeber. Somit besteht eine doppelte Auswahl des Verkehrsträgers seitens der Versender. Sie wählen gezielt Logistikdienstleister mit eigenen Transportkapazitäten aus und geben dann noch den Verkehrsträger vor. Dies steht in gewissem Widerspruch zum bekundeten Bestreben, verstärkt Systemanbieter zu beauftragen, da für diese nur bei ausreichenden Handlungsspielräumen die zu erwartende Wertschöpfung im Verhältnis zum Risiko steht.

Bei jeweils knapp der Hälfte der untersuchten Logistikketten ist die Distribution der Güter welt- oder europaweit ausgerichtet. Die verbliebenen Fälle sind ausschließlich auf Deutschland ausgerichtet. Die Lieferzeiten sind entsprechend prozeßkettenspezifisch völlig verschieden. Die in den untersuchten Logistikketten realisierten Lieferzeiten liegen nach Einschätzung aller befragten Akteure jedoch immer im branchenüblichen Maß. In gut der Hälfte der ausgewählten Logistikketten haben JIT-Anlieferungen einen hohen Stellenwert. Jedoch differieren die einzelnen Anlieferungszeiträume von produktionssynchron über stunden-, schicht- und tagesgenau bis zu mehrtägigen Fristen sehr stark. Hinsichtlich der Kriterien zur Präferierung von JIT-Anlieferungen stehen in fast allen Fällen Bestands- und somit Kostenreduzierungen im Vordergrund. Die räumliche Nähe zu Lieferanten war nur in einem Fall ausschlaggebend. In den anderen Logistikketten hat JIT keine Relevanz. Veränderungen diesbezüglich werden nicht erwartet. Daraus ist zu schließen, daß in den Bereichen, wo JIT sinnvoll anwendbar ist, sich entsprechende Verfahren etablieren konnten. In den verbliebenen Bereichen ist nicht mit einer Implementierung von JIT zu rechnen. Außerdem sprechen häufig Sicherheitsaspekte, die sich aus der nicht kalkulierbaren Verkehrssituation ableiten, gegen JIT-Systeme. Die Wahl des Standortes des Logistikdienstleisters trägt nur in wenigen Fällen zur Optimierung der logistischen Prozeßkette bei.

Eine durchgängige Prozeßoptimierung über die eigentliche Kooperation hinaus zu nachfolgenden Schnittstellen wird in annähernd der Hälfte der Fälle gesehen. Diese Einschätzung steht allerdings im krassen Widerspruch zur Beurteilung der Logistikkette durch nachgelagerte Prozeßbeteiligte. Häufig sind die Planungsprozesse vom Warenfluß entkoppelt. Kommunikation erfolgt nur an der direkten Kunden-Lieferanten-Schnittstelle. Eine strategische Ausrichtung auf die Kunden des Kunden fehlt. In dieser strukturellen Schwäche liegt die Gefahr einer verfehlten Gestaltung der logistischen Prozeßkette. Dies trifft insbesondere bei der Nähe einer Wertschöpfungskette zum Endverbraucher zu (vgl. Abbildung 34).

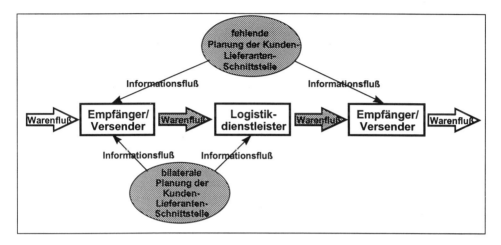

**Abbildung 34:**  Strukturelle Schwäche durch Entkoppelung der Planungsprozesse und Informationsflüsse vom Warenfluß

Horizontale Kooperationen mit anderen Logistikdienstleistern zur Optimierung der Logistik spielen nur in der Minderheit der Fälle eine Rolle. Sind entsprechende Netzwerke vorhanden, ergibt sich allerdings eine Reihe von ökonomischen und qualitativen Vorteilen:

• Kostensenkungen

• Effizienzsteigerungen

• Erhöhung der Zuverlässigkeit

• Flexibilität

Obwohl mit der Verringerung der Anzahl der Transporte ebenso ökologische Vorteile offenkundig sind, werden sie explizit nur in einem Fall genannt. Hier wird deutlich, daß die ökologisch formulierten Unternehmensziele der Geschäftsführung noch keine operative Umsetzung gefunden haben.

### 4.2.3.5　Logistikcontrolling entlang der Logistikkette

In der Mehrheit der untersuchten Logistikketten liegt ein unternehmensübergreifendes Gesamtkostendenken vor. Jedoch werden hier nur bestimmte Kostenarten kooperativ erfaßt. In 50 Prozent dieser Fälle bezieht sich die unternehmensübergreifende Kostenerfassung auf Güterschäden sowie auf Umschlag- und Transportkosten. Alle anderen Kosten werden nur vereinzelt oder nicht unternehmensübergreifend erfaßt. Wenn jedoch aufgrund gesetzlicher Vorgaben unterschiedliche Be- und Entlastungen der Partner einer Logistikkette entstehen, werden diese in relevanten Fällen entsprechend aufgeteilt.

In nur zwei Fällen besteht eine beidseitige Kostentransparenz, d. h. beide Partner kennen die realen Kosten des anderen in den relevanten Logistikprozessen. Hier muß das Vertrauensverhältnis zwischen den Partnern als bemerkenswert hoch eingeschätzt werden. Die ökonomischen Auswirkungen einzelner Optimierungsschritte können so ganzheitlich über die gesamte Logistikkette hinweg betrachtet werden. In knapp der Hälfte der Fälle existiert eine einseitige Kostentransparenz, bei der der Kunde die Kosten seines beauftragten Logistikdienstleisters kennt, aber nicht umgekehrt. Hier ist davon auszugehen, daß Optimierungen in diesen Ketten ausschließlich auf die Interessen der Auftraggeber ausgerichtet sind. Eine ganzheitliche Betrachtung und somit Optimierung der logistischen Prozeßketten geht verloren. In jeder zweiten Logistikkette gibt es keinerlei Transparenz bezüglich der Kosten des Kooperationspartners. Hier ist eine systematische Optimierung der Prozesse schwer vorstellbar.

Bestimmte Kennzahlen bzw. Kennzahlensysteme haben bei der Gestaltung der logistischen Prozesse entlang der Kette einen höheren Stellenwert. So werden fast überall diesbezüglich Berechnungen vorgenommen. Beispielhaft seien hier einige wichtige genannt:

- Transportkosten je Einheit

- Zeitaufwand für bestimmte Prozesse

- Beschädigungs- und Fehlerhäufigkeiten

Gemeinsame Abweichungsanalysen werden in knapp der Hälfte der Fälle durchgeführt. Allerdings muß die Aussagekraft der ermittelten Kennzahlen angezweifelt werden. Die oben skizzierte strukturelle Schwäche durch die Entkoppelung der Planungsprozesse und Informationsflüsse vom Warenfluß kommt auch hier zur Wirkung. Nur selten werden die für die Kennzahlen benötigten Daten mit einer ausreichenden Qualität dort abgefragt, wo sie anfallen.

Bei den Logistikdienstleistern machen die Personalkosten über die Hälfte der Gesamtkosten aus. Sie werden von den Sach- und Unterhaltungskosten gefolgt. Meistens werden die logistischen Prozesse der unternehmensübergreifenden Kooperationen insgesamt als günstig eingestuft, in einem Fall sogar als sehr günstig. In einigen Fällen differiert die Einstufung bezüglich einzelner Teilprozesse. In nur einem Fall wird der Gesamtprozeß als teuer angesehen. Die Einschätzungen der Kostenstrukturen werden i. d. R. auch von den Kooperationspartnern geteilt.

Die Preisgestaltung für die logistischen Dienstleistungen wird in der Mehrheit der Fälle maßgeblich vom Auftraggeber beeinflußt bzw. teilweise auch diktiert. Um die Preise so niedrig wie möglich zu halten bzw. noch weiter zu senken, existieren verschiedene Ansatzpunkte, die wiederum die unterschiedlichen Intensitäten der untersuchten Kooperationen spiegeln. Auf der einen Seite gibt es in vielen Fällen Pflichtenhefte, die fester Bestandteil des Rahmenvertrages sind. Darüber hinaus werden gemeinsame Jahresgespräche über Kosten durchgeführt. Auf der anderen Seite existieren in knapp der Hälfte der untersuchten Logistikketten Vereinbarungen hinsichtlich einer Kostenverrechnung und/oder bezüglich der Weitergabe von Rationalisierungspotentialen. Zusätzlich gibt es in einem Fall eine Open-Book-Kalkulation, die auf eine kontinuierliche Verbesserung der Prozesse abzielt. Dies ist natürlich nur dort möglich, wo das Vertrauensverhältnis zwischen den Partnern in eine beidseitige Kostentransparenz mündet.

#### 4.2.3.6 Erfolgswirkungen entlang der Logistikkette

Im allgemeinen werden die unternehmensübergreifenden Kooperationen von allen interviewten Akteuren als vorteilhaft bezeichnet. Festgestellte Verbesserungen der Kundenzufriedenheit unterstreichen diese Einschätzungen. Weitere wichtige Aspekte, wie z. B. die Erhöhung der Flexibilität, kontrolliertere Steuerung der Prozesse, verbesserte Qualität der Logistik sowie Personaleinsparungen, werden in knapp der Hälfte der Fälle genannt.

Als entscheidende Gründe für die erzielten Erfolgswirkungen in den logistischen Prozeßketten werden vornehmlich die Entwicklung maßgeschneiderter Problemlösungen und der gezielte Einsatz von IuK-Technologien erachtet. Es gibt keine Logistiklösungen „von der Stange". Eine kundenspezifische Anpassung ist immer erforderlich. Zukünftig wird die Konzentration auf die eigenen Kernkompetenzen bei gleichzeitiger Auswahl spezialisierter Logistikdienstleister von entscheidendem wettbewerblichen Vorteil sein. Weitere wichtige Aspekte für den Erfolg der Logistikketten sind eine enge Zusammenarbeit mit anderen Akteuren sowie eine hohe Motivation der Mitarbeiter. In bestimmten Fällen spielen auch spezifische Einzelaspekte eine entscheidende Rolle. Dies sind kundenspezifische Lager- und Umschlageinrichtungen, kurze Entscheidungswege durch flache interne Hierarchien oder ein mit Optimierungsprogrammen gesteuerter Vertrieb.

Trotz aller positiven Effekte durch die unternehmensübergreifende Kooperation sehen fast alle der interviewten Akteure noch weitere Potentiale zur Optimierung. Ansatzpunkte werden vornehmlich in der verbesserungswürdigen Kommunikation in den Logistikketten gesehen. Unterstützt wird diese Aussage durch die Hinweise auf das fehlende Know-how in der Informationsverarbeitung bei einzelnen Akteuren der Prozeßkette. Weitere entscheidende Hemmnisse ergeben sich bei ausgeprägten Machtpositionen einzelner Prozeßeigentümer. Im weiteren Umfeld sind zum Teil technische Restriktionen zu beachten. Ferner sind unterschiedliche interne Strukturen innerhalb der Organisation einzelner Akteure hinderlich.

Aus Sicht der Logistikdienstleister konzentrieren sich die Ansatzpunkte zur Geschäftsprozeßoptimierung auf die nachfolgenden Aspekte:

- Änderung interner Organisationsstrukturen bei den einzelnen Akteuren

- Überwindung der funktionalen Trennung von Vertrieb und Logistik

- Optimierung der Informationsflüsse zwischen den Partnern

- Aufbau eines beidseitig offenen partnerschaftlichen Vertrauensverhältnisses

Nur knapp die Hälfte der Kunden machten Angaben zu den erzielten Kosteneinsparungen durch die unternehmensübergreifende Kooperation mit den Logistikdienstleistern. In einem Fall liegen die Kostenreduzierungen bei etwa einem Prozent der Logistikkosten. In zwei Fällen konnten mit ca. 20 Prozent deutlich höhere Einsparungen erzielt werden. Mit ca. 30 Prozent wird diese Zahl in einem Fall noch übertroffen. Allerdings halten diese Zahlen nur schwer einer Vergleichbarkeit stand, da die Logistikkosten in den einzelnen Unternehmen unterschiedlich definiert sind. Mitunter werden Kosten der Logistik zugewiesen, die anderenorts dem Vertrieb zugerechnet werden und umgekehrt. Außerdem besteht keine Transparenz bezüglich der jeweiligen Wirkung der Logistikkosten auf die Eigenkapitalrentabilität. Jedoch sind sich alle Unternehmen der untersuchten Logistikketten einig, daß insbesondere der Einsatz elektronischer Informationssysteme maßgeblich zur Kostensenkung beiträgt.

Zukünftige Kostensenkungspotentiale werden in erster Linie durch eine Verstärkung der technischen Unterstützung und ein weiteres Outsourcing bestimmter Aufgaben gesehen. Ein zusätzlicher wichtiger Aspekt ist die Durchführung von Mitarbeiterschulungen. Darüber hinaus werden von fast allen Akteuren noch Reduzierungen bei den Transportkosten erwartet. Jedoch wird die Höhe dieses Potentials eher als gering eingestuft. Effektivere Handlungsspielräume sehen einzelne Interviewpartner in den Kosten für kalkulatorische Zinsen und Wagnisse.

## 4.2.4 Qualitätsmanagement

### 4.2.4.1 Bedeutung der Qualität im Rahmen der Gesamtunternehmenspolitik

Im allgemeinen wird von allen befragten Logistikdienstleistern Qualität mit Kundenzufriedenheit gleichgesetzt. Darüber hinaus werden Einzelaspekte der Qualität wie Lieferzeit, Zuverlässigkeit, Flexibilität, Sicherheit der Ware oder Service explizit herausgestellt oder vereinzelt unter der Kundenzufriedenheit subsumiert. Gut die Hälfte der Logistikdienstleister ordnet die Qualität als oberste Handlungsmaxime in das Spektrum ihrer Unternehmensziele ein, in einem Fall sogar gleichrangig neben der Gewinnmaximierung. Die restlichen Hauptakteure bezeichnen die Qualität zumindest als wichtiges bis sehr wichtiges Ziel. Alle Kooperationspartner der untersuchten logistischen Prozeßketten teilen den hohen Stellenwert der Qualität.

Als die wichtigste qualitätssichernde Maßnahme hat sich bei den befragten Logistikdienstleistern der Einsatz von QMS durchgesetzt, wobei diese nicht notwendigerweise zertifiziert sein müssen. Aus den QMS resultierten Erfordernisse auf eine entsprechende Abstimmung der Organisation. Die Mehrheit der Unternehmen setzen fundiert ausgebildete Mitarbeiter, besondere Technologien und Handbücher zur Qualitätssicherung ein. Checklisten und Qualitätszirkel kommen ebenfalls in etwa der Hälfte der Fälle zur Anwendung. Als weitere exemplarische Bausteine der QMS wurden häufig noch Mitarbeiterorientierungsgespräche und -beurteilungen sowie systematische Fehlererfassungen und -auswertungen genannt.

Die Mehrheit der implementierten QMS sind bereits nach DIN EN ISO 9000 ff. zertifiziert. Dabei bezieht sich der Geltungsbereich bis auf zwei Ausnahmen auf das gesamte Unternehmen. Alle noch nicht zertifizierten Unternehmen streben eine entsprechende externe Überprüfung ihrer QMS an. In der Regel erfolgt die Zertifizierung aufgrund von Kundenanforderungen. Darüber hinaus wirken Aspekte wie der Aufbau von Reputation und Vertrauen, Mitarbeitermotivation, die Ausschöpfung interner Verbesserungspotentiale sowie Kosteneinsparungen für die Unternehmen motivierend. Als Hauptgrund der noch nicht durchgeführten Zertifizierung wird die hohe Wirksamkeit der eigenentwickelten QMS genannt, so daß nur nach besonderer Kundenaufforderung Teilbereiche des Unternehmens zertifiziert werden. Die Strategie des TQM wird nur von einer Minderheit der Unternehmen verfolgt, wobei sich im Rahmen der Untersuchung kein klares Verständnis von TQM in der logistischen Dienstleistung abzeichnete.

### 4.2.4.2 Qualität der Logistik

Zur Beurteilung der Qualität logistischer Prozesse werden je nach Wareneigenschaft und spezifischer Kundenanforderung unterschiedliche Qualitätskriterien herangezogen. Von den befragten Logistikdienstleistern wird die Zuverlässigkeit als wichtigstes Qualitätskriterium eingestuft (vgl. Abbildung 35). Dem zweitplazierten Aspekt Service folgen gleichwertig die Kriterien Flexibilität, Sicherheit der Ware und der Preis der logistischen Dienstleistung. Wenngleich die Kriterien Lieferzeit und Beziehungsqualität eine geringere Gewichtung aufweisen, dürfen sie nicht vernachlässigt werden, zumal insbesondere bezüglich der Beziehungsqualität zukünftig eine verstärkte Beachtung erwartet wird.

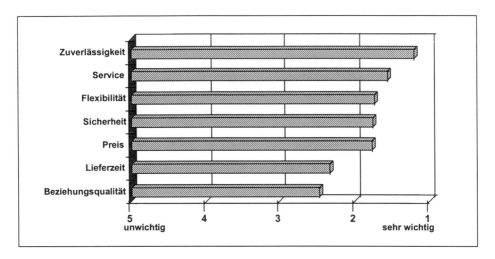

**Abbildung 35:** Bedeutung verschiedener Qualitätskriterien für die Logistik

Insgesamt deckt sich die Gewichtung der Einzelaspekte häufig mit der Einschätzung der Kooperationspartner. In Einzelfällen allerdings gibt es gravierende Unterschiede. Fraglich ist, ob die Gewichtung der Qualitätskriterien ihre wahre Bedeutung in der Kooperation widerspiegelt oder in erster Linie ein Maß der gegenwärtigen gemeinsamen Anstrengungen ist. So könnte beispielsweise der Preis nur eine mittlere Bedeutung erfahren haben, weil generell die Meinung vorherrscht, daß kaum noch Auswirkungen von der Liberalisierung des Transportmarktes zu erwarten sind. Und bezogen auf die nachrangige Gewichtung der Beziehungsqualität muß festgestellt werden, daß die Partnerschaften der untersuchten Logistikketten einen hohen Stabilitätsgrad aufweisen.

Hauptmeßinstrument für die Beurteilung der logistischen Dienstleistungsqualität sind interne Kennzahlen, die bis auf eine Ausnahme von allen Unternehmen erhoben werden. Knapp die Hälfte der Unternehmen läßt Kundenbefragungen oder Erhebungen neutraler Institute durchführen. In einem Fall sind auch Fehlerprotokolle im Einsatz. Zur expliziten Messung der Kundenzufriedenheit sind Kundenbefragungen, dicht gefolgt von der Auswertung von Kundenreklamationen, die wichtigsten Instrumente bei der Mehrheit der Unternehmen. Kein befragtes Unternehmen unterläßt es gänzlich, Messungen hinsichtlich der Qualität bzw. Kundenzufriedenheit vorzunehmen.

### 4.2.4.3 Logistische Qualität entlang der Logistikkette

In allen untersuchten logistischen Prozeßketten bestehen Vereinbarungen bezüglich bestimmter Qualitätsmaßstäbe bzw. -verletzungen. Diese beinhalten in erster Linie Aspekte, die den logistischen Prozeß direkt berühren, wie beispielsweise Lieferzeiten und -mengen sowie Beschädigungen. Weitere Aspekte wie z. B. Lieferung mit dem gewünschten Transportmittel, Umweltschutz und Informationen über den Transportlauf werden in Einzelfällen berücksichtigt. Bis auf eine Ausnahme wird die Einhaltung der geforderten Qualitätsmaßstäbe überprüft und zwar vornehmlich durch interne Kennzahlen sowie gezielte Kundenbefragungen durch den Logistikdienstleister.

Generell erfolgt die Gewährleistung der gesetzten Maßstäbe bei allen Qualitätskriterien durch eine Abstimmung der Organisation und Abläufe sowie durch den Einsatz bestimmter Technologien, insbesondere in der Informationsversorgung. Ganz entscheidend ist ebenfalls der Einsatz ausgebildeter Mitarbeiter mit fundierten Fertigkeiten und ausgeprägten Erfahrungen entsprechend den Aufgaben und Anforderungen. Andere Hilfsmittel wie Handbücher, Checklisten und Qualitätszirkel werden teilweise verwendet. Neben diesen allgemein wirkenden Maßnahmen spielen darüber hinaus bei der Ausgestaltung und Gewährleistung der einzelnen Qualitätskriterien spezifische Aspekte eine Rolle.

Die Lieferzuverlässigkeit bezieht sich auf die Einhaltung der vereinbarten bzw. angestrebten Lieferzeiten. Bezüglich der Häufigkeit von Verspätungen sind die Ergebnisse je nach Logistikkette recht unterschiedlich. Eine Verspätungshäufigkeit von null Prozent ist in zwei Fällen angegeben worden. In der Hälfte der untersuchten Logistikketten wird sie mit unter einem Prozent beziffert. In den anderen Fällen wurden Verspätungen bei unter fünf Prozent der Lieferungen registriert. Obwohl die Zuverlässigkeit als wichtigstes Qualitätskriterium angegeben wurde, existieren keine speziellen Maßnahmen zur Erreichung der Ziele. Allerdings wurde hier der Einfluß einer gemeinsam auf die Anforderungen abgestimmten Ablauforganisation als entscheidend unterstrichen.

Zur Servicebereitschaft gehören vornehmlich eine umfassende Informationsversorgung und eine permanente Auskunftsbereitschaft während aller logistischen Prozesse. Neben den Sendungsverfolgungssystemen tragen das Telefonverhalten und die persönliche Kundenbetreuung zur Servicebeurteilung bei. Zusätzlich werden in Einzelfällen von den Logistikdienstleistern Unterstützung bei Behördenangelegenheiten und statistische Auswertungen geleistet. Zur Gewährleistung eines umfassenden und effektiven Services ist es notwendig, daß den Kunden feste Ansprechpartner benannt werden, die vor Ort durch permanente Präsenz auf die Wünsche der Kunden eingehen.

Unter flexibel verlaufenden Logistikprozessen wird generell die kurzfristige Reaktion auf Kundenwünsche bzw. außerordentliche Umstände verstanden. Dies schließt Änderungen der Liefermengen, -zeiten und -adressen sowie der Ladeorte ein. Die Übermittlung kurzfristiger Änderungen erfolgt vornehmlich mit konventionellen Hilfsmitteln wie Telefon und Fax. Unternehmensübergreifende Online-Verbindungen werden zu diesem Zweck nur in einem Fall genutzt. Bis auf eine Ausnahme sind transportbegleitende Informationen vorhanden, so daß während laufender Transportprozesse auf Änderungen reagiert werden kann. Der Flexibilitätsgrad wird von der Mehrheit der untersuchten Logistikketten als hoch eingestuft. Neben den schon genannten Maßnahmen werden hier als weitere wichtige Voraussetzungen ein modularer Aufbau der einzelnen Logistikprozeßschritte und eine interne Organisation mit flachen Hierarchien herausgestellt.

Die Sicherheit der Güter ist dann gegeben, wenn während der an den Gütern vollzogenen logistischen Prozesse keine ungewollten Veränderungen bzw. Beeinträchtigungen in der Qualität entstehen. Die Schadenshäufigkeiten liegen in den meisten Fällen im Promillebereich. In nur zwei Fällen fallen die Bezifferungen der relativen Schadenshäufigkeiten mit einem bzw. fünf Prozent relativ hoch aus. Unfälle sind in knapp der Hälfte der Fälle nicht existent. Zur Gewährleistung der Sicherheit der Güter werden je nach Sensibilität unterschiedlichste Maßnahmen ergriffen. Größtenteils werden spezielle Verpackungen, Behälter und Ladehilfsmittel eingesetzt. Ganz entscheidend sind Mitarbeiterschulungen zum fehlerfreien Handling der eingesetzten Hilfsmittel sowie deren permanente Überprüfung, Wartung und Instandhaltung. Luftgepolsterte Lkw spielen nur in wenigen Fällen eine Rolle. Eine Konservierung der Güter für Transport und Lagerung erfolgt in speziellen Fällen. Mehrheitlich existieren Notfallpläne für besondere Gefahrensituationen.

Die Beziehungsqualität zwischen den Partnern der Logistikketten ist mit dem Service eng verbunden. Dabei hat sich das Verständnis von Beziehungsqualität gewandelt. Heute wird darunter in erster Linie eine alles umfassende Kundenbetreuung verstanden, um eine langfristige Kundenbindung zu erreichen. Neben der oben angesprochenen Präsenz im operativen Tagesgeschäft gehören dazu Gespräche zwischen den verantwortlichen Personen. In den untersuchten Logistikketten treffen sich die Verantwortlichen in der Mehrheit der Fälle wöchentlich bis monatlich. In den restlichen Fällen liegt die Frequenz zwischen viertel- und halbjährlich. Ebenso wird von fast allen eine Automatisierung der administrativen Schnittstellen innerhalb der Logistikketten angestrebt.

In fast allen Fällen wird der Auftraggeber als Vorreiter in der Qualitätssicherung angesehen. Somit wurde auch in der Mehrheit der Fälle eine Zertifizierung der QMS nach DIN EN ISO 9000 ff. vom Kunden gefordert. Darüber hinaus werden in wenigen Fällen zusätzliche Lieferantenaudits von den Auftraggebern durchgeführt. Diese erfolgen zum Teil nach eigenen oder branchenspezifischen Vorgaben wie z. B. nach dem Sicherheits- und Qualitäts-Assessment-System für den Straßentransport (SQAS) des European Chemical Industry Council (CEFIC). Insgesamt wurden die QMS getrennt entwickelt und erst nachträglich aneinander angepaßt.

Wenngleich alle Kooperationspartner die gleiche Einschätzung über die Relevanz der QMS teilen, werden in vielen Fällen noch Hemmnisse hinsichtlich einer effektiven Qualitätssicherung gesehen. Diese äußern sich zum einen in einer mangelnden Zusammenarbeit und zum anderen durch unterschiedliche Auffassungen über die Art und Weise der Qualitätssicherung. Zum Teil werden Defizite in der internen Aufbauorganisation als Problem genannt, wobei insbesondere das mittlere Management eine Anwendung der Qualitätsmanagementmethoden verzögert. In fast allen Fällen spielt das Qualitätsmanagement im Hinblick auf die Effizienz der logistischen Prozeßkette eine große bis sehr große Rolle.

Gut die Hälfte der beteiligten Unternehmen der untersuchten logistischen Prozeßketten geben an, daß eine Optimierung der Logistikketten durch eine Zertifizierung sämtlicher Beteiligter nach gleichen Aspekten möglich ist. Sinnvoll sei dies insbesondere zur Überwindung unternehmensübergreifender Schnittstellenprobleme. Einschränkend wird allerdings bemerkt, daß sich eine unternehmensübergreifende Zertifizierung nicht auf Formalien beschränken darf und ein gemeinsamer Wille zur Qualitätsverbesserung gegeben sein muß.

### 4.2.5  Umweltmanagement

### 4.2.5.1 Bedeutung des Umweltschutzes im Rahmen der Gesamtunternehmenspolitik

Für die Mehrheit der Logistikdienstleister nimmt der Umweltschutz in den untersuchten Fällen im allgemeinen einen hohen bis sehr hohen Stellenwert ein. In den restlichen Fällen wird der Umweltschutz von den Logistikdienstleistern als weniger wichtig beurteilt. Die Sichtweise der jeweiligen Kooperationspartner ist meistens vergleichbar.

Trotz der grundsätzlich als hoch angegebenen Relevanz des Umweltschutzes setzt nur eine Minderheit der befragten Logistikdienstleister UMS ein. In zwei Fällen erfolgte eine Zertifizierung nach DIN EN ISO 14001, in einem Fall nach den Bestimmungen der EMAS-Verordnung. Als Gründe für einen Einsatz stehen an erster Stelle die Erhöhung der Kundenzufriedenheit, Mitarbeitermotivation sowie der Aufbau von Vertrauen und Reputation. Die übrigen Unternehmen streben zukünftig nur in einem Fall eine Umweltzertifizierung an. Als Hauptgründe gegen einen Einsatz wurden mangelnder interner und externer Druck genannt.

Trotz des hohen Stellenwertes des Umweltschutzes im Kontext der Unternehmenspolitik gelten konkrete Umweltschutzmaßnahmen im allgemeinen nicht als besonders ausgeprägt. Im einzelnen wurden häufig nur die folgenden Umweltschutzmaßnahmen genannt:

- ökologieorientierte Mitarbeiterschulungen

- ökologieorientierter Einkauf bzw. Lieferantenauswahl

- ökologieorientierte Distribution sowie

- ökologieorientierte Öffentlichkeitsarbeit.

Diese Einschätzung steht allerdings im Widerspruch zu den zumeist doch realisierten UMS, wenngleich sie nicht explizit als solche identifiziert und bezeichnet werden. Fast überall werden

- Sicherheitsvorkehrungen zur Einhaltung aller gesetzlichen Vorschriften getroffen,

- Leerfahrten minimiert,

- Mehrwegtransportverpackungen eingesetzt,

- Abfälle vermieden und mindestens getrennt sowie

- Energie gespart.

Nur erfolgen diese Maßnahmen häufig nicht systematisch und i. d. R. extern motiviert. Die Unternehmen tun Gutes, aber sprechen nicht darüber. Selbstverständlichkeiten werden nicht als Umweltmanagement bezeichnet. Dies erfolgt häufig erst im Grenzbereich von nicht mehr nachweisbaren Kostenreduzierungen.

Die Implementierung eines Umweltschutzbeauftragten im Unternehmen ist mehrheitlich gegeben, jedoch reduzieren sich seine Verantwortlichkeiten häufig auf die Einhaltung und Umsetzung der relevanten Gefahrstoff- bzw. Gefahrgutvorschriften. Allgemein kann festgehalten werden, daß der Druck seitens der Auftraggeber, insbesondere der chemischen Industrie, auf die Logistikdienstleister beim Transport und Handling von Gefahrstoffen und -gütern besonders groß ist. Hauptaspekt ist hier die Gewährleistung der Sicherheit des Transportes mit minimalen Risiken für die Umwelt.

### 4.2.5.2 Umweltschutz in der Logistik

Die Beurteilung des Stellenwertes verschiedener Umweltkriterien bei der Gestaltung logistischer Prozesse ist sehr uneinheitlich, so daß sich keine allgemeingültige Linie erkennen läßt. Als einzige Trends lassen sich ablesen, daß die Kriterien Unfälle, Gesundheitsrisiken und Energieverbrauch die größte Rolle spielen (vgl. Abbildung 36).

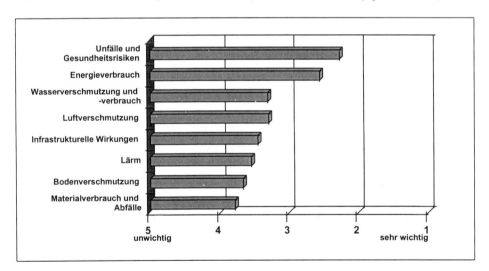

**Abbildung 36:**   Bedeutung einzelner Umweltschutzkriterien für die Gestaltung der Logistik bei Logistikdienstleistern

Einige Logistikdienstleister haben zu diesem Punkt keine Angaben machen können, woraus sich schließen läßt, daß der Umweltschutz in der Gestaltung ihrer Logistik vermeintlich keine Rolle spielt. Nur bei Unternehmen, die ein zertifiziertes Umweltmanagementsystem haben, ist der Stellenwert aller Umweltkriterien hoch. So werden bei der Hälfte der befragten Logistikdienstleister keinerlei Messungen hinsichtlich der Umweltverträglichkeit speziell logistischer Dienstleistungen vorgenommen. Die anderen Unternehmen bedienen sich verschiedener Instrumente wie interne Kennzahlen, Handbücher und Checklisten. In einem Fall werden sogar Kundenbefragungen und Erhebungen neutraler Institute durchgeführt.

Von allen befragten Logistikdienstleistern werden relevante Umweltvorschriften erfaßt, wenn auch i. d. R. nur im gesetzlichen Rahmen bezogen auf sämtliche Gefahrgut-, Abwasser-, Entsorgungs- und Recyclingvorschriften. Die Einhaltung der Vorschriften wird mittels Handbücher, Checklisten, Mitarbeiterschulungen und Umweltverantwortlichkeiten sichergestellt. Gut die Hälfte der Unternehmen ermitteln und dokumentieren den Bildungs- und Informationsstand ihrer Mitarbeiter bezüglich Umweltschutzfragen.

Die Relevanz des Umweltmanagements im Kontext der Logistik wird von den Kooperationspartnern in den untersuchten logistischen Prozeßketten ebenfalls als eher gering erachtet. Gerade bei Industrieunternehmen haben die genannten Umweltschutzkriterien für die Produktionsprozesse und das Endprodukt einen weitaus höheren Stellenwert als die Logistik. Obwohl die Messung der Umweltverträglichkeit in der Produktion häufig eine Selbstverständlichkeit ist, wird dies in der Logistik oft versäumt. Eine ganzheitliche ökologische Betrachtungsweise fehlt. Mit dem Outsourcing der Transporte wird ebenfalls die Umweltproblematik der Logistik ausgegliedert.

### 4.2.5.3 Umweltschutz entlang der Logistikkette

In den wenigen Fällen, wo die Kunden zertifizierte UMS von den Logistikdienstleistern verlangen, wird auch auf die Funktionalität der Systeme vertraut. In der Regel werden die UMS erst nachträglich einander angepaßt. Wenngleich meistens keine zertifizierten UMS verlangt werden, bestehen in gut der Hälfte der Fälle Vereinbarungen über Umweltmaßstäbe und -standards. Diese beziehen sich in erster Linie auf Entsorgungsfragen und den Energieverbrauch. Die Effizienz einer Zertifizierung sämtlicher Akteure nach gleichen Umweltschutzaspekten konnte aufgrund der derzeitig geringen Etablierung des Themas nicht beurteilt werden. Allerdings wurde teilweise die Überzeugung geäußert, daß die unternehmensübergreifende Umsetzung von Umweltschutzmaßnahmen die logistische Prozeßkette insgesamt optimieren wird.

Wo bei beiden Kooperationspartnern zertifizierte UMS existieren, werden an der Schnittstelle Umweltbelastungen erfaßt. In zwei weiteren Fällen wird die Erfassung angestrebt. Die personelle Verantwortung liegt jeweils beim Umweltschutzbeauftragten. Die Belastungen werden schriftlich dokumentiert oder EDV-technisch erfaßt. Ebenso ist die Häufigkeit der Erfassung unterschiedlich. Sie erfolgt zum Teil im jährlichen Rhythmus oder je nach Belastungsart in deutlich kürzeren Abständen. Bei der Mehrheit der untersuchten logistischen Prozeßketten werden umweltfreundliche Maschinen und Fahrzeuge eingesetzt. Dabei handelt es sich vornehmlich um Elektro- oder Gasfahrzeuge bzw. -stapler. Einige Logistikdienstleister setzen verstärkt Lkw gemäß den Bestimmungen der Euro-2-Norm ein.

Eine gemeinsame Organisation der Entsorgung an der Schnittstelle der untersuchten Logistikketten ist erst an einer Stelle realisiert. In gut der Hälfte der Fälle werden getrennt organisierte Entsorgungskonzepte umgesetzt. In beiden Varianten beziehen sich die Systeme vornehmlich auf die Wiederverwendung bzw. -verwertung von gebrauchten Einwegverpackungen und den Einsatz von Mehrverpackungen. In zwei Fällen ist eine spezielle Entsorgung von Sondermüll erforderlich. Fast immer werden sämtliche Entsorgungskonzepte von einem Mitarbeiter im Bereich Logistik organisiert und überwacht. Annähernd die Hälfte der befragten Logistikketten konnte zu diesem Thema keine Angaben machen.

Die an den Schnittstellen ergriffenen Maßnahmen zur Verringerung der Umweltbelastung wurden sehr positiv bewertet. In bezug auf Kosten, Umsatz und Kundenzufriedenheit konstatierten die Interviewpartner einen weitgehend neutralen Einfluß. Hinsichtlich der unternehmensübergreifenden Optimierung der Logistikkette durch den Einsatz von UMS konnte nur eine Minderheit der befragten Unternehmen praktische Erfahrungen aufweisen. Darüber hinaus deckten die gemachten Angaben das gesamte Spektrum der Beurteilungsmöglichkeiten ab.

Abschließend wurden aufgrund der geringen Durchdringung nur wenige Verbesserungsvorschläge zur effizienteren Wirkungsweise von UMS gemacht. Vorrangig müssen mit der Verringerung der Nachweispflichten mehr Freiheiten bei den einzelnen Elementen des Umweltmanagementsystems geschaffen werden.

### 4.2.6 Synergien zwischen Qualitäts- und Umweltmanagementsystemen

Bei den Logistikdienstleistern, die ein zertifiziertes Umweltmanagementsystem etabliert haben, sind die QMS und UMS integriert. Bei den Kooperationspartnern stellt sich die Situation identisch dar (vgl. Tabelle 11). Die umfangreichen inhaltlichen und organisatorischen Schnittmengen beider Systeme waren für die Implementierung der integrierten Managementsysteme ausschlaggebend. In beiden Fällen wurden die QMS und UMS jedoch nicht gleichzeitig eingeführt und im ersten Schritt auch getrennt zertifiziert. Mit dieser Vorgehensweise wurde einer Überforderung der betroffenen Mitarbeiter entgegengewirkt, zumal beide Managementsysteme sehr stark auf die Mitarbeiterorientierung fokussieren.

| Managementstrategien | von 11 Logistikdienstleistern | von 21 Kooperationspartnern |
|---|---|---|
| Zertifizierung nach DIN EN ISO 9000 ff. | 8 (73 %) | 14 (67 %) |
| Zertifizierung nach DIN EN ISO 14001 | 2 (18 %) | 3 (14 %) |
| Zertifizierung nach EMAS | 1 (9 %) | 5 (24 %) |
| Integriertes Qualitäts- und Umweltmanagementsystem | 2 (18 %) | 3 (14 %) |
| Total Quality Management (TQM) | 3 (27 %) | 4 (19 %) |

**Tabelle 11:**      Einsatz verschiedener Managementstrategien bei Logistikdienstleistern

In beiden Fällen wirkte sich dann die doppelte Zertifizierung hinsichtlich der Nutzung von Synergieeffekten sehr positiv aus. Dies betrifft aus Sicht der befragten Logistikdienstleister vor allem die Aspekte:

• Unternehmenspolitik

• Festlegung von Verantwortlichkeiten

• Funktionsbeschreibungen

• Lenkung der Dokumente

- Korrektur- und Vorbeugungsmaßnahmen

- interne Audits

- Schulungen

Außerdem verstärken die integrierten Handbücher und die Personalunion der Zertifizierer diese Synergieeffekte. Für die Zukunft wird mit einer Zunahme der integrierten QMS und UMS gerechnet.

## 4.3 Logistische Prozeßketten aus der Perspektive des Handels

### 4.3.1 Einführung

Der Handel spielt eine wichtige Rolle bei der Vermarktung von Gütern und damit der Befriedigung von Konsumentenbedürfnissen. Die Funktion der Handelsunternehmen liegt dabei im Ein- und Verkauf von Gütern, in der Regel ohne wesentliche Be- und Verarbeitung. Ihre spezifische Leistung besteht in der Zusammenfassung von bedarfsverwandten Waren verschiedener Hersteller, kombiniert mit vielfältigen eigenen Dienstleistungen.

Ein wesentlicher Trend im Einzelhandel ist die zunehmende Konzentration. Der Einzelhandel wird zunehmend durch kooperative oder konzentrative Handelssysteme geprägt; die Bedeutung des Nicht-Systemhandels nimmt stetig ab. Dabei weist der Nonfood-Einzelhandel in Deutschland wesentlich schwächere Konzentrationsentwicklungen auf als der Lebensmittelhandel.

Ein weiterer Basistrend im Handel ist die Internationalisierung bzw. Globalisierung. Nur noch vier der 50 größten europäischen Handelsunternehmen sind nur national tätig, die Top 10 sind jeweils in mindestens fünf Ländermärkten aktiv. Vieles spricht dafür, daß die zu beobachtende Globalisierung des Einzelhandels sich in den nächsten Jahren fortsetzen und noch verstärken wird.

Ein Grund hierfür ist die zunehmende Marktsättigung in den Heimatmärkten. So stagnieren beispielsweise im Einzelhandel Deutschlands seit 1992 die Umsätze bei einer gleichzeitigen Steigerung des Kostendrucks. Wurden in den 80er Jahren noch kontinuierliche Umsatzsteigerungen erzielt, die durch die Wiedervereinigung sogar in einen Wachstumsschub Anfang der 90er Jahre mündeten, ist seither nur ein minimales Umsatzwachstum erreicht worden (vgl. Abbildung 37).

Der Verdrängungswettbewerb bekommt dadurch eine neue Dimension und stellt an das Kostenmanagement der Unternehmen neue Herausforderungen. Im Einzelhandel in Deutschland sind die innerbetrieblichen Kostensenkungspotentiale bei niedrigen Spannen ausgereizt. Ertragsverbesserungen können nahezu ausschließlich durch die Ausschöpfung von Kostensenkungspotentialen oder durch Effizienzsteigerungen im Rahmen von neuen vertikalen Kooperationsstrategien mit Lieferanten in der Absatzkette erreicht werden.[27] Dies macht eine verstärkte Beschäftigung mit der gesamten Prozeßkette notwendig, was in der Konsumgüterwirtschaft vor allem durch die Diskussion von Efficience Consumer Response (ECR) auch geschah.

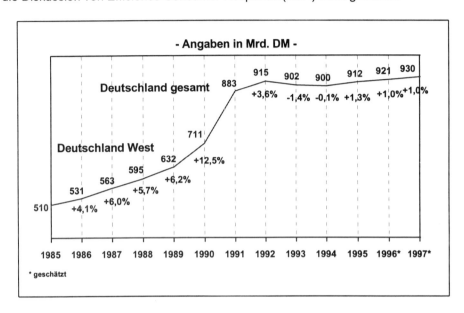

**Abbildung 37:**   Entwicklung des Einzelhandelsumsatzes in der Bundesrepublik
Deutschland

Quelle:            GfK Panel Services

Seit der Aufhebung der Preisbindung der zweiten Hand im Jahre 1974 entwickelte sich der Einzelhandel von einem reinen Distributeur zu einem emanzipierten Partner der Industrie. Durch die Wandlung von Verkäufer- in Käufermärkte rückte der Kunde zunehmend in den Mittelpunkt, der Handel als Gate-Keeper zum Kunden gewann an Bedeutung. Durch eine zunehmende Professionalisierung des Handels, durch technische Systeme und nicht zuletzt durch die Konzentration im Handel bewegte sich der Handel Schritt für Schritt hin zur Führerschaft im Distributionskanal. Diese Position wird seit einigen Jahren vom Handel genutzt, um verstärkt in der Logistik eine führende Rolle zu spielen und die Steuerung der Abläufe zu übernehmen.

---

[27]   Vgl. Zentes 1994, S. 349 - 360.

Dadurch ergeben sich in der Logistik von Handelsunternehmen in den letzten Jahren wesentliche Änderungen. Vor dem Hintergrund der Entwicklungen ergab der HandelsMonitor - eine periodische Umfrage des Instituts für Handel und Internationales Marketing an der Universität des Saarlandes und des Instituts für Handel, Absatz und Marketing, Universität Graz - bereits 1994, daß die Logistik von Handelsmanagern als der Bereich angesehen wird, in dem die stärksten Veränderungen in der Zukunft erwartet werden.

Die vorliegende empirische Untersuchung bestätigt die damalige Einschätzung. Insgesamt hat die Logistik in den Handelsunternehmen eine Bedeutungszunahme erfahren. Eine verstärkte Logistikkettenorientierung zeigt sich in der zunehmenden Bedeutung unternehmensübergreifender Logistikkonzepte. In den vergangenen Jahren wurde das Thema ECR, also eine Zusammenarbeit von Hersteller und Handel zur besseren Befriedigung von Kundenbedürfnissen, in der Konsumgüterwirtschaft intensiv diskutiert. Dies führt bereits zu wesentlichen Veränderungen. Erste empirische Ergebnisse über die positive Wirkung der Kooperation zwischen Handel und Industrie, die auch in der vorliegenden Untersuchung bestätigt wurden, forcieren diese Entwicklungen zu vertikalen kooperativen Beziehungen. Zugleich ist festzustellen, daß der Handel - auf Basis seines Bedeutungszuwachses in der Wertschöpfungskette - seinen Wertschöpfungsanteil in der Logistik ausbaut. Dies drückt sich einerseits in einer Rückwärtsintegration aus. Der Handel baut verstärkt Zentralläger (bzw. Warenverteilzentren) und übernimmt immer stärker die Belieferung seiner Filialen selbst.

In einem noch weitergehenden Schritt testen derzeit verschiedene Handelsunternehmen die Selbstabholung der Waren an der Produktionsstätte der Industrie. In diesem Fall wird die Aktivität Distributionslogistik vollständig vom Handel übernommen. Durch die Rückwärtsintegration verstärkt, ergibt sich ein Trend der Abwendung vom Push-Prinzip, bei dem die Konsumgüterindustrie ihre Produkte durch das Lager des Handels in die Verkaufsstätte des Händlers drückte. Es dominiert zunehmend das Pull-Prinzip, bei dem ein „Sog", vom Konsumenten ausgehend, die gesamte Wertschöpfungskette hin zum Produzenten steuert.[28] Dabei stellt der Handel seine

---

[28]    Vgl. derselbe 1996, S. 24 - 46.

Abverkaufsdaten zur Verfügung und gibt zugleich die Bestandsverantwortung, ergänzt um andere Logistikdienstleistungen, wie das Etikettieren oder die Preisauszeichnung, an den Hersteller ab. Somit verschwimmen die internen Schnittstellen der Wertschöpfungskette immer mehr; neuartige Versorgungskonzepte (vgl. Abschnitt 4.3.3.3) sind die Folge.

Auf der anderen Seite ist eine Vorwärtsintegration des Handels festzustellen. Immer stärker übernimmt er Merchandising-Aktivitäten, die früher Mitarbeiter der Konsumgüterhersteller durchgeführt haben, und gestaltet auch die Marketing-Aktivitäten am Point of Sale (PoS) in eigener Verantwortung. Auch verschiedene Formen der Zustelldienste, bei denen die Ware vom Handelsunternehmen zum Kunden nach Hause geliefert wird, setzen sich immer stärker durch. Die Betrachtung der Versorgungskette endet somit nicht beim Einzelhandel, sondern beim Endverbraucher.

Parallel zur Ausweitung des Wertschöpfungsanteils des Handels, und nur scheinbar konträr dazu, ist ein starker Trend zum Outsourcing der Logistikaktivitäten an Logistikdienstleister festzustellen. Die Aktivitäten, die nun vom Handel statt von der Industrie verantwortet werden, führt der Handel nicht durch die eigene (Logistik-) Organisation durch. Statt dessen überträgt er sie an Logistikdienstleister und praktiziert mit diesen engere Formen der Zusammenarbeit. Das klassische Outsourcing logistischer Einzelleistungen rückt zunehmend in den Hintergrund zugunsten von intelligenten, ganzheitlichen „Outsourcing-Systemen". Ausgehend von der ursprünglichen Situation, in welcher ein Unternehmen viele Direktbeziehungen zu einzelnen Dienstleistern unterhält, kristallisiert sich heute zunehmend eine pyramidenförmige Gestalt der Beziehungen im fremdvergebenen Logistikbereich heraus.

Durch den Einsatz von Logistikdienstleistern wird zudem eine Verringerung des Gesamttransportvolumens erreicht, da diese eine horizontale Bündelung der Warenströme vornehmen können. Die ökologische Dimension dieser Aktivitäten gewinnt in den letzten Jahren an Bedeutung.[29] Gerade an den Handel, der als Gate-Keeper zwischen Konsument und Hersteller steht, werden Forderungen gestellt, seine Position zur Durchsetzung ökologischer Konzepte zu nutzen. Auch im betrieblichen Ab-

---

[29]   Vgl. derselbe 1998, S. 133-146.

lauf, so in der Logistik, haben Umweltaspekte als Entscheidungskriterien heute eine höhere Relevanz.

In der vorliegenden Untersuchung wurde anhand von ausgewählten Fällen des Einzelhandels die Gestaltung von logistischen Prozeßketten untersucht und die Auswirkungen von Logistikkooperationen analysiert. Beurteilungskriterien waren hierbei qualitative, ökonomische und ökologische Aspekte. Zudem wurden die Wirkungen von UMS und QMS auf die Kooperation untersucht.

Die untersuchten Handelsunternehmen hatten zwischen unter 50 und 35.000 Mitarbeiter, erzielten Umsätze von geringen Millionenbeträgen bis zu 20 Mrd. DM und hatten zwischen einem und 7.500 Standorte. Die Mehrzahl von ihnen sind stationäre Einzelhandelsunternehmen, jedoch wurden auch Versandhandelsunternehmen, Großhandelsunternehmen und Verbundgruppen in die Untersuchung integriert.

Insgesamt wurden zwölf logistische Ketten untersucht, alle davon mindestens bis hin zur Einzelhandelsverkaufsstelle. In einem Fall, der in Abschnitt 3.3 näher dargestellt ist, wurde die logistische Kette noch weiter verfolgt, so daß hier ein vollständiger Wertschöpfungskreislauf Grundlage der Analyse war. Untersuchte Schnittstellen waren, ausgehend von den Handelsunternehmen:

*Bell AG*

Das Belieferungssystem der schweizerischen *Bell AG*, bei dem eine integrierte Prozeßkette, nämlich der Transport von Fleisch und Wurstprodukten aus eigener Produktion durch den eigenen Fuhrpark an eigene Metzgereien betrachtet wurde.

*Coop Schweiz*

Die Verbindung der *Nestlé Suisse S.A.* mit ihrem Kunden *Coop Schweiz*. Hier wird ein hoher Anteil der Transporte aus dem Nestlé-Zentrallager in Spreitenbach bei Zürich über die Bahn in die verschiedenen Regionalläger der Coop Schweiz geführt.

*Gehe AG*

Die Beziehung des Pharma-Großhändlers *Gehe AG* zu einem ausgewählten Abnehmer, der *Ratsapotheke* in Homburg. Hierbei werden, auf der Basis eines komplexen und weit entwickelten Warenwirtschaftssystems, Artikel in der Apotheke nur mit einer sehr kurzen Bestandsreichweite gehalten; durch bis zu vier Lieferungen pro Tag vom Regionallager der *Gehe Pharma Handel GmbH* in Kaiserslautern zur Apotheke wird trotzdem die Warenverfügbarkeit sichergestellt.

*Globus-Betriebe GmbH & Co. KG*

Die Logistikkette der *Henkel Waschmittel GmbH* zum SB-Warenhaus *Globus Handelshof Dr. Walter Bruch KG Güdingen*. Hier wird direkt aus der Henkel-Produktion über die *Deutsche Bahn AG DB Cargo* eines der acht eingesetzten Regionallager der Henkel mit Ware beliefert. Von der *Log Sped - Pfenning GmbH*, die das Regionallager in Viernheim führt, wird die Ware nach der Bestellung zum Handelsunternehmen direkt ausgeliefert. Durch die Errichtung eines Globus-Zentrallagers und die damit erreichbare Mengenbündelung wird in Zukunft auch die direkte Ex-Line-Belieferung dieses Lagers durch Henkel möglich.

*Golden Team Sport GmbH*

Die Schnittstellen, die von der *Golden Team Sport GmbH*, einer Sportartikeleinkaufsgenossenschaft, zwischen Herstellern und Händlern organisiert werden. Hier wurde am Beispiel des Sportfachmarktes *Sport-Pur GmbH* in Neunkirchen/Saar insbesondere der Weg der Ware vom Lieferanten über das Zentrallager der *Kaufring Logistik GmbH* untersucht.

*Interfunk eG*

Die Schnittstelle vom *Interfunk*-Zentrallager zur Firma *Radio Bruckner GmbH* in Pirmasens. Hier wird die Ware bei Interfunk von der *DPD Denkhaus GmbH Zweigniederlassung Ludwigsburg* abgeholt und über Nacht in das Depot einer anderen Zweigniederlassung, der *DPD Denkhaus GmbH Zweigniederlassung St. Ingbert*, transportiert. Von hier aus wird sie am nächsten Morgen an den Handel ausgeliefert.

*KG Dortmund-Kassel*

Die Schnittstelle der *Henkel KGaA* zur *KG Dortmund-Kassel*. Hier wird eine intensive Zusammenarbeit und ein offener Datenaustausch praktiziert, bei der Henkel die Bestandsverantwortung für das von der *Allkon GmbH* geführte Zentrallager des Handelsunternehmens hat.

*Lekkerland GmbH & Co. KG*

Die Logistikkette von der *Lekkerland GmbH & Co. KG*, einem Großhändler, zu den Convenience-Shops (Tankstellen-Shops) der *Aral AG:* Um die wegen der fehlenden Lagerflächen notwendige Kleinstmengenbelieferung durchzuführen, hat *Lekkerland* ein Regionallagernetz von über 20 Standorten.

*OBI Bau- und Heimwerkermärkte GmbH & Co. KG*

Die Beziehung der *OBI Bau- und Heimwerkermärkte GmbH & Co. KG Systemzentrale* zu ihren Lieferanten: Hierzu wurde die *BM Logistic GmbH & Co.* gegründet, ein Joint Venture zwischen der *Fiege Holding GmbH & Co.* und der *OBI Deutsche Heimwerkermarkt Holding GmbH*, das durch eine Spedition die Waren beim Hersteller abholen läßt und sie gebündelt bei den Märkten anliefert.

*Quelle Schickedanz AG & Co.*

Der Wertschöpfungskreislauf der Kühlgeräte von *Zanussi Elettrodomestici Spa* bei der *Quelle Schickedanz AG & Co.* (vgl. auch Abschnitt 3.3).

*Unternehmensgruppe Tengelmann*

Die Verbindung der *Procter & Gamble Deutschland GmbH* mit der *Unternehmensgruppe Tengelmann*. Hierbei wurde der Warenfluß betrachtet, bei dem Procter & Gamble über sein Konditionensystem Einfluß auf die Logistik bei Tengelmann nimmt. Zudem wird *Chep Deutschland GmbH* als Poolbetreiber von Mehrwegtransportverpackungssystemen genutzt.

*Vobis Microcomputer AG*

Der Transport von PCs und Computerzubehör von der *Vobis Microcomputer AG* zu einem unabhängigen Franchisenehmer, der *Office World AG* in Reutlingen. Nach dem neuen „built-to-customer"-Prinzip konfiguriert ein Kunde beim Franchisenehmer seinen Wunschcomputer; die Bestellung wird per ISDN oder Satellit in das Zentrallager in Würselen bei Aachen geschickt, wo der PC individuell zusammengebaut wird. Innerhalb von 48 Stunden steht der PC in der Filiale zur Übergabe an den Privatkunden bereit.

Aus Gründen der Anonymisierung wird im folgenden nicht mehr zwischen der Zentrale eines Filialhandelsunternehmens, einer Verbundgruppenzentrale und einem Großhandelsunternehmen unterschieden, sondern generell von Handelszentrale gesprochen, da sie in den vorliegenden Ketten in ihren logistischen Funktionen vergleichbar sind.

### 4.3.2 Die generelle Ausgestaltung der Logistik in den untersuchten Handelsunternehmen

### 4.3.2.1 Funktionen der Logistik

Als Kernfunktionen der Logistik werden von den betrachteten Handelsunternehmen Auftragsabwicklung, Transport, Umschlag der Ware, Lagerhaltung und Verpackung betrachtet. Auch die Entsorgung wird zunehmend dazu gerechnet. Je nach Unternehmen kommen dann noch logistische Zusatzdienstleistungen hinzu, wobei diese in der Preisauszeichnung, der Qualitätsprüfung im Wareneingang, dem Merchandising und sogar der Regaloptimierung bestehen. In etwa der Hälfte der Unternehmen werden noch weitergehende Funktionen in die Logistik integriert, so die Einführung von ECR-Konzepten.

Schriftlich fixierte Leitbilder für die Logistik haben nur die Hälfte der Unternehmen. Kriterien, die in diesen Leitbildern für die Gestaltung der Logistik genannt werden, sind Effizienzsteigerung in der Logistik, Zuverlässigkeit, Lieferzeit und eine kostengünstige Durchführung der Logistik. Ebenfalls genannt werden ein guter Service, eine Verringerung der Anzahl der Transporte zum Wohl der Umwelt und eine Verringerung des Verpackungsanfalls. Andere Leitlinien sind allgemeiner gehalten und verlangen nur pauschal eine hohe Qualität und die ökologische Verträglichkeit. Kommuniziert werden diese Leitlinien durch Mitarbeiterschulungen und Handbücher.

Wesentliche Auswirkungen auf die Planungsprozesse hat der Grad des Outsourcing der Logistikleistung. Rund die Hälfte der Unternehmen messen ihm heute schon, vor allem beim Transport, eine große bzw. sehr große Bedeutung zu. Fast alle befragten Handelsunternehmen lassen den Transport, mindestens teilweise, von Fremdfirmen durchführen, wobei vor allem die ungleichmäßige Auslastung der Transportkapazitäten und die Vermeidung von unwirtschaftlichen Leerrückfahrten als Gründe dafür genannt werden.

### 4.3.2.2 Organisatorische Verankerung der Logistik

In den meisten Handelsunternehmen ist die Logistik auf der ersten oder zweiten Unternehmensebene angesiedelt. In fast allen Unternehmen wird sie als eigene Abteilung geführt, die bei Handelsunternehmen meist in der Handelszentrale angesiedelt ist.

Neben der zunehmenden Bedeutung der Logistik ist ein Trend zur Auslagerung der eigenen Logistikabteilung als Tochtergesellschaft zu erkennen. Diese führt die logistischen Aktivitäten nicht nur für die Muttergesellschaft durch, sondern bietet die Dienstleistung oft auch anderen Unternehmen an. Handelsunternehmen, die eine ihrer Kernkompetenzen in der Logistik sehen, nutzen diesen Bereich als Profit Center und erreichen dadurch eine größere Bündelung und eine größere Unabhängigkeit von Mengenschwankungen.

In einem Fall wird die Logistikfunktion in ein Joint-venture mit einem Logistikdienstleister eingebracht. Als Vorteile hierfür werden von beiden Partnern vor allem die gemeinsame Verantwortung, die enge Bindung und die kurzen Entscheidungswege genannt. Zudem können die jeweiligen Partner ihre Kernkompetenzen, die die Logistik bzw. die Anforderungen der Filialen und der Ware betreffen, einbringen.

Aus dieser funktionsorientierten Organisation des Unternehmens und dem daraus folgenden Abteilungsdenken ergeben sich häufig interne Probleme. Oft ist die Logistik noch zu gering mit den übrigen Funktionen verknüpft, logistische Anforderungen werden von den anderen Abteilungen nur begrenzt wahrgenommen und in ihren Entscheidungen beachtet. Ein Handelsmanager formuliert: *„Das Beharrungsvermögen einzelner Abteilungen, die früher selten bereichsübergreifend gedacht haben, stellt eine nicht zu unterschätzende Größe dar."* Aus diesem Grund müssen hier Veränderungen vorgenommen werden. Einkaufsentscheidungen beispielsweise haben einen wesentlichen Einfluß auf die Logistik, werden aber häufig ohne spezielles Logistik-Know-how durchgeführt. So haben sowohl die Gesamtkomplexität der Sortimente als auch die Gestaltung der Filialsortimente erhebliche logistische Auswirkungen. Zudem entscheidet der Bereich Einkauf in mehr als der Hälfte der befragten Unternehmen auch über den Beschaffungsweg und -zeitpunkt. Da hierdurch die logistische Effizienz in Transport und Lagerung tangiert wird, versuchen die Handelsunternehmen derzeit, die Bedürfnisse der Logistik in diese Entscheidungen zu integrieren. So werden z. B. die Einkaufsabteilungen verstärkt mit Verrechnungspreisen für (interne) Logistikleistungen belastet.

In einem Unternehmen ist die Sortimentsentscheidung von der Beschaffungsentscheidung getrennt worden. Ein Sortimentsmanager (Bereich Einkauf) entscheidet über die Listung eines Artikels, während die Abteilung Logistik alles weitere entscheidet, z. B. die Disposition und die logistische Abwicklung. Auf diese Art und Weise werden sowohl die Sortimentskompetenz als auch die Logistikkompetenz besser als bisher genutzt und in die jeweiligen Entscheidungen eingebracht. Ein anderes Unternehmen hat eine Abteilung „Supply Chain Management" als Querschnittsfunktion errichtet. Hier sind einem Abteilungsleiter (Supply Chain Manager) die Funktionen Einkauf, Transport und Lagerung untergeordnet. Auf diese Art wird die gesonderte Kompetenz für Einkauf und Logistik beachtet, durch die gleiche Abteilungszuordnung wird aber eine stärkere Interaktion der Bereiche erreicht.

### 4.3.2.3 Logistikcontrolling

In der Mehrheit der befragten Unternehmen gibt es einen gesonderten Logistikcontroller bzw. mehrere Mitarbeiter, die für das Controlling der Logistikprozesse zuständig sind. Wenn die Logistik als eigenes Profit-Center ausgestaltet ist oder sogar als eigene Tochtergesellschaft, wird ein sehr intensives Controlling in dieser Abteilung bzw. Gesellschaft durchgeführt; in der Handelszentrale werden in diesem Fall nur globale Kennziffern zur Kontrolle errechnet. Oftmals ist auch eine Funktionsteilung anzutreffen, bei der die gesamtperformance-orientierten Kennzahlen im Finanzcontrolling der Handelszentrale errechnet werden, die detaillierteren Leistungskennzahlensysteme jedoch im Bereich Logistik.

Benchmarking wird dabei vom Logistikcontrolling in zwei Richtungen durchgeführt. Einmal werden Fremdfirmen gegeneinander verglichen, um das Outsourcing möglichst kostengünstig durchführen zu können. Andererseits werden aber auch die Leistungen der eigenen Logistikabteilung innerhalb eines Konzerns mit Schwestergesellschaften verglichen. Eines der Handelsunternehmen, das international tätig ist, baut dabei standardisierte „Performance"-Abteilungen in allen Landesgesellschaften auf, die neben der standardisierten Erfassung der Leistungskennzahlen auch den gesellschaftsübergreifenden Vergleich dieser Kennzahlen durchführen.

Logistikcontrolling wird heute häufig als operatives Controlling durchgeführt und hat eine nach innen gerichtete Perspektive. Ein institutionalisiertes strategisches Controlling, das Umfeldentwicklungen beobachtet und daraus resultierende Chancen und Risiken ableitet, wird in fast keinem der befragten Handelsunternehmen eingesetzt.

Bei einer detaillierten Betrachtung stellt man fest, daß vielen Handelsunternehmen die Logistikkosten derzeit noch nicht im einzelnen bekannt sind. Bei der Mehrzahl der untersuchten Handelsunternehmen liefert der Hersteller „frei Haus", so daß für diesen Teil der Logistikkette die gesamten Logistikkosten im Einstandspreis der Ware integriert sind. Somit fallen für den Handel Logistikkosten erst ab der eigenen Rampe an. Bei anderen wird die Kostenrechnung vollständig vom Dienstleister erbracht, alle Kostenarten für die Logistik sind in der Rechnung des Logistikdienstleisters aufgeführt.

Neben der allgemein vorhandenen Kostenrechnung werden auch in allen befragten Unternehmen weitere logistische Kennzahlen errechnet. Diese betreffen bei fast allen Unternehmen die Lieferzeit, die Bestandsreichweite in den Lägern und Filialen sowie die Durchlaufzeit der Ware. Alle Unternehmen geben an, auch eine große Zahl weiterer Kennzahlen zu errechnen, fast immer in Form von Produktivitätskennzahlen. Diese betreffen den Servicegrad, also den Anteil der korrekt erfüllten Bestellungen, jedoch auch Zahlen der Lagerhaltung, wie Kosten pro Palette, Umsatz je Palette, Anteil der Vollpaletten etc. Diese Kennzahlen werden jedoch aufgrund ihrer Komplexität nicht alle zur Steuerung der Prozesse eingesetzt.

Trotz eines in der Regel sehr systematisch aufgebauten Logistikkennzahlensystems ist ein Vergleich der Logistikkosten in den vorliegenden Fällen unmöglich. Durch die unterschiedliche Struktur der Unternehmen und die unterschiedlichen Funktionen, die vom Handel bzw. seinen Filialen oder vom Hersteller jeweils übernommen werden, sind die Zahlen im Vergleich bedeutungslos. Je nach der Übernahme logistischer Leistungen durch den Handel werden Anteile an den Gesamtkosten zwischen sechs und 50 Prozent genannt. Die Mehrzahl der Nennungen liegt zwischen 15 und 30 Prozent.

### 4.3.2.4 Herausforderungen an die Logistik

In den nächsten Jahren werden von allen Befragten erhebliche Veränderungen in den Rahmenbedingungen der Logistik erwartet. So sehen die Handelsunternehmen die wesentlichsten Veränderungen durch die Verschärfung der Wettbewerbssituation. Die zunehmende Konzentration und Verdrängung innerhalb des Handels führt zu einem wesentlichen Druck auf die Kosten und auf die Zeit, die logistische Prozesse in Anspruch nehmen dürfen.

Grundsätzliche Veränderungen werden auch im Bestellverhalten gesehen. So geht z. B. die Modebranche dazu über, von zwei Saisons auf vier Saisons pro Jahr zu kommen, die Bestellzyklen werden verkürzt und die Vororderanteile reduziert. Damit einher geht in dieser Branche, wie auch allgemein, generell die Verkürzung der Durchlaufzeiten und eine erhöhte Lieferfrequenz.

Insgesamt rechnen mehr als die Hälfte der befragten Unternehmen mit Veränderungen in der betrieblichen Logistik. Eine der wesentlichsten ist die Durchsetzung von modernen Informations- und Kommunikationssystemen, die die Kooperation entlang der Prozeßkette vereinfachen werden. Hier wird u. a. die Einführung bzw. Veränderung der Warenwirtschaftssysteme genannt, die als vollständig geschlossene Systeme bisher nur den wenigsten Handelsunternehmen auf Filial- und Artikelebene zur Verfügung stehen. Damit einhergehen soll ein verbesserter Informationsfluß, der in einigen Unternehmen dazu genutzt werden soll, die Logistik stärker zu zentralisieren; gleichzeitig wird ein Bedeutungsanstieg der Logistik erwartet. Auch eine veränderte Infrastruktur, so der Bau neuer Zentralläger, wird als Veränderung genannt.

Eine weitere Veränderung wird im Umweltbereich erwartet, so bezüglich einer (starken) Zunahme der Entsorgungs-, Recycling- und damit Kreislaufsysteme. Diese Systeme werden vor allem aufgrund gesetzlicher Gegebenheiten stark zunehmen und sich von der Zurücknahme und Verwertung von Verpackung immer stärker auf die Zurücknahme und Verwertung von Altprodukten ausweiten. Ein Beispiel ist in Abschnitt 3.3 aufgeführt. Für Mehrwegtransportverpackungssysteme, die in Zukunft nach Meinung der befragten Unternehmen in ihrer Bedeutung zunehmen werden, müssen Kreislaufsysteme errichtet werden. Obwohl der weiteren Entwicklung noch Barrieren entgegenstehen (vgl. Abschnitt 4.3.5.3), bereiten sich die Handelszentralen auf die verstärkte Nutzung dieser Systeme vor.

### 4.3.2.5 Kooperationen entlang der Logistikketten

Für die Mehrzahl der befragten Handelsunternehmen ist klar, daß eine Optimierung der logistischen Ketten nicht isoliert auf das eigene Unternehmen bezogen sein kann. So beurteilen alle befragten Handelsunternehmen die Zusammenarbeit mit den anderen Akteuren in der Kette in logistischen Fragen als wichtig bzw. sehr wichtig. In fast sämtlichen Fällen geben die befragten Handelsunternehmen an, daß nach gemeinsamen Lösungen im Ablauf der Kette gesucht wird, und das, obwohl in den meisten Fällen der Handel in einer dominierenden Position ist.

Etwas anders ist hier die Sicht der Logistikkettenpartner. Zwar geben auch sie an, daß die Zusammenarbeit mit den anderen Akteuren in Logistikfragen wichtig bzw. sehr wichtig ist und daß die anderen Akteure stark für die gute Leistung der Logistikkette mitverantwortlich sind. Jedoch erwähnen auch einige, daß die Handelsunternehmen durchaus nicht immer an gemeinsamen Lösungen interessiert sind, sondern nur dort auf kooperative Lösungen zurückgreifen, wo es für sie notwendig ist. Die Notwendigkeit einer übergreifenden Kooperation wird jedoch trotz dieser Konfliktfälle von allen Partnern betont.

Immer stärker werden, wie bereits erwähnt, Logistikdienstleister eingesetzt, um die Logistikaktivitäten in der Kette zu übernehmen. Als Gründe werden neben der Konzentration auf die Kernaktivitäten, anderen Investitionsprioritäten und der Effizienzsteigerung durch die Bündelung von Warenflüssen auch die Variabilisierung der Fixkosten genannt. Zudem sind nur neutrale Logistikdienstleister in der Lage, den Konflikt zwischen Bestandsreduzierung und Transportverminderung zu lösen, indem sie ein Pooling der Transporte betreiben. Der Trend geht - analog der Beziehung zu den Lieferanten - zum Single-Sourcing von Gesamtlogistikdienstleistungen von einem Anbieter. Mit diesem werden von Handelsunternehmen sehr enge Formen der Zusammenarbeit gepflegt; er übernimmt als Partner des Handels mehr Verantwortung. Die Fokussierung auf einen Logistikdienstleister macht dabei eine Abkehr vom rein marktmäßigen Einkauf von Logistikdienstleistungen hin zu kooperativen und integrativen Lösungen notwendig.

### 4.3.3  Die Ausgestaltung der Logistik an den Schnittstellen der ausgewählten Logistikketten

#### 4.3.3.1  Logistikplanung und -steuerung entlang der Logistikkette

Nach Angaben der Handelsunternehmen wird die Logistik an der Mehrzahl der betrachteten Schnittstellen unternehmensübergreifend geplant. Dies bedeutet jedoch in vielen Fällen trotzdem eine von der Handelszentrale gesteuerte Planung, die aber Aspekte der anderen Akteure berücksichtigt. In diesem Sinne kann eine unternehmensübergreifende Planung auch bedeuten, daß möglichst große Bestandteile der Logistikkette in einer steuernden Hand gebündelt werden, daß dabei aber nicht nur die eigenen Kosten, sondern auch die Kosten des Logistikkettenpartners beachtet werden, oftmals jedoch mit dem Hintergedanken, Kostenersparnisse für sich selbst zu beanspruchen. Vor diesem Hintergrund ist auch zu verstehen, daß die Mehrzahl der Herstellerunternehmen angibt, daß die Planung der Logistik weitgehend getrennt vor sich geht.

Unternehmensübergreifende, gemeinsame Leitlinien für die Logistik, die schriftlich fixiert sind, wurden bei der Hälfte der untersuchten Logistikketten entwickelt. Diese geben Auskunft darüber, wie die Zusammenarbeit in der Logistik gestaltet werden soll. In der Mehrzahl der Fälle handelt es sich um Pflichtenhefte, d. h. Vorschriften, die von einem der Logistikpartner vorgegeben werden. Nur in wenigen Fällen existieren gemeinsam gestaltete Logistikleitlinien bzw. gemeinsam entwickelte Anforderungsprofile.

Handelsunternehmen gehen verstärkt dazu über, die Logistikkette insgesamt zu steuern und damit auch völlige Kostentransparenz für sich anzusteuern. Einige Unternehmen kaufen ihre Ware grundsätzlich „frei Rampe" des Herstellers und geben diesem genau an, in welcher Form die Ware dort an welchen Logistikdienstleister übergeben wird. In einigen Fällen steht jedoch der Hersteller diesem System sehr skeptisch gegenüber. Die Probleme an der Rampe werden nämlich bei isolierter Betrachtung nur eines Handelssystems lediglich verlagert von der Rampe der Filiale an die des Herstellers. In diesen Systemen streben die Hersteller an, daß Handelsunternehmen verstärkt ihre Lösungen standardisieren, um somit - etwa über gemeinsame Dienstleister - die Anzahl der Rampenkontakte nicht nur zu verlagern, sondern auch insgesamt zu verringern.

### 4.3.3.2 Organisatorische Gestaltung der Logistikkette

Derzeit entwickelt sich ein Trend hin zu bilateralen Teams, die die Planung der Logistikkette übernehmen. Diese Teams aus Spezialisten sind notwendig, weil der Einkäufer des Handels und der Key-Account-Manager des Herstellers meist nicht die notwendigen Kenntnisse haben, eine weitreichende Zusammenarbeit auf allen Gebieten, insbesondere der Logistik, zu gestalten. Zudem wird durch bilaterale Teams

aus kompetenten Mitarbeitern beider Unternehmen sichergestellt, daß die Kooperation für beide Unternehmen zufriedenstellend verläuft und damit langfristig stabil ist.

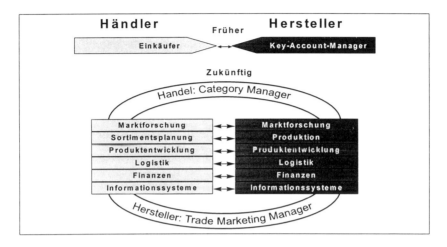

**Abbildung 38:**   Zusammenarbeit an der Schnittstelle

Empirisch ist derzeit festzustellen, daß in der Anfangsphase von Kooperationen bei
mehreren der befragten Logistikketten bilaterale Projektteams, teilweise unter Mitarbeit eines neutralen Beraters, eingesetzt wurden. In späteren Phasen sind institutio-
nalisierte Kooperationsmaßnahmen, trotz der häufig intensiven Kooperation entlang
der Logistikkette, selten. Die häufigste Kooperationssteuerung erfolgt durch Treffen
nach Bedarf, d. h. meist bei auftretenden Problemen oder Veränderungen im Ablauf.
In weniger als der Hälfte der Unternehmen finden regelmäßige Treffen statt, um
auch im normalen Ablauf einen Informationsaustausch zwischen den beteiligten
Unternehmen durchführen zu können. In der weiteren Kooperation sind bilaterale
Teams also selten, wären aber, wegen der Vielzahl auftretender, kleiner Probleme
hilfreich, um eine reibungslose Zusammenarbeit zu sichern.

Bei der Aktivitätenaufteilung zwischen Handel, Hersteller und Logistikdienstleister
sind erhebliche Unterschiede in der Auffassung der Unternehmen darin zu sehen,
welche Funktionen und Aktivitäten zum Kerngeschäft zu zählen sind. Während einige Handelsunternehmen durchaus bereit sind, Funktionen wie Regaloptimierung und
Bestandsmanagement an andere Logistikkettenpartner, meist an den Hersteller, ab-
zugeben, gehen andere Unternehmen davon aus, daß Category und Inventory Ma-

nagement Kernkompetenzen des Handel sind und auch bleiben müssen. Eine Verlagerung dieser Tätigkeiten kommt deshalb für diese Unternehmen nicht in Frage.

Beim Merchandising findet sich die allgemeine Tendenz der Funktionenverlagerung wieder: Wurden früher die Aktivitäten durch Mitarbeiter der Hersteller durchgeführt, übernimmt heute der Handel die Verantwortung dafür. Gleichzeitig setzt er für die operative Durchführung Fremdfirmen ein. Hierfür gibt es mehrere Gründe. Einerseits kann das Merchandising in die verkaufsschwachen, teilweise sogar in die Ladenschlußzeiten verlagert werden, was mit den tagsüber anwesenden Verkaufsmitarbeitern nicht möglich wäre. Andererseits ist aber auch die Lohnstruktur dadurch günstiger. Merchandising wird in der Regel von ungelernten Kräften vorgenommen, das teure und gut ausgebildete Verkaufspersonal braucht nicht von seiner eigentlichen Tätigkeit abgehalten zu werden.

### 4.3.3.3 Informationsflüsse entlang der Logistikkette

Notwendig für ein Funktionieren der Schnittstelle ist eine umfassende Informationsversorgung. Der Trend im Handel geht derzeit dahin, *„Bestände durch Informationen zu ersetzen"*. Daten, die in engeren Beziehungen von den Filialen an die Zentralen und an die Hersteller gegeben werden, sind beispielsweise die Abverkaufsmengen. In den meisten - auch eher kooperativen - Fällen werden jedoch darüber hinaus keine Daten ausgetauscht.

In fortschrittlicheren Beziehungen ist der gegenseitige Zugriff auf die Daten des anderen Partners möglich. Teilweise sind die jeweiligen Warenwirtschaftssysteme miteinander verknüpft. Dabei ist der Datenaustausch in beide Richtungen gewährleistet. In einem Fall löst das Warenwirtschaftssystem der Filiale automatisch eine Bestellung in der Zentrale aus, in einem anderen Fall kann die Filiale mit Hilfe eines unternehmensinternen Informationssystems den Warenbestand im Handelszentrallager einsehen, um die Lieferfähigkeit bzw. -fristen ermitteln zu können. In einem Fall, bei dem der Hersteller die Bestände im Handelszentrallager verantwortet, kann er den Bildschirm einsehen, den auch der Disponent der Handelszentrale früher für seine Entscheidungen genutzt hat.

Für den bei den meisten anderen Handelsunternehmen noch geringen Datenaustausch, trotz der Erkenntnis, daß kooperative Lösungen in der Logistik von Vorteil sein können, gibt es drei Gründe:

1. *Verfügbarkeit der Daten:* Oft verfügen die Unternehmen nicht über die notwendigen Informationen. Die eigenen Kostenstrukturen z. B. - auf den jeweiligen Artikel eines Herstellers bzw. die jeweilige Filiale eines Handelsunternehmens bezogen - werden oft nicht genau ermittelt.

2. *Vertrauen in den Partner:* Bei vorliegenden Informationen ist es meist die fehlende kooperative Einstellung bzw. das fehlende Vertrauen, das den Austausch von Daten verhindert.

3. *Standardisierung in der Kommunikation:* Vor allem in IuK-Systeme werden Potentiale gesehen, so durch die Vermeidung von Doppelarbeit bei Handel und Hersteller. Ein Problem beim Datenaustausch ist die noch unzureichende Anwendung von Daten- und Kommunikationsstandards. Die Datenformate sind häufig noch firmenspezifisch. Fast die Hälfte gibt jedoch an, einige Datenformate von EDIFACT (meist ORDERS) derzeit in einzelnen Projekten zu testen, um sie langfristig auf breiter Basis einzusetzen.

In mehreren der befragten Handelsunternehmen wird eine weitergehende Kooperation, das sogenannte Continuous Replenishment (CRP), in einigen Projekten getestet. Dieses geht davon aus, daß nicht mehr der Handel durch seine Bestellungen den Warenfluß auslöst, sondern der Hersteller, der durch eine enge Kooperation mit dem Handel sowohl dessen Bestände als auch die Abverkäufe und Absatzprognosen kennt und die Bestandsverantwortung trägt (Vendor-Managed Inventories). So kann der Hersteller ein integriertes Bestandsmanagement durchführen und die Lagerbestände entlang der gesamten Versorgungskette gesamthaft optimieren.

Zusätzlich kann durch CRP eine bessere „Synchronisation" der gesamten Supply Chain erreicht werden. Durch genauere Absatzprognosen ist im nächsten Schritt auch eine effizientere Beziehung zu den Vorlieferanten des Herstellers möglich. Einsparungen für den Hersteller entstehen aber erst, wenn eine kritische Masse durch CRP abgewickelt wird, die auf 30 - 40 Prozent des Bestellvolumens geschätzt wird.

Durch diese Umstrukturierung der gesamten Wertschöpfungskette und eine Optimierung der Schnittstellen zwischen Industrie und Handel soll nach Potentialen gesucht werden, um Prozesse zu verkürzen und zu verbessern, damit sich für beide

Seiten konkrete Kosteneinsparungen und Effizienzsteigerungen ergeben. Auf diese Weise konnte in allen diesen Fällen eine Lagerbestandsreduzierung um rund die Hälfte erreicht werden. So weitgehende Kooperationen sind jedoch heute noch selten.

Langfristig plant die Mehrzahl der Unternehmen die Nutzung von Standardsoftware und -datenformaten. Hier scheint sich SAP R/3 auf breiter Basis durchzusetzen, das bereits derzeit in einigen Unternehmen genutzt oder eingeführt wird. Als Datenstandard werden dem EDIFACT-Subset EANCOM die besten Zukunftschancen eingeräumt, obwohl die Verbreitung der Standards nur langsam vor sich geht.

### 4.3.3.4 Gestaltung der Transportlogistik entlang der Logistikkette

Als grundsätzliche Belieferungsformen der Verkaufsstätten im Einzelhandel können die direkte Belieferung der Verkaufsstätten ab der Produktionsstätte des Herstellers und die Versorgung über Umschlagpunkte unterschieden werden. Der Trend geht heute weg von der direkten Belieferung, spart aber in mehrstufigen Lagersystemen auch Lagerstufen ein, so daß tendenziell Systeme mit einem Umschlagpunkt zunehmen werden. Diese werden auf einem niedrigen Bestandsniveau gehalten, wesentliche Sortimentsteile werden auch per bestandslosem Umschlag (Cross-Docking) abgewickelt. Ein Unternehmen spricht schon von einer quasi bestandslosen Logistikkette, in der nur noch ein „rollendes Lager" existiert.

Zwei der untersuchten Handelsunternehmen beschäftigen sich derzeit mit solchen Lösungen. Hierbei wird die Ware vom Hersteller erst dann an das Lager geliefert (oder bei ihm abgeholt), wenn sie von den Filialen gebraucht wird; somit wird versucht, ein quasi bestandsloses „Zentrallager" bzw. „Verteilzentrum" oder einen „Umschlagpunkt" einzurichten. Nur noch die Verkaufsfläche selbst wird als Lager genutzt.

Ein logistisches Problem sind die Wartezeiten an der Rampe des Handels. Hier kann man nur durch kooperative Konzepte Lösungen finden. In einem Fall gelang durch die Definition garantierter Zeitfenster die Reduzierung der Wartezeiten an der Rampe von bis zu sechs Stunden auf heute unter eine Stunde. Einige Handelsunternehmen tendieren derzeit dazu, die Zeitfenster an der Filiale vor bzw. nach den Ladenöffnungszeiten oder zumindest in die kundenfrequenzschwachen Zeiten, meist den frühen Vormittag, zu verlegen. Mehrere der Handelszentralen sehen drastische Einsparmöglichkeiten in der Nachtbelieferung der Filialen. Neben der besseren Auslastung der Lkw können Fahrten nachts wesentlich schneller durchgeführt werden, der Geschäftsablauf der Filialen wird tagsüber nicht gestört, Verkaufspersonal wird nicht während seiner Arbeitszeit von seiner Verkaufstätigkeit abgehalten. Einige Unternehmen testen bereits derartige Konzepte.

Auch eine andere Form der Transportorganisation kann hier Abhilfe schaffen. In einem Handelsunternehmen gelang es, die Anzahl der täglich ankommenden Lkw je Filiale von 40 Lkw auf zwei Lkw am Tag zu reduzieren, indem die Ware anstatt vom Hersteller über ein eigenes Logistiksystem geliefert wird. Hierdurch ergeben sich erhebliche Vorteile im Handling an der Rampe und eine extreme Reduzierung der Wartezeiten.

Der Transport erfolgt bei den Handelsunternehmen weitestgehend mit Lkw. Bei den betrachteten Schnittstellen werden im Durchschnitt 87 Prozent der Aufträge per Lkw erledigt, nur 13 Prozent über die Bahn. In der Distribution zu den Filialen wird nahezu in 100 Prozent der Fälle der Lkw eingesetzt, nur in der Anlieferung zu den jeweiligen Zentral- oder Regionallägern wird die Bahn eingesetzt. Als Argument gegen einen stärkeren Einsatz der Bahn werden vor allem Leistungsnachteile gesehen, so zeitliche Probleme. Vielfach ist es der Nachtsprung vom Hersteller bzw. dem Zentrallager bis in die Filialen, den die Bahn nicht schafft, wenn die Filialauslieferung in den frühen Morgenstunden erfolgen soll.

Anders sieht die Verkehrsträgersituation bei den befragten Industrieunternehmen aus. Hier wurden in den meisten Fällen weit über die Hälfte des Transportvolumens über die Bahn abgewickelt, was jedoch mit der unterschiedlichen Anforderungsstruktur zu erklären ist. Ein Unternehmen weist darauf hin, daß Bahntransporte konkurrenzfähig sein können, *„wenn sie das tun, was sie am besten können, nämlich ganze Zugladungen fahrplanmäßig und ohne viel Umladen zu bewegen."*

Gleichzeitig zeigt sich für die befragten Unternehmen, daß es keine optimale Struktur der Logistikkette geben kann, solange man nicht die einzelnen Sortimente betrachtet. Aus diesem Grund weist ein Handelsunternehmen, das derzeit ein gesamthaftes Reengineering seiner Versorgungsketten durchführt, darauf hin, in Zukunft mehrere Systeme parallel nutzen zu wollen. So werde zwar ein Zentrallager für wesentliche Bestandteile des Sortiments eingesetzt, dieses werde aber teilweise als Bestandslager, teilweise als Transitlager und teilweise als Cross-Docking-Basis genutzt. Aber auch die direkte Belieferung der Verkaufsstätten von den Produktionsstätten und die Versorgung über Regionalläger von Großhändlern haben weiterhin für bestimmte Sortimentsteile Vorteile.

Um die optimale Prozeßkette zu erreichen, muß ein Ausgleich der Interessen der Prozeßkettenpartner gefunden werden. Die geringstmögliche Bestandsmenge beim Handel hilft dem Handelsunternehmen, stellt aber erhöhte Anforderungen an den Hersteller. Volle Ladungseinheiten (Lkw und Paletten) führen für den Hersteller zu Einsparungen, bringen aber für den Handel nicht unbedingt Erleichterungen. Die optimale Prozeßkette berücksichtigt daher die Gesamtkosten der Kette und minimiert diese; dadurch bringt sie nicht nur isolierte Verbesserungen für einen Partner mit sich.

### 4.3.3.5 Logistikcontrolling entlang der Logistikkette

Fast sämtliche Handelsunternehmen geben an, daß ein unternehmensübergreifendes Gesamtkostendenken an der betrachteten Schnittstelle vorliegt. Die meisten Herstellerunternehmen widersprechen jedoch dieser Auffassung des Handels und weisen darauf hin, daß in der Mehrzahl der Ketten der kooperative Gedanke noch nicht so weit gediehen ist.

Handelsunternehmen versuchen aber heute, alle Kosten, die in der Supply Chain auftreten, zu beachten. In Fällen der Neuaufteilung der Wertschöpfungsaktivitäten, z. B. der Errichtung eines Handelszentrallagers, muß der Handelspartner versuchen zu errechnen, wie hoch die gesamten Kosten der Logistikkette sind und in welcher

Transaktionsform, also bei Abwicklung durch den Hersteller oder Eigenabwicklung, diese am günstigsten zu optimieren ist. Die Reduzierung der insgesamt entstehenden Kosten wird allerdings oft nur dann angestrebt, wenn man einen wesentlichen Anteil an der Einsparung selbst bekommen kann.

Hierbei ist es, gerade bei der unternehmensübergreifenden Ermittlung der Gesamtkosten der Logistikaktivitäten, wichtig, geeignete Kostenrechnungsverfahren einzusetzen. Die klassischen Verfahren der Kosten- und Leistungsrechnung sind hierzu wenig geeignet. Geeignet ist die Prozeßkostenrechnung als eine auf die Gemeinkostenbereiche konzentrierte, prozeßorientierte Methode. Auf diese Weise können die Kosten genauer auf die einzelnen Produkte, aber auch die unterschiedlichen Logistikketten, umgelegt werden.

Obwohl die Kosten der Schnittstelle unternehmensübergreifend nur wenig transparent sind, werden In fast allen Handelsunternehmen Kennzahlen bzw. Kennzahlensysteme für die Gestaltung der Schnittstelle berechnet. Neben dem Zeitaufwand, den Beschädigungen und den Transportkosten je Empfangseinheit werden von fast allen Unternehmen eine Vielzahl weiterer Quotienten errechnet, die die Qualität der Logistik an der Schnittstelle bewerten.

Gerade bei kooperativen Maßnahmen ist im Rahmen des Logistikcontrolling zu beachten, für die jeweiligen Funktionen Ziele und Maßgrößen zur Erfolgskontrolle zu vereinbaren. Ein Instrument zur Messung der Erfolgswirkungen an der Schnittstelle ist die ECR-Scorecard. Kriterien, die dabei untersucht werden, sind u. a. einige Basistechniken, wie EDI, Produktcodierung und Prozeßkostenrechnung, sowie verschiedene Techniken der Kooperation zwischen Hersteller und Handel, z. B. die Organisation des Warennachschubs. Die ECR-Scorecard dient in einem ersten Schritt dazu, den Ist-Zustand der Logistik in den einzelnen Unternehmen und der Logistikkette zu überprüfen. Zugleich kann man mit ihrer Hilfe aber auch die Gebiete der Zusammenarbeit festlegen, den Handlungsbedarf ermitteln, Soll-Größen definieren und Fortschritte quantitativ erfassen. Eine andere Methode ist das Definieren von gemeinsam genutzten Schlüsselindikatoren, die überwacht und ausgetauscht werden.

### 4.3.3.6 Erfolgswirkungen entlang der Logistikkette

In fast allen befragten Logistikketten - die allerdings auch wegen besonderer Logistikleistungen ausgewählt wurden - bezeichnen die befragten Handelsunternehmen ihre eigene logistische Lösung als viel besser oder besser als die entsprechenden Aktivitäten der Konkurrenz. Jedoch gibt auch die Hälfte der Unternehmen an, daß andere Akteure der Logistikkette mitverantwortlich für die logistische Leistung sind; kein einziges Unternehmen spricht den Logistikpartnern eine geringe Rolle zu.

Die besonderen Erfolge werden meist in ökonomischen und/oder qualitativen Aspekten gesehen. Die wichtigsten Verbesserungen wurden bisher bei der Kostensituation erreicht, die wesentlich durch die Bestandsreduzierungen (um bis zu 50 Prozent) verbessert wurde. Aber auch die für die Logistikprozesse benötigte Zeit konnte reduziert werden. Häufig entstehen ökologische Effekte als Sekundäreffekte. In diesen Fällen wird vor allem auf die starke Reduktion der Transporte oder die Verlagerung der Transporte auf die Bahn hingewiesen. So ist die Einrichtung eines Zentrallagers und damit eine Abkehr von einer Streckenbelieferung günstig für die Umwelt; auch die meist aus ökonomischen Gründen angestrebte Reduktion der Transporte hat positive Umweltauswirkungen.

Als sehr erfolgswirksam wurde von mehr als der Hälfte der Unternehmen der Einsatz bestimmter Informationstechnologien angesehen, die oftmals eine weitgehende Kooperation innerhalb der Logistikkette erst ermöglichen. Mehrere Unternehmen weisen darauf hin, daß die im Vergleich zur Konkurrenz besseren Leistungen vor allem durch einen Zeitvorsprung erreicht wurden. Die langjährige Erfahrung, die dadurch gesammelt wurde, hilft heute, den Vorsprung aufrecht zu erhalten.

Oftmals liegen die Erfolgsfaktoren jedoch im menschlichen Bereich, beispielsweise in den besonderen Leistungen der Mitarbeiter, in der kooperativeren Grundeinstellung oder einfach im Umweltbewußtsein, das im Unternehmen vorherrscht und deshalb eine Beschäftigung mit diesem Thema mit sich bringt.

Der Verbesserung der Logistik stehen allerdings eine Reihe von Barrieren entgegen. In der Beziehung zwischen den Unternehmen ist hier vor allem die mangelnde Kommunikation zu nennen. Vielfach treten Effizienzprobleme an den Schnittstellen

auf, weil man nicht gemeinsam über auftretende Probleme redet. Auch die bestehenden Strukturen, z. B. langfristige Outsourcing-Entscheidungen, Lagerstandorte
oder getätigte Investitionen können Veränderungen erschweren. Ebenso werden
noch technische Restriktionen genannt, vor allem das Fehlen einheitlicher, ge-
schlossener Warenwirtschaftssysteme in den Filialen. Dieser Mangel wird aber in
den betroffenen Handelsunternehmen in naher Zukunft behoben werden.

### 4.3.4 Qualitätsmanagement

#### 4.3.4.1 Bedeutung der Qualität im Rahmen der Gesamtunternehmenspolitik

Alle befragten Handelsunternehmen zeichnen sich durch ein kundenorientiertes
Qualitätsverständnis aus. Für sie definiert sich Qualität in erster Linie nicht über ob-
jektive Leistungseigenschaften, sondern durch Erfüllung der subjektiven Erwartungen der Kunden.

Dies wird in der Definition eines Handelsunternehmens deutlich: „*Qualität ist für uns
etwas sehr Konkretes. Sie drückt sich nicht nur in den Produkten, die wir anbieten,
aus, sondern auch in den Leistungen, die jeder von uns für die Kunden erbringt. Das
Prinzip ist, freiwillig mehr zu leisten als vom Kunden erwartet wird. Dadurch entsteht
eine feste Kundenbindung - unsere wichtigste Erfolgsbasis für die Zukunft. [...] In
diesem Sinne ziehen wir nachhaltig Qualitätssicherung und dauerhaftes Vertrauen
kurzfristigem Erfolg vor.*"

Fast alle Handelsunternehmen stufen die Qualität hoch bzw. sehr hoch in das Spektrum der Unternehmensziele ein und ergreifen eine Vielzahl von qualitätssichernden
Maßnahmen. Hierzu zählen die Ausbildung der Mitarbeiter sowie der Aufbau einer
qualitätsorientierten Unternehmenskultur als häufig eingesetzte Maßnahmen ebenso
wie Handbücher und Qualitätszirkel, die jedoch von geringerer Bedeutung sind.

Auch umfassendere Qualitätsmanagementstrategien werden immer stärker eingesetzt. Etwas weniger als die Hälfte der analysierten Handelsunternehmen haben
QMS, die nach DIN EN ISO 9000 ff. zertifiziert sind, einige Unternehmen planen die
Zertifizierung in Kürze. Andere Unternehmen setzen eigene Qualifizierungskriterien
ein; eines nutzt ein eigenes System, das auf DIN EN ISO 9000 ff. basiert. In einem

Fall wird HACCP (Hazard Analysis Critical Control Point) angewandt, ein System, das nicht einem vollständigen QMS entspricht, das aber eine detaillierte Dokumentation der Abläufe beinhaltet und leicht zu einem QMS erweiterbar ist.

Als Grund für den Einsatz eines zertifizierten QMS wird vor allem die interne Verbesserung der Abläufe durch eine detaillierte Dokumentation und der dabei erfolgenden Analyse genannt. Aber auch die Motivation der Mitarbeiter und der Aufbau von Reputation werden durch eine Zertifizierung angestrebt. Entgegen der Darstellung in der Literatur, bei der davon ausgegangen wird, daß eine Zertifizierung nach DIN EN ISO 9000 ff. dazu beiträgt, beim Kunden Vertrauen zu gewinnen, sehen die befragten Handelsunternehmen keinen Zusammenhang zwischen der Zertifizierung, den Kundenanforderungen und der Differenzierung am Markt, weil die Privatkunden von Handelsunternehmen i. d. R. nicht an QMS interessiert sind.

### 4.3.4.2 Qualität in der Logistik

An die Logistik werden divergierende Qualitätsanforderungen gestellt, je nach Sortiment und Unternehmen. Während beispielsweise im Lebensmittelbereich die Frische der Produkte und die Haltbarkeit im Regal wichtig sind, also tendenziell ein schneller Transport erforderlich ist, stellen im Handel mit technischen Artikeln die hohen Innovationsraten und kurzen Produktlebenszyklen die wesentlichen Anforderungen dar, die in geringen Lagermengen bzw. niedrigen Bestandsreichweiten resultieren müssen. Im Textilbereich sind die langen Vororderzeiten das zentrale Qualitätsproblem, die Zeitspanne von Bestellung zu Lieferung soll verkürzt werden.

Einheitlich sind aber die übergreifenden Ziele (vgl. Tabelle 12). An erster Stelle steht für die befragten Unternehmen die Zuverlässigkeit. Ebenso ist für alle Branchen die Lieferzeit als Qualitätskriterium von entscheidender Bedeutung. Die Kosten des Logistikprozesses sind zwar wichtig, aber gegenüber diesen beiden Kriterien nur von nachgeordneter Bedeutung. Diese Ziele sind über die Branchen relativ einheitlich zu finden. So definiert ein Handelsunternehmen seine Qualitätsziele als: *„hoher Servicegrad, kurze Durchlaufzeiten und niedrige Kosten"*. Ein anderes Handelsunternehmen faßt seine Definition von Logistikqualität zusammen in dem Slogan *„schnell - pünktlich - zuverlässig"*.

| Qualitätskriterien | Bewertung |
|---|---|
| Zuverlässigkeit | 1,5 |
| Lieferzeit | 1,8 |
| Service | 2,0 |
| Preis | 2,1 |
| Sicherheit | 2,1 |
| Flexibilität | 2,3 |
| Beziehungsqualität | 2,5 |

**Tabelle 12:**     Bewertung der verschiedenen Qualitätskriterien (1 = sehr wichtig,
5 = unwichtig)

Gemessen wird die Erreichung und Einhaltung der Qualität logistischer Leistungen in allen Handelsunternehmen mit Hilfe interner Kennzahlen, in einigen Fällen zusätzlich mit Checklisten und Benchmarking.

### 4.3.4.3 Logistische Qualität entlang der Logistikkette

Da, wie bereits erwähnt, die interne Qualität für die meisten Handelsunternehmen schon weitestgehend optimiert ist, wird die unternehmensübergreifende Qualität in der Kette immer wichtiger. Um diese Qualität sicherzustellen, treffen alle Handelsunternehmen Vereinbarungen über Qualitätsmaßstäbe mit den anderen Akteuren der Logistikkette. Diese betreffen die Lieferzeiten, die Liefermengen und die Lieferung des richtigen Gutes. Über Beschädigungen spricht die Hälfte der Unternehmen mit seinem Lieferanten ebenso wie über eine Vielzahl weiterer Kennzahlen und Qualitätsmaßstäbe. So ist vor allem der Lieferservicegrad, d. h. der Anteil der in der richtigen Menge im richtigen Zustand und zum richtigen Zeitpunkt gelieferten Ware, eine Kennzahl, die meist vom Handelsunternehmen an seine Hersteller und an die eigenen Zentralläger als Maßstab angelegt wird.

Ein wichtiges Qualitätskriterium ist die Zeit. Die Mehrzahl der Unternehmen definiert eine zeitlich optimale Gestaltung der Logistikprozesse als *„schnellstmögliche Abwicklung"*, d. h. eine Minimierung der Zeit von der Bestellung bis zur Auslieferung an die Filiale. Der Vorteil in dieser Minimierung liegt vor allem in der höheren Planungssicherheit, wenn Artikel bedarfsnäher bestellt werden können. Eine Optimierung unter zeitlichen Aspekten soll durch engere Formen der Kooperation, insbesondere der Transportabwicklung und des Informationsflusses, erreicht werden.

Als wichtigstes Qualitätskriterium wurde die Zuverlässigkeit genannt. Bereits ein fehlender Artikel in einem Geschäft kann unter Umständen zum Verlust von Kunden führen, wenn diese dadurch gezwungen sind, einen anderen Laden aufzusuchen. Hier wird versucht, durch eine gemeinsame Gestaltung der Ablauforganisation und der Informationsflüsse die Zuverlässigkeit an der Schnittstelle zu erhöhen. Auch ein ständiges Controlling der Leistungsdaten, der Fehlerquoten usw. trägt zu einer Verbesserung der Zuverlässigkeit bei. Das Vorhalten von Beständen im Handelszentrallager wird derzeit noch als wichtig für die Zuverlässigkeit der Prozesse angesehen, da hier ein Sicherheitsbestand als Puffer bei Lieferproblemen des Lieferanten dienen kann. Hier zeigt sich, daß ein erhöhtes Vertrauen in die Zuverlässigkeit des jeweiligen Partners bestandsreduzierend wirken kann.

Obwohl die Qualität der Logistikkette als sehr wichtig erachtet wird und obwohl auch eigene QMS weit verbreitet sind, ist es fast allen Handelsunternehmen und auch der Mehrzahl der befragten Herstellerunternehmen nicht bekannt, inwieweit sich das eigene QMS mit dem der anderen Teilnehmer der Logistikkette deckt. In gut der Hälfte der Fälle wurde weder das Vorhandensein noch der Inhalt der QMS der anderen Akteure überprüft.

Nur in einem einzigen Fall wurden die QMS bereits aneinander angepaßt. Dies ist um so erstaunlicher, da die Hälfte der Unternehmen durchaus annimmt, daß die Logistikkette durch eine Zertifizierung aller Teilnehmer nach Qualitätsaspekten optimiert werden kann. Es wird jedoch darauf hingewiesen, daß eine solche unternehmensübergreifende Zertifizierung zu einer mangelnden Austauschbarkeit der einzelnen Glieder der Kette führt und somit eine langfristige Bindung bedeutet. Zudem wird darauf hingewiesen, daß in vielen Fällen die Logistikketten durch die Vielzahl von Herstellern und Filialen, mit denen die Handelszentralen zusammenarbeiten, komplex sind und eine sehr hohe Zahl von zu zertifizierenden Ketten besteht.

Ein übergreifendes Qualitätsmanagement gibt es bereits in Ansätzen, dieses ist aber derzeit noch nicht in unternehmensübergreifenden QMS institutionalisiert. Mehrere Handelsunternehmen geben an, Qualitätsaudits bei ihren Lieferanten durchzuführen und Lieferantenklassifizierungen vorzunehmen, denn nicht alle Hersteller sind in der internen Logistikleistungsfähigkeit und in der Kooperationsfähigkeit gleich gut. Klassifizierungen dienen dazu, die engeren Kooperationspartner auszuwählen und die Zusammenarbeit kettenindividuell zu gestalten. In diesem Sinne wird schon heute auf eine unternehmensübergreifende Qualitätssicherung geachtet.

Eine weitere Tendenz ist die Gewährung von Rabatten für Logistikleistungen, die von einigen Handelsunternehmen, so für die Nutzung bestimmter Palettengrößen oder das Unterschreiten bestimmter Lieferzeiten, aber auch einigen Herstellern, so als Zentrallagerrabatt, durchgeführt wird. Diese Maßnahme zeigt an, daß man immer stärker auch Einfluß auf die Qualitätsaspekte nehmen will, die im Gestaltungsbereich des Partners liegen.

Einige Handelsunternehmen achten auch auf die Qualitätssicherung beim Partner. So schreibt ein Handelsunternehmen in seinem Qualitätsmanagementhandbuch: *„Wir verlangen von unseren Lieferanten den Nachweis, ein wirksames betriebliches, vorzugsweise zertifiziertes System der Qualitätssicherung zu haben, das die Logistik bis zur Anlieferung an unsere Lager sowie den Umweltschutz mit einschließt."* Im zitierten Beispiel werden zwei weitere Trends deutlich: Die gesamte Kette, inklusive der Logistik, soll zertifiziert sein (*„bis zur Anlieferung"*), und der Umweltschutzgedanke wird in Ansätzen auch bei QMS bereits integriert. Andere Unternehmen verlangen häufig zwar kein QMS von ihren Lieferanten, werten dies aber positiv bei ihrer Lieferantenbeurteilung.

An den betrachteten Schnittstellen wird die Qualität der Logistik vor allem durch eine unternehmensübergreifende Abstimmung der Aufbau- und Ablauforganisation auf die Erfordernisse des Qualitätsmanagements sichergestellt. Rund die Hälfte der Unternehmen weist auf den Einsatz von Technologien wie z. B. EDV oder automatisierter Lagertechnik für die Logistik hin und bildet ihre Mitarbeiter in diesem Sinne aus. Nur in wenigen Fällen werden bisher der Aufbau einer unternehmensübergreifenden qualitätsorientierten Kultur, Checklisten und Handbücher als speziell für die

Qualität der Schnittstelle bedeutend genannt. In einigen Fällen wird die Qualität vor allem durch Gespräche mit den jeweiligen Schnittstellenpartnern geplant bzw. durch Vorgaben, die diesen gemacht werden und in deren Rahmen diese die Logistik durchführen, gesichert.

Die Messung der Qualität an der Schnittstelle wird fast immer mit Hilfe interner Kennzahlen vorgenommen. Es werden eine Vielzahl, meist vor allem lager- und bestandsrelevanter Kennzahlen ermittelt, aber auch Reklamationen, Verspätungen, Lieferzeiten, Beschädigungen usw. Auf dieser Basis und auf der von vordefinierten und vereinbarten Zielgrößen messen einige der Unternehmen in einem Soll-Ist-Vergleich die Leistung der anderen Akteure der Schnittstelle.

Eine weitere Form, unternehmensübergreifend Qualitätsmanagement zu betreiben, ist die Integration des Kettengedankens in die eigenen Abläufe. So definieren beispielsweise (unternehmensinterne) Qualitätsmanagementhandbücher von Handelsunternehmen feste Abläufe für die Beschaffung, die Eingangskontrolle und eventuelle Retouren an Lieferanten ebenso wie die Abläufe zur Erfassung der Kundenzufriedenheit und die Reaktion auf Kundenbeanstandungen. Auf diese Weise werden unternehmensübergreifende Abläufe auch in die internen Systeme eingebracht und einer ständigen Kontrolle und Verbesserung unterzogen.

Als Grund für die unternehmensübergreifende Qualitätssicherung wird angegeben, daß die Fehlervermeidung wesentlich billiger ist als die Fehlerbehebung. Beim Qualitätsmanagement geht Vorbeugen vor Fehlersuche. Je früher in der Logistikkette ein Fehler entdeckt wird, desto kostengünstiger ist seine Beseitigung. Transport, Retouren sowie Fehlmengen können dadurch besser vermieden werden. Aus diesem Grund kann eine Kontrolle beim Hersteller (Ausgangskontrolle oder sogar Prozeßkontrolle) die Eingangskontrolle des Handels zumindest teilweise substituieren. Die in Abschnitt 3.3 erwähnten Außenprüfer, die *Quelle* in den Produktionsstätten von *Zanussi* einsetzt, stellen ebenso eine solche Maßnahme dar wie andere Audits durch Handelsunternehmen bei den Produktionsstätten ihrer Lieferanten.

Gleichzeitig funktioniert dieses Vorgehen nur, wenn man ein enges Vertrauensverhältnis zu diesen Lieferanten aufgebaut hat und impliziert deshalb langfristige Partnerschaften mit einer geringeren Zahl von Lieferanten. Konkret hat hier beispielsweise ein Handelsunternehmen diese Erkenntnis umgesetzt, indem Waren von langfristigen Partnern nur stichprobenartig untersucht, Spotkäufe von Massengütern jedoch einer vollständigen Kontrolle unterzogen werden. Basis einer engen, vertrauensvollen und damit auch gewinnbringenden Partnerschaft entlang der logistischen Prozeßkette ist also die Beziehungsqualität.

Von einer guten Beziehungsqualität reden die meisten Unternehmen, wenn die Partner die gegenseitigen Bedürfnisse und Ziele kennen und diese auch akzeptieren. Auch die menschliche Ebene, das persönliche Kennen und die gegenseitige Wertschätzung, regelmäßige Kontakte und daß „die Chemie stimmt" sind von Bedeutung.

Hier ist in den letzten Jahren in der Konsumgüterwirtschaft mit dem Schlagwort ECR auch eine neue Denkhaltung aufgekommen. Ein Handelsmanager formuliert es so: „Das gegenseitige Feindbild Handel - Industrie ist davon geprägt, daß man unehrlich miteinander umgeht. Diese Zeiten sind aber vorbei. Man muß die Karten auf den Tisch legen. Man muß versuchen, einen gemeinsamen Weg zu finden!" Andererseits arbeiten bisher zu wenige Handelsunternehmen systematisch an einer Verbesserung der Beziehungsqualität. Viele vertrauen darauf, daß sich diese von selbst entwickelt.

Als wichtige Maßnahme wird die Schaffung von Beiräten genannt, die die Probleme der Partner in die eigenen Entscheidungen einfließen lassen können. Ein Handelsmanager weist zudem darauf hin, daß die Erfolgsbarrieren einer Logistikkooperation zu 80 Prozent der Mensch und nur zu 20 Prozent die Technik ist. Bilaterale Teams, die die Logistikkette bei persönlichen Treffen planen, erhöhen hier die Kooperationsbereitschaft und die langfristige Beziehung. Dabei muß aber gezeigt werden, daß die Bedürfnisse und Probleme des Partners ernst genommen werden. Als Signal kann nach Ansicht eines Handelsmanagers die Unterstützung der Kooperation in der jeweiligen Logistikkette durch das Top-Management beider Unternehmen dienen.

Eine hohe Beziehungsqualität wird auch durch eine enge gegenseitige Bindung ermöglicht. Dies kann beispielsweise durch Investitionen in die bilaterale kommunikationstechnische Verbindung zweier Unternehmen oder auch durch einen aufeinander abgestimmten Aufbau der Infrastruktur erfolgen. Allerdings ist die Standortwahl in weniger als der Hälfte der Fälle auf die Optimierung der logistischen Prozeßkette ausgerichtet. Die Zentralläger des Handels sind meist an den Standorten der eigenen Filialen, nicht bezüglich der anderen Logistikpartner, ausgerichtet. Nur in einem Fall gibt ein Handelsunternehmen an, seine Lagerstandorte auch bezüglich der wichtigsten Logistikketten mit seinen Herstellern zu optimieren.

### 4.3.5  Umweltmanagement

### 4.3.5.1  Bedeutung des Umweltschutzes im Rahmen der Gesamtunternehmenspolitik

Fast alle befragten Handelsunternehmen messen dem Umweltschutz einen hohen Stellenwert bei. Dabei werden die unterschiedlichsten Umweltschutzmaßnahmen ergriffen. Mehrere Unternehmen haben Arbeitskreise für Umwelt, an denen Vorstands- bzw. Geschäftsführungsmitglieder beteiligt sind und die die Umweltaktivitäten der Unternehmen planen und entwickeln. Auch in den Unternehmensgrundsätzen ist der Umweltschutz häufig verankert. Es gibt Umweltbeauftragte, und eine Reihe von Unternehmen veröffentlicht Umweltberichte, in denen Ziele und Aktivitäten im Umweltbereich dargestellt werden.

Die Integration der Mitarbeiter in die Umweltschutzprozesse wird von den befragten Unternehmen hervorgehoben. Während eines der Unternehmen sogar schon ein Internet-basiertes Umweltinformationssystem nutzt, in dem die betreffenden Mitarbeiter die für sie relevanten Umweltschutzvorschriften und -kennzahlen einsehen können, weisen andere ihre Mitarbeiter an „grünen Brettern", an Umwelttagen und in Unternehmenszeitschriften auf dieses Thema hin und erhöhen dadurch den Wissenstand und die Motivation zum Umweltschutz.

Mehr als die Hälfte der Unternehmen hat darüber hinaus den Bildungs- und Informationsbedarf ihrer Mitarbeiter ermittelt und schließt durch Schulungsmaßnahmen diese Lücken. Auch durch andere Maßnahmen, wie z. B. die Durchführung von Test-Ökoaudits, die einzelne Standorte bewerten, wird die Einhaltung der gesetzlichen Vorschriften sichergestellt. In weniger als der Hälfte der befragten Unternehmen existiert jedoch ein umfassendes Dokumentationssystem bzw. Handbuch für Umweltschutzfragen.

Die bisher wichtigste umweltpolitische Maßnahme für Handelsunternehmen sind ökologisch orientierte Sortimente. Diese sind naturgemäß je nach Branche unterschiedlich. Im Lebensmittelbereich wird auf ökologischen Anbau und artgerechte Tierhaltung Wert gelegt; bei Textilien wird auf den Anbau der Rohstoffe ebenso wie auf die Hautverträglichkeit der Stoffe geachtet; beim Verkauf von Holz wird auf den Einsatz von Tropenholz verzichtet. Im Bereich des technologieorientierten Handels wird auf ressourcensparende Geräte gesetzt.

Es wird Wert darauf gelegt, daß der Handel ökologische Sortimente als Verpflichtung betrachtet. So integriert das Bundesministerium für Umwelt in seinem Entwurf zur Erweiterung der EMAS-Verordnung auch die Verantwortung des Handels für die Umweltauswirkungen der Sortimente als konkretes Ziel.

Trotz dieser Vielzahl von Einzelmaßnahmen, die zeigen, wie ernst die Mehrzahl der Handelsunternehmen das Thema Umweltschutz nimmt, verfügen die meisten von ihnen nicht über ein unternehmensweites UMS. Nur zwei der untersuchten Unternehmen verfügen über ein nach DIN EN ISO 14001 zertifiziertes UMS, zwei weitere Unternehmen bereiten dieses in naher Zukunft vor.

Die freiwillige Teilnahme am EG-Öko-Audit war zum Zeitpunkt der Befragungen für Handelsunternehmen noch nicht möglich, dies hat sich jedoch seit Februar 1998 geändert. Eines der befragten Handelsunternehmen bereitet sich derzeit auf eine solche vor, so daß diese Standards dort auch ohne Zertifizierung weitestgehend erfüllt sind. Ein anderes führt sporadisch ein internes Öko-Audit für einzelne Standorte durch und setzt die so gewonnenen Erkenntnisse anschließend an den anderen Standorten um, ohne jedoch eine Zertifizierung zu planen.

Als wichtiger Trend zeigt sich, daß zunehmend Umweltmanagement-Elemente in die zertifizierten QMS aufgenommen werden. So schreibt ein Handelsunternehmen in seinem Qualitätsmanagementhandbuch: *„Ökologie nehmen wir ernst, wir gehen sorgsam mit Energie um, wir vermeiden Emissionen, wir verpacken sparsam."* Dementsprechend wird die Einhaltung dieser Kriterien auch erfaßt und überwacht. Auch andere Handelsunternehmen verwenden bereits Umweltschutzkriterien in ihren QMS.

Als Gründe für den Einsatz der verschiedenen UMS werden vor allem die Differenzierung am Markt sowie der Aufbau von Reputation bzw. Vertrauen, die Kundenanforderungen und die Senkung der Umweltbelastungen gesehen. Dadurch können Umsatzsteigerungen, aber auch Kosteneinsparungen entstehen.

Fast die Hälfte der Unternehmen gibt an, ein UMS weder zu haben, noch für die Zukunft zu planen. Als Grund wird von diesen Unternehmen angeführt, es habe keine Notwendigkeit dafür gegeben; ein UMS und eine Zertifizierung bringen - ihrer Ansicht nach - weder dem Kunden noch dem Unternehmen einen Mehrwert. So ist es in erster Linie eine fehlende Wertschätzung dieser Systeme (nicht des Umweltschutzes an sich), die andere Prioritäten in den Unternehmen erzeugt und so eine weitere Verbreitung von UMS verhindert.

### 4.3.5.2 Umweltschutz in der Logistik

Die Maßnahmen, die in der Logistik ergriffen werden, um die Umweltbelastung zu senken, sind in vielen Handelsunternehmen derzeit noch nachrangig und beziehen sich meist nur auf die möglichst hohe Auslastung der Lkw und somit die Reduzierung der Transportkilometer. Andererseits ist dies nach Ansicht der meisten Unternehmen auch die bei weitem wichtigste Maßnahme.

Jedoch werden auch andere Maßnahmen durchgeführt. Die Hälfte der befragten Unternehmen setzt selbst umweltfreundliche Maschinen bzw. Fahrzeuge bei Logistikprozessen ein oder achtet darauf, daß sie von den Logistikpartnern eingesetzt werden. Dies sind z. B. lärm- und verbrauchsarme Lkw, energiesparende Elektrofahrzeuge in den Lägern und umweltfreundliche Kühlmittel, wie z. B. Ammoniak, in den Kühl-Lkw. Einige Unternehmen testen derzeit verschiedene, neue Konzepte, z. B. Biodiesel, Erdgas und Elektrofahrzeuge, auf ihre Eignung für einen flächendeckenden Einsatz. Als Argumente gegen umweltfreundliche Betriebsmittel werden jedoch vor allem die höheren Anschaffungskosten geltend gemacht, die zu Wettbewerbsnachteilen führen könnten, sowie die noch zu schlechte Infrastruktur, z. B. fehlende Tankstellen für alternative Treibstoffe. Eines der befragten Unternehmen sieht sich aber auch selbst in der Pflicht bei der Erstellung der Infrastruktur. So schlägt hier die Handelszentrale ihren Filialen vor, Biodieseltanksäulen in ihren Tankstellen zu integrieren, um damit die Verbreitung dieses Treibstoffes zu ermöglichen. Auch Effizienzsteigerungen in der Logistik sind durch umweltfreundlichere Fahrzeuge möglich. So plant das Bundesumweltministerium, für besonders umweltfreundliche Lkw Vorrechte einzuführen, wie z. B. die Nutzung der Busspur oder die Genehmigung, außerhalb der festgelegten Anlieferungszeiten in der Innenstadt liefern zu dürfen.

| Umweltschutzkriterien | Bewertung |
|---|---|
| Energieverbrauch | 1,7 |
| Luftverschmutzung | 2,1 |
| Materialverbrauch und Abfall | 2,4 |
| Unfälle/Gesundheitsrisiken | 3,2 |
| Lärm | 3,2 |
| Bodenverschmutzung | 3,2 |
| Wasserverschmutzung und -verbrauch | 3,2 |
| Infrastrukturelle Wirkungen | 3,5 |

Tabelle 13:     Bedeutung einzelner Umweltschutzkriterien für die Gestaltung der Logistik
(1 = sehr wichtig, 5 = unwichtig)

In vielen Unternehmen wird die Umweltbelastung, die von der Logistik ausgeht, nicht spezifisch gemessen. Dies ist immerhin in der Hälfte der Handelsunternehmen der Fall. Die andere Hälfte nutzt vor allem interne Kennzahlen, um die Umweltverträglichkeit logistischer Leistungen zu messen.

Die dabei erhobenen Kennzahlen beziehen sich meistens nur auf zwei Größen: Verbrauch von Treibstoff und Anfall von Abfall. Hierbei werden neben den absoluten Größen wie Verpackungsanfall und Tonnenkilometer auch eine Reihe von Effizienzkennzahlen errechnet.

Bei der Gestaltung logistischer Prozesse werden von den einzelnen Handelsunternehmen sehr unterschiedliche Umweltschutzkriterien als wichtig erachtet. Insgesamt wird der Verringerung des Energieverbrauchs die höchste Bedeutung zugemessen (vgl. Tabelle 13), wobei hier neben dem Umweltschutzgedanken sicherlich in erster Linie auf die ökonomischen Gesichtspunkte geachtet wird.

Allgemein kann man feststellen, daß in der Logistik von Handelsunternehmen der Umweltschutzgedanke noch nicht soweit entwickelt ist wie beispielsweise im Sortimentsbereich. So gibt es i. d. R. keine systematische Erfassung der Umweltbelastung durch die Logistik.

### 4.3.5.3 Umweltschutz entlang der Logistikkette

Die Mehrzahl der Maßnahmen im Logistikbereich tangieren die Lieferanten der Handelsunternehmen und die Logistikdienstleister, so daß in diesem Bereich auch unternehmensübergreifende Anstrengungen zu finden sind. So haben die Hälfte der befragten Unternehmen Vereinbarungen mit anderen Akteuren der Logistikkette über Umweltschutzmaßnahmen getroffen.

Im Transportbereich ist der wesentliche Trend in der Bündelung von Transporten festzustellen. Die Rückwärtsintegration des Handels, besonders die Errichtung von Zentrallägern, führt zu einer Bündelung der Anlieferung. Damit einher geht die Möglichkeit, die größeren Transportmengen zum Zentrallager auch mit anderen Verkehrsträgern, z. B. der Bahn, zu transportieren. Auch durch andere Transportkonzepte, so die Bündelung der Waren verschiedener Hersteller zur Anlieferung an die Verkaufsstätten, die meist mit Hilfe eines Logistikdienstleisters realisiert werden, werden die Anlieferungen an die Verkaufsstätten, und damit i. d. R. auch die Transporte, reduziert.

Auch unabhängig von der Zentrallagerbelieferung denken Unternehmen verstärkt über den Einsatz der Bahn nach. Nur ein einziges der befragten Handelsunternehmen verlangt jedoch von seinen Lieferanten die Nutzung „ökologischer Verkehrsträger", in diesem Fall der Bahn. In weiteren Fällen ist es Inhalt der gegenseitigen Gespräche, ohne jedoch zur Forderung erhoben zu werden.

Der zweite Aktionsbereich ist die Verpackung. Verpackungen machen in Deutschland etwa 50 Prozent der jährlichen 15 Millionen Tonnen Hausmüll aus. Die Umweltbeauftragten der Handelsunternehmen forcieren derzeit die Nutzung von Mehrweg-

anstatt Einwegverpackungen vor allem im Getränkebereich. Die Verringerung der Verpackungsmengen pro Verkaufseinheit wird durch ständige Verbesserungen der Verpackung erreicht. Bei wenigen Unternehmen wird zudem eine Vorgabe für die Verringerung der Verpackungen gegeben und bezüglich der erlaubten Verpakkungsmaterialien. Dabei wird auf die Vermeidung von Verbundverpackungen geachtet; in einigen Umweltleitlinien des Handels sind auch Vorgaben für die Verpackungen der Hersteller gegeben bzw. für die eigenen Einkäufer, so beispielsweise: *„...die Berücksichtigung von Gesichtspunkten des Umweltschutzes bei [...] der Verpackung ist permanenter Verhandlungspunkt bei Listungs- und Preisgesprächen, erforderlichenfalls ist entsprechender Druck auf die Lieferanten auszuüben.“* Die Mehrzahl der befragten Unternehmen gibt an, daß die Lösung der Verpackungsfrage über die gesamte Logistikkette gemeinsam optimiert wird. Diese gemeinsame Optimierung bezieht sich jedoch häufig auf ein Anforderungsprofil für Verpackungen, das der Handel den Herstellern vorgibt und das dabei vor allem die Interessen des Handels bezüglich des Handling und des Schutzes der Produkte, aber auch bezüglich der Reduzierung von Verpackungsabfall widerspiegelt.

Als allgemeine Tendenz gehen die Unternehmen davon aus, daß die Abfallmengen insgesamt sinken werden. Mehrwegtransportverpackungen werden verstärkt erwartet und bieten erhebliche Einsparpotentiale. Ein Handelsunternehmen setzt im Frischebereich Mehrwegtransportverpackungen anstatt Einwegkartons ein und spart dadurch jährlich etwa 30.000 Tonnen Wellpappe. Vor allem die Heterogenität und die fehlenden Standards werden jedoch vom Handel als Verbreitungsbarriere für Mehrwegtransportverpackungen angesehen. Außerdem wird Poolsystemen aufgrund der Kreislaufproblematik bei MTV der Vorzug gegeben. Gerade bei der verstärkten Internationalisierung in der Konsumgüterwirtschaft ist der Rücktransport der MTV zum Ausgangspunkt mit zu hohen Kosten und negativen ökologischen Effekten verbunden.

Die Mehrzahl der Handelsunternehmen geht davon aus, daß eine unternehmensübergreifende Zertifizierung von UMS eine Optimierung derselben ermöglichen würde. Auch von den Befürwortern wird jedoch darauf hingewiesen, daß eine solche unternehmensübergreifende Zertifizierung erst der letzte von mehreren Schritten sein kann. Zuerst wäre es notwendig, daß die Unternehmen jeweils eine unternehmensinterne Optimierung der Logistik unter Umweltschutzaspekten vornehmen. Während unter Qualitäts- und Effizienzgesichtspunkten die unternehmensinternen Potentiale bereits weitestgehend ausgeschöpft sind, ist dies nach Meinung der befragten Handelsunternehmen im Umweltschutzbereich bei weitem noch nicht der Fall. In einem zweiten Schritt erst kann ein unternehmensübergreifendes UMS errichtet werden. Die anschließende Zertifizierung ist nur der letzte Schritt.

Diese noch relativ geringe Fixierung der unternehmensübergreifenden Gestaltung der Logistik auf Umweltschutzgesichtspunkte erklärt, warum fast keines der befragten Handels- und Herstellerunternehmen die Umweltbelastungen an der Schnittstelle erfaßt. Nur in zwei der untersuchten Ketten geschieht dies. Für die Durchführung der Ermittlung sind die Mitarbeiter im Bereich Logistik zuständig; die Umweltbeauftragten der Unternehmen stehen aber ebenfalls in der Verantwortung. Anschließend werden die Belastungen schriftlich dokumentiert. In einem Fall wird diese Erhebung jährlich durchgeführt, im anderen Fall sogar monatlich. Erfaßte Kennzahlen sind hierbei die Emissionen, der Treibstoffverbrauch und der Verpackungsanfall.

### 4.3.6 Synergien zwischen Qualitäts- und Umweltmanagementsystemen

Allgemein überwiegt die Meinung, daß in der Logistik häufig eine positive Korrelation von Ökonomie und Ökologie vorliegt. Hier besteht die günstige Situation, daß die ökonomischen, qualitativen und ökologischen Ziele häufig komplementär sind, so daß Zielkonflikte seltener als in anderen Bereichen auftreten. Hierfür kann man zahlreiche Beispiele bei den befragten Unternehmen finden. So bündeln Zentrallager die Warenflüsse; die Zuverlässigkeit der Belieferung steigt, durch die Bündelung werden Transporte reduziert, und insgesamt führen diese Maßnahmen zu Kosteneinsparungen. Auch die Verpackungsabfallreduzierung bzw. die Nutzung von weniger unterschiedlichen Verpackungsmaterialien, um nicht recyclingfähige Reststoffe zu vermindern, fördern Ökonomie und Ökologie. Ein Unternehmen gibt in diesem Zusammenhang an, durch eine Reduktion der Sekundärverpackungen das Transportvolumen um rund ein Drittel gesenkt zu haben. Die Nachtbelieferung, die von einigen der befragten Handelsunternehmen getestet wird, hat positive ökologische und ökonomische Effekte. Die Lkw können insgesamt länger am Tag eingesetzt werden, die Zuverlässigkeit der Belieferung erhöht sich, und Verkehrsströme werden zu kritischen Zeiten entzerrt.

Diese Gewinnsituation für alle Logistikkettenpartner kann auch in finanziellen Einsparungen gezeigt werden. So gibt ein Unternehmen an, durch eine Optimierung seiner Abfallwirtschaft rund 2,5 Mio. DM pro Jahr zu sparen. Ein Industrieunternehmen erwartet durch die Bestellübermittlung per EDI anstatt über den eigenen Außendienst Einsparungen von ungefähr 1 Mio. DM pro Jahr bei gleichzeitiger Verbesserung der Datenqualität und einer Reduktion von Fahrten.

In einigen Bereichen treten jedoch auch Zielkonflikte auf. So führt der grundsätzliche Trend der Reduktion der Lagerbestände durch kürzere Bestell- und Lieferzyklen tendenziell zu einem erhöhten Transportvolumen und zu höheren Kosten der Belieferung. Der Versuch, Mindestbestellwerte einzuführen, die unwirtschaftliche Belieferungen reduzieren sollen, scheiterte bei den befragten Logistikketten häufig am Widerstand des Handels bzw. der Handelsfilialen. Nur der Einsatz neutraler Logistikdienstleister, die Transporte mehrerer Unternehmen horizontal bündeln können, macht es möglich, eine erhöhte Lieferfrequenz ohne insgesamt erhöhte Transporte realisieren zu können.

In allen Fällen wird jedoch deutlich, daß die Interdependenz zwischen Qualitätsaspekten und Umweltaspekten in der Logistik stark ausgeprägt ist. Dementsprechend wäre eine Integration von QMS und UMS dringend notwendig. Da die Verbreitung von QMS und UMS im Handel bisher eher gering ist, gibt es nur wenige Erfahrungswerte über mögliche Synergieeffekte zwischen den beiden Systemen.

Nur zwei der befragten Handelsunternehmen verfügen über Erfahrungen mit Zertifizierungen in beiden Bereichen. Hier wird fast durchgehend eine positive Auswirkung der doppelten Zertifizierung festgestellt. Vor allem bei Schulungen, internen Audits und der Funktionenbeschreibung und -dokumentation werden hier Synergieeffekte gesehen, aber auch bei der Unternehmenspolitik, der Festlegung der Verantwortlichkeiten, der Lenkung der Dokumente und den Korrektur- und Vorbeugemaßnahmen. Schließlich können Handbücher leicht gemeinsam entwickelt und genutzt werden.

Dabei ist es meistens das UMS, das nachträglich einem bereits existierenden QMS hinzugefügt wird: *„Wenn das Qualitätsmanagementsystem bereits besteht, ist es nur ein sehr geringer Aufwand, auch noch ein Umweltmanagementsystem auf diesen bestehenden Strukturen zu errichten."*

Dies bedeutet jedoch nicht zwangsläufig eine simultane (Erst-)Zertifizierung beider Systeme. Gegen diese sprechen sich die Unternehmen explizit aus. So wurden teilweise alleine dadurch, daß man das QMS nicht in einem Schritt, sondern Bereich für Bereich eingeführt hat, Lerneffekte erzielt; die Mitarbeiter haben mit den Verfahren Erfahrungen gesammelt und sind nicht auf einen Schlag mit zu vielen Änderungen konfrontiert worden. So könnte auch die sequentielle Zertifizierung, erst des QMS und anschließend des UMS, dieselben Vorteile mit sich bringen, selbst wenn dadurch etwas höhere Kosten für die Zertifizierung entständen.

Eine zweite Dimension der integrierten Qualitäts- und Umweltauditierung ist die unternehmensübergreifende Gestaltung und Zertifizierung von QMS und UMS. Diese wird zwar in ihren Effekten positiv gesehen, sie ist jedoch kurz- und mittelfristig nach Ansicht der meisten befragten Unternehmen nicht zu erwarten. Eine Zunahme übergreifender Aspekte in den jeweiligen internen Systemen und eine zunehmende Abstimmung zwischen den Managementsystemen der einzelnen Kettenpartner ist aber vorauszusehen. Einerseits sinkt die Anzahl der Partner; langfristige, stabile Partnerschaften mit immer weniger Lieferanten nehmen an Bedeutung zu. Andererseits haben einzelne Handelsunternehmen eine dominante Stellung in der Logistikkette und können daher heute schon übergreifende Qualitätsanforderungen an die Partner stellen.

Damit werden sich in Zukunft - in doppeltem Sinne - integrierte QMS und UMS durchsetzen. Ist dies im formalen Sinne nicht möglich, werden immer stärker system- und unternehmensübergreifende Integrations- und Abstimmungsmöglichkeiten entwickelt, die die gleichen Auswirkungen anstreben.

## 4.4 Ergebnisse der branchenübergreifenden Auswertung

In diesem Abschnitt werden die vorangegangenen branchenspezifischen Auswertungen dargestellt, um Unterschiede bei der Gestaltung der Logistik bei den verschiedenen Akteursgruppen herauszustellen. Während die Auswertungen der Logistikketten mit dem jeweiligen Schwerpunkt auf der Perspektive der Industrie bei zwölf Prozeßketten, der Logistikdienstleister bei elf Prozeßketten und des Handels bei zwölf Prozeßketten eher qualitativ mit einer Reihe von Beispielen erfolgte, werden in diesem Abschnitt die Ergebnisse aller 35 Prozeßketten eher quantitativ gegenübergestellt. Am Ende dieses Kapitels werden mögliche Handlungsempfehlungen aus den empirischen Ergebnissen in einer tabellarischen Übersicht abgeleitet. Diese Tabelle dient als Überleitung für Kapitel 5, in dem einzelne Handlungsempfehlungen ausführlicher dargestellt werden.

### 4.4.1 Die generelle Ausgestaltung der Logistik in den untersuchten Unternehmen

#### 4.4.1.1 Logistikplanung

*Funktionen der Logistik*

Die befragten Akteure stimmen in ihrem Verständnis der logistischen Funktionen weitgehend überein: Transport, Lagerhaltung und Umschlag werden von fast allen Akteuren als logistische Funktionen genannt. Eine wichtige Rolle spielen auch die Verpackung und die Entsorgung. Die Auftragsabwicklung wird von 16 der untersuchten Hauptakteure als logistische Funktion definiert. Die logistischen Zusatzdienstleistungen wie z. B. Informations- und Kommunikationssysteme, Produktionssteuerung und Qualitätssicherung als neues Geschäftsfeld der Logistikdienstleister werden bereits mit 20 Nennungen zu den Logistikfunktionen gezählt. Dies bestätigt den Trend, daß die konventionelle Logistik ständig über weitere Funktionsbereiche zu einer ganzheitlichen Logistik ergänzt wird. Logistikführer in allen Branchen weisen dabei in der Regel das umfangreichste Verständnis dafür auf, welche Teilfunktionen der Wertschöpfung sie als logistische Prozesse begreifen.

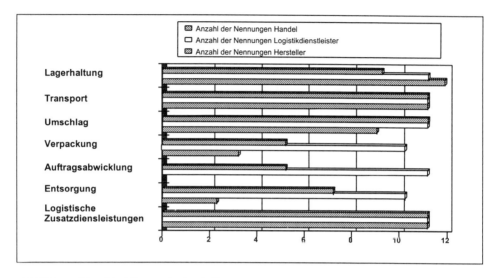

**Abbildung 39:**    Funktionen der Logistik

Bei den verschiedenen Akteursgruppen lassen sich deutliche Unterschiede bezüglich des Logistikverständnisses festhalten: Insgesamt zählt die Industrie in bezug auf
Qualität- und Umweltaspekte etwa gleichviel Funktionen wie die befragten Handelsunternehmen zur Logistik. Für die befragten Logistikdienstleister stellt die Logistik
naturgemäß den Kern ihrer Tätigkeit dar, und sie ordnen ihr die meisten Funktionen
zu.

*Leitbilder für die Logistik*

Mit 25 der befragten 35 Hauptakteuren nennen mehr als zwei Drittel der Unternehmen Leitlinien für die Logistik. Diese sind bezogen auf die verschiedenen Akteursgruppen sehr unterschiedlich vorhanden: Während nur die Hälfte der Handelsunternehmen Leitbilder nennt, besitzen alle Hersteller und fast alle Logistikdienstleister
schriftlich fixierte Leitlinien.

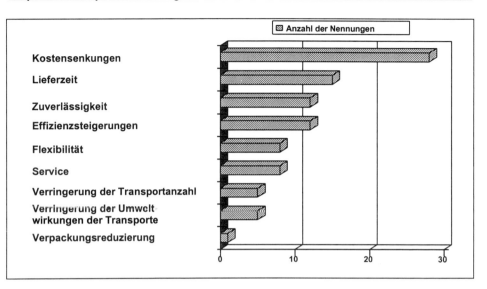

**Abbildung 40:**   Inhalte der Leitbilder für die Logistik

Inhaltlich stehen bei allen Akteuren qualitative Aspekte im Vordergrund. Insgesamt nennen die Logistikdienstleister am meisten qualitative Apekte. Ökologische Aspekte wie z. B. die Verringerung der Umweltwirkungen während der Transporte oder die Verringerung der Anzahl der Transporte werden von den Herstellern nicht erwähnt, bei dem Handel spielen sie mit drei Nennungen eine untergeordnete Rolle. Bei den Logistikdienstleistern werden die verschiedenen ökologischen Aspekte insgesamt neunmal genannt. Kosten- und Effizienzaspekte werden von den Logistikdienstleistern 17 mal, von den Herstellern 15 mal und vom Handel achtmal genannt (Mehrfachnennungen möglich).

Die Kommunikation dieser Leitbilder ist noch nicht umfassend institutionalisiert. Sie erfolgt erst bei 14 Hauptakteuren in Form von Aushängen, 13 nutzen Handbücher, elf Schulungen. Dieses Ergebnis läßt den Schluß zu, daß die Sicherung der Qualität bei logistischen Prozessen seitens der Hauptakteure als relevantes Problemfeld erkannt wurde und bereits auf der Unternehmensführungsebene angegangen wird. Der Umweltschutzgedanke ist hier noch nicht fest verankert. Auch bei der internen Kommunikation dieser Leitbilder sind noch Schwachstellen festzustellen.

*Rolle des Outsourcings in der Logistik*

Bei der Frage nach dem Outsourcing von Logistikleistungen zeigt sich ein sehr heterogenes Bild: Während fast alle Hersteller eine hohe bzw. sehr hohe Bedeutung des
Outsourcing angeben, hat dies nur bei der Hälfte der befragten Handelsunternehmen und Logistikdienstleistern derzeit eine sehr hohe bzw. hohe Bedeutung. Von
allen Akteuren wurden dagegen sehr einheitlich überwiegend Aufgaben des Transportes gefolgt von Umschlag/Kommissionierung, Verpackung und Lagerhaltung ausgelagert.

Als Entwicklungstendenz geben jeweils elf Industrie- und Handelsunternehmen weiterhin verstärkt die Auslagerung des Transportes an. Jeweils fünf Industrie- und
Handelsunternehmen werden verstärkt die Kommissionierung, die Verpackung sowie die Sammlung/Sortierung und Trennung auslagern. Gleichzeitig ist festzustellen,
daß der Handel - wie in Abschnitt 4.3 beschrieben - seinen Wertschöpfungsanteil in
der Logistik ausbaut und seinerseits Aufgaben der Lagerhaltung und des Transportes in seine Wertschöpfungskette integriert.

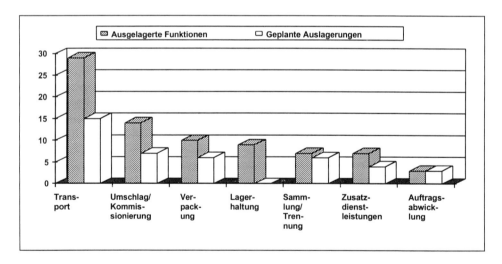

**Abbildung 41:**   Outsourcing logistischer Funktionen

Die Outsourcingaktivitäten sind bei der Hälfte der befragten Hauptakteure abgeschlossen. Hier muß daher darauf hingewiesen werden, daß die befragten
Hauptakteure aufgrund ihrer besonderen Leistungen in der Gestaltung der Logistik

ausgewählt wurden. Die Logistik ist daher überproportional weit entwickelt und wei-testgehend optimiert. Andere Studien gehen davon aus, daß Outsourcingaktivitäten noch weiter forciert werden.

### 4.4.1.2 Organisatorische Verankerung der Logistik

Organisatorisch ist die logistische Aufgabenerfüllung bei fast allen befragten Indu-strie- und Handelsunternehmen als eigene Abteilung verankert. Diese Gleichstellung mit den klassischen Unternehmensfunktionen verdeutlicht den Stellenwert, der der Logistik mittlerweile zugesprochen wird. Das unterschiedliche Verständnis der Logi-stikfunktionen läßt jedoch den Schluß zu, daß logistische Einzelfunktionen (Verpackung, Auftragsabwicklung, Umschlag, Entsorgung) auch außerhalb der Lo-gistikabteilungen wahrgenommen werden. Hier besteht die Gefahr, daß es zu Insel-lösungen und somit zu Ineffizienzen kommen kann. Insbesondere die mangelnde Integration des Kundenservices in die Logistik ist noch als Hemmnis für eine quali-tätsorientierte Gestaltung der Logistik zu sehen.

### 4.4.1.3 Logistikcontrolling

*Vorhandensein und Aufgaben des Logistikcontrollers*

Bei der Frage nach dem Vorhandensein eines gesonderten Logistikcontrollers gehen die Antworten stark auseinander: Während naturgemäß fast alle Logistikdienstleister die Funktion eines gesonderten Logistikcontrollers organisatorisch verankert haben, werden diese Aufgaben bei den Herstellern und Handelsunternehmen als Teilbe-reich des Controlling erfüllt.

Aufgaben des strategischen Logistikcontrollings werden mit 30 Nennungen von den befragten Logistikdienstleistern stark wahrgenommen. Der Handel gibt demgegen-über mit nur zehn Nennungen deutlich weniger strategische Aufgaben des Logi-stikcontrollings an. Während Qualitätsziele und -strategien bereits Einzug in das strategische Logistikcontrolling genommen haben, sind Umweltschutzziele und -strategien kaum vorhanden. Dies entspricht den Angaben der Akteure zu den Lo-gistikleitlinien. Auch wenn fast alle Hauptakteure Leitlinien angaben, waren nur bei wenigen Akteuren Umweltschutzleitlinien vorhanden.

Beim operativen Logistikcontrolling stehen Aufgaben der Maximierung der Transportmittelauslastung und der Minimierung der Auftragsdurchlaufzeiten im Vordergrund. Hinsichtlich einer ökologischen Ausgestaltung der Logistik sind die erstgenannten Bestrebungen sehr zu begrüßen, auch wenn wahrscheinlich ökonomische Überlegungen hierbei ausschlaggebend sind. Denn auf der operativen Ebene finden Umweltschutzaspekte keine Berücksichtigung.[30]

*Ausgestaltung der Kostenrechnung speziell für die Logistik*

In allen befragten Unternehmen besteht eine Kostenrechnung für den Logistikbereich. Typische Kostenarten, die von fast allen Akteursgruppen genannt wurden, sind Logistikpersonal-, Lagerhaltungs-, Konservierungs- und Finishingkosten sowie Transportkosten. Die befragten Logistikdienstleister fassen zudem noch Sach- und Unterhaltskosten und der Handel Kosten der Auftragsbearbeitung und -abwicklung, Verpackungs-, Kommissionierungs- und Beladungskosten zu den Logistikkosten. Die Hersteller nannten jeweils alle Kostenarten.

Kennzahlen werden ebenfalls von allen befragten Hauptakteuren berechnet. Fast alle Akteursgruppen gaben die Bestandsreichweite, die Durchlauf- und Lieferzeit als Kennzahlen an. Die Hersteller nannten zusätzlich noch Be- und Verladezeiten und die Logistikdienstleister Nutzungszeiten der Transportmittel.

*Potentiale zur Senkung der Logistikkosten*

Der Anteil der Logistikkosten liegt bei den Herstellern bei ca. zehn Prozent, der Handel nannte überwiegend Anteile von 15 bis 30 Prozent. Vielfach waren die Werte nicht bekannt oder wurden nicht angegeben. In diesem Bereich zeigt sich somit ein Handlungsbedarf zur Schaffung von Kostentransparenz. Zusätzlich zu den geringen Kenntnissen über die Höhe der Logistikkosten ist - entsprechend den unterschiedlich weit gefaßten Definitionen logistischer Aufgaben - davon auszugehen, daß jedes Unternehmen unterschiedliche Kostenarten zu den Logistikkosten zählt.

---

[30]  Vgl. Baumgarten, Hidber, Steger 1996.

Insgesamt gehen 27 der befragten Hauptakteure von einer zukünftigen Senkung der Logistikkosten aus, einer machte keine Angaben, fünf sehen keine Möglichkeiten der Kostenreduzierung. Die Hersteller geben ein Kostensenkungspotential von durchschnittlich sechs Prozent an. Die größten Einsparungsmöglichkeiten werden von dieser Akteursgruppe bei den Beladungs-, den Umschlag- und den externen Lagerungskosten gesehen. Die Logistikdienstleister geben im Durchschnitt ein Einsparungspotential von sechs bis zehn Prozent an. Die größten Einsparungspotentiale liegen hier bei den Logistikpersonalkosten und den Kosten der Auftragsbearbeitung und -abwicklung. Der Handel sieht - ohne Angabe von Prozenten - Einsparpotentiale bei den Logistikpersonalkosten, bei den Kosten der Auftragsbearbeitung und -abwicklung sowie bei der Kennzeichnung, der Kommissionierung, dem Umschlag und der externen Lagerung.

### 4.4.1.4 Herausforderungen für die Logistik

Alle Akteure rechnen in der näheren Zukunft mit Änderungen in der Logistik. Diese werden nach der Anzahl der Nennungen am häufigsten aus dem Umweltbereich erwartet. So gehen fast alle befragten Hauptakteure von einer Zunahme von Entsorgungs- und Recyclingfragen und Kreislaufsystemen aus. Das gestiegene Umweltbewußtsein der Konsumenten und strengere Umweltauflagen als ihre Folge erweitern somit zum einen den Logistikbereich um die zusätzliche Funktion Entsorgung und bewirken zum anderen Änderungen der Gestaltung der Logistik, insbesondere der Transporte.

Neue Informations- und Kommunikationstechnologien werden zwar von weniger Akteuren als Einflußfaktoren für die Logistik genannt, jedoch wird diesen ebenso wie der Globalisierung und der Senkung der Fertigungstiefe eine weitaus größere Bedeutung zugesprochen.

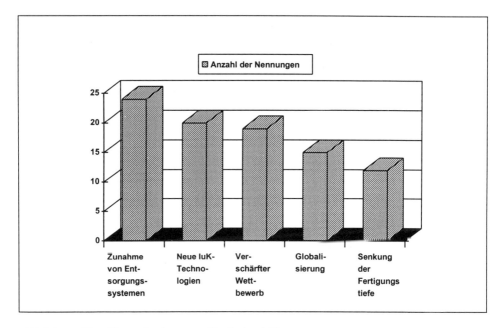

**Abbildung 42:** Herausforderungen für die Logistik

Zur Zeit erfolgt bei 16 Hauptakteuren eine Optimierung von Verpackungsfragen über die gesamte Kette. Eine Wiederverwendung von Verpackungen geben sieben Akteure, ein Recycling zwölf Akteure an. Die Bedeutung von Mehrwegverpackungen differiert stark zwischen den Akteursgruppen: Die Mehrzahl der Hersteller messen Mehrwegverpackungen keine Bedeutung zu und gehen auch von keiner Zunahme in diesem Bereich aus. Beim Handel geben fünf Akteure eine hohe Bedeutung an, für nur einen spielen diese keine Rolle. Bei der Akteursgruppe der Logistikdienstleister läßt sich keine einheitliche Aussage treffen. Als Hemmnisse für den Einsatz von Mehrwegverpackungen werden von 20 Akteuren Kostengründe angeführt. Neun Hauptakteure nennen die mangelnde Akzeptanz des Kunden als Grund.

Die Optimierung von Verpackungen und die zunehmende Vernetzung der Informationsflüsse, die durch den Trend zum Outsourcing bestimmter Logistikfunktionen gefördert wird, können sich positiv auf die Situation der natürlichen Umwelt auswirken: Die Anwendung von Mehrwegverpackungen bzw. die Wiederverwendung von Verpackungen reduziert den Verpackungsabfall, und durch den verstärkten Einsatz von

IuK-Technologien können Transportwege eingespart, Leerfahrten reduziert und Transportmittelkombinationen (intermodale Transporte) leichter realisiert werden.

Die verschärfte Wettbewerbssituation und der dadurch auf die Unternehmen ausgelöste Kostendruck kann zu einer Verringerung der Berücksichtigung ökologischer Aspekte bei der Ausgestaltung der Logistik führen. Denn es ist davon auszugehen, daß insbesondere bei kleineren und mittelständischen Unternehmen Investitionen in einen umweltgerechten Fuhrpark vorerst unterbleiben. Auch werden von seiten der Verlader bei Entscheidungen über den zu wählenden Verkehrsträger in erster Linie ökonomische Argumente entscheiden.

Durch die Herabsetzung der Fertigungstiefe kann angenommen werden, daß die Transportfrequenzen steigen. Aus ökologischer Sicht ist dieser Trend eher negativ zu bewerten. Inwiefern die Globalisierung zu einem "global sourcing" und somit zu einem weiter steigenden Verkehrsaufkommen führen wird, kann noch nicht abschließend geklärt werden. Es gilt auch abzuwarten, inwieweit einer solchen Entwicklung verstärkte Bestrebungen zur Bündelung von Waren- und Lieferströmen entgegenwirken.

### 4.4.1.5 Kooperationen entlang der Logistikkette

*Relevanz der Zusammenarbeit entlang der Logistikketten*

Die Zusammenarbeit mit den Kooperationspartnern ist für 27 Akteure sehr wichtig bzw. wichtig, um unternehmensübergreifende Logistikprozesse effektiv zu gestalten. Demzufolge geben auch 27 Akteure eine Suche nach gemeinsamen Lösungen an: Alle Industrie- und Handelsunternehmen und etwas mehr als die Hälfte der Logistikdienstleister nennen diesbezügliche Zielsetzungen.

Hinsichtlich einer ökologischen Ausgestaltung der Logistik ließen sich durch eine enge Zusammenarbeit aller Prozeßbeteiligten effizientere Bündelungsstrukturen aufbauen und somit Leerfahrten vermeiden. Die Qualität der logistischen Leistungen könnte durch die enge Zusammenarbeit ebenfalls verbessert werden, indem beispielsweise durch gemeinsame Schulungen der Umgang mit dem Transportgut verbessert wird.

*Machtverteilung in den Logistikketten*

Bei der Frage nach der Machtverteilung in der Kette gehen die Meinungen der Akteure auseinander: Die Mehrzahl der Hersteller bezeichnet keinen Teilnehmer der Logistikkette als dominierend, die Hälfte der Handelsunternehmen und fast alle Logistikdienstleister geben ungleichgewichtige Machtverhältnisse an. Die Logistikdienstleister bezeichnen mit einer Ausnahme den Auftraggeber als dominanten Teilnehmer, der Handel sieht überwiegend sich selbst in einer führenden Rolle.

Ausprägungen der dominanten Position sind in erster Linie Vorgaben von Abnahmemengen und -zeiten sowie Vorgaben von Preisen. Weitere Aspekte sind Vorgaben zur Anwendung eines bestimmten Informationsverarbeitungssystems, zur Wahl von Ladehilfsmitteln/Verpackungen, zur Teilnahme an QMS bzw. UMS sowie zur Wahl von Transportmitteln.

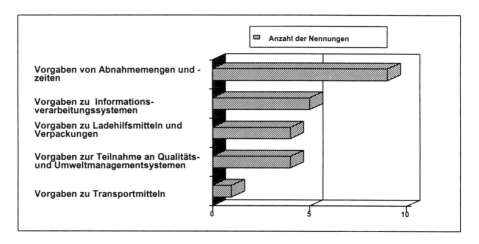

**Abbildung 43:**   Vorgaben bezüglich der Ausgestaltung der Logistik

Die Vorgaben bezüglich der Abnahmemengen und -zeiten können dazu führen, daß ökologische Aspekte, die durch Transportbündelungen berücksichtigt werden könnten, zugunsten der Einhaltung von Fristen oder Mengen zweitrangig behandelt werden. Vorgaben zur Wahl von Ladehilfsmitteln, Verpackungen und Transportmitteln können - je nach der Zielsetzung - durchaus positive ökologische Wirkungen zeigen. Auch Vorgaben zur Anwendung eines bestimmten Informationsverarbeitungssy-

stems können Verbesserungen der logistischen Abläufe unter ökologischen Gesichtspunkten bewirken. Die stärksten Verbesserungen in qualitativer und ökologischer Hinsicht können jedoch durch die Teilnahme an QMS und UMS erzielt werden.

*Informationsflüsse entlang der Logistikketten*

Das oben beschriebene ungleiche Machtverhältnis spiegelt sich nicht in der Weitergabe von Informationen wider, die für die Optimierung der Logistik notwendig sind.
So gaben fast alle befragten Hersteller an, daß sie nicht die notwendigen Informationen von den anderen Akteuren erhalten. Bei den Logistikdienstleistern ist das Verhältnis genau umgekehrt: Obwohl sie die Dominanz des Auftraggebers beklagen,
erhalten sie nach eigener Aussage die notwendigen Informationen, um ihre Logistikdienstleistungen optimal auszuführen.

## 4.4.2  Die Ausgestaltung der Logistik an den Schnittstellen der ausgewählten Logistikketten

### 4.4.2.1  Logistikplanung und -steuerung entlang der Logistikkette

*Planung an den ausgewählten Schnittstellen*

Die Planung der Logistik an der Schnittstelle wird von 26 der befragten Hauptakteure
unternehmensübergreifend angegangen. Dies geben alle Logistikdienstleister, fast
alle Hersteller und auch mehr als die Hälfte der Handelsunternehmen an. Der Grund
für die relativ geringe Beteiligung des Handels liegt nach dessen Aussage darin begründet, daß die Logistik in vielen Fällen (noch) vom Hersteller gesteuert wird.

Gemeinsame Leitlinien zur Steuerung der Schnittstelle geben allerdings nur 17 der
befragten Hauptakteure an. Fast keiner der befragten Hersteller, fast alle Logistikdienstleister und ca. die Hälfte der Handelsunternehmen nennen solche Leitlinien.
Bei den Logistikdienstleistern werden diese i. d. R. in Form von Rahmenverträgen
vorgegeben.

Die Implementierung der unternehmensübergreifenden Gestaltung der Schnittstelle
erfolgte überwiegend in Form eines Projektteams. Während die Hersteller keine
weiteren Formen angaben, nannten die Logistikdienstleister des weiteren die Imple-

mentierung durch Linienfunktionen und Stabstellen. Bei den befragten Handelsunternehmen erfolgte sie mit zwei Nennungen „im normalen Ablauf" und mit jeweils
einer Nennung durch externe Berater oder Stabstellen.

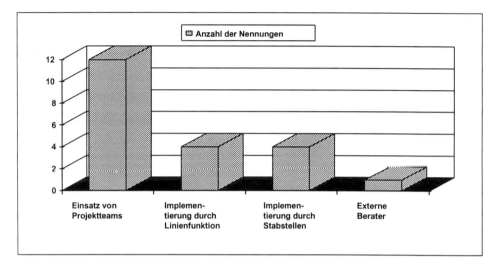

**Abbildung 44:**   Maßnahmen zur Implementierung der unternehmensübergreifenden
Kooperation

Als Maßnahmen für eine Optimierung der Schnittstelle geben 16 der befragten Akteure die Änderung von Informationsflüssen an. Diese müßten durchweg unternehmensübergreifend ausgestaltet werden. Zehn Hauptakteure halten Änderungen der
Organisationsstruktur für notwendig.

*Rolle des Outsourcings an den Schnittstellen*

Das Outsourcing logistischer Leistungen bezogen auf die Schnittstelle hat für 20 der
befragten Hauptakteure eine sehr hohe bzw. hohe Relevanz. Nur sieben Akteure
geben eine geringe bzw. keine Bedeutung an.

Als Gründe für die Auslagerung von logistischen Leistungen überwiegen Kostenaspekte. Des weiteren werden die Konzentration auf das Kerngeschäft und die
Nutzung des Lieferanten-Know-hows angeführt. Die Verteilung der Nennungen über
die Akteursgruppen ist bis auf die Nutzung des Lieferanten-Know-hows, die aus
Sicht der Logistikdienstleister eine geringe Rolle spielt, über alle Akteursgruppen

gleich verteilt. Für die Logistikdienstleister spielt beim Outsourcing die Flexibilität bzw. Kapazitätsauslastung eine große Rolle.

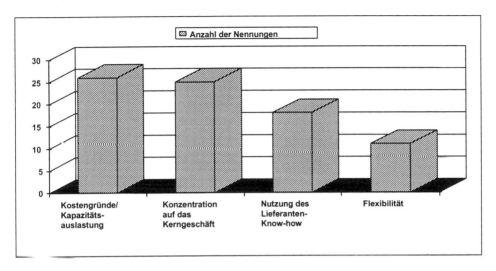

**Abbildung 45:**   Kriterien beim Treffen von Outsourcing-Entscheidungen

Trotz aller Unterschiede bei den Gründen der Auslagerungen gehen 19 Akteure von einer Zunahme des Outsourcings aus. Da das Outsourcing in den untersuchten Prozeßketten insgesamt schon überdurchschnittlich weit vorangeschritten ist, wird dies in weitaus geringerem Maße voranschreiten als bisher.

### 4.4.2.2 Organisatorische Gestaltung entlang der Logistikkette

Von den 35 untersuchten logistischen Prozeßketten nennen die Akteure an erster Stelle der organisatorischen Maßnahmen zur Gestaltung der Schnittstelle regelmäßige Treffen und Treffen nach Bedarf, die der Information und der Optimierung des weiteren Vorgehens dienen. Als weitere Maßnahmen setzten die befragten Hauptakteure eine gemeinsame Planung der Ablauforganisation sowie gemeinsame Schulungen des Personals ein. Die befragten Logistikdienstleister führen zusätzlich noch die gemeinsame Planung der Informationsflüsse an der Schnittstelle an.

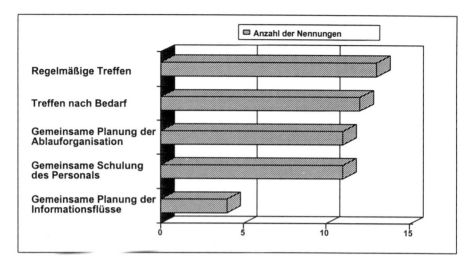

**Abbildung 46:**   Organisatorische Gestaltung der Schnittstelle

### 4.4.2.3 Informationsflüsse entlang der Logistikkette

Eine umfassende Informationsversorgung geben 28 aller befragten Akteure an. Diese ist jedoch bezogen auf die verschiedenen Akteursgruppen sehr unterschiedlich organisiert: Die Hersteller nutzen nach eigenen Angaben fast ausschließlich Telefon und Telefaxgeräte zum Informationsaustausch innerhalb der Logistikkette. Nur in zwei Fällen werden auch gemeinsame Steuerprogramme und eigene Programme genutzt. Bei den Logistikdienstleistern zeigt sich ein sehr heterogenes Bild. In Abhängigkeit von den Industrie- und Handelsunternehmen werden hier verschiedene EDV-Systeme und Standards genutzt. Fast die Hälfte der Logistikdienstleister nutzen EDI, E-Mail und beleglose Auftragsbearbeitung.

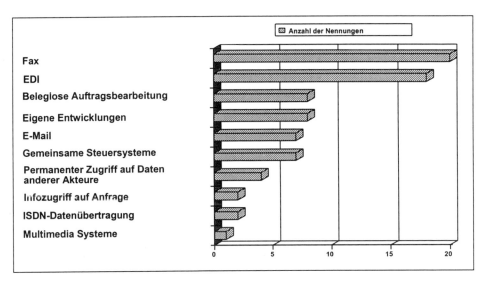

Fax
EDI
Beleglose Auftragsbearbeitung
Eigene Entwicklungen
E-Mail
Gemeinsame Steuersysteme
Permanenter Zugriff auf Daten anderer Akteure
Infozugriff auf Anfrage
ISDN-Datenübertragung
Multimedia Systeme

**Abbildung 47:**   Eingesetzte EDV-Systeme und Standards

### 4.4.2.4  Gestaltung der Transportlogistik entlang der Logistikkette

*Informationsflüsse im Hinblick auf die Transportlogistik*

Bezogen auf die Transportlogistik stellt sich die Informationsversorgung ähnlich dar. So ist auch hier beim Hersteller der Einsatz moderner DV-Systeme nur partiell anzutreffen. Es überwiegt die Abwicklung der Datenübertragung per Telefon und Telefax. Die Logistikdienstleister nennen keine spezielle von den oben genannten Systemen abweichende Gestaltung der Informationsweitergabe. Beim Handel wird in mehr als der Hälfte der Ketten der Datenaustausch noch in Papierform über Lieferscheine abgewickelt.

*Stellenwert von JIT-Lieferungen*

JIT-Lieferungen spielen für die Gestaltung der logistischen Prozeßketten eine unterschiedliche Rolle. Dabei wird nicht nur die produktionssynchrone Anlieferung als JIT-Beschaffung definiert, sondern auch die tages- oder mehrtagesgenaue Lieferung. Während bei den Herstellern lediglich zehn Prozent aller Artikel nach dem JIT-Prinzip geliefert werden (ohne Angabe von Fristen), geben die Hälfte der Logistikdienstleister an, daß JIT-Lieferungen Relevanz besitzen. Bei allen befragten Handelsunternehmen spielt die bedarfsnahe Lieferung eine Rolle, wobei die meisten Hauptakteure mehrtägige Lieferungen angeben.

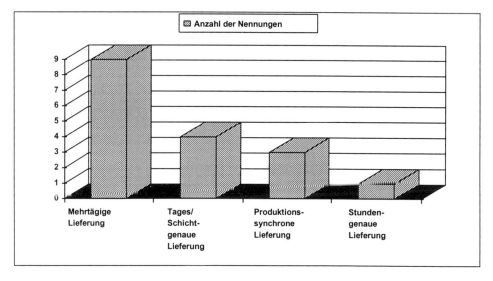

**Abbildung 48:**   Zeitverläufe von JIT-Lieferungen

Die geringe Anzahl von JIT-Lieferungen bei den Herstellern kann damit begründet werden, daß Teile, die früher in getrennten Abläufen nach dem JIT-Prinzip beschafft wurden, zunehmend zu Modulen zusammengefaßt werden und von einzelnen Modul- oder Systemlieferanten bezogen werden.[31] Die Zunahme von bedarfsnahen bzw. JIT-Verkehren mit längerer Laufzeit beim Handel entspricht dem allgemeinen Trend. Insgesamt hat das in den achtziger Jahren stark an Stellenwert gewonnene JIT-Konzept in bezug auf den 24-Stunden-JIT-Verkehr an Bedeutung verloren. Für eine umweltgerechte Gestaltung der Transportprozesse bedeutet diese zeitliche Ausweitung des JIT-Verkehrs, daß ein verstärkter Einsatz von Schienentransporten möglich wird.

Der vorwiegende Grund für JIT-Lieferungen sind Kostenreduzierungen durch die Reduktion der Warenbestände. Möglich wird insbesondere die produktionssynchrone

---

[31]   Vgl. Baumgarten 1996, S. 24.

Einspeisung der Komponenten meist durch die räumliche Nähe zu den Lieferanten.
Ein weiterer Anlaß ist die Risikovermeidung von Mengen- und Qualitätsausfällen.

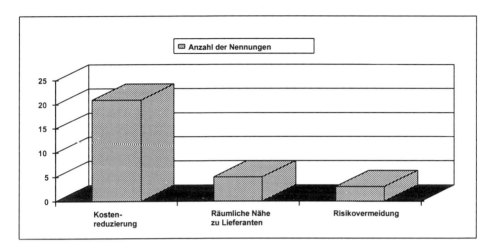

**Abbildung 49:**    Gründe für den Einsatz von JIT-Lieferungen

*Nutzung der verschiedenen Verkehrsträger*

Insgesamt überwiegt deutlich der Straßengüterverkehr. So geben 19 der befragten
Hauptakteure an, 100 Prozent der Transporte über den Straßengüterverkehr abzu-
wickeln. Die Bahn wird nur in zwei Fällen und die Binnen- und Seeschiffahrt in einem
Fall und die Luftfahrt in keinem Fall als Hauptverkehrsträger eingesetzt. Dabei ist
festzuhalten, daß die Ketten, in denen ausschließlich die Bahn oder der Schiffsver-
kehr eingesetzt werden, insbesondere aufgrund dieser Verkehrsmittelwahl untersucht wurden.

Änderungen der Aufteilung des Modal Split werden von sieben der befragten
Hauptakteuren erwartet: Es wird eine Erhöhung des Anteils der Bahn und/oder des
kombinierten Verkehrs angestrebt. Die grundsätzliche Bereitschaft, die Bahn insbesondere aus ökologischer Sicht künftig verstärkt zu berücksichtigen, ist jedoch bei
der Mehrzahl der befragten Hauptakteure gegeben.

## 4.4.2.5 Logistikcontrolling entlang der Logistikkette

*Unternehmensübergreifendes Gesamtkostendenken*

Ein unternehmensübergreifendes Gesamtkostendenken geben 22 der befragten Hauptakteure an. Bei einer näheren Betrachtung zeigt sich jedoch ein anderes Bild:

- Kostenarten werden nur von vier Handelsunternehmen, keinem Hersteller, jedoch von allen Logistikdienstleistern unternehmensübergreifend erfaßt. Während fast alle Logistikdienstleister die Erfassung aller Kostenarten nennen, werden vom Handel nur die Logistikpersonalkosten, die Kosten der Auftragsbearbeitung und -abwicklung, die Kommissionierungs- sowie die Transportkosten ausgewiooon.

- Eine Kostentransparenz innerhalb der Logistikkette wird sehr eingeschränkt von elf Akteuren angegeben.

- Eine Berechnung von Kennzahlen bzw. Kennzahlensystemen für die Gestaltung der Schnittstellen wird in 25 Ketten durchgeführt. Allerdings sind dies größtenteils unternehmensinterne und keine unternehmensübergreifenden Kennzahlen.

Hier zeigt sich somit ein großes Optimierungspotential hinsichtlich einer erhöhten Transparenz der Logistikkosten zum einen innerhalb der einzelnen Unternehmen sowie zum anderen entlang der Logistikkette. Positiv zu vermerken ist jedoch, daß ein unternehmensübergreifendes Gesamtkostendenken in Form von Kennzahlensystemen für die Gestaltung der Schnittstellen von der Mehrzahl der befragten Unternehmen zumindest in Anfängen vorhanden ist.

*Höhe der Logistikkosten und Kostensenkungspotentiale*

Den größten Kostenblock bei den Logistikkosten stellen nach Angaben von 24 Hauptakteuren die Personalkosten dar. An zweiter Stelle werden mit 20 Nennungen die Transportkosten und mit zwölf Nennungen an dritter Stelle die Kosten der Auftragsbearbeitung und -abwicklung genannt.

Kostensenkungspotentiale werden von mehr als zwei Dritteln der Akteure in dem Einsatz elektronischer Informations- und Kommunikationssysteme gesehen. Für die Auftragsabwicklung bedeutet der Einsatz von IuK-Technologien in erster Linie eine

Zeitersparnis. Aufgaben der Datenfernübertragung bzw. des Datenaustauschs können ohne zusätzliche Eingabe- und Kontrollprozesse optimal gestaltet werden. Wie bereits beschrieben, wenden von den befragten Akteuren nur weniger als ein Drittel entsprechende Systeme an. Lediglich die Logistikdienstleister, bei denen bereits jeder zweite EDI nutzt, sind in diesem Bereich aktiv. Auch ist es durch IuK-Systeme möglich, Fahrzeuge rationeller einzusetzen und eine bessere Ladungsdisposition herbeizuführen. Durch die damit verbundene Senkung des Leerfahrtenanteils kann auch eine umweltentlastende Wirkung erreicht werden.

Eine unternehmensübergreifende Abstimmung kann nach Meinung von 23 Hauptakteuren zur Senkung der Logistikkosten beitragen. Hierdurch erwarten die Akteure in erster Linie Senkungen der Lagerhaltungs-, Konservierungs- und Finishingkosten. Insgesamt sind nach Aussagen von zehn Herstellern und zwei Logistikdienstleistern Einsparungen von 15 bis 20 Prozent der gesamten Logistikkosten möglich.

Weitere Kostensenkungspotentiale werden von mehr als der Hälfte der befragten Hauptakteure durch das Outsourcing weiterer Funktionen angestrebt. Hier werden insbesondere die Nutzung des Lieferanten-Know-hows sowie die Realisierung von Skalenerträgen angestrebt. Auch können größere Investitionen wie z. B. der Bau und der Betrieb eines Lagerhauses fremdvergeben werden.

Ein Drittel der befragten Akteure strebt darüber hinaus - ohne nähere Angaben - Kostensenkungen durch organisatorische Maßnahmen, Mitarbeiterschulungen sowie einen kontinuierlichen Verbesserungsprozeß an.

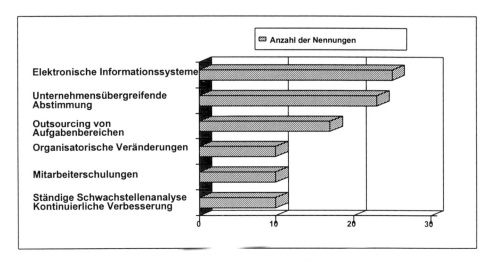

**Abbildung 50:** Maßnahmen zur Realisierung von Kostensenkungen in der Logistik

### 4.4.2.6 Erfolgswirkungen entlang der Logistikkette

Ein von fast allen Akteuren als elementar betrachteter Erfolgsfaktor ist die enge Zusammenarbeit mit anderen Akteuren der logistischen Prozeßkette. Hierbei ist mit 26 Nennungen die Optimierung unter qualitativen Gesichtspunkten dominierend. Unter ökonomischen Aspekten ist diese Zusammenarbeit für 19 Hauptakteure von großer Bedeutung; sechs Akteure nennen die Verbesserungen der Umweltwirkungen.

Weitere Spitzenleistungen werden bei der Abwicklung der Transporte, bei Umschlag- und Kommissionierung sowie bei der Auftragsabwicklung gesehen. Diese Spitzenleistungen führen mit 25 Nennungen zu Verbesserungen in qualitativer Hinsicht. Ökonomische Verbesserungen geben 24 und ökologische Verbesserungen neun Akteure an.

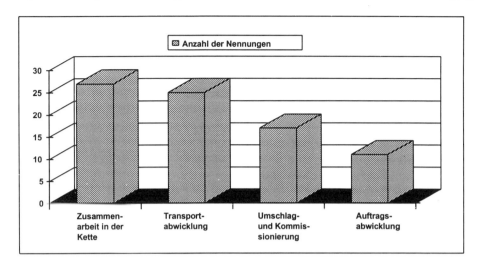

**Abbildung 51:**    Spitzenleistungen der Unternehmen

Gründe für die Optimierung der Logistik werden in erster Linie in dem Einsatz bestimmter Informationstechnologien, der Entwicklung einer für die Schnittstelle maßgeschneiderten Problemlösung sowie einer engen Zusammenarbeit gesehen. Als weitere Faktoren nennen die Akteure organisatorische Besonderheiten wie z. B. kurze Entscheidungswege durch flache Hierarchien, besondere Leistungen der Mitarbeiter sowie spezielle Umschlag- und Lagereinrichtungen.

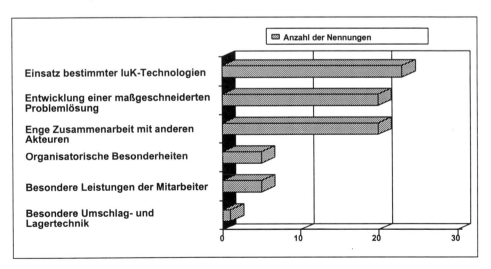

**Abbildung 52:**   Gründe für Spitzenleistungen

Insgesamt geben 24 Akteure bestehende Hemmnisse innerhalb der Logistikkette an. Jeweils mehr als die Hälfte der befragten Akteure nennen die Machtposition eines Akteurs und eine unzureichende Kommunikation mit den anderen Akteuren als Hemmnis. Im weiteren Umfeld stehen technische Restriktionen an erster Stelle.

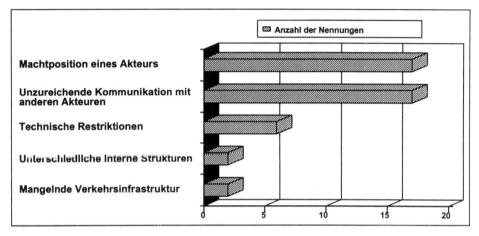

**Abbildung 53:** Hemmnisse für eine Verbesserung der Logistik

### 4.4.3 Qualitätsmanagement

### 4.4.3.1 Bedeutung der Qualität im Rahmen der Gesamtunternehmenspolitik

*Qualitätsbegriff und Stellenwert der Qualitätssicherung in der Unternehmenspolitik*

In allen untersuchten Prozeßketten wird der Begriff der Qualität als Kundenzufriedenheit verstanden. Darunter fallen die Lieferzeit, Zuverlässigkeit, Service, Sicherheit, Flexibilität und Beziehungsqualität. Als Unternehmensziel wird die Qualität von
allen Akteuren als sehr wichtig bzw. wichtig eingeordnet. Für die Hälfte der Logistikdienstleister stellt es das bedeutendste Ziel im Spektrum der Unternehmensziele dar.

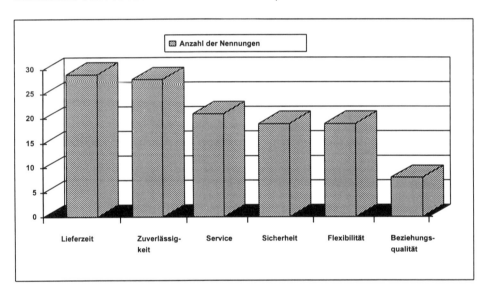

**Abbildung 54:**   Inhalte des Qualitätsbegriffs

*Vorhandensein eines Qualitätsmanagements*

QMS werden von fast allen Akteuren als Grundlage für weitere Maßnahmen zur
Qualitätssicherung eingesetzt; eine Zertifizierung nach DIN EN ISO 9000 ff. haben
bereits 21 Unternehmen vollzogen. Während alle Hersteller zertifizierte Managementsysteme nutzen, ist bei mehr als der Hälfte der befragten Logistikdienstleister
und bei nur wenigen Handelsunternehmen eine Zertifizierung erfolgt. Bei dem

Großteil der noch nicht zertifizierten Logistikdienstleister und Handelsunternehmen ist eine Zertifizierung in nächster Zeit geplant. Kein Akteur lehnt die Zertifizierung ab.

Als Gründe für den Einsatz von zertifizierten Managementsystemen werden in erster Linie Kundenanforderungen genannt. Während alle Hersteller und alle Logistikdienstleister dies als Hauptgrund für den Einsatz von zertifizierten Managementsystemen nennen, spielen für den Handel diesbezügliche Kundenanforderungen kaum eine Rolle. Die Hauptmotivation des Handels liegt in der internen Verbesserung der Abläufe durch die Dokumentation aller Prozesse. Als weitere Gründe nennen die Akteure Differenzierung am Markt, Aufbau von Reputation und Mitarbeitermotivation.

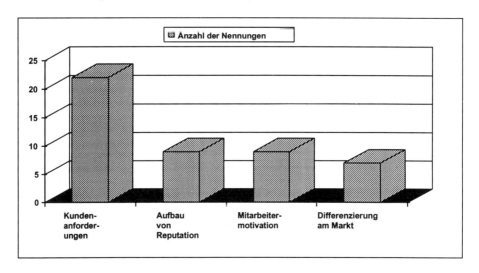

**Abbildung 55:**   Gründe für ein zertifiziertes QMS

*Zentrale Maßnahmen zur Qualitätssicherung*

Zur Sicherstellung der Qualität werden von allen Akteuren zahlreiche Maßnahmen ergriffen:

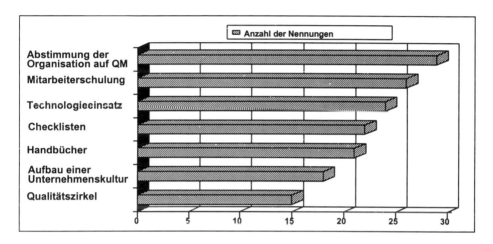

**Abbildung 56:**   Planung der Logistikqualität

Bezogen auf die einzelnen Akteursgruppen lassen sich nur geringe Unterschiede im Ergreifen qualitätssichernder Maßnahmen feststellen. Es erfolgen bei allen befragten Herstellern und Logistikdienstleistern die Abstimmung der Organisation auf Erfordernisse des Qualitätsmanagements sowie die gezielte Ausbildung der Mitarbeiter. Entsprechende Technologien werden ebenfalls von allen Herstellern und fast allen Logistikdienstleistern eingesetzt. Während bei den Herstellern auch die restlichen Maßnahmen überwiegend Berücksichtigung finden, werden nur bei der Hälfte der Logistikdienstleister Checklisten und Qualitätszirkel eingesetzt. Der Aufbau einer qualitätsorientierten Unternehmenskultur findet nur bei drei Logistikdienstleistern statt.

Die befragten Handelsunternehmen ergreifen insgesamt weniger Maßnahmen zur Qualitätssicherung. Die oben genannten Maßnahmen werden nur jeweils von etwa der Hälfte der Handelsunternehmen genutzt.

## 4.4.3.2 Qualität in der Logistik

*Zentrale Qualitätskriterien für logistische Prozesse*

Die höchste Bedeutung innerhalb der Qualitätskriterien wird von allen Akteuren der Zuverlässigkeit zugesprochen. In einer Bewertung mit einer Skala eins bis fünf, wobei eins die beste Wertung ist, wird die Zuverlässigkeit von allen befragten Hauptakteuren bei eins eingestuft. Von zwei Akteursgruppen (Hersteller und Logistikdienstleister) erhielt der Service und von einer Gruppe (Hersteller) der Preis die höchste Wertung. Die weiteren Qualitätskriterien Lieferzeit, Flexibilität, Sicherheit und Beziehungsqualität erhalten jeweils die zweithöchste Bewertung.

| Qualitätskriterien | Bewertung |
|---|---|
| Zuverlässigkeit | 1,0 |
| Service | 1,3 |
| Preis | 1,6 |
| Sicherheit | 2,0 |
| Lieferzeit | 2,0 |
| Flexibilität | 2,0 |
| Beziehungsqualität | 2,0 |

**Tabelle 14:**    Bewertung der verschiedenen Qualitätskriterien (1 = sehr wichtig, 5 = unwichtig)

*Messung logistischer Qualität*

Die Qualität logistischer Leistungen wird von den Akteuren mit einer Reihe unterschiedlicher Instrumente gemessen. Das am häufigsten eingesetzte Mittel ist die Entwicklung interner Kennzahlen. Des weiteren werden Kundenbefragungen und Erhebungen neutraler Institute durchgeführt und Checklisten eingesetzt. Der Logistikdienstleister setzt zudem noch Fehlerprotokolle ein. Der Handel erfaßt zusätzlich Reklamationen.

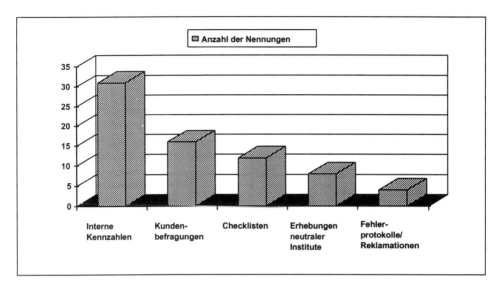

**Abbildung 57:** Instrumente zur Messung logistischer Qualität

Speziell die Kundenzufriedenheit wird von 22 Akteuren direkt durch Kundenbefragungen erfaßt. Fünf Logistikdienstleister nutzen zudem Erhebungen neutraler Institute und drei Handelsunternehmen leiten die Kundenzufriedenheit auch aus der Anzahl der Reklamationen ab. Als weiteres Instrument zur indirekten Messung werden
von zehn Akteuren Kennzahlen erhoben.

*Zentrale Maßnahmen zur unternehmensübergreifenden Qualitätssicherung*

Zur unternehmensübergreifenden Qualitätssicherung werden von allen Akteuren
Vereinbarungen über Qualitätsmaßstäbe getroffen. Inhalt dieser Vereinbarungen
sind in erster Linie Lieferzeiten und -mengen, Beschädigungen des Gutes und Lieferungen des richtigen Gutes. Vereinbarungen über Umweltschutzmaßnahmen werden
nur von vier Akteuren genannt.

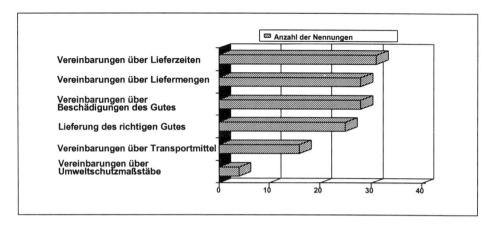

**Abbildung 58:** Maßnahmen zur unternehmensübergreifenden Qualitätssicherung

Wie oben bereits beschrieben, setzen fast alle Akteure der untersuchten Prozeßketten zertifizierte QMS ein. Der Einsatz der QMS wurde in allen Fällen unabhängig von den jeweils vor- und nachgelagerten Unternehmen durchgeführt. Nach Angaben von 15 Akteuren wurden die verschiedenen Systeme jedoch nachträglich angepaßt. Während die Hälfte der befragten Logistikdienstleister eine Abstimmung mit anderen Akteuren angibt, ist nur einem Handelsunternehmen und keinem Hersteller ein entsprechender Anpassungsprozeß bekannt. Es werden dennoch von keinem Akteur Kompatibilitätsprobleme angeführt. Dies darf jedoch nicht zu der Annahme verleiten, daß keine Kompatiblitätsprobleme existieren. Es sagt lediglich aus, daß bisher kaum eine Beschäftigung der Akteure mit den QMS der vor- bzw. nachgelagerten Akteure stattgefunden hat.

### 4.4.3.3 Logistische Qualität entlang der Logistikkette

*Planung und Messung der logistischen Qualität an den Schnittstellen*

An den Schnittstellen wird die Qualität der Logistik in erster Linie durch Instrumente der Abstimmung der Organisation auf Erfordernisse des Qualitätsmanagements geplant.

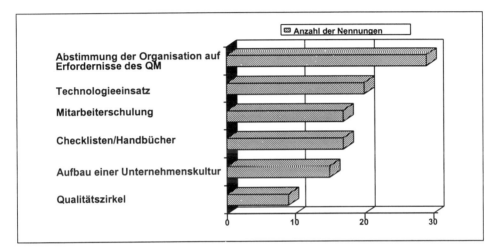

**Abbildung 59:** Planung der logistischen Qualität an den Schnittstellen

Die schnittstellenbezogene Beurteilung erfolgt im Gegensatz zu der Qualitätsmessung der Logistik im eigenen Unternehmen nur bei 17 Akteuren durch interne Kennzahlen. Während alle Handelsunternehmen und die Hälfte der Logistikdienstleister Kennzahlen einsetzen, nutzt kein Hersteller dieses Instrument. Sämtliche befragten Hersteller setzten Checklisten und jeder dritte Kundenbefragungen ein. Checklisten werden von nur jeweils einem Handelsunternehmen und einem Logistikdienstleister genutzt. Insgesamt finden jedoch deutlich weniger Instrumente zur Messung der logistischen Qualität an der Schnittstelle als zur Messung der Logistik des eigenen Unternehmens Berücksichtigung.

*Planung und Messung der logistischen Qualität an den Schnittstellen anhand von Einzelkriterien*

Die Planung der einzelnen Qualitätskriterien wird - mit nur geringen Unterschieden bei der Anzahl der Nennungen - mit Hilfe von Maßnahmen der Gestaltung der Ablauf- und Aufbauorganisation und der Informationsflüsse, mit Mitarbeiterschulungen, durch ein gemeinsames Controlling, Kundenbefragungen und Checklisten durchgeführt. Maßnahmen der Ablauforganisation und des Informationsflusses werden jeweils am häufigsten genannt.

Es besteht nach Angaben von 24 Hauptakteuren die Möglichkeit, Liefermengen, -zeiten oder -adressen kurzfristig zu ändern und auch besondere Servicewünsche an die anderen Akteure der Logistikkette zu stellen. Während diesen hohen Flexibilitätsgrad alle Hersteller und fast alle Logistikdienstleister angeben, nennt nur die Hälfte des Handels diese Möglichkeiten. Nach eigenen Aussagen bieten dagegen 28 Akteure anderen Unternehmen ihrerseits Änderungsmöglichkeiten an.

Die Kommunikation der Änderungswünsche erfolgt bei 22 Hauptakteuren per Telefon, bei 21 Hauptakteuren per Fax. Neun Hauptakteure nutzen regelmäßige bzw. unregelmäßige Treffen zum Austausch von Veränderungsvorschlägen. Konstant online werden erst bei einem Logistikdienstleister Änderungen entgegengenommen. Eine transportbegleitende Information und Kommunikation ist nach Aussagen von 24 Akteuren möglich.

Theoretisch wäre nach Angabe von 28 Akteuren ein unternehmensübergreifender Informationsaustausch möglich. Praktiziert wird er jedoch nur von 18 Akteuren. Unternehmensübergreifend ausgetauscht werden von 18 Hauptakteuren Kundenwünsche. 13 Handelsunternehmen und Logistikdienstleister geben darüber hinaus noch den Austausch von Informationen bezüglich Verkaufsmengen an. Daten über Produktionsmengen werden von neun Hauptakteuren und Daten über interne Kostenstrukturen von drei Hauptakteuren ausgetauscht.

*Erfordernis einer Zertifizierung des Qualitätsmanagements entlang der Logistikkette*

Fast alle Akteure halten den Einsatz von zertifizierten QMS für sinnvoll. „Volles Vertrauen" bzw. „Vertrauen" in die Effektivität von QMS geben jedoch nur fünf der befragten Hauptakteure an. 13 Hauptakteure geben „teils / teils Vertrauen" an, sechs haben wenig Vertrauen und ein Hauptakteur gibt kein Vertrauen an. Dennoch verlangen 18 Akteure, je nach der jeweiligen Machtposition in der Kette, den Einsatz und die Zertifizierung von QMS.

*Erfolgswirkungen der Qualitätspolitik an den Schnittstellen*

Von den befragten Hauptakteuren geben 16 an, daß innerhalb der Logistikketten ein Vorreiter in der Qualitätssicherung existiert. Auffällig ist hierbei, daß jede der befragten Akteursgruppen u. a. sich selbst als Vorreiter sieht. So geben die beiden Hersteller, die eine Vorreiterrolle beschreiben, sich selbst als führend in der Qualitätssicherung an. Von den entsprechenden fünf Handelsunternehmen sehen sich vier als Vorreiter an und nur mit jeweils einer Nennung den Handel und den Hersteller. Fast alle Logistikdienstleister geben die Existenz eines Vorreiters an. Sie sehen jedoch mit zwei Ausnahmen den Hersteller und nicht sich selbst als führend an.

Hinsichtlich der Relevanz der Qualitätssicherung an der Schnittstelle herrscht eine relative Einigkeit zwischen den verschiedenen Akteuren. So meinen 25 der befragten Hauptakteure, daß ein gleiches Verständnis von der Bedeutung der Qualität zwischen den Akteuren besteht.

21 der befragten Akteure geben eine sehr hohe bzw. hohe Wirkung der Qualitätssicherung auf die Effizienz an der entsprechenden Schnittstelle an. Die oben beschriebenen ergriffenen Maßnahmen zur Sicherstellung der verschiedenen Qualitätskriterien tragen in unterschiedlichem Maße zur Entwicklung der Kosten, des Umsatzes und der Kundenzufriedenheit bei:

| Wirkungen der qualitäts- sichernden Maß- nahmen auf...  /  Maßnahmen zur Sicherstellung von... | Kosten | Umsatz | Kunden- zufriedenheit |
|---|---|---|---|
| Schnelligkeit | 2 | 3 | 2 |
| Zuverlässigkeit | 2 | 2 | 1 |
| Flexibilität | 4 | 3 | 2 |
| Sicherheit | 3 | 2 | 2 |
| Service | 3 | 2 | 2 |
| Beziehungsqualität | 3 | 2 | 2 |

**Tabelle 15:**    Wirkungen der Qualitätsmaßnahmen (1 = positiver Einfluß, 5 = negativer Einfluß)

Die höchste positive Wirkung auf die Kosten haben bei den Herstellern Maßnahmen zur Sicherstellung der Schnelligkeit und Maßnahmen zur Sicherstellung der Zuverlässigkeit. Für den Logistikdienstleister stellen naturgemäß alle Maßnahmen zur Gewährleistung der Qualitätskriterien in erster Linie Kosten dar. Er bewertet Maßnahmen zur Erreichung von Schnelligkeit, Zuverlässigkeit, Sicherheit, Service und Beziehungsqualität eher neutral. Maßnahmen zum Erreichen von Flexibilität wirken sich dagegen negativ auf seine Kostenentwicklung aus.

Auf den Umsatz wirken sich bei den Herstellern insbesondere Maßnahmen bezüglich der Zuverlässigkeit, der Sicherheit und des Services positiv aus. Zum Erreichen von Kundenzufriedenheit spielen die Erhöhung von Schnelligkeit, Zuverlässigkeit, Sicherheit und Service die bedeutendste Rolle. Der Logistikdienstleister erzielt Umsatzerhöhungen in erster Linie durch die Beziehungsqualität. Kundenzufriedenheit wird im wesentlichen durch die Sicherstellung von Zuverlässigkeit und Flexibilität erreicht. Der Handel hat zu diesen Wirkungen keine Angaben gemacht.

### 4.4.4 Umweltmanagement

### 4.4.4.1 Bedeutung des Umweltschutzes im Rahmen der Gesamtunternehmenspolitik

*Stellenwert des Umweltschutzes in der Unternehmenspolitik*

Das Umweltmanagement hat bei 26 der befragten Hauptakteure einen sehr hohen bis hohen Stellenwert. Bei den Herstellern ist der Stellenwert einheitlich sehr hoch bzw. hoch. Logistikdienstleister und Handel geben zwar zum größten Teil eine sehr hohe bzw. hohe Relevanz des Umweltschutzes an, jedoch weisen ihm auch drei bzw. vier Hauptakteure eine geringe Bedeutung zu.

*Zentrale Umweltschutzmaßnahmen*

Fast alle Hersteller und alle Handelsunternehmen geben die Implementierung des Umweltschutzes in die Organisation an. Die Stelle eines Umweltschutzbeauftragten oder ähnliche organisatorische Verankerungen haben nur die Hälfte aller befragten Logistikdienstleister eingerichtet. Maßnahmen der internen und externen Kommunikation bezüglich eines ökologieorientierten Umgangs mit den Produkten finden bei zwei Dritteln der befragten Hauptakteure statt. Auch hier sind die Hersteller, die fast alle kommunikative Maßnahmen zur Reduzierung der Umweltbelastung nennen, führend.

Trotz ihrer institutionell verankerten Nähe zum Kunden führen nur sechs Handelsunternehmen Kundeninformationen bezüglich des umweltgerechten Umgangs mit den Produkten durch. Aufgrund ihrer geringeren Produktkenntnis geben nur zwei der befragten Logistikdienstleister Informationen zum Umgang mit den Produkten. Dagegen sind bei der Durchführung ökologieorientierter Schulungen alle befragten Akteure gleich aktiv. So geben jeweils acht Industrie- bzw. Handelsunternehmen und sechs Logistikdienstleister Maßnahmen der Mitarbeiterinformation an.

Die Einbeziehung von Umweltschutzaspekten in die betrieblichen Funktionen ist naturgemäß bei den verschiedenen Akteursgruppen unterschiedlich ausgestaltet. So werden Maßnahmen des ökologieorientierten Produktdesigns von sieben Herstellern und nur von jeweils einem Logistikdienstleister und einem Handelsunternehmen genannt. Eine ökologieorientierte Produktion erfolgt bei neun Herstellern und einem Handelsunternehmen.

Eine ökologieorientierte Distribution findet bei 16 der befragten Hauptakteure statt. Während fast alle Hersteller diesbezüglich Maßnahmen ergreifen, nennen nur fünf Logistikdienstleister und drei Handelsunternehmen eine ökologische Ausrichtung der Distribution.

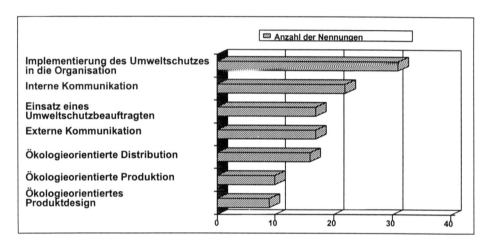

**Abbildung 60:** Zentrale Umweltschutzmaßnahmen

*Vorhandensein eines Umweltmanagementsystems*

Zertifizierte UMS setzen erst neun der befragten Akteure ein. Insgesamt vier Hersteller haben eine Zertifizierung nach der EMAS-Verordnung. Einer von ihnen hat sich nach DIN EN ISO 14001 und EMAS zertifizieren lassen. Zwei Logistikdienstleister und zwei Handelsunternehmen sind nach DIN EN ISO 14001 und ein Logistikdienstleister nach der EMAS-Verordnung zertifiziert. Drei Handelsunternehmen und ein Logistikdienstleister planen eine Zertifizierung. Hauptgrund für eine Zertifizierung ist mit neun Nennungen der Reputationaufbau. Mitarbeitermotivation und Senkung der Umweltbelastungen sind mit jeweils acht Nennungen an zweiter Stelle, darauf folgt die Differenzierung am Markt mit sieben Nennungen. Gegen einen Einsatz sprechen nach Meinung von neun Akteuren Kostengründe. Sechs Logistikdienstleister und sieben Handelsunternehmen „*sahen bisher keine Notwendigkeit*". Auch hier ist wieder darauf hinzuweisen, daß die befragten Hauptakteure keine durchschnittlichen Leistungen erbringen, sondern ihre Logistik überdurchschnittlich hoch ökologisch und qualitativ gestalten.

### 4.4.4.2 Umweltschutz in der Logistik

*Umweltschutzkriterien für logistische Prozesse*

Bei der Gestaltung der Logistik spielen für die befragten Hersteller alle Kriterien der Schadstoffeinträge in Luft, Wasser und Boden, der Energieverbrauch, der stoffliche Input, Abfälle, Lärm, infrastrukturelle Wirkungen sowie Unfälle und Gesundheitsrisiken eine sehr große Rolle. Bei den Logistikdienstleistern und dem Handel werden diese Umweltbelastungen mit „wichtig" bzw. „teils / teils wichtig" bewertet.

| Umweltschutz-kriterien | Anzahl der Nennungen | | | | | |
|---|---|---|---|---|---|---|
| | 1 = sehr wichtig | 2 = wichtig | 3 = teils /teils | 4 = weniger wichtig | 5 = unwichtig | Durch-schnitt |
| **Energieverbrauch** | 19 | 3 | 4 | 1 | 1 | 1,4 |
| **Schadstoffeinträge in Luft** | 18 | 2 | 1 | 2 | 4 | 1,6 |
| **Stofflicher Input, Abfälle** | 12 | 7 | 4 | 0 | 5 | 1,9 |
| **Lärm** | 14 | 1 | 5 | 2 | 5 | 1,9 |
| **Schadstoffeinträge in Gewässer** | 16 | 2 | 1 | 2 | 7 | 2,0 |
| **Schadstoffeinträge in den Boden** | 15 | 1 | 1 | 3 | 7 | 2,0 |
| **Infrastrukturelle Wirkungen** | 12 | 4 | 3 | 5 | 4 | 2,1 |
| **Unfälle / Gesundheitsrisiken** | 16 | 2 | 3 | 3 | 3 | 2,2 |

**Tabelle 16:** Bewertung der Umweltschutzkriterien

*Messung der Umweltverträglichkeit logistischer Prozesse*

Knapp die Hälfte der befragten Hauptakteure führt Messungen der Umweltverträglichkeit speziell logistischer Leistungen durch. Bezogen auf die verschiedenen Akteursgruppen erfolgen Messungen in jedem zweiten Unternehmen. Hierfür werden
mit neun Nennungen Checklisten und mit acht Nennungen interne Kennzahlen genutzt.

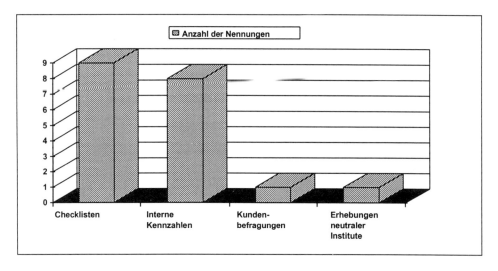

**Abbildung 61:**   Instrumente zur Messung der Umweltverträglichkeit logistischer
                    Leistungen

*Zentrale Maßnahmen zur Sicherung des Umweltschutzes in der Logistik*

Zur Sicherstellung der Einhaltung gesetzlicher Vorschriften werden bei fast allen befragten Hauptakteuren Umweltvorschriften (z. B. Rechts- und Verwaltungsvorschriften, Gefahrgutverordnung, Grenzwerte, abwasserrechtliche Vorschriften,
Vorschriften über Recycling und Entsorgung etc.) erfaßt. Nur zwei Handelsunternehmen geben keine Erfassung bzw. Dokumentation der Vorschriften an. Zwei Drittel der befragten Hauptakteure setzen auch Schulungen zur Sicherstellung der Einhaltung dieser Vorschriften ein. Grundlage dieser Schulungen bildet die Ermittlung
des Bildungs- und Informationsbedarfs im Umweltschutz. Weiterhin werden regel-

mäßige interne und externe Kontrollen durchgeführt und Checklisten und Handbücher genutzt.

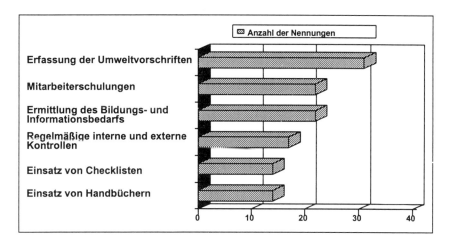

**Abbildung 62:**   Zentrale Maßnahmen zur Sicherung des Umweltschutzes in der Logistik

Die Vielzahl der ergriffenen Maßnahmen zeigt, daß sich die Hauptakteure ihrer Verantwortung durch eine umweltverträglichere Ausgestaltung des Gütertransportes - trotz weitgehender Auslagerung dieses Bereiches - bewußt sind. Es überrascht jedoch, daß Maßnahmen der Verlagerung von Transporten von der Straße auf die Schiene, der Einsatz von IuK-Technologien sowie die Bildung von Kooperationen, die an anderer Stelle angegeben wurden, in diesem Zusammenhang nicht genannt wurden.

### 4.4.4.3  Umweltschutz entlang der Logistikkette

*Abstimmung über Umweltmanagement an den Schnittstellen*

Zur Sicherstellung einer unternehmensübergreifenden Umweltschutzorientierung in der gesamten Logistikkette haben 24 Hauptakteure Vereinbarungen mit anderen Akteuren über Umweltschutzmaßstäbe bzw. -verletzungen getroffen. Inhalte dieser Vereinbarungen sind in erster Linie Verringerungen des stofflichen Inputs, der Abfälle und der Energieverbräuche. UMS verlangen nur vier der befragten Hauptakteure.

Das Vertrauen in diese Systeme ist jedoch als hoch zu beschreiben. Nur ein Hersteller gab „wenig Vertrauen" an, die restlichen Angaben waren "Vertrauen" bzw. mit zwei Nennungen „teils / teils Vertrauen". Eine Kompatibilität der UMS in der Logistikkette geben nur jeweils ein Hersteller, ein Logistikdienstleister und ein Handelsunternehmen an. Optimierungspotentiale innerhalb der Logistikkette durch eine durchgängige Zertifizierung aller Akteure sehen 13 Hauptakteure.

*Messung der Umweltwirkungen an den Schnittstellen*

Die Belastungen der Umwelt speziell an der betrachteten Schnittstelle werden von allen Herstellern und jeweils zwei Logistikdienstleistern und Handelsunternehmen schriftlich, bei einem Logistikdienstleister auch EDV-technisch dokumentiert. Die Erfassung erfolgt bei allen Akteursgruppen durch den Umweltschutzbeauftragten. Die befragten Handelsunternehmen und Logistikdienstleister geben darüber hinaus noch Verantwortungen der Mitarbeiter im Bereich Logistik und Produktion sowie Qualitätsmanagement an. Ein Einsatz spezieller Technologien wie umweltfreundliche Maschinen, Anlagen oder Fahrzeuge erfolgt bei fast zwei Dritteln der befragten Hauptakteure. Bei den Nennungen überwiegt deutlich die Akteursgruppe der Logistikdienstleister: Während fast alle Logistikdienstleister umweltfreundliche Technologien einsetzen, erfolgt dieser Einsatz nur bei jeweils der Hälfte der Industrie- und Handelsunternehmen.

Die Entsorgung an der Schnittstelle ist nur bei sechs Hauptakteuren unternehmensübergreifend organisiert. Die anderen Hauptakteure geben eine jeweils gesonderte Entsorgung an. Verantwortlich für diesen Bereich ist bei 17 Hauptakteuren ein Mitarbeiter aus dem Bereich Logistik. Bei sieben Hauptakteuren erfüllen Umweltbeauftragte die Entsorgungsaufgaben, und bei zehn Hauptakteuren erfüllen diesen Aufgabenbereich externe Dienstleister. Eine Wiederverwendung bzw. -verwertung von gebrauchten Verpackungen findet erst bei sieben Akteuren statt, ebenfalls sieben Akteure setzen Mehrwegverpackungen ein.

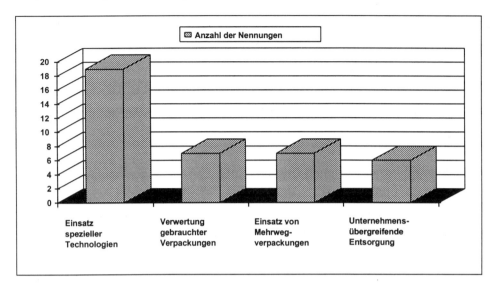

**Abbildung 63:**  Zentrale Umweltschutzmaßnahmen an den Schnittstellen

Hinsichtlich einer Vorreiterrolle im Umweltschutzbereich gehen die Angaben zum Teil auseinander. Mit 16 Nennungen werden dem Hersteller besondere Leistungen im Umweltschutz zugesprochen. Der Handel erhält sechs Nennungen und der Logistik-dienstleister drei. Auffallend ist, daß sich Industrie- und Handelsunternehmen jeweils selbst die meisten Nennungen geben. So kommen von den 16 Nennungen des Herstellers neun aus den eigenen Reihen; die sechs Nennungen des Handels kom-men ausschließlich aus der Akteursgruppe des Handels. Lediglich die Gruppe der Logistikdienstleister sieht in erster Linie den Hersteller und erst in zweiter Linie sich selbst als führend im Umweltschutz an.

*Erfolgswirkungen des Umweltmanagements an den Schnittstellen*

Umweltschutzmaßnahmen hinsichtlich des Einsatzes von umweltgerechten Techno-logien wirken an den Schnittstellen zunächst kostensteigernd. Es werden kaum Effi-zienzsteigerungen durch Umweltschutzmaßnahmen angegeben. Auch werden keine bemerkenswerten Steigerungen der Kundenzufriedenheit oder des Umsatzes ge-nannt.

Von UMS erwarten dagegen acht Hauptakteure Synergiewirkungen und somit eine effizientere Gestaltung der Schnittstelle. Für eine Erhöhung dieses Potentials müßte nach Angaben von vier Akteuren der Standortbezug wegfallen. Weiterhin müßte eine Abstimmung des UMS mit den Schnittstellenpartnern erfolgen sowie allgemein mehr Freiheit bei einzelnen Elementen eines UMS zur spezifischen Anpassung an einzelne Unternehmen gegeben sein.

### 4.4.5 Synergien zwischen und Qualitäts- und Umweltmanagementsystemen

Insgesamt ist eine geringe Nutzung der in Kapitel 2 festgestellten Optimierungspotentiale bei der gleichzeitigen Umsetzung von QMS und UMS festzustellen. Es gibt erst bei sieben Hauptakteuren Standorte bzw. Bereiche, die gleichzeitig QMS und UMS einsetzen und zertifiziert wurden. Hinsichtlich der weiteren Entwicklung gehen zwölf Hauptakteure von einer Zunahme dieser „doppelten" Zertifizierung aus. Die Hauptakteure, die sich bereits diesen Zertifizierungen unterzogen haben, geben durchweg positive Wirkungen an. Als Bereiche, in denen Synergieeffekte erzielt werden, nennen alle Akteure die Festlegung der Verantwortlichkeiten, die Funktionenbeschreibungen, die Lenkung der Dokumente, die Korrektur- und Vorbeugemaßnahmen, die internen Audits sowie die Schulungen. Eine Förderung dieser synergetischen Effekte durch Maßnahmen wie gemeinsame Handbücher, Zertifizierung durch dieselben Prüfer etc. erfolgt allerdings nur bei drei Hauptakteuren.

## 4.5   Tabellarische Gegenüberstellung der Ergebnisse der branchenübergrei-

## fenden Auswertung und der daraus abgeleiteten Handlungsempfehlungen

| Empirie | Handlungsempfehlungen |
|---|---|
| **Leitbilder für die Logistik** ||
| Bei befragten Logistikdienstleistern und dem Handel spielen innerhalb des formulierten Leitbildes ökologische Aspekte (z. B. insgesamt verringerte Anzahl der Transporte) lediglich untergeordnete Rolle. | Formulierung eines Leitbildes mit Mitarbeitern, insbesondere auch aus dem Umweltbereich, um explizit die ökologischen Komponenten im Bereich der Logistikdienstleistung bzw. des Handels stärker miteinzubeziehen. |
| Institutionalisierung der Leitbilder aller befragten Gruppen noch nicht sehr ausgeprägt - interne Kommunikation der Leitbilder weist noch Schwächen auf. | Erarbeitung des jeweiligen Leitbildes in Form bereichsübergreifender Workshops. Dadurch bessere interne Kommunikation des Leitbildes. Periodische Überprüfung der Umsetzung des Leitbildes. |
| **Organisatorische Verankerung der Logistik** ||
| Obwohl in fast allen untersuchten Industrie- und Handelsunternehmen Logistikabteilungen existieren, ist das Verständnis bezüglich einzelner Logistikfunktionen sehr unterschiedlich - logistische Einzelfunktionen (z. B. Verpackung, Umschlag, Entsorgung) werden teilweise außerhalb der eigentlichen Abteilung ausgeführt. | Ernennung von Prozeßverantwortlichen für übergreifende Logistikfunktionen. |
| **Logistikcontrolling** ||
| *- Vorhandensein und Aufgaben des Logistikcontrollers -* ||
| Qualitätsziele und -strategien sind bereits in das Logistikcontrolling integriert, Umweltschutzziele und -strategien sind dagegen kaum vorhanden. | Einführung eines Ökocontrollings (z. B. mit Input-Output-Analysen) und operationalen Umweltschutzzielen. |

| Empirie | Handlungsempfehlungen |
|---|---|
| *- Potentiale zur Senkung der Logistikkosten -* ||
| Viele der befragten Unternehmen konnten keine genauen Angaben über die Logistikosten machen. | Einführung einer Prozeßkostenrechnung, die eine genauere Differenzierung der einzelnen Kostenbereiche innerhalb der Logistik ermöglicht. Kostentransparenz durch die Bildung von Cost- bzw. Profitcentern. |

**Kooperationen entlang der Logistikkette**

*- Relevanz der Zusammenarbeit entlang der Logistikketten -*

| | |
|---|---|
| Enge Zusammenarbeit und Abstimmung aller Kooperationspartner einer Logistikkette für effektive Logistikprozesse werden von allen Befragten als sehr wichtig erachtet. | Kick-Off-Meetings auf höchster Ebene. Institutionalisierte unternehmensübergreifende Foren für die beteiligten Akteure. |

*- Machtverteilung in den Logistikketten -*

| | |
|---|---|
| Die Machtverteilung innerhalb der Logistikketten wird nicht eindeutig beantwortet. Dominierende Positionen innerhalb einer Kette werden in erster Linie durch vorgegebene Abnahmemengen und -zeiten sowie durch Preise erzielt. Insbesondere vorgegebene Abnahmemengen und -zeiten können dazu führen, daß ökologische Aspekte im Rahmen der Transporte nicht ausreichend berücksichtigt werden. | Stärkung der Position des Logistikdienstleisters innerhalb der Prozeßkette durch neues Rollenverständnis - anstelle des „Erfüllungsgehilfen" des Verladers nun „Architekt" des Transportprozesses ohne eigenen Fuhrpark. Dadurch stärkere Unabhängigkeit bei der Transportmittelwahl. |

*- Informationsflüsse entlang der Logistikketten -*

| | |
|---|---|
| Fast alle befragten Hersteller beklagen ein Informationsdefizit mit den anderen Akteuren der Logistikkette. | Schaffung eines unternehmensübergreifenden „Logistik-net" als Schnittstelle zwischen den unternehmenseigenen „Intranets" (abgesichert durch sog. „Firewalls"). Einrichtung informeller Foren zwischen den beteiligten Akteuren. |

| Empirie | Handlungsempfehlungen |
|---|---|
| **Logistikplanung und -steuerung entlang der Logistikkette** ||
| Die Planung der Logistik an der Schnittstelle wird von 26 der befragten Hauptakteure unternehmensübergreifend angegangen. Gemeinsame Leitlinien zur Steuerung der Schnittstelle geben allerdings nur 17 der befragten Hauptakteure an.<br><br>Die Mehrzahl der befragten Akteure hält die bisherigen Informationsflüsse für ungenügend. Zehn Hauptakteure halten zudem Änderungen der Organisationsstruktur für notwendig, um die Logistik an den Schnittstellen zu optimieren. | Entwicklung gemeinsamer Leitlinien aller Prozeßbeteiligten einer Kette zur Prozeßoptimierung der Schnittstellen.<br><br>Festlegung von Ansprechpartnern und Informationskanälen. Informationsflüsse zwischen den Akteuren einer Kette unternehmensübergreifend gestalten, z. B. durch Schaffung eines „Logistik-net". Gemeinsame Festlegung von Verantwortlichkeiten innerhalb der Organisationsstruktur. Durchführung unternehmensübergreifender Mitarbeiterschulungen. |
| **Informationsflüsse im Hinblick auf die Transportlogistik** ||
| Beim Hersteller findet der Einsatz moderner Kommunikationstechnologien lediglich partiellen Einsatz. Der Handel verwendet in erster Linie Lieferscheine für den Datenaustausch. | Verstärkter Einsatz moderner Kommunikationstechnologien bei allen Akteuren einer Logistikkette. Erleichterungen sowie Zeit- und Kosteneinsparungen durch moderne Datenübermittlung. |
| **Unternehmensübergreifendes Gesamtkostendenken** ||
| Kostentransparenz innerhalb der Logistikkette ist nur in seltenen Fällen gegeben. Unternehmensübergreifende Kennzahlen fehlen. | Erhöhte Transparenz aller Logistikkosten entlang der Logistikkette durch Etablierung eines projektbezogenen Controllerstabs, der sich aus Controllern der beteiligten Akteure zusammensetzt. Definition unternehmensübergreifender Kennzahlensysteme entlang der gesamten Logistikkette. Aufdecken von Optimierungspotentialen mit Hilfe des Benchmarking. |

| Empirie | Handlungsempfehlungen |
|---|---|
| **Planung und Messung der logistischen Qualität an den Schnittstellen** ||
| Es werden zur Messung der logistischen Qualität an den Schnittstellen deutlich weniger Instrumente als zur Messung der Logistik des eigenen Unternehmens eingesetzt. | Entwicklung gemeinsamer logistischer Kennzahlensysteme durch den übergreifend arbeitenden Controllingstab. |
| **Bedeutung des Umweltschutzes im Rahmen der Gesamtunternehmenspolitik** <br><br> *- Zentrale Umweltschutzmaßnahmen -* ||
| Fast alle Hersteller und alle Handelsunternehmen geben die Implementierung des Umweltschutzes in die Organisation an. Die Stelle eines Umweltschutzbeauftragten oder ähnliche organisatorische Verankerungen existieren nur in der Hälfte aller befragten Logistikdienstleister. <br><br> Lediglich sechs Handelsunternehmen informieren ihre Kunden über einen umweltgerechten Umgang mit den Produkten. | Prüfung des Kosten-Nutzen-Verhältnisses eines Umweltmanagementsystems insbesondere unter Gesichtspunkten der positiven *internen* Nutzendimensionen wie Stärkung der Mitarbeitermotivation, stärkere Verankerung des Umweltschutzes in die Geschäftsführungsebenen, Erhöhung der Rechtssicherheit durch Systematisierung aller relevanten Gesetzesvorschriften etc. <br><br> Bessere Kommunikation der umweltrelevanten Bedeutung der jeweiligen Produkte an die Kunden über Informationsveranstaltungen, aktuelle Informationen im Internet, Faltblätter, Umweltberichte, Umwelterklärungen etc. Dadurch eventuelle Wettbewerbsvorteile („Wir informieren unsere Kunden über Umweltschutzanstrengungen"). |
| Während wiederum fast alle der befragten Hersteller Maßnahmen zur ökologieorientierten Distribution ergreifen, ist auch dieser Bereich bei den Logistikdienstleistern und dem Handel eher unterrepräsentiert. | Bündelung von Warenströmen, Einrichtung von Zentrallägern sowie zentrale Organisation der gesamten Logistik durch einen Dienstleister. |

| Empirie | Handlungsempfehlungen |
|---|---|
| *- Vorhandensein eines Umweltmanagementsystems -* ||
| Umweltmanagementsysteme nach der EMAS-Verordnung und/oder ISO 14001 sind insbesondere unter den Dienstleistern noch nicht sehr verbreitet, wobei es zu beachten gilt, daß die Erweiterungsverordnung für EMAS (also auch für Dienstleister) erst vor kurzem in Kraft getreten ist. | Unter dem erhöhten Wettbewerbsdruck im Transportgewerbe und der erweiterten EMAS-Verordnung für Dienstleister ist damit zu rechnen, daß sich in den nächsten Jahren mehr Unternehmen aus dem Logistikbereich nach der EMAS-Verordnung validieren bzw. nach ISO zertifizieren lassen werden. Hersteller könnten dazu übergehen, von ihren Lieferanten bzw. den Akteuren innerhalb einer Logistikkette ein zertifiziertes bzw. validiertes UMS zu verlangen. |
| **Umweltschutz entlang der Logistikkette** ||
| *- Abstimmung über Umweltmanagement an den Schnittstellen -* ||
| Dreizehn Hauptakteure sehen Optimierungspotentiale innerhalb der Logistikkette durch eine durchgängige „UMS-Zertifizierung" aller Akteure. | UMS in den einzelnen Unternehmen bringen keine oder lediglich geringe umweltschutzrelevante Erfolge für die Schnittstellen der Logistikkette. Deshalb Abstimmung der vorhandenen UMS an den Schnittstellen zur Erschließung unternehmensübergreifender ökologischer Potentiale. |
| *- Messung der Umweltwirkungen an den Schnittstellen -* ||
| Die Entsorgung an der jeweiligen Schnittstelle ist lediglich bei sechs Hauptakteuren unternehmensübergreifend organisiert. Zudem findet eine Wiederverwendung bzw. -verwertung von gebrauchten Verpackungen erst bei sieben Akteuren statt. | Überprüfung der Wirtschaftlichkeit von Entsorgungs- bzw. Rücknahmesystemen unter Gesichtspunkten wie Image, Kundenbindung etc. |

| Empirie | Handlungsempfehlungen |
|---|---|
| *- Erfolgswirkungen des Umweltmanagements an den Schnittstellen -* ||
| Keine bemerkenswerten Steigerungen der Kundenzufriedenheit oder des Umsatzes durch Umweltschutzmaßnahmen (z. B. durch Einsatz umweltgerechter Technologien) an den Schnittstellen erkennbar. | Verbesserte Kommunikation der ergriffenen Umweltschutzaktivitäten insbesondere bei risikoexponierten Branchen. In anderen, weniger „öffentlichkeitswirksamen" Branchen können Umweltschutzaktivitäten insbesondere zu Kosteneinsparungen in den Unternehmen selbst führen. |
| Umweltschutzmaßnahmen (z. B. durch Einsatz umweltgerechter Technologien) wirken an Schnittstellen zunächst kostensteigernd. Es werden kaum Effizienzsteigerungen durch Umweltschutzmaßnahmen angegeben. | Ergriffene Umweltschutzmaßnahmen nicht nur technikorientiert sondern auch organisatorisch ausrichten. Technische Umweltschutzmaßnahmen zielen auf eine präventive Umsetzung zukünftiger Gesetzesanforderungen ab. Kosteneinsparungen hingegen werden durch organisatorische Umweltschutzmaßnahmen, wie z. B. durch ökologische Systemboxen oder innovative Verteilsysteme, erreicht. |

# 5 Handlungsempfehlungen für ein integriertes Qualitäts- und Umweltmanagement logistischer Prozeßketten

In diesem Kapitel sollen konkrete Instrumente vorgestellt werden, die zu einer Optimierung der unternehmensübergreifenden Gestaltung der Prozeßkette unter ökologischen und qualitätsorientierten Gesichtspunkten beitragen können. Ergänzt werden diese Ausführungen durch eine Checkliste (im Anhang des Buches), in der die wichtigsten Voraussetzungen enthalten sind. Entwickelt wurden diese Empfehlungen zum einen auf Grundlage der Erkenntnisse aus den vier Fallstudien sowie aus der Hauptuntersuchung. Viele Instrumente, die bereits in Ansätzen in den Prozeßketten eingesetzt werden, wurden durch eine Literaturrecherche vertieft und verallgemeinert.

Bei der Umsetzung dieser Empfehlungen ist zu beachten, daß diese gleichermaßen für Industrie, Handel und Logistikdienstleister umsetzbar sind. Somit ergibt sich das Dilemma, einerseits konkrete Empfehlungen zu geben und andererseits den unterschiedlichen Situationen der Akteursgruppen Rechnung zu tragen. Um diesen Ansprüchen gerecht zu werden, sind die Empfehlungen eher abstrakt formuliert. In jeder Prozeßkette sind diese daher individuell zu spezifizieren.

Des weiteren sind diese Handlungsempfehlungen als ein Angebot zu verstehen, aus dem sich jede Prozeßkette bzw. jedes Unternehmen diejenigen herausgreift, die ihm für die spezifische Unternehmenssituation als geeignet erscheinen. Keine Prozeßkette, auch wenn sie aus ähnlichen Unternehmen besteht und eine ähnliche Form der Arbeitsteilung gewählt wurde, gleicht einer anderen. Die Managementsysteme müssen entsprechend diesen vorhandenen Gegebenheiten und den Zielsetzungen individuell gestaltet werden. Ein genormtes Managementsystem kann es nicht geben, auch nicht für Teilziele. Es ist stets abzuwägen, welche einzelnen Maßnahmen und Organisationsstrukturen für das einzelne Unternehmen sinnvoll sind. Dabei sind insbesondere die vorhandene Aufgabenteilung, die Unternehmensgröße, die notwendige umweltrechtliche Organisation und deren Aufgaben zu berücksichtigen.

## 5.1    Gemeinsame Zieldefinition

*Kick-Off Meeting auf höchster Ebene*

Die Implementierung der im Planungsprozeß ermittelten Maßnahmen kann nur top-down, von oben nach unten erfolgen. Das Management muß die Notwendigkeit und die Vorteile der Maßnahmen erkennen, die nötige Infrastruktur schaffen, Ressourcen für Training und Umsetzung bereitstellen, motivieren und Vorbild sein. Daher ist das Kick-Off Meeting unter Einbeziehung der Führungsebene zu gestalten. Denn insbesondere im Qualitätswesen wie im Umweltschutz sind die Erfolge ganz entscheidend davon abhängig, wie gut Qualitäts- und Umweltbewußtsein von den Mitarbeitern „verinnerlicht" wurden.

*Festlegung von Zeithorizonten und Quantifizierung der gemeinsamen Ziele*

Damit die gegenseitigen Zusagen einer verbesserten Zusammenarbeit auch umgesetzt werden, sollte ein Zeitplan erstellt werden, in dem die einzelnen Teilschritte zu erreichen sind. Diese sind zuvor mit allen beteiligten Akteuren der Prozeßkette festzulegen und zu quantifizieren.

*Gemeinsame Festlegung von Verantwortlichkeiten*

Grundsätzlich soll jeder Mitarbeiter die Verantwortung für die Qualität und die Umweltauswirkungen seiner Arbeit übernehmen und sie weiter verbessern. Darüber hinaus sind Verantwortlichkeiten und Befugnisse eindeutig festzulegen und Schnittstellen zu berücksichtigen. Die Aufgaben und Befugnisse sind hier von der Unternehmensleitung über Betriebsleiter bis hin zu Meistern oder Vorarbeitern in den verschiedenen Unternehmen gemeinsam festzulegen. Hinsichtlich der zu berücksichtigenden Schnittstellenproblematik ist festzulegen, wer entscheidungsbefugt oder „nur" mitwirkungspflichtig oder zu informieren ist.

*Festlegung von Ansprechpartnern und Informationskanälen*

Entsprechend der vorher festgelegten Verantwortlichkeiten sind für einzelne Projektbausteine Ansprechpartner zu benennen. Dabei ist darauf zu achten, daß diese Rolle nicht mit einer bestimmten Person, sondern mit einer bestimmten Stelle verknüpft ist, um bei personellen Veränderungen eine Konstanz zu gewährleisten. Des weiteren gilt es, „Meldewege" festzulegen, die insbesondere bei Betriebsstörungen und Störfällen regeln, welche Personen sowohl intern (Unternehmensleitung, Betriebsleitung, Betriebsbeauftragte) wie evtl. auch extern (Kunden, Behörden) zu informieren sind und welche Maßnahmen eingeleitet werden müssen.

## 5.2 Integration von Qualitäts- und Umweltmanagementsystemen

*Qualitäts- und umweltbezogene Unternehmenspolitik*

Wesentliche Voraussetzung für die Integration von Umweltschutz und Qualitätsaspekten in einem integrierten Managementsystem ist die Entwicklung einer Unternehmenspolitik, bei der die sich aus beiden Aspekten ergebenden Anforderungen integriert und aufeinander bezogen berücksichtigt werden. Daher sind in einem ersten Schritt von allen beteiligten Akteuren aufeinander abgestimmte qualitäts- und umweltbezogene Handlungsgrundsätze zu erarbeiten und festzulegen. Deren schriftliche Niederlegung erfolgt in Form von allgemein gültigen Leitlinien, die von den einzelnen Unternehmen spezifisch zu operationalisieren sind.

Für die weiteren Arbeitsschritte ist mit dieser unternehmensübergreifenden Festlegung der Qualitäts- und Umweltpolitik für die logistische Prozeßkette ein Zielhorizont geschaffen und eine Verständigung im Unternehmen und in der logistischen Prozeßkette darüber erreicht, welche Aktivitäten bei der Qualitätssicherung und im Umweltschutz sinnvoll und notwendig sind.

*Managementebene*

Auf der Managementebene ist grundsätzlich bei der Integration der Systeme zwischen systemspezifischen Aufgaben, die ursächlich zur Verbesserung des Umweltschutzes sowie der Qualität beitragen, und allgemeinen Managementpraktiken zu unterscheiden, die auf den prinzipiellen Umgang mit den Qualitäts- und Umweltmanagementverfahren abzielen. Hierzu gehören z. B. die allgemeine Strukturierung der Managementsysteme, die Verfahrensanweisungen, das Handbuch sowie Vorschriften zur Beschreibung von Aufgaben.

Bei diesen allgemeinen (systemunspezifischen) Vorschriften ist es sinnvoll, Umwelt-schutz- und Qualitätsaspekte sofort integriert zu betrachten und die Prozeßbeschrei-bungen zu vereinheitlichen. Dies erleichtert speziell den handlungsorientierten Umgang mit dem Managementsystem erheblich. Vorgehensweisen, Beschreibungsrou-tinen und Praktiken müssen so nur einmal erlernt werden, und Lernerfahrungen aus einem Bereich können auf den anderen übertragen werden.

Auch bei den als systemspezifisch anzusehenden Aufgaben, wie z. B. den Beschrei-bungen der Verfahren zur Qualitäts- bzw. Umweltbetriebsprüfung, ist eine gleichbe-rechtigte Beschreibung von Qualitäts- und Umweltschutzaufgaben im Rahmen eines Managementsystems anzustreben. Bei diesen Aufgaben gestaltet sich eine Integra-tion beider Systeme allerdings schwieriger, da hier eine Reihe verschiedener Nor-men[32] zu beachten sind. Insbesondere wenn noch keine Erfahrungen im Unterneh-men bezüglich UMS vorliegen, kann in der Implementierungsphase eine zeitliche Staffelung von QMS und UMS die Einführung erleichtern sowie auch insgesamt eine größere Flexibilität gewährleisten.

*Organisatorische Integration*

Die Verantwortung für die Einführung des integrierten Managementsystems ist in der obersten Leitung in den Unternehmen der logistischen Prozeßkette verankert. Die Hauptverantwortlichen treffen die grundsätzliche Entscheidung, ob ein solches Sy-stem eingeführt und anschließend beibehalten wird. Für die praktische Systemein-führung empfiehlt sich der Einsatz normenkundiger und auditerfahrener „Systembeauftrager", die für die Einführung und Pflege des Managementsystems zuständig sind. Ihre Aufgabe besteht vorwiegend in der Bereitstellung der erforderli-chen Informationen wie beispielsweise Durchführung interner Audits, Fehlerursa-chenanalysen, Kostenanalysen etc. Die organisatorische Verankerung dieser Positi-on sollte in Form eines unternehmensübergreifenden Teams stattfinden.

---

[32]    Vgl. hierzu Kapitel 2.

Die Systembeauftragten sollten dabei Mitarbeiter der mittleren Leitungsebene sein. Sie haben wohl die Rechte und Pflichten, Systeme einzuführen und zu auditieren, nicht jedoch die Autorität und die Rechte zur prinzipiellen Aufrechterhaltung des Systems. Dafür sind die Entscheidungsbefugnisse bei der Bereitstellung von Mitteln und Personal und bei der Durchführung von organisatorischen Änderungen erforderlich, die dem Top-Management vorbehalten sind. Diese strikte Aufgabentrennung ist deshalb so wichtig, damit die Führungsspitze, die sich i. d. R. wenig mit Normen und Regelwerken beschäftigt, von inhaltlichen Aufgaben des Audittrainings und der Auditdurchführung entlastet wird.

Zusätzlich empfiehlt sich eine prozessuale Betrachtung der Umweltwirkungen innerhalb der Logistikkette auf Basis der entsprechenden Produkte. Für die als besonders kritisch identifizierten Phasen innerhalb der einzelnen Produktlinien könnten sogenannte Product Stewards als „Betreuer" eingesetzt werden. Die Aktivitäten sämtlicher Product Stewards der Produktlinie werden mit einem zentralen Product Stewardship Koordinator der Produktlinie abgestimmt. Dieser kann z. B. in Form von regelmäßigen Treffen und Workshops einen institutionalisierten Informationsaustausch über u. a. die umweltfreundlichsten „best practices" herstellen.

Insgesamt ist bei sämtlichen organisatorischen Maßnahmen das Ziel der Entscheidungsdezentralisation zu verfolgen. Denn nur, wenn an möglichst vielen Stellen im Unternehmen die Integration von Qualität und Umweltschutz in die Prozeßabläufe unabhängig erprobt und verantwortet werden kann, wird die Vielfalt an Lösungen generiert, die für eine ökologisch und qualitätsorientierte Gestaltung der Prozeßkette notwendig ist. Umfangreiche formale „Qualitäts- und Umweltschutzorganisationen" im herkömmlichen Sinne wirken für andere Akteure häufig wie Fremdkörper, erzeugen Abwehrreaktionen statt kooperativer Problemlösung, zentralisieren relevantes Wissen, das eigentlich dezentral in Kombination mit anderen entscheidungsrelevanten Informationen vorliegen müßte. Denn ökologische und qualitative Probleme treten - wie die Untersuchung mehrfach gezeigt hat - nicht in der Zentrale, sondern vor Ort bei den einzelnen Geschäftseinheiten auf.

*Umfangreiche qualitäts- und umweltbezogene Dokumentation*

In vielen Unternehmen gibt es bereits eine funktionierende, „gelebte" Umwelt- und Qualitätsorganisation, die allerdings Fragen der Dokumentation bei logistischen Prozessen nur stiefmütterlich behandelt. Damit bleibt das Wissen der einzelnen Mitarbeiter allein in deren Köpfen und ist somit nicht ohne weiteres für andere verfügbar. Diese Vorgehensweise birgt bezogen auf Umweltaspekte auch ein Haftungsrisiko für die Unternehmen, da der Nachweis eines bestimmungsgemäßen Betriebes der Anlagen bzw. der Einhaltung der Bestimmungen bei Gefahrguttransporten - im Sinne des Umwelthaftungsgesetzes - im Falle von Schadensersatzansprüchen nicht möglich ist.

Hinsichtlich der Dokumentation ist deshalb im Rahmen eines integrierten QMS und UMS zunächst der bestimmungsgemäße Betrieb der Anlagen systematisch zu erfassen, z. B. mittels Meßberichten, Betriebstagebüchern oder Auflagenverfolgungssystemen zur Dokumentation der Erfüllung von Auflagen aus Genehmigungsbescheiden.

Ebenso muß die Aufbau- und Ablauforganisation beschrieben werden. Hierzu zählen beispielsweise Stellenbeschreibungen, Funktions-Kompetenz-Matrizen, aus denen Aufgaben und Befugnisse hervorgehen, sowie Verfahrensanweisungen, die die Abläufe im Qualitäts- und Umweltmanagement beschreiben.

Der Gesamtzusammenhang der Dokumentation wird in einem Handbuch skizziert. Einzelne Dokumente können EDV-gestützt geführt werden. Entscheidend ist dabei nicht die Art und Weise der Dokumentation, sondern die eindeutige Verfügbarkeit der darin enthaltenen Informationen für alle relevanten Stellen.

Das Handbuch dient als Nachschlagewerk. Seine Struktur und sein Inhalt sind daher an diesem Ziel auszurichten. Da Qualitäts- und Umweltmanagementhandbücher den gleichen Aufbau haben[33], ist es empfehlenswert, die für den Umweltschutz zu erstellenden Vorschriften und Anweisungen unmittelbar in die Verfahrensanweisungen des QMS zu integrieren.

---

[33] Vgl. ebenda.

Für die betriebsspezifischen Arbeitsanweisungen gilt der Grundsatz, daß die Konturen zwischen QMS und UMS um so mehr verschwinden, je arbeitsplatzbezogener eine Regelung ist. Es läßt sich häufig nicht mehr trennen, unter welchem Aspekt eine Maßnahme durchzuführen ist. Die Arbeitsanweisungen sollten daher die Aspekte Qualität und Umweltschutz aber auch Arbeitssicherheit ganzheitlich regeln. Dies bietet die Gewähr, daß die Arbeitsanweisungen überschneidungsfrei sind und keine Widersprüche zwischen den Regeln des Umweltschutzes und der Qualitätssicherung auftreten.

## 5.3 Unternehmensübergreifende Implementierung von integrierten Qualitäts- und Umweltmanagementsystemen

### 5.3.1 Ablauforganisatorische Maßnahmen

*Abbildung der bestehenden Waren- und Informationsflüsse*

Zur systematischen Abbildung des gesamten Wertschöpfungsprozesses empfiehlt sich ein dreistufiges Vorgehen. Im Rahmen einer Grobanalyse sollte in einem ersten Schritt ein umfassender Überblick über den Ist-Zustand der Ablauforganisation gewonnen werden. Daher ist es zunächst notwendig, die bisherigen Waren- und Informationsflüsse entlang der Kette abzubilden. Hierfür empfiehlt es sich, in einer interdisziplinären, unternehmensübergreifenden Arbeitsgruppe, die aus Mitarbeitern aus verschiedenen Abschnitten der Logistikkette besteht, alle Arbeitsschritte zum Warentransport und zur Weitergabe von transportvorauseilenden, -begleitenden und -nacheilenden Informationen graphisch abzubilden. Hierbei ist darauf zu achten, daß alle nachfolgenden Elemente erfaßt werden:

- Kunden-/Lieferantenbeziehungen sind dokumentiert,

- alle Kunden / Lieferanten sind einbezogen,

- alle notwendigen Prozesse sind betrachtet, sowie

- die Prozeßgrenzen und Schnittstellen sind festgelegt.

Bereits bei dieser reinen Beschreibung der Waren- und Informationsflüsse werden den Arbeitsgruppenteilnehmern Schwachpunkte und Verbesserungspotentiale auffallen.

Nach dieser Abbildung der Waren- und Informationsflüsse erfolgt in einem zweiten Schritt die Prozeßanalyse. Hier kommt es entscheidend darauf an, im Rahmen einer sorgfältigen Funktionsanalyse den gesamten Ablauf systematisch in elementare Funktionseinheiten zu zerlegen, die als nicht weiter zerlegbare Basisaktivitäten zugleich die Bausteine für die spätere Entwicklung des Sollkonzeptes bilden.

Diese elementaren Funktionseinheiten sind in einem dritten Schritt mit Vorgangszeiten zu belegen und hinsichtlich ihrer funktionalen Abhängigkeiten (Reihenfolgebedingungen) zu untersuchen. Die Funktionsanalyse bildet damit das Gerüst für das System von Verfahrens- und Arbeitsanweisungen, das im Mittelpunkt des integrierten Qualitäts- und Umweltmanagementsystems steht und den primären Gegenstand der Prüfung und Zertifizierung ausmacht.

*Bestimmung des ökologischen und qualitativen Anforderungsprofils des Prozesses*

Zur Bestimmung ökologischer und qualitativer Anforderungen empfiehlt sich das „Prinzip der Rückwärtsprofilierung"[34]. Da das Anforderungsprofil letztlich von den Bedürfnissen des Kunden als „letzter Schnittstelle" im Prozeß bestimmt wird, sind die Abstimmungen zwischen den Akteuren sukzessiv, vom Ende des Leistungsprozesses beginnend, retrograd zu entwickeln. Hierbei formuliert jedes Unternehmen seine Anforderungen an das vorgelagerte Unternehmen hinsichtlich einer ökologisch und qualitativ ausgestalteten Belieferung.

---

[34]    Bretzke 1992, S. 105.

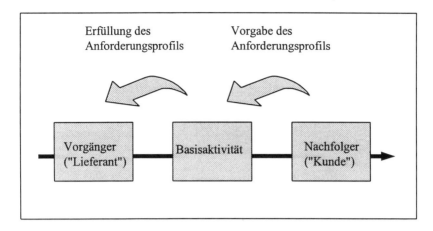

**Abbildung 64:**   Prinzip der Rückwärtsprofilierung

In Interviews mit den einzelnen Akteuren werden diese einmal in ihrer Rolle als Kunde und einmal in ihrer Rolle als Lieferant befragt. Im Zuge dieser Schnittstellendefinition erhält jeder Akteur ein klar beschriebenes Anforderungsprofil, das dazu dient, den Gesamtprozeß zu dem gewünschten Ergebnis zu führen.

*Bestimmung der Kundenzufriedenheit mit der ökologischen und qualitativen Prozeß-gestaltung*

Hierfür wird das nachgelagerte Unternehmen als Kunde im Interview zunächst nach seiner subjektiven Bewertung der ökologischen und qualitativen Leistung des vorgelagerten Unternehmens als Lieferanten gefragt. Entsprechend einer Schulnotenskala von eins bis sechs schätzt es ein, inwieweit die vom Lieferanten erbrachten Leistungen seinen Erwartungen entsprechen. Weiterhin bewertet der Kunde auf einer Skala von A (sehr wichtig) bis D (unwichtig), welche Bedeutung die Leistung seines Lieferanten für seinen eigenen Prozeß hat. Diese Angaben werden in einem sogenannten Leistungsportfolio eingetragen (vgl. Abbildung 65).

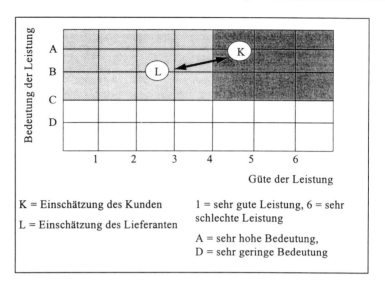

**Abbildung 65**:    Leistungsportfolio

Wenn nun die „kritischen" Teilprozesse - im Sinne einer unterschiedlichen Einschätzung durch den Kunden und Lieferanten - identifiziert sind, wird der Kunde aufgefordert, die Kriterien zu benennen, an denen er seine Leistungseinschätzung festmacht, um so die getroffenen Aussagen schrittweise zu konkretisieren. Der Lieferant hingegen wird im Interview gleich mit den Leistungserwartungen und -einschätzungen seiner Kunden konfrontiert. Denn die vorliegende Leistungsschätzung des Kunden schärft das Problembewußtsein des Lieferanten und fördert seine Bereitschaft zu Diskussionen. Diskrepanzen in der Leistungseinschätzung deuten unmittelbar auf Koordinationsbedarf hin.

Aus dem Portfolio heraus definieren sich die Mindestforderungen an die Leistungsvereinbarung. Diese entsprechen den verschiedenen Sektoren des Portfolios: Liegt der Konsens bezüglich der Bedeutung im Bereich „D" (unwichtig) des Portfolios - weiße Fläche - , so sind keine weiteren Maßnahmen erforderlich. Ab der Bedeutung „C" - graue Flächen - wird eine Regelung der Leistung durch Rückmeldung vorgeschrieben. Liegt die Bedeutung der Leistung höher, so hat der Lieferant zusätzlich die Systematik oder die präventive Methode, die er zum Erreichen der Leistungserwartung des Kunden anwendet, detailliert darzulegen. Im Bereich hoher Bedeutung und mangelhafter Güte sind darüber hinaus Sofortmaßnahmen einzuleiten.

*Ökologie- und qualitätsorientierte Maßnahmenentwicklung und -bewertung*

Die im Rahmen der Ist-Analyse ermittelten Anforderungen der einzelnen Unternehmen werden nun in Gütemerkmale der Erfüllung der ökologischen und qualitativen Anforderungen transformiert. Hilfsmittel ist das Instrument House of Quality als Übersetzungsmatrix, in dem die gewichteten (2) Kundenanforderungen (1) und die von den einzelnen Arbeitsgruppen erarbeiteten Qualitätsmaßnahmen (3) als Eingangsgrößen einfließen.[35]

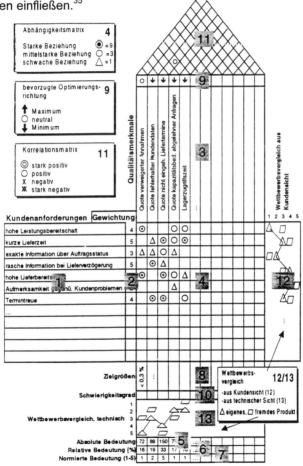

**Abbildung 66**:     House of Quality

Quelle:              Carl, Oster, Sesterhenn 1997, S. 85

---

[35]  Vgl. Carl, Oster, Sesterhenn 1997, S. 84 - 87.

In der Abhängigkeitsmatrix (4) werden die jeweiligen Wechselwirkungen zwischen den Qualitätsmerkmalen und den Kundenanforderungen durch Symbole gekennzeichnet. Die Symbole stehen für Zahlenwerte, die, multipliziert mit der jeweiligen Gewichtung der zugehörigen Anforderung, zur absoluten Bedeutung des Merkmals (5) aufaddiert werden. Diese Bedeutungen lassen sich dann in prozentuale Bedeutungen (6) und normierte Bedeutungen (7) umrechnen. Diese Zahlen verdeutlichen nun, mit welcher Priorität die Qualitäts- bzw. Umweltschutzmaßnahmen umzusetzen sind.

In der Zeile unter (8) werden nun Zielgrößen bzw. Zielwerte für die jeweiligen Merkmale in meßbare bzw. bezifferbare Größen und Einheiten definiert. Hier wird praktisch die geforderte Ausprägung der Maßnahmen zur bedeutungsgerechten Anforderungserfüllung fixiert. Diesen Zielwerten kommt eine hohe Bedeutung zu, da sie die Meßwerte für das Erreichen der Qualität bzw. des Umweltschutzes sind. Im weiteren wird eine Optimierungsrichtung für die Zielwerte vorgegeben (9), d. h. ob der Wert zu minimieren oder maximieren ist und gegebenenfalls die Schwierigkeit zur Erreichung dieser Zielwerte abgeschätzt. Dazu wird ein Schwierigkeitsgrad bestimmt (10).

Das „Dach" des House of Quality bildet die Korrelationsmatrix (11). Hier wird untersucht und dokumentiert, ob es positive oder negative Wechselwirkungen zwischen den einzelnen Merkmalen gibt. Eine negative Korrelation wäre z. B., wenn durch die Optimierung des Zielwertes für ein Qualitätsmerkmal ein Umweltschutzmerkmal beeinträchtigt würde.

Zuletzt wird der Prozeß sowohl aus Sicht des Kunden (12) als auch unter technischen Gesichtspunkten (13) mit den Prozessen der Konkurrenten verglichen. Hiermit wird sichergestellt, daß der Prozeß sowohl technisch und ablauforganisatorisch einwandfrei gestaltet wurde als auch den Kundenwünschen entspricht. Dieser Wettbewerbsvergleich stellt somit die Erfolgskontrolle der Gestaltung der logistischen Prozeßkette dar und soll sicherstellen, daß die Marktposition gegenüber Wettbewerbern verbessert werden kann.

*Formalisierung der Logistikkettenoptimierung*

Die Umsetzung dieser entwickelten Maßnahmen ist als dynamischer Prozeß zu verstehen, dessen Erfolg maßgeblich davon abhängt, ob bestehende Verbesserungsansätze weitgehend formalisiert werden. Die Prozeßparameter werden dadurch vergleichbar, und ein späterer Abgleich der Plan- und Zielwerte mit den Ist-Werten wird möglich.

In Gesprächen mit den Führungskräften und betroffenen Mitarbeitern ist daher zu klären, welche umwelt- und qualitätsrelevanten Abläufe in Verfahrensanweisungen geregelt werden müssen. Erfahrungsgemäß wächst die Akzeptanz gegenüber schriftlich festgelegten Anweisungen, wenn die ausführenden Personen an der Erarbeitung und Formulierung maßgeblich beteiligt waren. Für die normengerechte Formulierung der Verfahrensanweisungen ist im Unternehmen mindestens ein Ansprechpartner, z. B. der Qualitäts- und Umweltmanagementbeauftragte bzw. der Prozeßverantwortliche, zur Verfügung zu stellen, der Hilfestellung bei der Beachtung formaler wie auch rechtlicher Anforderungen geben kann. Die Ausarbeitung der Anweisungen sollte in Form einer Projektgruppe oder eines Arbeitskreis erfolgen.

Um eine prozeßkettenübergreifende Optimierung zu erreichen, sind die Mitarbeiter einer solchen Arbeits- und Projektgruppe aus den unterschiedlichen Bereichen eines Unternehmens (z. B. Entwicklung, Einkauf, Produktion) sowie aus den verschiedenen Unternehmen der Prozeßkette zu rekrutieren. Wichtig ist auch hier wieder die Unterstützung der jeweiligen Unternehmensleitung, indem diese zumindest gelegentlich an Sitzungen des Arbeits- und Projektkreises teilnimmt. Auch erfolgt hierdurch eine unmittelbare Rückkopplung über auftretende Schwierigkeiten und Probleme.

Während der Implementierung der Maßnahmen ist die fortschreitende Verbesserung der logistischen Abläufe zu dokumentieren und mit klaren Verantwortlichkeiten zu versehen - insbesondere dort, wo eine größere Anzahl von Unternehmen beteiligt sind. Auch in dieser Realisierungsphase ist der wesentliche Hebel zur Optimierung der Logistikkette die Unterstützung durch das Top-Management sowie die Entwicklung von Trainingsprogrammen für alle Bereiche. Häufig scheitern logistische Konzepte, weil die Bereitschaft der Unternehmensleitung gering ist, Kompetenzen aus den Funktionalbereichen in die Logistik zu verlagern.

### 5.3.2 Aufbauorganisatorische Maßnahmen

*Ermittlung der Rollenverteilung*

Die beste Prozeßorganisation bleibt in der Praxis wirkungslos, wenn sie nicht durch klare Verantwortlichkeiten, Kompetenzabgrenzungen und Berichtspflichten ergänzt wird. In gut organisierten Unternehmen wird die Aufbauorganisation durch Organigramme dokumentiert, entsprechend ist die Ist-Aufnahme hier relativ unproblematisch. Trotzdem sind auch hier in Form von Fragebögen die Aufgabenerfüllungen der einzelnen Stellen abzufragen. So wird jeder Mitarbeiter zum einen befragt, bezüglich welcher Aufgaben er sich als verantwortlich, mitwirkend oder zu informieren sieht. Zum anderen wird er befragt, wen er bezüglich welcher Aufgaben als verantwortlich, mitwirkend oder nur zu informieren sieht. Denn an verschiedenen Stellen haben die Befragungen ergeben, daß sich ein Mitarbeiter für einen Teilprozeß als nur „zu informieren" ansah, während andere Mitarbeiter in ihm den Verantwortlichen sahen.

*Installation eines Prozeßverantwortlichen*

Das Sollkonzept für die Aufbauorganisation kann an dem Prinzip der Prozeßorientierung ausgerichtet werden. Nach diesem Prinzip sollten die Verantwortlichkeiten für zeitlich nachgelagerte Prozesse so wenig wie möglich durch funktions- und unternehmensorientierte Zuordnungen zu Führungsaufgaben „zerstückelt" werden. Jede Abweichung von diesem Prinzip macht Schnittstellen zu Verantwortungsgrenzen und fördert gegenseitige Schuldzuweisungen sowie ein unterentwickeltes Verantwortungsbewußtsein für den Gesamtprozeß.

Ein Signal an die Mitarbeiter und auch eine Forderung aus der EMAS-Verordnung sowie der ISO-Normen ist die Bestellung eines Prozeßverantwortlichen, der die Einführung des integrierten Qualitäts- und Umweltmanagementsystems federführend begleitet und für die erforderlichen Dokumentationen wie z. B. Handbücher sowie zugehörige Verfahrensanweisungen sorgt, sie entweder selbst erstellt oder sich bei der Erstellung durch interne oder externe Hilfe unterstützen läßt. Dabei steht er als Mittler zwischen den verschiedenen Akteuren der logistischen Prozeßkette.

Kerngedanke der Installation eines Prozeßverantwortlichen für die gesamte Prozeßkette ist, daß nur eine Person für einen Prozeß verantwortlich sein kann. Diese Person sollte sich als Prozeßeigner fühlen. Seine Aufgabe ist es, den Prozeß festzulegen, zu messen und zu steuern, um ihn fortlaufend zu verbessern. Er muß die Autorität haben, notwendige Maßnahmen zu ergreifen, um den Prozeß maßgeblich umzugestalten. Hierbei ist darauf zu achten, daß sich die Mitarbeiter durch diese zentrale Stelle nicht in ihrer Verantwortung für die Wirkungen der eigenen Leistungen enthoben fühlen. Sie sind daher frühzeitig in alle Verbesserungsmaßnahmen einzubeziehen.

Ein besonders wichtiges Problem ist die Frage, welche Verantwortung, Kompetenz und Einwirkungsbefugnis den Prozeßverantwortlichen zugewiesen werden sollte. Für sein erfolgreiches Wirken ist unerläßlich, daß er direkt der Unternehmensleitung unterstellt ist und unabhängig von den Weisungen anderer Unternehmensbereiche ist. Offen dagegen ist die Frage, ob ihm auch ein Weisungsrecht gegenüber den Unternehmensbereichen aller Unternehmen eingeräumt werden soll.

Ein solcher Schritt könnte die Ernsthaftigkeit der prozeßkettenbezogenen Qualitäts- und Umweltschutzsicherung unterstreichen. Das damit verbundene Konfliktpotential dürfte dann nicht allzu groß sein, wenn das QMS bzw. UMS von allen Akteuren akzeptiert und getragen wird. In diesem Falle wird der Verantwortliche kraft seiner fachlichen Weisungsbefugnis nichts umsetzen, was nicht von den Betroffenen selbst bereits als sinnvoll akzeptiert worden ist. Ein solches Vorgehen ist jedoch i. d. R. nur dann möglich, wenn bereits eine vertrauensvolle Kooperation zu einem gewissen Grad besteht und alle beteiligten Akteure zu einer solchen Öffnung von Hierarchien bereit sind.

*Installation von unternehmensübergreifenden Qualitäts- und Umweltschutzzirkeln / Workshops*

Ziel aller Aktivitäten muß es sein, die Organisation der Unternehmen der Logistikkette derart zu gestalten, daß die Mitarbeiter in der Lage sind, auf die sich ständig verändernden Rahmenbedingungen zukunftsorientiert zu reagieren und dabei möglichst immer fehlerfreie Arbeit zu leisten. Da die Organisationsentwicklung niemals einen Zustand, sondern einen Prozeß darstellt, müssen die Mitarbeiter in dezentrale, flexible Organisationseinheiten eingebunden sein und eigenverantwortlich am Gestaltungsprozeß teilhaben können. Die Organisation der Arbeit soll zu einer Kooperation zwischen Führungskraft, Arbeitsvorbereitung und Mitarbeiter werden. Dadurch hat jeder Mitarbeiter die Chance, Einfluß auf das System auszuüben und Motivation aufzubauen.

Dazu gehört, daß jeder Mitarbeiter regelmäßig vom Management darüber unterrichtet wird, welche Auswirkungen seine Arbeit auf die Umweltwirkungen und die Endproduktqualität hat. Die Beteiligung der Mitarbeiter in Arbeitszirkeln, Workshops und Feedbacks in Form von Eigeninspektionen vermittelt nicht nur wertvolle Erkenntnisse über die Gestaltung der Zusammenarbeit in der logistischen Prozeßkette und beschleunigt den Lernprozeß, sondern fördert und erhält auch die Motivation.

Für Probleme, die während der täglichen Arbeit entstehen, haben sich sogenannte Zirkel bewährt. Der Grundgedanke der Zirkelarbeit, der auch auf Qualitätssicherung und Umweltschutz angewendet werden kann, ist, daß Probleme und Schwachstellen am ehesten dort erkannt und beseitigt werden können, wo sie auftreten. Die Mitarbeiter auf der operativen Ebene sind in ihren Arbeitsbereichen die „wahren" Experten, denn sie setzen sich täglich mit den Alltagsproblemen auseinander. Die bisherigen „Problemlöser" im Betrieb, wie z. B. Mitarbeiter in Stabsabteilungen, sind von den Schwachstellen mehr oder weniger weit entfernt.

Die Ziele der Zirkel können sich in ihrem Inhalt und der Struktur stark voneinander unterscheiden. Die Zielsetzung des Zirkelkonzeptes sollte sich auf folgende unterschiedliche Aspekte beziehen:[36]

---

[36] Vgl. Groll 1994, S. 51.

1. die Lösungen von konkreten sachbezogenen Problemen, beispielsweise

- Verbesserung der Weitergabe von Informationen in der logistischen Prozeßkette,

- gemeinsame Entwicklung von Mehrwegtransportbehältern sowie

- Vermeidung von Verspätungen bei der Belieferung;

2. die Stärkung der Motivation und Loyalität der Mitarbeiter, beispielsweise

- Steigerung der Arbeitsmotivation,

- Verbesserung der unternehmensübergreifenden Zusammenarbeit sowie

- Erhöhung der Identifikation des einzelnen mit der gesamten logistischen Prozeßkette.

Der Zirkel ist dabei nicht als Programm zu verstehen, sondern als langfristiges Personalentwicklungskonzept, das den Mitarbeiter nicht mehr als bloßen Empfänger und Ausführenden von Anweisungen betrachtet, sondern auch als Träger von Ideen und bisher kaum genutzten Fähigkeiten und Erfahrungen.

Optimal ist die Installation eines Qualitäts- und Umweltzirkels entlang der Logistikkette, dem auch die Qualitäts- und Umweltmanagementbeauftragten angehören und über die die Einführung des integrierten Qualitäts- und Umweltmanagementsystems geleitet wird. In dieser Projektgruppe können auch die erforderlichen Dokumentationen wie Qualitäts- und Umweltmanagementhandbuch sowie zugehörige Verfahrensanweisungen erstellt bzw. vorbereitet werden. Hierzu muß den Beteiligten natürlich auch von der Projektleitung ein gewisses Zeitkontingent zur Verfügung gestellt werden, da sonst jede Motivation in der täglichen Arbeit erstickt wird.

Betrifft die Qualität bzw. die Umweltverträglichkeit der Leistung nicht nur die direkte Schnittstelle zweier Unternehmen, sondern auch vor- bzw. nachgelagerte Unternehmen, so sind diese in die Arbeitsgruppe mit einzubeziehen. Zur Darstellung und Diskussion der kritischen Schnittstellen eignet sich eine Prozeßstrukturmatrix (vgl. Abbildung 67).

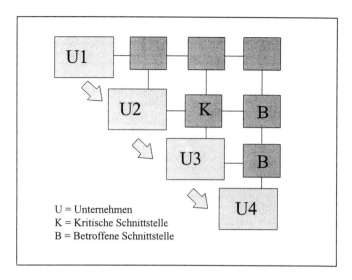

**Abbildung 67**:   Prozeßstrukturmatrix

In diesem Beispiel werden an der Schnittstelle zwischen dem Unternehmen 2 und dem Unternehmen 3 die in der Logistikkette vereinbarten Maßnahmen zur Sicherstellung einer ökologischen und qualitativen Gestaltung der Logistik nicht eingehalten. Diese ungenügende Leistungserstellung wirkt sich naturgemäß auch auf die nachfolgende Schnittstelle zwischen den Unternehmen 3 und 4 aus. Um nun die Logistik innerhalb der gesamten Prozeßkette zu optimieren, sind verstärkt an der kritischen Schnittstelle Workshops und Qualitäts- und Umweltzirkel einzurichten.

*Durchführung von Mitarbeiterschulungen*

Die Anforderungen an die Mitarbeiter im Bereich Logistik werden u. a. aufgrund neuer IuK-Technologien zunehmend höher. Die Arbeitsteilung wird durch die zunehmende Integration in mehreren Bereichen aufgehoben. Der ideale Logistiker muß ein Generalist sein mit detaillierten Kenntnissen aus der Beschaffungs-, Produktions- und Distributionslogistik.

Mitarbeiter haben auch den Wunsch und das Recht auf Weiterbildung sowie ein Interesse an guter Leistung, Arbeitssicherheit und Umweltschutz. Auch Stellenbewerber insbesondere für Führungsaufgaben werden in Zukunft höhere Ansprüche an ein Unternehmen stellen. Umfassende und praxisbezogene Bildungsmaßnahmen für alle Mitarbeiter nehmen dabei eine wichtige Rolle ein. Es gilt, Wissen und Wollen des Personals, also Information und Motivation, so zu kombinieren, daß eine größtmögliche Nutzenstiftung erreicht wird.

Die Mitarbeiter müssen aber auch motiviert sein, eine qualitativ hochwertige Leistung mit einer geringen Umweltbelastung zu erstellen. Motivierend auf die Mitarbeiter wirken auch im Qualitätswesen und im Umweltschutz

- eine Selbstbestätigung durch ein Erfolgserlebnis,

- eine Herausforderung durch die Aufgabe sowie

- eine Verantwortungsmehrung mit der Schaffung eines Freiraumes in der Arbeit.

Durch Selbstkontrolle der erstellten Leistung kann Motivation erreicht werden, wenn ein Erfolgserlebnis aufgezeigt werden kann. Selbstkontrolle ist dort richtig und wirtschaftlich, wo ein entsprechendes Wissen und Können des Personals gegeben ist.[37]

*Erweiterter Verantwortungsbereich der Mitarbeiter*

Kontinuierliche Verbesserungen sind nur möglich, wenn neben der Zirkelarbeit, an der nur einige Mitarbeiter teilnehmen können, alle Mitarbeiter in diesen Optimierungsprozeß eingebunden werden. Erfahrungen aus der Befragung zeigen, daß Vorschläge von Mitarbeitern, die unmittelbar in den täglichen Prozeß eingebunden sind, in hohem Maße produktivitäts- und qualitätsfördernd sind. Häufig sind es gerade die kleinen Verbesserungen an technischen Einrichtungen und Abläufen, die große Wirkung haben. Ihre Notwendigkeit wird häufig nur von demjenigen erkannt, der täglich mit dem suboptimalen Ablauf zu tun hat. Kritisch ist auch hier der Faktor Zeit: Oftmals machen lang andauernde Prüf- und Genehmigungsverfahren eine rasche Umsetzung von Verbesserungen unmöglich und demotivieren zusätzlich die Mitarbeiter. Spielraum für die Selbstverantwortung der Mitarbeiter kann darüber hinaus durch die Erweiterung ihrer Aufgabenfelder, selbst durchgeführte Prozeßkontrollen oder durch einen regelmäßigen Wechsel der Tätigkeitsfelder geschaffen werden.

---

[37]  Vgl. Baumgarten, Benz 1997.

*Einrichtung einer unternehmensübergreifenden Rotation der verantwortlichen Mitarbeiter*

Indem die Mitarbeiter auf der operativen Ebene der Logistik das Tagesgeschäft der jeweils „anderen Seite" beim vor- bzw. nachgelagerten Akteur über einen etwas längeren Zeitraum erleben können, bietet sich eine einfache Möglichkeit, Mißverständnisse und Unverständnis für die Handlungsweise des anderen Akteurs zu beseitigen. Auch kann hierdurch die Unternehmenskultur der anderen Akteure erfahren werden, die häufig - wie die Befragung gezeigt hat - eine Barriere darstellt. Hierfür bietet es sich an, die Mitarbeiter mit ihren direkten Ansprechpartnern bei dem vor- oder nachgelagerten Unternehmen zusammenarbeiten zu lassen.

*Aktive Kommunikation mit den Mitarbeitern*

Um das Thema integriertes Qualitäts- und Umweltmanagement in der logistischen Prozeßkette an möglichst viele Mitarbeiter in den einzelnen Unternehmen heranzutragen, hat sich neben einfachen Maßnahmen wie Aushängen am Schwarzen Brett auch die aktive Kommunikation mit den Mitarbeitern bewährt. Hierzu zählen beispielsweise Abteilungsbesprechungen oder Meisterbesprechungen, in denen das Thema integriertes Qualitäts- und Umweltmanagement auf der Tagesordnung steht und die Mitarbeiter ihre Vorstellungen, Kritikpunkte und Verbesserungsvorschläge äußern können. In diesen Besprechungen empfiehlt es sich, zur Implementierung der Managementsysteme betriebliche Abläufe wie z. B. Betriebsbegehungen oder Führen eines Betriebstagebuches zu thematisieren und Möglichkeiten zur Kontrolle qualitäts- und umweltrelevanter Auswirkungen auszuloten.

## 5.4    Kooperative Informationsversorgung

*Informationsdurchgängigkeit durch Standardisierung*

Beim Einsatz von IuK-Technologien ist in erster Linie auf die Kompatibilität der Schnittstellen der verschiedenen Systeme zu achten: Unterhielte jedes Unternehmen in der Logistikkette eigene, nicht standardisierte Datenverarbeitungssysteme, so würde es bei der Vielzahl von Teilnehmern und individuell verabredeten Schnittstellen sehr schnell zu einer (zu) großen Vielfalt unterschiedlicher EDI-Beziehungen kommen. Um diese Probleme zu vermeiden, ist der Einsatz standardisierter Kommunikations-Schnittstellen wie z. B. EDIFACT sinnvoll. Dieser am weitesten verbreitete Standard enthält Nachrichten in einem Standardformat, auf das jeder am Netz Beteiligte seine Software abstimmen kann. Mit diesem Hilfsmittel können die organisatorischen und technischen Anforderungen an die umfassende Informationsverarbeitung und -weitergabe besser erfüllt werden. Besonders das Bedürfnis nach schnellem, richtigem und kompetentem EDV-gestützten Datenaustausch kann erfüllt werden.

*Vernetzung der Informations- und Kommunikationssysteme*

Bei der Koordination der gemeinsamen Leistungserstellung in der Logistikkette hat der Austausch von Informationen einen entscheidenden Einfluß auf die Qualität und die Umweltrelevanz der Leistung. Die Erfassung und Verarbeitung von transportrelevanten Daten soll die Optimierung (auch im Sinne von Transportbündelungen) der Transportvorgänge über alle Stufen der Logistikkette hinweg ermöglichen. Eine „Vernetzung" der verschiedenen Akteure sollte sowohl in vertikaler als auch in horizontaler Hinsicht erfolgen.

Die vertikale Integration betrifft den Informationsfluß entlang der Logistikkette zwischen Versendern (Industrie- oder Handelsunternehmen), Logistikdienstleistern und Empfängern. Zur vertikalen Integration zählen Dienste wie die Sendungs- und Statusverfolgung oder der elektronische Datenaustausch.

Dagegen betrifft die horizontale Integration die informationale Vernetzung von Akteuren auf der gleichen Stufe der Wertschöpfungskette, i. d. R. den Informationsaustausch zwischen verschiedenen Logistikdienstleistern, Spediteuren und Frachtführern der Kette untereinander, und schafft somit erst die Grundlage für längere Kooperationsbeziehungen zwischen den Akteuren sowie für optimale Auslastung der Transportmittel. Die Integration der Informationsflüsse spielt eine bedeutende Rolle, die zukünftig unter Kooperationsgesichtspunkten (z. B. in bezug auf Bündelungsstrategien) noch wichtiger wird.[38]

---

[38]  Vgl. Berlage, Büllingen 1994, S. 10 f.

Der Datenfluß innerhalb von Logistikketten soll dabei insbesondere

- dem Güterfluß vorauseilende Informationen, z. B. Auftragsdaten, Mengen und Arten der abgefertigten Sendungen, Reihung von Waggons in Zügen und Positionierung von Containern,

- den Güterfluß begleitende Informationen, z. B. Ladelisten, Frachtbriefe, Statusmeldungen über die räumliche Position von Verkehrsmitteln und den Zustand der Güter bei temperaturgeführten Lieferungen oder Gefahrgutsendungen, sowie

- dem Güterfluß nachfolgende Informationen, z. B. Rechnungen, Qualitätskontrollen[39]

umfassen.

Bei dem inner- und zwischenbetrieblichen Austausch dieser Informationen können die „Papierflut" durch den beleglosen Datenaustausch reduziert und die Fehlerquellen durch eine einmalige Dateneingabe und die Vermeidung von „Medienbrüchen" vermindert werden. Hierdurch ist auch die Erzielung von Kosteneinsparungen möglich. Als problematisch können sich Inkompatibilitäten in den Übertragungsstandards erweisen, die aus der Nutzung unterschiedlicher Softwarelösungen und Computersysteme resultieren.[40]

*Nutzung des Internets*

Die Besonderheit dieses weltumspannenden Netzwerkes liegt insbesondere in der nahezu uneingeschränkten Verfügbarkeit und der offenen Struktur. Unabhängig davon, welche Betriebssysteme eingesetzt werden, bietet es eine gemeinsame Kommunikationsbasis. Bei den zahlreichen möglichen Anwendungen wird für die Optimierung der Logistikkette insbesondere die auftragsrelevante Kommunikation von großem Interesse sein. Indem Auftragsvergabe, Sendungsverfolgung, Abrechnung etc. online per Internet abgewickelt werden, können Informationen ohne die ver-

---

[39]   Vgl. Aberle 1996, S. 489.
[40]   Vgl. ebenda.

gleichsweise zeit- und fehlerintensive verbale Kommunikation unproblematisch ausgetauscht werden.

Auch zur internen Kommunikation ökologisch und qualitativ relevanter Informationen bietet dieses Medium eine Reihe von Möglichkeiten: Handbücher, Bedienungsanleitungen, die Mitarbeiterzeitung, Reden der Vorstandsmitglieder, Fachreferate, „elektronische" Pinnwände, Diskussionsforen etc. können bei Interesse über das Internet bzw. Intranet bezogen werden.

## 5.5 Unternehmensübergreifendes Controlling

*Ökobilanzen als Grundlage von Prozeßanalysen*

Ökobilanzen stellen mittels der Analyse umweltrelevanter Daten der Wirtschaftstätigkeit den Ausgangpunkt für ein Ökocontrolling dar, indem sie einen quantitativen Überblick über die durch betriebliche Tätigkeit induzierten Stoff- und Energieströme liefern.

Hierfür erfolgt eine Betrachtung von Stoff- und Energieströmen, die als Input in sämtliche Prozesse eingehen und sie als Output in Form von Produkten, stofflichen und energetischen Emissionen verlassen. Die Inputs werden in ihren physikalischen Einheiten ausgedrückt den Outputs in Form einer stoffstromorientierten Input-Output-Bilanz gegenübergestellt. Ausgehend von den Bilanzposten erfolgt eine stufenweise Detaillierung bis hin zu einer derartig geringen Aggregationsstufe, daß eine Untersuchung der eingesetzten Materialien auf ihre Inhaltsstoffe und chemische Zusammensetzung möglich ist.

Das Mengengerüst zur Erfassung der Stoff- und Energieströme können die herkömmlichen betrieblichen Informationsinstrumente der jeweiligen Funktionsbereiche wie Einkauf, Materialwirtschaft, Verkauf und die Verwaltung liefern.[41] Um Daten über die stoffliche Zusammensetzung und den Einsatz der Materialien zu erhalten, kann auf das Fachwissen der betrieblichen Funktionen wie des Einkaufs, der Produktion,

---

[41] Vgl. Spelthahn, Schlossberger, Steger 1993.

der Materialwirtschaft, der Arbeitsvorbereitung und der Forschung und Entwicklung zurückgegriffen werden.

Durch die Betrachtung dieser Stoff- und Energieflüsse können zum einen Handlungsalternativen hinsichtlich ihrer Umweltwirkungen verglichen werden. Zum anderen kann eine Umweltbilanz als Schwachstellenanalyse dienen, um beispielsweise identifizierte kritische Belastungen durch gezielte Maßnahmen abzubauen.

Indem Produkte hinsichtlich ihrer In- und Outputs über den gesamten Lebenszyklus betrachtet werden, sind auch qualitätsorientierte Verbesserungen zu erzielen. So kann beispielsweise ermittelt werden, welche Komponenten überdurchschnittlich häufig ersetzt werden müssen. Indem die festgestellten Schwachstellen dieser Teile bereits in der Produktentwicklungsphase berücksichtigt werden, kann eine längere Haltbarkeit und somit eine höhere Qualität erreicht werden.

*Übergreifende Erfassung von Prozeßkosten*

Der Kern des Logistikcontrolling besteht im Aufbau einer Kostenrechnung für die Logistik. Ziel ist es, die anfallenden Kosten entlang der Logistikkette zu erfassen, aufzubereiten und prozeßorientiert auszuweisen. Dies ist mit herkömmlichen Kostenrechnungssystemen nur schwer möglich, da die verschiedenen anfallenden Logistikkosten kostenstellen- und nicht prozeßbezogen erfaßt werden. Durch die Einführung einer prozeßbezogenen Kostenrechnung bietet sich die Möglichkeit einer durchgängigen, unternehmensübergreifenden Betrachtung der Logistikkosten. Hierbei können abteilungs- und unternehmensübergreifende Hauptprozesse als Ganzes betrachtet und analysiert werden.

Den Ausgangspunkt der Prozeßgestaltung und -optimierung bildet nach einer Abgrenzung der logistischen Teilprozesse die Analyse ihrer Haupteinflußfaktoren, der sogenannten Kostentreiber. In Abbildung 68 sind solche beispielhaft für die Teilprozesse der Abfallsammlung, des Transportes, der Lagerung und der Entsorgung dargestellt. Wie das Beispiel verdeutlicht, fallen die Kosten an unterschiedlichen Kostenstellen an. Bei der herkömmlichen, kostenstellenbezogenen Kostenrechnung würden der Gesamtprozeß und seine Kosten „zerstückelt" und ständen in keinem

Zusammenhang mehr zueinander. Durch den Einsatz der Prozeßkostenrechnung ist es möglich, diese prozeßbezogen zuzuordnen.

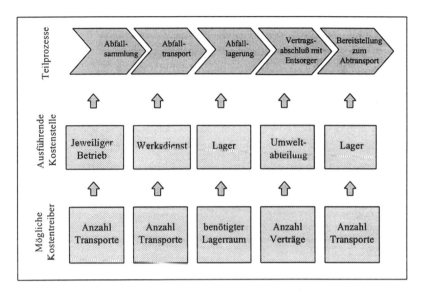

**Abbildung 68:**   Beispiel für Kostenstellen und Kostentreiber der Teilprozesse

Quelle:              BMU, UBA 1996, S. 74

Die folgende Abbildung 69 zeigt die zwei grundsätzlichen Verfahren zur Ermittlung der prozeßorientierten Logistikkosten: das Top-down- und das Bottom-up-Verfahren. Die erste Methode orientiert sich an der klassischen Prozeßkostenrechnung. Hier werden in einem Top-down-Verfahren die Budgetwerte der betrachteten Kostenstelle auf die erbrachten Logistikleistungen über bestimmte Zuordnungskriterien und -algorithmen zugerechnet.

Wesentliche Arbeitsschritte zur Gewinnung von Prozeßkosten nach dem Top-down-Verfahren sind:

- Vorstrukturierung und Abgrenzung der logistischen Funktionen

- Definition der Logistikprozesse und -leistungen und Bildung einer Prozeßhierarchie

- Aufnahme der Logistikleistungen und Festlegung der Bezugsgröße

- Bildung der Prozeßkostensätze durch Zuordnung bzw. Verrechnung der Budgetwerte über die Bezugsgrößen auf die erbrachten Leistungen bzw. Prozesse

- Durchführung von Kostentreiberanalysen

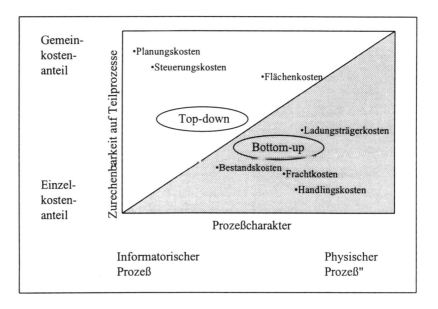

**Abbildung 69**: Generelle Ermittlung prozeßorientierter Logistikkosten

Quelle: Straube, Hartmann 1996, S. 40

Das zweite Verfahren wählt den Bottom-up-Ansatz. Hierzu werden die Leistungen in ihre kleinsten, sinnvoll beschreibbaren Basisleistungen zerlegt, erfaßt und bewertet. Diese Teilprozesse sind jeweils bei allen logistischen Partnern zu identifizieren. Die Aggregation über alle Leistungssubjekte ergibt die prozeßorientierten Kosten.

Prinzipielle Auswahlkriterien bei der Festlegung des optimalen Verfahrens sind der Prozeßcharakter und die Zurechenbarkeit auf Teilprozesse. So eignet sich die Methode der Top-down-Bestimmung der Prozeßkosten insbesondere für informatorische Logistikprozesse mit einem hohen Gemeinkostenanteil, wie z. B. Steuerungs- und Planungsprozesse. Dementsprechend sind Prozesse, die sich durch einen überwiegenden Anteil von Einzelkosten auszeichnen, wie z. B. Fracht- und Handlingskosten, eher für die Methode der Bottom-up-Ermittlung geeignet.

*Gemeinsame logistische Kennzahlensysteme*

Ein wesentliches Problem der Informationsaufbereitung von Kosten-, Qualitäts- und Umweltdaten besteht in der sinnvollen und aussagekräftigen Verdichtung des vorhandenen Zahlenmaterials in Form von Kennzahlen. Durch den zunehmenden Einsatz von IuK-Systemen werden eine Vielzahl von Daten bereits erfaßt, aber nur in seltenen Fällen systematisch genutzt.

Ziel muß es sein, wenige, aussagekräftige Kennzahlen auszuwählen und zu nutzen, um jederzeit einen Überblick über den Stand der Kosten sowie der Qualitäts- und Umweltschutzsicherung zu erhalten. Es ist darauf zu achten, daß die Kennzahlen an die Prozeßbeteiligten weitergeleitet werden, um sie auf dem aktuellen Stand zu halten, Verbesserungsmaßnahmen einzuleiten und Ergebnisse eingeleiteter Maßnahmen zu bewerten. In diesem Zusammenhang ist sicherzustellen, daß die genutzten Kennzahlen von den entsprechenden Mitarbeitern auch akzeptiert und als Steuerungsinstrument zur Erreichung der ökologie- und qualitätsorientierten Ziele eingesetzt werden.

Bei der Bildung von Kennzahlen bzw. Kennzahlensystemen ist insbesondere die Operationalisierungsfunktion bedeutend. Ausgangspunkt eines Kennzahlensystems für die Logistik sollte daher die Identifikation der strategischen Erfolgsfaktoren sein. Beim Auffinden von Kennzahlen zur unternehmensübergreifenden Prozeßsteuerung sowie bei der Schaffung eines einheitlichen Kennzahlensystems sollten diese strategischen Erfolgsgrößen Orientierungsgröße sein, und die Zielgrößen sollten durch aussagekräftige Kennzahlen operationalisiert werden. Der Vorteil dieser Top-down-Ableitung der Kennzahlen liegt darin, daß einerseits alle relevanten Prozeßmerkmale erfaßt sind, andererseits aber redundante oder zu detaillierte und daher unwesentliche Kennzahlen die Komplexität des Prozeßcontrollings nicht zusätzlich erhöhen.

Für das Management unternehmensübergreifender Kooperationen eignet sich insbesondere der Einsatz nicht-monetärer Kennzahlen, denn diese tragen in besonderer Weise dazu bei, das Denken in Prozessen zu verankern. Sie sind von den Prozeßverantwortlichen leicht verständlich, direkt verfügbar und problemlos auf die gesamte Prozeßkette übertragbar. Darüber hinaus können nicht-monetäre Kennzahlen als Ersatzgrößen für die Erreichung des Kostenziels angesehen werden. So ist mit der Senkung der Bearbeitungszeit eines Prozesses zugleich eine Verringerung der Kosten verbunden.

Da Kennzahlen größtenteils zeitpunktbezogene, statische Größen sind und sie somit nichts über die Veränderungen der einzelnen Daten im Zeitverlauf aussagen, ist mit ihrer Hilfe eine Analyse der Ursachen nicht möglich. Nur durch Zeitvergleiche, z. B. Ist-Ist oder Soll-Ist-Vergleiche, sowie Betriebsvergleiche kann die Aussagefähigkeit statischer Kennzahlen erhöht werden. Deshalb dürfen die Unternehmensdaten nicht nur erfaßt, sondern sie müssen auch gespeichert werden, um für einen Kennzahlen-vergleich aufbereitet werden zu können.

Beim Zeitreihenvergleich können Schwachstellen aufgedeckt werden, wenn bei-spielsweise im Monats- oder Quartalsvergleich unerwartete Abweichungen auftreten. Den Zielen der Prozeßkette gegenlaufende Trends und Entwicklungen lassen sich somit frühzeitig erkennen und korrigieren.

*Aufdecken von Optimierungspotentialen mit Hilfe von Benchmarking*

Ebenfalls dem Zweck der Entdeckung von Schwachstellen hinsichtlich einer ökolo-gie- und qualitätsorientierten Gestaltung der Logistikkette dienen Betriebsvergleiche mit den jeweils besten Unternehmen bzw. Logistikketten. Hier werden Qualitäts- und Umweltschutzkennzahlen vergleichbarer Standorte bzw. Prozesse innerhalb von Unternehmen und unternehmensübergreifend einander gegenübergestellt. Beim Prozeßbenchmarking sollen durch den Vergleich der logistischen Prozesse Verbes-serungspotentiale aufgedeckt werden. Als Vergleichsbasis kommen hierbei unter-schiedliche Geschäftsbereiche, Wettbewerber, die Branche oder die weltweit besten Unternehmen in Frage. Für ein Prozeßbenchmarking bietet es sich an, zunächst ei-ne Prozeßkostenanalyse in den entsprechenden Bereichen der verschiedenen Un-ternehmen durchzuführen. Durch die Prozeßkostenanalyse werden zum einen die ablaufenden Prozesse transparent, zum anderen werden die besonders kritischen Prozesse hinsichtlich ihrer Qualitäts- und Umweltrelevanz aufgezeigt. Daraufhin können einzelne Prozesse hinsichtlich dieser Aspekte betrachtet werden.

Der Ablauf eines Benchmarkingprozesses kann in folgende fünf Schritte unterteilt werden:

*1. Auswahl der Benchmarkingpartner:* Zunächst müssen vergleichbare Logistikketten ausgewählt werden. Da beim Benchmarkingprozeß der Gesichtspunkt der Vertraulichkeit der Daten eine große Rolle spielt, sollte idealerweise auf bestehende Geschäftsbeziehungen oder Mitglieder im selbem Unternehmensverband zurückgegriffen werden. Gegebenenfalls bietet sich auch die Leitung des Benchmarking durch ein unabhängiges Institut an, das sich zur Vertraulichkeit verpflichtet und die Daten, wenn notwendig anonymisiert, zur Verfügung stellt. Die Anzahl der Partner ist grundsätzlich unbeschränkt, es sollte jedoch der Koordinationsaufwand begrenzt gehalten werden.

*2. Festlegung von Prozeßkennzahlen als Vergleichsgrößen:* Nach der Auswahl der Partner geht es um die Festlegung geeigneter Prozeßkennzahlen für den Vergleich. Diese sollten die wesentlichen Qualitäts- und Umweltthemen ansprechen und von allen beteiligten Unternehmen einheitlich gebildet werden. Um Objektivität zu gewährleisten, müssen die zu vergleichenden Basisdaten nach einheitlichen Datenerfassungs- und -abgrenzungsmethoden erhoben werden. Dies gilt auch für die Festlegung aussagekräftiger Bezugsgrößen, auf deren Basis die Qualitäts- bzw. Umweltleistung miteinander verglichen wird (z. B. pro Stück, pro kg, pro Mitarbeiter etc.)

*3. Durchführung des Benchmarking:* Auf der Basis festgelegter Erhebungsrichtlinien können die Benchmarkingpartner dann die ausgewählten Qualitäts- und Umweltkennzahlen ermitteln. Der Vergleich dient in erster Linie dazu, Erfolgskriterien für „sehr gute" Qualitäts- und Umweltleistungen zu ermitteln. Ziel des Vergleichs eigener mit den Erfahrungen anderer, die besser abgeschnitten haben, ist somit das Aufdecken von Optimierungspotentialen sowie das Ableiten von Zielgrößen.

*4. Zielfestlegung und Maßnahmenvereinbarungen:* Mit den erhobenen Kennzahlen und den Ergebnissen des Benchmarking als Grundlage werden anschließend gemeinsam mit den anderen Akteuren Optimierungsziele und entsprechende Maßnahmen vereinbart und umgesetzt. Die festgelegten Kennzahlen sowie die entsprechenden Erfassungs- und Abgrenzungsrichtlinien sollten für ein kontinuierliches Benchmarking bei Bedarf überarbeitet und angepaßt werden.

5. *Regelmäßige Kontrollen:* Die konkrete Entwicklung der Qualitäts- und Umweltleistung im Vergleich zu anderen Benchmarkingteilnehmern wird durch regelmäßige Kennzahlenvergleiche sichtbar.

*Integriertes Qualitäts- und Umweltinformationssystem*

Das Qualitäts- und Umweltinformationssystem systematisiert die Elemente der Qualitäts- und Umweltmanagement-Methoden sowie die Kennzahlen und erlaubt dabei sowohl eine prozeß- als auch eine ergebnisorientierte Sicht und Analyse der Vorgänge in der Prozeßkette. Ziel ist es, jederzeit Informationen über die aktuelle Qualitäts- und Umweltschutzsituation verfügbar zu haben, um somit im Sinne eines Controlling eine situationsangepaßte Organisation der Prozeßkette zu realisieren und die systematische Planung, Steuerung und Koordination aller betrieblichen Aktivitäten entlang der Prozeßkette zu ermöglichen.

Eine Qualitäts- und Umweltinformation wird sowohl durch die Aggregation vielfältiger, voneinander unabhängiger Informationen (Qualitäts- und Umweltdaten) gewonnen als auch durch Informationen, die kontextabhängig Aussagen über den Zustand des betrachteten Systems liefern. Dies bedeutet, daß das Modell eines Informationssystems die gesamten relevanten Strukturen abbilden sollte, um alle notwendigen Informationen bereitstellen zu können. Dadurch wird ein effizienter Einsatz möglich, und die Aufgabe des Informationssystems beschränkt sich nicht nur auf ein Fehlermeldesystem, sondern bietet zusätzlich die Möglichkeit zur zielgerichteten Problemlösung.

Während die Ziele eines Informationssystems in der Literatur sehr einheitlich beschrieben sind, wird die Umsetzung in der Praxis differenziert ausgelegt. Jedes System sollte speziell an das entsprechende Unternehmen und die korrespondierende Aufgabe angepaßt werden. Dabei sollte es jedoch auch für die Kooperation mit den anderen Prozeßkettenakteuren geeignet sein. Ein Informationssystem, das für alle Unternehmen gleichermaßen geeignet ist, kann es nicht geben. Eine allgemeingültige Anforderung ist, daß das System für den Anwender transparent und überschaubar sein und sich flexibel an die sich ständig verändernden Bedingungen in einer Prozeßkette anpassen sollte. Aufgrund der Fülle der zu verarbeiteten Daten, die zu einem Qualitäts- und Umweltinformationssystem verdichtet und kurzfristig zur Verfügung stehen müssen, sollte das System EDV-unterstützt sein.

Eine einfache Handhabung des Systems wird durch einen modularen Aufbau unterstützt. Systembausteine sollten so abgegrenzt werden, daß sie möglichst klar definierte Funktionen umfassen, die mehrfach zu verwenden sind. Dies hat den Vorteil, daß die Komplexität des Systems reduziert wird und die Möglichkeit besteht, Module nachträglich durch bessere bzw. leistungsfähigere zu ersetzen.

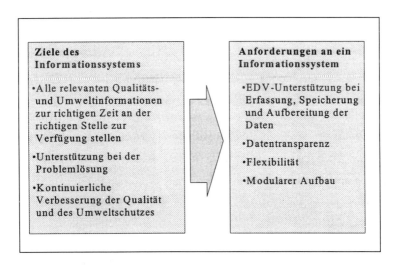

**Abbildung 70**: Ziele und Anforderungen eines Qualitäts- und Umweltinformations-
systems

Aufgabe des Informationssystems ist es, alle relevanten Informationen dem Anwender bereitzustellen, ohne ihn mit Daten zu überfluten. Da in einem Unternehmen qualitäts- und umweltrelevante Informationen lokal an unterschiedlichen Stellen entstehen, mit unterschiedlichen EDV-Programmen bearbeitet und gespeichert werden, müssen diese Daten standardisiert über Schnittstellen an ein Programm übergeben werden. Für das Informationssystem sind dann folgende Datenbanken einzurichten, auf die alle Akteure der logistischen Prozeßkette zugreifen können:

- *Soll-Kennzahlen*: Qualitäts- und Umweltziele sind so zu formulieren, daß sie über-prüfbar sind. Das erfordert, diese Ziele in interne Meßgrößen umzusetzen und de-ren Erfüllung regelmäßig einzuschätzen. In dieser Datenbank befinden sich alle notwendigen Soll-Kennzahlen der Unternehmen der Prozeßkette, die durch die Qualitäts- und Umweltplanung vorgegeben werden. Diese Planung erfolgt auf Basis von Kunden- und Mitarbeiterbefragungen, internen Audits, Auswertungen von Kundenreklamationen etc.

- *EDV-System Prozeßkette*: EDV-Systeme der Unternehmen verfügen auch ohne das Vorhandensein eines vollständig ausgebauten Informationssystems über eine Fülle qualitäts- und umweltrelevanter Daten und Informationen. In diese Daten-bank sind daher alle lokal vorhandenen Daten, Informationen sowie das Qualitäts- und Umweltwissen sämtlicher Mitarbeiter aller Unternehmen der Prozeßkette ein-zuspielen und laufend zu aktualisieren. Dem Nachteil einer doppelten Datenhal-tung steht dabei der Vorteil einer zentralen Verfügbarkeit aller Daten zum inte-grierten Qualitäts- und Umweltmanagement gegenüber.

- *Ist-Kennzahlen*: In dieser Datenbank werden alle relevanten Daten aus den unter-schiedlichen Datenbanken „EDV-System Prozeßkette" zu den relevanten, für das Informationssystem verarbeitbaren Informationen zusammengefaßt. Diese Ist-Kennzahlen bilden den aktuellen Qualitäts- und Umweltschutzstand der einzelnen Unternehmen ab.

- *QM/UM-Methoden*: Der Einsatz von QM- und UM-Methoden hilft bei der Ermitt-lung bestehender Unternehmenszustände hinsichtlich der qualitativen und ökolo-gischen Ausgestaltung der logistischen Prozeßkette genauso wie bei der Ausar-beitung zukünftiger qualitäts- und umweltschutzsichernder Maßnahmen. Aus die-sem Grund liegen hier Informationen vor, die sowohl für einen längeren Zeitraum gültig sind als auch einer ständigen Weiterentwicklung unterliegen. In dieser Da-tenbank sind daher alle Informationen, die durch Qualitätsmanagementmethoden wie z. B. durch die Fehlermöglichkeits- und -einflußanalyse (FMEA) gewonnen werden, zu speichern.

- *Dokumente*: In dieser Datenbank sind alle Dokumente abzuspeichern, die zusätzliche, in den anderen Datenbanken noch nicht erfaßte, qualitäts- und umweltschutzrelevante Informationen enthalten.

Diese Datenbanken werden durch ein Programm miteinander verbunden.[42] Dabei können sowohl Informationen an das Programm übertragen als auch durch dieses beinflußt werden. Beispielsweise werden die Soll-Kennzahlen durch die Qualitätsplanung vorgegeben, andererseits könnten mittels einer entsprechend leistungsfähigen Software durch eine Analyse der Daten diese Soll-Vorgaben optimiert werden.

Die Datenbank „QM/UM-Methoden" liefert qualitätsrelevante Informationen, die sich aus dem Einsatz von qualitäts- und umweltschutzsichernden Methoden ergeben. Durch das Programm kann auch der erneute Einsatz dieser Methoden vorgeschlagen werden. Ähnlich verhält es sich mit der Datenbank „Dokumente", da nicht nur die vorhandenen qualitäts- und umweltrelevanten Informationen aus dieser Datenbank genutzt werden, sondern auch neu verknüpfte Informationen in dieser Datenbank gespeichert werden können.

*Kontrolle mit Hilfe der Fehlermöglichkeits- und -einflußanalyse (FMEA)*

Sind beim Benchmarking Schwächen bei der ökologie- und qualitätsorientierten Gestaltung der Logistikkette sichtbar geworden, so bietet sich zur Suche nach den Ursachen das Instrument der FMEA an. Der Grundgedanke der FMEA[43] ist, bereits bei der Planung eines Prozesses zu überlegen, welche Fehler einen einwandfreien, ökologie- und qualitätsorientierten Ablauf in der Prozeßkette behindern könnten. Da jeder Fehler in der Schwere der Fehlerfolgen unterschiedlich sein kann und gleichzeitig die Wahrscheinlichkeit seines Auftretens stark schwanken kann, werden diese beiden Faktoren in die Fehlerbewertung einbezogen. Darüber hinaus wird bewertet, wie groß die Wahrscheinlichkeit der rechtzeitigen Entdeckung des Fehlers ist.

---

[42]    Ein Beispiel für ein solches Programm ist das Programm LOGQUIS, das von dem Forschungsinstitut für Rationalisierung entwickelt wurde. Vgl. hierzu Luczak, Eversheim 1997.

[43]    vgl. ebenda, S. 72 - 81, sowie Ludwig 1997, S. 5 - 12.

Die prinzipielle Vorgehensweise bei der FMEA beruht auf den vier Phasen Vorbereitung, Suchen, Bewerten und Umsetzen. Hierbei umfaßt die Vorbereitung u. a. die
Verankerung des FMEA-Gedankens im Management und die Teambildung aus
Mitgliedern der Prozeßkette. Diese mündet im Suchen nach potentiellen Fehlern
bzw. Qualitäts- und Umweltschutzrisiken und deren Folgen. Die aufgedeckten Feh-
lerpotentiale werden durch das Team mittels des FMEA-Schemas systematisiert und
bewertet. Bei Fehlern, deren Risiko für die Prozeßkette als schwerwiegend beurteilt
wird, erfolgt die Festlegung von Maßnahmen. Die Durchführung der Maßnahmen zur
Vermeidung des zukünftigen Auftretens eines Fehlers geschieht unter expliziter Zu-
weisung von Verantwortlichkeiten und Terminen für die Umsetzung. Im Nachgang
erfolgt eine Überprüfung der Wirksamkeit durch Validierung der durchgeführten
Maßnahmen. Die FMEA wird in folgenden fünf Schritten erstellt:

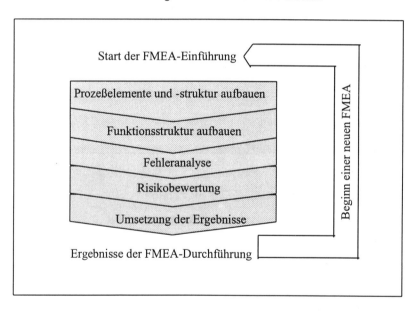

**Abbildung 71**:    Schritte bei einer FMEA-Erstellung

Für die betrachtete Prozeßkette wird zuerst die Prozeßstruktur, also die Beziehungen der einzelnen Prozeßelemente der verschiedenen Akteure zueinander, ermittelt.
Jedes Prozeßelement läßt sich in Prozeßfaktoren als Mitarbeiter, die an der Leistungserstellung beteiligt sind, aufspalten. Innerhalb der Prozeßfaktoren lassen sich
wiederum unterschiedliche Faktorelemente identifizieren. Beispiele für mögliche

Faktorelemente des Prozeßfaktors Mitarbeiter sind für die Auftragsannahme der Disponent, die Abfertigung, die Telefonzentrale, der Pförtner, die Speditionsleitung oder die Abrechnung. An jeder dieser Stellen kann ein Auftrag eingehen. Da bereits die Auftragsannahme Auswirkungen auf die qualitative (es werden nicht alle Daten erfragt) und ökologische (bei der Festlegung der Auslieferungszeiten) Ausgestaltung des Logistikprozesses hat, sollten alle diese Faktorelemente in bezug auf ihre möglichen Fehler bzw. Ineffizienzen hin untersucht werden.

In einem zweiten Schritt wird die Funktionsstruktur erarbeitet. Dazu werden den einzelnen Faktorelementen Funktionen zugeordnet und diese entsprechend der Prozeßstruktur miteinander verknüpft. Aufgrund der äußeren Form im Falle einer hierarchischen Gliederung wird das Ergebnis auch Funktionsbaum genannt.

Zu den einzelnen Funktionen werden in einem dritten Schritt potentielle oder aufgetretene Fehler identifiziert. Den Fehlern werden darüber hinaus die mögliche Fehlerfolge sowie die möglichen Ursachen seines Auftretens zugeordnet. Dies führt zum Aufbau einer logischen Kette, in der eine Fehlerfolge aus einem Fehler resultiert, der verschiedene Fehlerursachen haben kann. Die Fehleranalyse übernimmt dabei den Aufbau der Funktionsstruktur. Als Beispiel wäre die falsche Auslieferung einer Ware der Fehler. Die Ursache dieses Fehlers kann in einer unleserlichen Beschriftung der Sendung liegen. Die Fehlerfolge ist eine verzögerte Anlieferung beim eigentlichen Empfänger und damit eventuell der Kundenverlust. In der Fehleranalyse gilt es, alle möglichen Fehler in ihrer Gesamtheit zu berücksichtigen.

Die FMEA sollte sinnvollerweise in unternehmensübergreifenden Arbeitsgruppen erarbeitet werden. Der Einsatz eines Moderators sollte dabei sicherstellen, daß eine klare Trennung von Fehlerfolge, Fehler und Fehlerursache vorgenommen wird. Auch ist sicherzustellen, daß eine „verursachergerechte" Zuordnung der Fehlerursache zu dem entsprechenden Akteur der Prozeßkette erfolgt, da ein Fehler, seine Folge und Ursache bei unterschiedlichen Akteuren auftreten können.

Die Risikobewertung als vierter Schritt erfolgt mittels der Risikoprioritätszahl (RPZ). Zu ihrer Bestimmung werden jedem Fehler drei Bewertungsfaktoren zugeordnet: Bedeutung des Fehlers (B) auf einer Skala von eins bis zehn, Wahrscheinlichkeit des Auftretens der Fehlerursache (A) und Wahrscheinlichkeit des rechtzeitigen Entdeckens des Fehlers (E). Die Risikoprioritätszahl ist das Produkt aus allen drei Faktoren (RPZ = B x A x E) und gibt das mit einem Qualitäts- bzw. Umweltschutzdefizit verbundene Risiko für die logistische Prozeßkette an.

Bei der Bewertung eines Fehlers in logistischen Prozessen werden Fehlfunktionen jedoch oftmals nicht durch den Endkunden wahrgenommen, sondern in den nachfolgenden Prozessen (oft bei anderen Akteuren) aufgefangen, bevor der Endkunde etwas davon bemerkt. Solch eine Fehlerbehebung im Prozeß erfordert aber i. d. R. Nachbesserungen, die einen erheblichen Mehraufwand bedeuten, Kapazitäten binden und außerhalb der eigentlichen wertschöpfenden Prozesse ablaufen. Aus diesem Grund ist es sinnvoll, Fehler, die der Endkunde nicht bemerkt, die aber innerhalb der Logistikkette Aufwand hinsichtlich ihrer Auswirkungen bedeuten, für die logistische Kette zu beurteilen.

Die Optimierung als letzter Schritt setzt bei der Betrachtung der Risikoprioritätszahl. an. Dabei sollte mit den Fehlern mit den höchsten Risikoprioritätszahlen begonnen werden. Das Setzen einer unteren Eingriffsgrenze, unterhalb derer keine weitere Betrachtung des Fehlers erfolgt, ist jedoch als wenig sinnvoll anzusehen. So können hohe Einzelwerte unter den Faktoren B, A oder E unter Umständen auch auf ein schwerwiegendes Problem hindeuten, obwohl die Risikoprioritätszahl selbst durch die sehr niedrige Bewertung eines anderen Faktors nicht hoch ist. Von Faustregeln wie „alles mit einer RPZ unter 100 muß nicht näher untersucht werden" ist daher Abstand zu nehmen.

## 5.6 Auditierung der integrierten Managementsysteme

*Umfangreiche Vorbereitung*

Die Auditierung des integrierten QMS und UMS der logistischen Prozeßkette ist der letzte Schritt auf dem Weg zu einem effizienten Managementsystem. Sie ist ein wichtiges Instrument zur Bewertung der ökologischen und qualitativen Leistungen der Logistikkette im Sinne einer kontinuierlichen Verbesserung. Daß Lieferantenaudits die Effizienz der logistischen Prozeßkette sicherstellen, wurde auch durch die aufgeführten Fallbeispiele verdeutlicht. Hat sich die logistische Prozeßkette bereits ausgiebig mit den wesentlichen qualitäts- und umweltrelevanten Abläufen und Prozessen auseinandergesetzt und die notwendige Dokumentation aller relevanten Vorgänge abgeschlossen, wird der zeitliche, personelle und finanzielle Aufwand der eigentlichen Auditierung begrenzt bleiben.

Wesentliche Planungsinhalte sind

• die zu erfassenden Bereiche aller beteiligten Unternehmen,

• die zu prüfenden Tätigkeiten,

• die zu berücksichtigenden Qualitäts- und Umweltstandards,

• die Vorbereitung aller Beteiligten (Prüfer, Unternehmensleitung sowie aller Mitarbeiter entlang der Prozeßkette) im Hinblick auf ihre Rollen und Aufgaben sowie die

• Bereitstellung der notwendigen Mittel.

*Installation eines Auditierungsteams*

Es gilt, ein zentrales Beratungsgremium für alle Fragen der integrierten Qualitäts- und Umweltauditierung festzulegen. Am Auditierungsteam sollten jeweils zwei Mitarbeiter aus jedem beteiligten Unternehmen und ein Vertreter der Geschäftsleitung vertreten sein. Zusätzlich nehmen die Umwelt- und Qualitätsbeauftragten bzw. die Prozeßverantwortlichen der Logistikkette teil. Alle beteiligten Personen sollten über die erforderlichen Kenntnisse der zu prüfenden Sektoren und Bereiche, darunter

Kenntnisse und Erfahrungen in bezug auf Managementsysteme, verfügen. Auch rechtliche Fragestellungen der Auditierung sollten durch diesen Personenkreis abgedeckt werden. Sind diese Qualifikationen innerhalb der Logistikkette nicht zu finden, ist auf externe Berater zurückzugreifen.

*Ablauf*

Die Tätigkeiten bei der Durchführung der Auditierung umfassen Gespräche mit den Mitarbeitern, die Untersuchung der einzelnen Betriebsbedingungen und -ausstattungen, die Prüfung von Archiven, schriftlichen Anweisungen sowie anderer einschlägiger Dokumente im Hinblick auf die Qualitätssicherung sowie den Umweltschutz. Dabei wird ermittelt, ob das Unternehmen die geltenden Normen (z. B. Gesetze, Verwaltungsvorschriften, Richtlinien, Genehmigungsverfahren, Durchführungsbestimmungen, interne Anweisungen) erfüllt und ob das bestehende integrierte Managementsystem zur Bewältigung dieser Aufgaben geeignet ist.

Zur Prüfung gehören insbesondere folgende Maßnahmen:

- die Kenntnisnahme und Beurteilung der Schwächen und Stärken des integrierten Qualitäts- und Umweltmanagementsystems,

- die Erfassung relevanter Nachweise sowie

- die Erstellung eines Berichtes über die Prüfung.

Die qualitäts- und umweltrelevanten Gegebenheiten und Leistungen werden beschrieben, Hinweise über Abweichungen zwischen den vorgefundenen Bedingungen und den relevanten Normen sind zu notieren, sofern sie bedeutsam erscheinen. Dabei hat das Auditteam die Aufgabe, daß alle gemachten Feststellungen in einer klar verständlichen und prägnanten Weise dokumentiert und durch entsprechende Nachweise belegt werden.

Ein erster Ansatz für eine gesamthafte Zertifizierung der Prozeßkette ist die Matrix-Zertifizierung. Zur Zertifizierung des gemeinsamen IMS wird nicht mehr jedes Unternehmen der Prozeßkette einzeln zertifiziert, sondern es erfolgen nur vereinzelte Stichproben innerhalb der Prozeßkette. Somit läßt sich die Anzahl der notwendigen

Zertifizierungen und der damit für das einzelne Unternehmen verbundene Aufwand enorm reduzieren. Dabei ist zwischen system- und prozeßbezogenen Verfahrensanweisungen zu unterscheiden, wobei die systembezogenen im Gegensatz zu den prozeßbezogenen Elementen bei allen Prozeßbeteiligten identisch sein sollten.

| Zahl der Akteure | Stichproben für Zertifizierungs- und Folgeaudits |
|---|---|
| 1 - 3 | 1 |
| 4 - 8 | 2 |
| 9 - 15 | 3 |
| 16 - 25 | 5 |
| 26 - 50 | 7 |
| 51 - 100 | 10 |
| 101 - 150 | 13 |
| 151 - 200 | 16 |
| > 200 | > 20 |

**Tabelle 17**: Stichprobentabelle

Quelle: DQS, 1998

Zur Sicherstellung der Funktionsfähigkeit der IMS innerhalb der einzelnen Unternehmen werden erst sechs Wochen vor Eintreffen der Zertifizierer die zu zertifizierenden Unternehmen bekanntgegeben.

# 6 Zusammenfassung

## Ziel, Design und Methodik des Forschungsprojektes

1.  Ziel des Forschungsprojektes ist die Gewinnung praktischer Erkenntnisse sowie die Erarbeitung von Handlungsempfehlungen hinsichtlich einer verbesserten Gestaltung von Logistikketten unter ökonomischen, qualitätsorientierten und ökologischen Gesichtspunkten mit Hilfe von integrierten Qualitäts- und Umweltmanagementsystemen.[44] Dabei wird davon ausgegangen, daß zwischen den drei Kriterien eine maßgebliche Schnittmenge besteht. Die Grundlage für das Forschungsprojekt bildet eine empirische Erhebung entlang von 35 logistischen Prozeßketten auf Basis von Interviews bei rund 100 Unternehmen. Zusätzlich bieten vier Fallstudien von Prozeßketten, die sich durch eine spezifische ökologische und/oder qualitätsorientierte Gestaltung der Logistik auszeichnen, weitere Erkenntnisse. Aus den Ergebnissen dieser Befragungen wurden Handlungsempfehlungen abgeleitet, die zur Optimierung von Prozeßketten unter qualitätsorientierten und ökologischen Gesichtspunkten beitragen können.

## Herausforderungen für die Logistik

2.  Alle befragten Unternehmen rechnen in der näheren Zukunft mit Änderungen in der Logistik. Diese werden nach der Anzahl der Nennungen am häufigsten aus dem Umweltbereich erwartet. So gehen fast alle befragten Hauptakteure von einer Zunahme der Entsorgungs- und Recyclingsystemen aus. Das gestiegene Umweltbewußtsein der Konsumenten und strengere Umweltauflagen als ihre Folge erweitern somit zum einen den Logistikbereich um die zusätzliche Funktion Entsorgung und bewirken zum anderen Änderungen der Gestaltung der Logistik, insbesondere der Transporte. Die Optimierung von Verpackungen und die zunehmende Vernetzung der Informationsflüsse, die durch den Trend zum

---

[44] Qualitäts- und Umweltmanagementsysteme werden im folgenden mit QMS bzw. UMS abgekürzt.

Outsourcing bestimmter Logistikfunktionen gefördert wird, können sich positiv auf die Situation der natürlichen Umwelt auswirken.

3.  Neue Informations- und Kommunikationstechnologien werden zwar von weniger Akteuren als Einflußfaktoren für die Logistik genannt, jedoch wird diesen eine weitaus größere Bedeutung zugesprochen. Eine der wesentlichen Veränderungen ist die Einführung bzw. Veränderung der Warenwirtschaftssysteme, die als vollständig geschlossene Systeme auf Basis von Filial- und Artikelebene bislang nur den wenigsten Handelsunternehmen zur Verfügung stehen, bzw. SCM (Supply Chain Management).

4.  Weitere wesentliche Veränderungen der Logistik resultieren nach Angabe der befragten Akteure aus der Herabsetzung der Fertigungstiefe und der Globalisierung. Während zu erwarten ist, daß durch die Verringerung der Fertigungstiefe die Transportfrequenzen steigen, kann noch nicht abschließend geklärt werden, inwiefern die Globalisierung zu einem „global sourcing" und somit zu einem weiter steigenden Verkehrsaufkommen führen wird. Es gilt auch abzuwarten, inwieweit einer solchen Entwicklung verstärkte Bestrebungen zur Bündelung von Waren- und Lieferströmen entgegenwirken.

5.  Die angegebene verschärfte Wettbewerbssituation und der dadurch auf die Unternehmen ausgelöste Kostendruck kann zu einer Verringerung der Berücksichtigung ökologischer Aspekte bei der Ausgestaltung der Logistik führen. Denn es ist davon auszugehen, daß insbesondere bei kleineren und mittleren Unternehmen Investitionen in einen umweltgerechten Fuhrpark vorerst unterbleiben. Auch werden seitens der Verlader bei Entscheidungen über den zu wählenden Verkehrsträger in erster Linie ökonomische Argumente entscheiden.

**Erfolgsfaktoren entlang der Logistikkette**

6.  Ein von fast allen Akteuren als elementar betrachteter Erfolgsfaktor ist die enge Zusammenarbeit mit anderen Akteuren der logistischen Prozeßkette. Dieser ermöglicht vor allem eine Erhöhung der Flexibilität, verbesserte Steuerung und Kontrolle der Logistik, Personaleinsparungen sowie Verringerungen der Bestände und eine Beschleunigung der Prozesse. Hierbei spielt auch die Einbindung

der Logistikdienstleister eine immer größere Rolle. Diese ermöglicht es - neben ökonomischen Vorteilen wie der Konzentration auf Kernkompetenzen und Variabilisierung der Fixkosten - den Konflikt zwischen Bestandsreduzierung und Transportverminderung zu lösen, indem Logistikdienstleister ein Pooling der Transporte betreiben. Im Zuge der engen Form der Zusammenarbeit erfolgt in einigen Ketten bereits ein Single-Sourcing von Gesamtlogistikleistungen von einem Anbieter.

7. Basis für eine flexible und leistungsstarke Kooperation ist der vollständige Informationsaustausch und -abgleich aller am logistischen Prozeß Beteiligten. So wird bereits in einigen Ketten das sogenannte Continuous Replenishment (CRP) getestet. Dieses geht davon aus, daß nicht mehr der Handel durch seine Bestellungen den Warenfluß auslöst, sondern der Hersteller, der durch eine enge Kooperation mit dem Handel sowohl dessen Bestände als auch Abverkäufe und Absatzprognosen kennt und die Bestandsverantwortung trägt. So kann der Hersteller ein integriertes Bestandsmanagement durchführen und die Lagerbestände entlang der logistischen Kette gesamthaft optimieren.

8. Als weitere Erfolgsfaktoren nennen die Akteure organisatorische Besonderheiten, wie z. B. kurze Entscheidungswege durch flache Hierarchien oder ein durch Optimierungsprogramme gesteuerter Vertrieb. In bestimmten Fällen spielen aber auch spezifische Einzelaspekte eine entscheidende Rolle, wie z. B. besondere Lager- und Umschlageinrichtungen. Oftmals liegen die Erfolgsfaktoren jedoch im menschlichen Bereich, beispielsweise in den besonderen Leistungen der Mitarbeiter, in der kooperativen Grundeinstellung oder im Qualitäts- und Umweltbewußtsein, das im Unternehmen vorherrscht und daher eine Berücksichtigung dieser Aspekte mit sich bringt.

9. Bei der Gestaltung der Logistik stellt insbesondere die Verringerung der Wartezeiten an der Rampe des Handels ein Problem dar, das nur durch kooperative Konzepte gelöst werden kann. In einem Fall gelang durch die Definition garantierter Zeitfenster die Reduzierung der Wartezeit von bis zu sechs Stunden auf heute unter eine Stunde. Auch eine andere Form der Transportorganisation kann zu einer schnelleren Abfertigung beitragen. Einem Handelsunternehmen gelang

es, die Anzahl der täglich ankommenden Lkw je Filiale von 40 Lkw auf zwei Lkw zu reduzieren, indem die Ware anstatt vom Hersteller über ein eigenes Logistiksystem geliefert wird. In der Automobilindustrie werden ähnlich ebenfalls neue Logistikkonzepte durch die verstärkte Beauftragung von Modullieferanten erwartet.

10. Durch den Bau neuer Zentralläger bzw. durch den steigenden Anteil der über ein Zentrallager bezogenen Ware kann eine höhere Effizienz erreicht werden. Vorteilhaft für die Hersteller ist hierbei die stärkere Bündelung der Warenströme. Damit einhergehen kann die Zunahme des Warenanteils, der sofort aus der Produktion ohne Einschaltung eines Produktionslagers an das Handelslager geliefert werden kann. Diese Zentralisierung bringt neben den Kostenvorteilen durch die Verringerung der Lagerhaltungs- und Kapitalbindungskosten jedoch Nachteile hinsichtlich einer ökologischen Gestaltung der Transporte mit sich. Da eine Anpassung an Absatzschwankungen nämlich nicht mehr durch mehrstufige Lagersysteme mit Produktions-, sowie verschiedenen Regional- und Auslieferungslägern abgefangen werden kann, werden hohe Anforderungen an die Zeitgenauigkeit und Flexibilität der Lieferung gestellt, der systembedingt am ehesten durch den Einsatz des Straßengüterverkehrs Rechnung getragen wird.

**Handlungsfelder bei der Gestaltung der Logistikkette**

11. Das zentrale Ergebnis der Befragungen ist, daß die Qualität der Logistik bei allen Akteuren eine sehr große Rolle spielt. Bei der Beachtung ökologischer Aspekte in der Logistik sind Logistikdienstleister und Handelsunternehmen bereits relativ weit. Die befragten Industrieunternehmen hatten sich bisher weniger mit ökologischen Fragestellungen außerhalb der Produktion beschäftigt und stehen bezüglich einer ökologieorientierten Logistik noch am Anfang.

12. Es finden jedoch kaum Qualitäts- und Umweltschutzverbesserungen über die gesamte Prozeßkette statt. Meist wird die Logistik suboptimal nach den Vorstellungen des Akteurs mit der größten Marktmacht optimiert.

13. Da bisher auch nur wenige Unternehmen ein UMS installiert haben, finden auch kaum Verknüpfungen von QMS und UMS statt. Nur wenige Unternehmen nutzen

die mit dem Einsatz von QMS verbundenen Dokumentationen der Prozesse zur systematischen internen und unternehmensübergreifenden Optimierung.

14. Die Befragungen haben ergeben, daß zwar eine große Anzahl der Unternehmen qualitätsorientierte Leitlinien für die Logistik besitzen, diese aber zum einen nur in wenigen Fällen ökologische Aspekte beinhalten. Zum anderen ist ein Defizit bei der Kommunikation dieser Leitbilder festzustellen, so daß die Gefahr besteht, daß den Mitarbeitern die Bedeutung einer ökologischen Gestaltung der Logistik wenig bewußt ist. Unternehmensübergreifende Leitlinien sind naturgemäß hauptsächlich bei der Akteursgruppe der Logistikdienstleister zu finden, die diese - i. d. R. in Form von Rahmenverträgen - vorgegeben bekommen. Von den Handelsunternehmen werden gemeinsame Leitlinien nur vereinzelt und von den befragten Industrieunternehmen nicht angegeben.

15. Die hohe Bedeutung von Informations- und Kommunikationssystemen für die Logistik hat sich erst bei wenigen Unternehmen in der Organisation niedergeschlagen. Keines der befragten Unternehmen nennt Informations- und Kommunikationssysteme zu den Logistikaufgaben. Entsprechend werden anteilige EDV-Kosten auch nicht zu den Logistikkosten gerechnet, so daß keine verursachergerechte Kostenzuordnung erfolgt. Der Einsatz von IuK-Technologien hat zwar insgesamt an Bedeutung gewonnen, die technischen Möglichkeiten einer unternehmensübergreifenden Kommunikation werden aber längst nicht ausgeschöpft. So nutzt die Mehrzahl der befragten Unternehmen noch immer vorwiegend Telefon und Faxgeräte für die Abwicklung der Bestellungen; das Internet wird zur Zeit noch vernachlässigt und nur selten zur Auftragsabwicklung genutzt. Nur vereinzelt erfolgt eine beleglose Auftragsbearbeitung oder ein permanenter Zugriff auf Daten anderer Akteure. Auch für Aufgaben der Routenoptimierung und der Bündelung von Transporten sowie für eine Gütersendungsverfolgung werden erst in Anfängen EDV-Systeme eingesetzt.

16. Die Befragungen zeigen darüber hinaus, daß nur ein Drittel der befragten Hauptakteure logistisch relevante Kostengrößen unternehmensübergreifend erfaßt; eine Kostentransparenz wird sehr eingeschränkt angegeben. Eine Berechnung von Kennzahlen für die Schnittstelle findet ebenfalls nur vereinzelt statt.

Der Grund für die mangelnde Transparenz der Logistikkosten liegt in erster Linie darin, daß Logistikkosten in unterschiedlichen Unternehmensbereichen anfallen und die Notwendigkeit der Verknüpfung bislang nicht gesehen wurde. Unternehmensübergreifend verstärkt sich das Problem, da Kosteninformationen entgegen dem Sinne einer Optimierung der logistischen Prozeßkette nicht offengelegt werden. Weiterhin wurden Logistikkosten bezüglich ihrer Einflußfaktoren bisher nicht hinreichend erfaßt und differenziert. Somit ist es auch nicht möglich, die Logistikkosten verursachergerecht auf Dienstleistungen und Kunden zu verrechnen.

17. Entsprechend der geringen Verankerung von Umweltschutzzielen in den Unternehmensleitlinien stehen auch beim Logistikcontrolling ökologische Aspekte im Hintergrund. Qualitätsziele und -strategien haben bereits in einigen Unternehmen Einzug in das strategische Logistikcontrolling gefunden, die Umsetzung von Umweltschutzzielen und -strategien wird dagegen noch nicht systematisch begleitet. So werden nur von wenigen Unternehmen unternehmensintern Kennzahlen zur Verringerung der Umweltbelastung berechnet, bezogen auf die gesamte logistische Prozeßkette werden diese jedoch noch nicht genutzt.

**Integrierte Qualitäts- und Umweltmanagementsysteme als Instrumente zur Koordination von Logistikketten**

18. Insgesamt wird somit festgestellt, daß ein Großteil der Unternehmen dem Umweltschutz in der Logistik zwar eine große Bedeutung zumißt, eine umfassende Umsetzung von Maßnahmen zur ökologischen Gestaltung von Logistikprozessen aber erst in Ansätzen stattfindet. Um durch eine Integration des Umweltschutzes in Managementprozesse eine weitreichende ökologische wie ökonomische Optimierung von Logistikprozessen zu erreichen, empfiehlt sich die Installation eines integrierten Qualitäts- und Umweltmanagementsystems. Dieses bietet gute Ansatzpunkte für eine systematische Implementierung des betrieblichen Umweltschutzes in die Unternehmung und ermöglicht darüber hinaus Kosteneinsparungen, den Abbau von Informationsdefiziten bezüglich ökologischer

Auswirkungen der betrieblichen Tätigkeit sowie die Erfüllung von Kundenanforderungen.

19. Durch die gleichzeitige Beachtung qualitätsorientierter und ökologischer Aspekte in Form eines integrierten Umwelt- und Qualitätsmanagementsystems (IMS) ist eine Reihe sowohl struktureller als auch inhaltlicher Synergieeffekte zu erwarten. Dies trifft insbesondere dann zu, wenn beide Bereiche von ihrem konzeptionellen Ansatz her nicht als Appendix, sondern als originäre und integrierte Führungsaufgabe verstanden werden. Denn sowohl die Berücksichtigung von Umwelt- als auch von Qualitätsaspekten erfordert eine angemessene organisatorische Verankerung im Unternehmen sowie die Motivation sämtlicher Mitarbeiter. Eine weitere entscheidende Gemeinsamkeit von Qualitäts- und Umweltaspekten ist die Notwendigkeit, unternehmensübergreifend die Vielzahl und Vielfalt von Wechselbeziehungen zwischen den einzelnen Prozessen zu beachten, d. h. die Optimierungen auf die vor- und nachgelagerten Unternehmen zu beziehen.

20. Neben diesen strukturellen Gemeinsamkeiten sprechen auch organisatorische Aspekte für eine gemeinsame Betrachtung von Qualität und Umwelt in Form von Managementsystemen. So können Unternehmen, die bereits ein Managementsystem eingerichtet haben, dies aufgrund des ähnlichen Aufbaus von Qualitäts- und Umweltmanagementsystemen um die fehlenden Aspekte ergänzen. Hierdurch wird zum einen vermieden, daß für die Ausführung einer Tätigkeit zwei Verfahrensanweisungen zu beachten sind und zum anderen können keine Doppelnennungen sowie Widersprüche auftreten.

21. Durch die gleichzeitige Beachtung einer qualitäts- und umweltschutzorientierten Gestaltung der Prozeßkette sind somit Synergieeffekte wie z. B. die gemeinsame Zielfestlegung und Verankerung im Management, gemeinsame Dokumentationen sowie Risikoverringerungen im Produkthaftungsbereich zu nennen. Zudem geht das Forschungsprojekt unabhängig von dem Instrument des integrierten Managementsystems von der Annahme aus, daß sich eine ökologieorientierte Gestaltung der Logistik positiv auf die Logistikqualität auswirkt. Denn indem systematisch der Energie- und Materialeinsatz durch Optimierungen der Logi-

stikplanung und -gestaltung verringert wird, wird der gesamte logistische Prozeß i. d. R. besser kontrollier- und planbar.

**Handlungsempfehlungen**

22. Keine Prozeßkette, auch wenn sie aus ähnlichen Unternehmen besteht und eine ähnliche Form der Arbeitsteilung gewählt wurde, gleicht einer anderen. Das integrierte Managementsystem muß entsprechend diesen vorhandenen Gegebenheiten und den Zielsetzungen individuell gestaltet werden. Die aufgeführten Empfehlungen sind daher als ein Angebot zu verstehen, aus dem sich jede Prozeßkette bzw. jedes Unternehmen diejenigen herausgreift, die ihm als für die spezifische Unternehmenssituation als geeignet erscheinen.

23. Die Implementierung der im Planungsprozeß ermittelten Maßnahmen kann nur Top-down, von oben nach unten erfolgen. Daher ist das Kick-Off Meeting unter Einbeziehung der Führungsebene für die beteiligten Unternehmen zu gestalten. Denn insbesondere im Qualitätswesen wie im Umweltschutz sind die Erfolge ganz entscheidend davon abhängig, wie gut Qualitäts- und Umweltbewußtsein vom Mitarbeiter „verinnerlicht" wurden. Das Management muß die Notwendigkeit und die Vorteile der Maßnahmen erkennen, die nötige Infrastruktur schaffen, Ressourcen für Training und Umsetzung bereitstellen, motivieren und Vorbild sein. Aufgaben und Befugnisse sind von der Unternehmensleitung über Betriebsleiter bis hin zu Meistern oder Vorarbeitern in den verschiedenen Unternehmen gemeinsam festzulegen. Hinsichtlich der zu berücksichtigenden Schnittstellenproblematik ist festzulegen, wer entscheidungsbefugt oder „nur" mitwirkungspflichtig oder zu informieren ist.

24. Wesentliche Voraussetzung für die Integration von Umweltschutz und Qualitätsaspekten in einem integrierten Managementsystem ist die Entwicklung einer Unternehmenspolitik, bei der die sich aus beiden Aspekten ergebenden Anforderungen integriert und aufeinander bezogen berücksichtigt werden. Diese sind von allen beteiligten Akteuren der Prozeßkette zu erarbeiten und schriftlich festzulegen. Bei der Integration von Umwelt- und Qualitätsmanagementsystemen ist zwischen systemspezifischen Aufgaben, die ursächlich zur Verbesserung des

Umweltschutzes sowie der Qualität beitragen, und allgemeinen Management-praktiken zu unterscheiden. Während letztere sofort integriert zu betrachten und die Prozeßbeschreibungen zu vereinheitlichen sind, kann in der Implementie-rungsphase eine zeitliche Staffelung von UMS und QMS die Einführung erleich-tern sowie auch insgesamt eine größere Flexibilität gewährleisten. Die Verant-wortung für die Einführung des integrierten Managementsystems sollte in der obersten Leitung in den Unternehmen der logistischen Prozeßkette verankert sein. Für die praktische Systemeinführung empfiehlt sich der Einsatz verschie-dener - normenkundiger und auditerfahrener - „Systembeauftrager", die für die Einführung und Pflege des Managementsystems zuständig sind. Die organisato-rische Verankerung dieser Position sollte in Form eines unternehmensübergrei-fenden Teams stattfinden.

25. Grundlage des Einsatzes von IMS ist die systematische Betrachtung aller rele-vanten Prozesse. Im Rahmen einer Grobanalyse sollte ein umfassender Über-blick über den Ist-Zustand der Ablauforganisation gewonnen werden. Hierfür empfiehlt es sich, in einer interdisziplinären, unternehmensübergreifenden Ar-beitsgruppe, die aus Mitarbeitern aus verschiedenen Abschnitten der Logistik-kette besteht, alle Arbeitsschritte zum Warentransport und zur Weitergabe von transportvorauseilenden, -begleitenden und -nacheilenden Informationen in Ba-sisfunktionen zu gliedern und graphisch abzubilden. Meist werden bereits bei dieser rein beschreibenden Aufgabe Optimierungspotentiale sichtbar.

26. Zur Bestimmung ökologischer und qualitativer Anforderungen empfiehlt sich das „Prinzip der Rückwärtsprofilierung". Da das Anforderungsprofil letztlich von den Bedürfnissen des Kunden als „letzter Schnittstelle" im Prozeß bestimmt wird, sind die Abstimmungen zwischen den Akteuren sukzessiv, vom Ende des Lei-stungsprozesses beginnend, retrograd zu entwickeln. Die Anforderungen des nachgelagerten Akteurs werden somit zu Zielvorgaben des jeweils vorgelagerten Akteurs. Dabei sollte an jeder Schnittstelle ein Vergleich der Leistungsbeurtei-lung durch den Leistungsersteller und -empfänger durchgeführt werden, um Dis-krepanzen in den Ansprüchen hinsichtlich der qualitätsorientierten und ökologi-schen Gestaltung der Logistik aufzudecken.

27. Beim Einsatz von IuK-Technologien ist der Einsatz standardisierter Kommunikations-Schnittstellen wie z. B. EDIFACT (Electronic Data Interchange für Administration, Commerce and Transport) sinnvoll, um Kompatibilitätsprobleme an den Schnittstellen zu vermeiden. Zur unternehmensübergreifenden Kommunikation eignet sich insbesondere das Internet aufgrund seiner nahezu uneingeschränkten Verfügbarkeit und der offenen Struktur. Indem Auftragsvergabe, Sendungsverfolgung, Abrechnung etc. online per Internet abgewickelt werden, können Informationen ohne die vergleichsweise zeit- und fehlerintensive verbale Kommunikation unproblematisch ausgetauscht werden.

28. Ökobilanzen stellen mittels der Analyse umweltrelevanter Daten der Wirtschaftstätigkeit den Ausgangspunkt für ein Ökocontrolling dar, indem sie einen quantitativen Überblick über die durch betriebliche Tätigkeit induzierten Stoff- und Energieströme liefern. Hierfür erfolgt auf Basis von physikalischen Einheiten eine Betrachtung von Stoff- und Energieströmen, die als Input in sämtliche Prozesse eingehen und ihn als Output in Form von Produkten, stofflichen und energetischen Emissionen verlassen. Indem Produkte hinsichtlich ihrer In- und Outputs über den gesamten Lebenszyklus betrachtet werden, sind auch qualitätsorientierte Verbesserungen zu erzielen. So kann beispielsweise ermittelt werden, welche Komponenten überdurchschnittlich häufig ersetzt werden müssen. Indem die festgestellten Schwachstellen dieser Teile bereits in der Produktentwicklungsphase berücksichtigt werden, kann eine längere Haltbarkeit und somit eine höhere Qualität erreicht werden.

29. Zusätzlich zu dieser In- und Outputbetrachtung der Stoffströme ist der Aufbau einer Kostenrechnung für die Logistik notwendig. Ziel ist es, die anfallenden Kosten entlang der Logistikkette zu erfassen, aufzubereiten und prozeßorientiert auszuweisen. Dies ist mit herkömmlichen Kostenrechnungssystemen nur schwer möglich, da die verschiedenen anfallenden Logistikkosten kostenstellen- und nicht prozeßbezogen erfaßt werden. Durch die Einführung einer prozeßbezogenen Kostenrechnung bietet sich die Möglichkeit einer durchgängigen, unternehmensübergreifenden Betrachtung der Logistikkosten. Hierbei können abteilungs-

und unternehmensübergreifende Hauptprozesse als Ganzes betrachtet und analysiert werden.

30. Ein wesentliches Problem der Informationsaufbereitung von Kosten-, Qualitäts- und Umweltdaten besteht in der sinnvollen und aussagekräftigen Verdichtung des vorhandenen Zahlenmaterials in Form von Kennzahlen. Durch den zunehmenden Einsatz von IuK-Systemen werden eine Vielzahl von Daten bereits erfaßt, aber nur in seltenen Fällen systematisch genutzt. Ziel muß es sein, wenige, aussagekräftige Kennzahlen auszuwählen und zu nutzen, um jederzeit einen Überblick über den Stand der Kosten sowie der Qualitäts- und Umweltschutzsicherung zu erhalten. Es ist darauf zu achten, daß die Kennzahlen an die Prozeßbeteiligten weitergeleitet werden, um sie auf dem aktuellen Stand zu halten, Verbesserungsmaßnahmen einzuleiten und Ergebnisse eingeleiteter Maßnahmen zu bewerten. In diesem Zusammenhang ist sicherzustellen, daß die genutzten Kennzahlen von den entsprechenden Mitarbeitern auch akzeptiert und als Steuerungsinstrument zur Erreichung der ökologie- und qualitätsorientierten Ziele eingesetzt werden.

31. Es gilt, ein zentrales Beratungsgremium für alle Fragen der integrierten Qualitäts- und Umweltauditierung festzulegen. Im Auditierungsteam sollten jeweils zwei Mitarbeiter aus jedem beteiligten Unternehmen und ein Vertreter der Geschäftsleitung vertreten sein. Zusätzlich nehmen die Umwelt- und Qualitätsbeauftragten bzw. die Prozeßverantwortlichen der Logistikkette teil. Alle beteiligten Personen sollten über die erforderlichen Kenntnisse der zu prüfenden Sektoren und Bereiche verfügen, d. h. auch Kenntnisse und Erfahrungen in bezug auf Managementsysteme besitzen. Auch rechtliche Fragestellungen der Auditierung sollten durch diesen Personenkreis abgedeckt werden. Sind diese Qualifikationen innerhalb der Logistikkette nicht zu finden, ist auf externe Berater zurückzugreifen. Die qualitäts- und umweltrelevanten Gegebenheiten und Leistungen werden beschrieben, Hinweise über Abweichungen zwischen den vorgefundenen Bedingungen und den relevanten Normen sind zu notieren, sofern sie bedeutsam erscheinen. Dabei hat das Prüfungsteam die Aufgabe, alle gemachten

Feststellungen in einer klar verständlichen und prägnanten Weise zu dokumentieren und durch entsprechende Nachweise zu belegen.

32. Ein erster Ansatz für eine gesamthafte Zertifizierung der Prozeßkette ist die Matrix-Zertifizierung. Zur Zertifizierung des gemeinsamen IMS wird nicht mehr jedes Unternehmen der Prozeßkette einzeln zertifiziert, sondern es erfolgen nur vereinzelte Stichproben innerhalb der Prozeßkette. Somit läßt sich die Anzahl der notwendigen Zertifizierungen und der damit für das einzelne Unternehmen verbundene Aufwand enorm reduzieren. Zur Sicherstellung der Funktionsfähigkeit der IMS innerhalb der einzelnen Unternehmen werden erst sechs Wochen vor Eintreffen der Zertifizierer die zu zertifizierenden Unternehmen bekanntgegeben.

**Ausblick**

33. Abschließend kann festgehalten werden, daß - entsprechend der anfangs aufgestellten These - durch die unternehmensübergreifende Gestaltung von Logisitkketten gleichermaßen ökonomische als auch ökologische und qualitätsorientierte Verbesserungen erzielt werden können. Die Produktivitätspotentiale, die gemeinsam von den beteiligten Unternehmen durch steigende Intensität der Integration der Abläufe gewonnen werden können, sind erheblich: Kosteneinsparungen von bis zu zehn Prozent der Gesamtkosten sind nachweisbar.

34. Neben den ökonomischen Effekten gewinnen in diesen Prozeßketten die ökologischen Faktoren eine besondere Bedeutung. Die Bereitschaft der einzelnen Unternehmen, Umweltaspekte bei der Gestaltung logistischer Abläufe zu berücksichtigen, findet in der vertikalen Kooperation mit Dritten eine wesentlich höhere Resonanz als bei Einzelinitiativen. Daher besteht in der Gestaltung solcher logistischer Ketten eine einzigartige Chance, neben Qualitätsgesichtspunkten auch Umweltaspekte mit konkreten Zielsetzungen aus Gründen der Effizienzsteigerung einzubauen.

35. Hiermit scheint zumindest für den Logistikbereich der vermeintliche Konflikt zwischen Ökonomie und Ökologie behoben sein. Für die einzelnen Unternehmen bedeutet die unternehmensübergreifende Optimierung von Prozessen den Bedarf von zahlreichen Managementinstrumenten. In dieser Gestaltung unterneh-

mensübergreifender integrierter Qualitäts- und Umweltmanagementsysteme liegt ein ganz entscheidender Faktor für die Stabilisierung der deutschen und europäischen Standorte für die Fertigungswirtschaft.

# 7    Summary

### Objective, design and methodology of the research project

1.  The objective of the research project is to gain practical knowledge and to work out advisable courses of action for an improved design of supply chains from an economic, quality-orientated and ecological point of view by the implementation of integrated quality and environmental management system[45] . It is assumed that there is considerable correspondence between the three criteria mentioned. The research project is founded on an empirical survey conducted along 35 supply chains on the basis of interviews with about 100 company. In addition, four case studies of supply chains which are characterized by a specific design of logistics in view of ecology and/or quality orientation offer further findings. From the results of these interviews, advisable courses of action were derived, which may contribute to the optimization of supply chains from the point of view of quality orientation and ecology.

### Challenges to logistics

2.  All companies interviewed expect changes in the field of logistics in the near future. Environmental causes are named the most often. Almost all main parties involved which were interviewed assume an increase in problems related to waste management and recycling as well as cycle systems. The increasing environmental consciousness of consumers and environmental standards, which become in consequence more and more rigorous, have two effects. On the one hand, the logistics function is extended to waste management as additional function. On the other hand, changes in the logistics organization are induced, in particular with regard to transports. The optimization of packaging and the growing integration of information flows, which is increased by the trend towards

---

[45]    The abbreviations QMS and EMS used below will stand for quality or environmental management system(s) respectively.

the outsourcing of certain supply functions, can have positive effects on the state of the natural environment.

3. New information and communication technologies are named by fewer parties involved as factors exerting influence on logistics. To them, however, considerably more importance is attributed. One of the essential changes is the introduction or modification of supply systems. Completely closed systems of that kind on the basis of the level of branches and articles have only been introduced by very few commercial enterprises by now.

4. According to the parties interviewed, other important changes in logistics result from an increasing number of make-or-buy-decisions in favour of the buying option and from globalization. An increase in outsourced production processes is supposed to induce higher transport frequencies. Up to now, the impacts of globalization, in contrast, cannot clearly be determined. It cannot be settled at the moment in how far globalization will lead to a "global sourcing" and thereby to an increasing volume of traffic, and in how far such tendencies will be counteracted by intensified efforts for a bundling of flows of products.

5. The intensified competition the companies feel subject to and the pressure of costs thereby induced can have for consequence that ecological aspects are less taken into account with regard to the design of logistics. In fact, it has to be assumed that small and medium-sized enterprises in particular are not willing to invest into a fleet of vehicles which is compatible with the environment for the time being. It has to be supposed that economic issues also dominate in the shippers' choice of the means of transport used.

**Success factors along the supply chain**

6. Nearly all parties interviewed consider the narrow cooperation with other participants in the supply chain an elementary success factor. By such a cooperation, chiefly the flexibility can be increased, the control of logistics can be improved, staff can be cut back, stocks can be reduced and the processes can be accelerated. In this context, the question how to integrate third party logistics service providers becomes more and more important. Their integration not only

offers economic advantages such as the concentration on core competences and a decreasing share of fixed costs in total costs, but also helps resolving the conflict between a decrease in inventories and the reduction of transport, as third party logistics service providers are able to pool the transports. In some chains, a single-sourcing for the whole set of logistics services needed is already being effected as a result of the narrow cooperation.

7. A complete exchange and coordination of information between all parties participating in the process of logistics represents the basis for a flexible and efficient cooperation. For this purpose, in some chains the so-called Continuous Replenishment (CRP) has already been tested. This concept bases on the assumption that the flow of goods is no longer triggered off by the ordering of a commercial enterprise, but by the manufacturer, who has full knowledge of stocks, sales and sales forecasts because of the narrow cooperation with the trade and who is responsible for the stocks. Thus, the manufacturer can ensure an integrated inventory management and optimize the stocks along the supply chain from a holistic point of view.

8. The interviewees regard as other succes factors organizational particularities such as flat hierarchies, which imply less complicated decision making, or a distribution controlled by optimization programmes. In some cases, also other particular aspects play an important role, such as e.g. special facilities for the storing and handling. However, often human factors represent essential success factors, for example exceptional achievements by employees, a cooperative basic attitude, or the quality awareness and the environmental consciousness, due to which these are taken into account.

9. With regard to the design of logistics, in particular the reduction of waiting periods at the trade ramp represents a problem which can only be solved by cooperative concepts. In one particular case, it was possible to reduce the waiting period by up to 6 hours by the definition of time guarantees. Today, the waiting period is less than one hour. The reorganization of transport can also contribute to a faster dispatch. In one case, a commercial enterprise could reduce the number of lorries daily arriving from 40 to 2 per branch shop. The

reason for this is that the goods are no longer supplied by the manufacturer; instead the commercial enterprise has a logistics system of its own

10. A higher efficiency can be achieved by the construction of new central ware-houses or by an increased proportion of goods central warehouses supply. The stronger bundling of flows of goods is advantageous to the manufacturers. It might imply an increase in the share of goods which are supplied without detour via a production warehouse, i. e. which pass from production direct to a commercial warehouse. This centralization brings about cost advantages by reducing costs of stockkeeping and capital tie-up, but also drawbacks with regard to ecological aspects of transport. Before, warehousing systems with multiple stages, including production centres as well as regional warehouses and distribution centres, ensured the adaptation to sales fluctuations. The new organization requires more punctuality and flexibility of delivery. The carriage of goods by road is - by its characteristics - the most appropiate means of transport to meet these requirements.

**Possible starting-points for a change in the design of the supply chain**

11. The central result of the survey is the observation that the quality of logistics is of great importance to all parties participating in supply chains. Third party logistics service providers and commercial enterprises integrate ecological aspects to a considerable extent into the design of logistics. The industrial enterprises inter-viewed, in contrast, had considered ecological questions only with regard to pro-duction processes by the time the survey was conducted. Thus, they find them-selves lagging behind with ecologically orientated logistics.

12. Improvements in quality and in environmental protection hardly take place along the supply chain as a whole. In most cases, logistics are optimized according to the ideas of the party having the most market power, which leads to suboptimal results.

13. As up to now, only few companies have implemented an EMS, integrated QMS and EMS can hardly be found. Only few companies make use of the documentation of processes resulting from the implementation of a QMS for a

systematic optimization, neither internally nor in cooperation with the other participants in the supply chain.

14. The survey revealed that, although a large number of companies have guidelines for a quality orientation of their logistics, only in few cases these allow for ecological aspects. Furthermore, with regard to the communication of these guidelines, a deficit has to be stated. Therefore, there is the danger that the employees are not conscious of the importance of an ecological design of logistics. Joint guidelines of participants in the supply chain are, for obvious reasons, mainly found with third party logistics service providers, which are usually bound to them by framework provisions. Only few of the commercial enterprises and none of the industrial enterprises declared that they acted according to guidelines mutually agreed upon.

15. The great importance of information and communication systems for logistics has up to now had effects on only few companies' organizations. None of the companies interviewed regards information and communication systems as a part of logistics functions. Accordingly, pro rata costs for data processing are not attributed to logistics costs. Thus, a cost classification according to causation is not effected. Information and communication technologies have gained importance in general, but the possibilities of communication between companies are not made use of to the extent technology offers. For example, the majority of the companies interviewed still mainly use telephones and fax machines for the order processing, and not the internet. Only in few cases, the order processing is effected without correspondence. The possibility of permanent access to data of other participants in the supply chain is also only rarely given. Furthermore, companies have only just begun to use data processing systems for the optimization of routes and the pooling of transports as well as for shipping control.

16. Moreover, the survey revealed that only one third of the main parties interviewed register costs of relevance with regard to logistics in cooperation with other participants in the supply chain; cost transparency is described as limited. Characteristic figures and ratios for the interface are also only rarely worked out.

The main reason for the lack of transparency of logistics costs is that these arise in various departments and that a totalling has not been judged necessary. This problem is even more serious in view of the optimization of the supply chain as a whole as informations on costs are not passed between the different companies participating in the chain. In addition, logistics costs have up to now not sufficiently been registered and been classified with regard to the factors due to which they incurred. Therefore, it is not possible to put the logistics costs down to the different services and clients according to causation.

17. As environmental objectives are hardly integrated into corporate guidelines, ecological aspects are not stressed in logistics controlling either. In some companies, quality targets and strategies are taken into account with regard to strategic logistics controlling; however, environmental objectives and strategies are not systematically allowed for. For example, only few companies work out corporate figures and ratios concerning the reduction of pollution, and even these characteristics are not used with reference to the supply chain as a whole.

**Integrated quality and environmental management systems as instruments for the coordination of supply chains**

18. As a general observation can be stated that the majority of the companies consider environmental protection important to logistics; however, there are only first signs of an implementation of measures for an ecological design of logistics processes. In order to achieve a comprehensive ecological and economic optimization of logistics processes by integrating environmental aspects into management processes, the implementation of an integrated quality and environmental management system is advisable. Such a system offers a good basis for a systematic implementation of environmental protection within the company. In addition, it contributes to a cutback in costs, to the reduction of information deficits concerning ecological effects of business activities as well as to the fulfilment of customer demands.

19. Various synergisms as regards structure and content are expected to result from taking into account quality aspects and ecological aspects at the same time by

implementing an integrated environmental and quality management system (IMS) - in particular, if both aspects are not judged an appendage, but a genuine and integrated managerial task as for their conception. Environmental as well as quality aspects can only be taken into account if they are integrated into the corporate organization in an appropriate way and if all employees feel motivated in this respect. One further characteristic quality and environmental aspects have in common is the necessity to take into account the multitude and variety of interrelations between the different processes along the supply chain, i. e. optimizations have to include all companies participating in the supply chain.

20. One more reason for an integration of quality and environment within management systems is the fact that both not only have structural, but also organizational aspects in common. For example, companies which already have implemented a certain management system can extend this to the aspects still neglected because of the similarities in the structure of quality and environmental management systems. By this, it can be prevented that there are two different procedures for one single activity so that reiterations and contradictions cannot occur.

21. A design of the supply chain orientated at quality and environmental aspects at the same time offers consequently synergisms such as a joint definition of objectives and integration into the management, joint documentation and reduction of risks in view of product liability. Furthermore, the research project works from the assumption that an ecological orientation of logistics has positive effects on the quality of logistics, whether the instrument of an integrated management system is used or not. By systematically reducing the input of energy and material through optimizations of planning and design of logistics, the complete logistics process can be better controlled and planned as a rule.

**Advised courses of action**

22. No supply chain is like another, even though both might be formed by similar companies and a similar form of division of labour might have been chosen. The integrated management system has to be individually designed in

correspondance to the conditions given and the objectives defined. The following recommendations therefore should be interpreted as options. Each supply chain or each company respectively may choose for itself which of these options seem appropriate in the specific situation of the company.

23. The implementation of the measures stipulated within the planning process can only be effected in a top-down way. Thus, the kick-off meeting should include the level of management of the participating companies. Success, as regards quality assurance as well as environmental protection, depends upon the degree to which the employees have internalized quality awareness and environmental consciousness. The management has to realize the necessity and the advantages of the measures, to provide for the necessary infrastructure, to make resources for training and realization available, to motivate the employees and to give an example. Tasks and competences have to be determined jointly by the companies concerned, involving the executive management, the plant managers as well as master craftsmen and foremen. With regard to the interface problems which have to be taken into account, it has to be stipulated which persons have decision-making power and which are to be involved or informed.

24. The prerequisite for the integration of environmental protection and of quality aspects within an integrated management system is the development of a business policy which integrates the requirements resulting from both aspects and which takes them into account without disregarding their interdependencies. These requirements have to be determined by the parties participating in the supply chain and to be put down in writing. On integrating environmental and quality management systems, tasks specific for the system (these contributing to improvements of the environmental protection and of quality) and general management practices have to be distinguished. Whereas the latter have to be considered integratedly at once and process descriptions have to be standardized from the beginning, it can proove avantageous to stagger the implementation of EMS and QMS to facilitate their introduction und to ensure more flexibility.

The responsibility for the implementation of an integrated management system should lie with the senior management of the companies participating in the supply chain. For the practical application of the system, it is advisable to deploy „system commissioners" - with competence in norms and audits -, who are in charge of the introduction and the maintenance of the management system. Such positions should be organizationally implemented in the form of a teams the members of which are recruited from the different companies participating in the supply chain.

25. The basis of an implementation of IMS is a systematic consideration of all relevant processes. Within a first rough analysis, a comprehensive overview should be gained regarding the actual state of the process organization. For this purpose, it is advisable to form an interdisciplinary team composed of employees from the various companies participating in the supply chain on different stages. This team should structure all steps of the transport of goods and of the transmission of information preceding, accompanying and following the transport into basic functions and design a corresponding graphic. In the most cases, this pure description will already reveal potentials for optimization.

26. To assess ecological and qualitative requirements, the principle of retrograde determination is advisable. As the set of requirements is determined by the customers' wishes in the end, the customer being the last participant in the process, the coordination between the participants has to be developed successively, beginning at the end of the process, i.e. retrogradely. The requirements of following participants thereby become the objective from the point of view of the respective preceding participant. In order to reveal discrepancies between the different requirements of a quality-orientated and an environmentally orientated design of logistics, at each interface it should be compared how the providing party and the recipient party respectively assess the performance.

27. In order to prevent problems of compatibility at the interfaces, it is useful to apply standardized communication interfaces such as EDIFACT (Electronic Data Interchange für Administration, Commerce and Transport) as information and

communication technology. For the communication between different companies, the internet is particularly suited due to its nearly unlimited availability and its open structure. By effecting the placing of orders, the shipping control, the settling of accounts etc. via internet, information can easily be exchanged without verbal communication. This is of advantage, given that verbal communication often takes much time and sometimes leads to misunderstandings.

28. Life-cycle analyses represent through the analysis of environment-related data of business activity the basis for eco-controlling by offering a quantitative overview over the flows of material and energy which are induced by the business activity. For this purpose, flows of material and energy, entering into the processes as inputs and being issued as outputs in the form of products as well as of material and energetic emissions, are evaluated on the base of physical units of measurement. By taking into account the inputs and outputs of products over their whole life-cycle, also improvements with regard to quality can be achieved. For example, it can be ascertained which components have to be replaced more often than estimated by average. The lasting quality and thereby the quality in general can be improved by paying already in the phase of product development attention to the weak points stated.

29. In addition to this record of inputs and outputs with regard to material flows, a special cost accounting method has to be developed for logistics. The objective is to register the costs arising along the supply chain, to prepare them and to categorize them according to processes. This is hardly possible on the basis of traditional cost accounting systems as these register the different supply costs according to cost centers and not to processes. The introduction of process--related cost accounting offers the possibility of a universal handling of logistics costs to be applied in all the companies participating in the supply chain. By that, main processes which affect several departments and/or several companies can be analyzed as a whole.

30. One essential problem to the preparation of data referring to costs, quality and environmental aspects is how to reduce the figures ascertained to highly informative characteristic ratios. The increasing application of information and communication systems allows to register a variety of data, but only in rare cases systematic use is made of them. Few, but informative characteristics have to be selected and used in order that the amount of costs and the state of quality assurance and of environmental protection can be revealed at any time. It has to be seen to it that the characteristic figures and ratios are passed on to the other parties participating in the process so that they are kept up-to-date, that they can introduce measures for an improvement and that they can evaluate the results of measures taken. In this context, it has to be ensured that the characteristics used are accepted by the employees dealing with them and that they are used to as an instrument to attain ecological and quality-orientated targets.

31. It is recommendable to establish a central consulting committee for all issues related to the integrated quality and environmental audit. Each participating company should be represented in the auditing team by two employees and one representative of the management. In addition, the employees in charge of environmental and of quality questions or those responsible for the process in question participate in the committee. All these persons should have the necessary knowledge with regard to the sectors and departments examined, incl. knowledge and experience concerning management systems and legal problems of the audit. If within the supply chain, no correspondingly qualified staff is available, external consultants should be commissioned. Quality- and environment-related conditions and performances have to be described, facts indicating differences between the actual conditions and the relevant targets fixed have to be noted if they seem to be of importance. The auditing team is required to document all observations in a readily comprehensible and concise way and to provide corresponding documentation.

32. The matrix certification represents a first attempt at a holistic certification of the supply chain. For the certification of the joint IMS, the supply chain is subject to occasional spot checks; i. e. the companies are not longer certified for themselves. This enormously reduces the number of necessary certifications and the time and money spent on them. To ensure that the IMS are functioning within the different companies, the companies which will be certified are informed only 6 weeks before the arrival of the certifiers.

## Prospects

33. In conclusion, it can be stated that - as the thesis initially put forward assumed - by a design of supply chains which integrates the different companies participating, economic as well as ecological and quality-related improvements can be achieved. Great potentials of productivity can result from an intensified integration of processes for the companies involved: the total costs can provably be reduced by up to 10 per cent.

34. Besides the economic consequences, ecological factors gain a special importance within such supply chains. The willingness of the companies to allow for environmental aspects in the design of logistics processes is more intense within vertical cooperations with third parties than when acting on their own initiative. Thus, the design of such supply chains offers a unique chance to integrate, apart from quality aspects, also environmental aspects with precisely defined aims for reasons of increasing efficiency.

35. By this means, the supposed conflict between economics and ecology seems to be resolved, at least concerning logistics. For the different companies, the optimization of processes along the supply chain as a whole implies a need for numerous management instruments. The design of integrated quality and environmental management systems which are not limited to one company represents a crucial factor for the stabilization of German and European locations for the producing industries.

# Anhang

# Checkliste zur ökologischen und qualitativen Optimierung logistischer Prozeßketten

Zur Ergänzung der in Kapitel 5 dieses Ergebnisberichtes des Forschungsprojektes wiedergegebenen Handlungsempfehlungen wurde diese Checkliste erstellt. Es handelt sich wie bei fast allen solchen Arbeitsmitteln um eine Bruttocheckliste, d. h. es wurden möglichst viele Kriterien erfaßt, die bei der Gestaltung logistischer Prozeßketten unter ökologischen und qualitativen Gesichtspunkten eine Rolle spielen. Auf der anderen Seite erhebt diese Checkliste aber keinen Anspruch auf absolute Vollständigkeit, denn es können selbstverständlich in den Beziehungen zwischen einzelnen Partnern in den verschiedenen strukturierten Prozeßketten durchaus weitere Gesichtspunkte eine Rolle spielen, die dann individuell in eine zusätzliche Checkliste aufgenommen werden sollten.

Damit sind wir bei dem Gebrauch einer solchen Checkliste:

Es handelt sich um unternehmensübergreifende Prozesse, die mit Hilfe der hier wiedergegebenen Kriterien auf ihre Effizienz, auf ihre Schwachstellen, auf ihre Engpässe - kurz auf ihre Optimierungsfähigkeit hin überprüft werden sollen.

Das bedeutet, daß die beteiligten Unternehmen, jedes für sich, eine Bewertung der betroffenen Schnittstellen vornehmen müssen, auf der anderen Seite aber auch die verantwortlichen Projektpartner der verschiedenen beteiligten Unternehmen (Hersteller, Lieferant, Händler, Kunden, Dienstleister etc.) diese zunächst individuell beantworteten Fragen noch einmal gemeinsam in einem Meeting durcharbeiten müssen, um diese Checkliste aus der Sicht aller Beteiligten zu beantworten und damit Schlußfolgerungen abzuleiten.

Im Prinzip handelt es sich bei der Nutzung dieser Checkliste um die Erhebung des Ist-Zustandes bezogen auf die Vielfalt der unterschiedlichen Schnittstellen und der gegenseitigen Einschätzung der Verbesserungspotentiale der Zusammenarbeit. Bei vielen Fragen ist es daher möglich, mit einer Art Punktbewertung (z. B. von 1 bis 5) die Qualität dieser Frage im Ist-Zustand zu bewerten und bei folgenden Nachanalysen jeweils den Fortschritt der Verbesserung im Zeitablauf detailliert zu dokumentieren. Aus den jeweiligen Feststellungen lassen sich dann gemeinsame Maßnahmen ableiten für ökologische und qualitätsorientierte Effizienzsteigerungen der gesamten Prozeßkette.

Kurzgefaßt ist die Vorgehensweise folgende:

1. Die vorliegende Checkliste wird für die bestehenden Prozeßketten oder bei der Bildung neuer Prozeßketten als Grundlage (roter Faden) zur Bewertung der Funktionsfähigkeit und der Optimierungsmöglichkeiten herangezogen. Es werden nicht alle Kriterien für jede Prozeßkette zutreffen, auf der anderen Seite können individuell Ergänzungen vorgenommen werden.

2 Jedes beteiligte Unternehmen bewertet für sich entsprechend die hier genannten Kriterien die Qualität der Zusammenarbeit und die Effizienz der Prozeßkette.

3. Die Projektverantwortlichen in den jeweils beteiligten Unternehmen bilden ein Team und werten gemeinsam die Erkenntnisse aus, um Schwachstellen, Engpässe, Produktivitätspotentiale, Qualitätsnormen und ökologische Zielsetzungen festzustellen.

4. Mit Hilfe der Checkliste können auch schrittweise die Verbesserungen entsprechend der getroffenen Maßnahmen in zeitlichen Abständen gemessen und dokumentiert werden.

**1. Planung und Steuerung der Logistik**

*Logistikplanung*

☐ Ist die Logistik gleichberechtigt neben anderen betrieblichen Funktionen organisatorisch verankert?

☐ Liegt eine gemeinsame kontinuierliche Planung unternehmensübergreifender Logistikprozesse vor?

☐ Werden gemeinsame Abweichungsanalysen, die die gesamte Logistikkette betreffen, durchgeführt?

☐ Liegen unternehmensübergreifende Kooperationen hinsichtlich der Logistik vor?

☐ Wird in der unternehmensübergreifenden Kooperation die Kompatibilität der Unternehmenskulturen beachtet?

☐ Ist die Zusammenarbeit mit Kooperationspartnern, Zulieferern, Spediteuren etc. langfristig angelegt?

☐ Sind gemeinsame Leitlinien, Vorschriften etc. vorhanden, die darüber Auskunft geben, wie die Zusammenarbeit zwischen den Akteuren hinsichtlich der Logistik qualitätsbezogen und umweltverträglich gestaltet werden soll?

☐ Sind folgende qualitative Aspekte in den Leitlinien enthalten?

- Lieferzeit

- Zuverlässigkeit

- Flexibilität

- Sicherheit

- Service

- Beziehungsqualität

☐ Sind folgende ökologische Aspekte in den Leitlinien enthalten?

- Verringerung der Umweltwirkungen während der Transporte

- Verringerung der Anzahl der Transporte

- andere Verringerungen der Umweltbelastungen

☐ Erfolgt eine schriftliche Fixierung der Leitbilder?

☐ Erfolgt eine Kommunikation der Leitbilder?

- in Mitarbeiterschulungen

- in Form von Handbüchern

- in Aushängen

- in der Unternehmensbroschüre

*Informationsversorgung*

☐ Ist eine umfassende Informationsversorgung über die gesamte Logistikkette gewährleistet?

  – dem Güterfluß vorauseilende Informationen, z. B. Auftragsdaten, Mengen und Arten der abgefertigten Sendungen, Reihung von Waggons in Zügen und Positionierung von Containern

  – den Güterfluß begleitende Informationen, z. B. Ladelisten, Frachtbriefe, Statusmeldungen über die räumliche Position von Verkehrsmitteln und den Zustand der Güter bei temperaturgeführten Lieferungen oder Gefahrgutsendungen

  – dem Güterfluß nachfolgende Informationen, z. B. Rechnungen, Qualitätskontrollen

☐ Erfolgt eine schriftliche und/oder EDV-gestützte Aufbereitung der Daten?

☐ Werden diese Daten systematisch verdichtet?

☐ Sind die für die gesamte Logistikkette relevanten Informationen für alle Akteure verfügbar?

  – Daten über (End-)Kundenwünsche

  – Daten über Informationstechnologien

  – Daten über Produktions- und Verkaufsmengen

  – Daten über Qualitätsstandards

  – Daten über Umweltschutzstandards

☐ Ist eine umfassende Informationsversorgung über die gesamte Logistikkette gewährleistet?

☐ Treten hinsichtlich der verschiedenen Akteure deutliche Unterschiede im Datenaustausch bzw. Informationssystem auf?

☐ Sind elektronische Informationssysteme an den Schnittstellen vorhanden?

  – Nutzung von EDIFACT, ODETTE, SEDAS oder anderen EDI-Protokollen

  – permanenter Zugriff auf Daten anderer Akteure

  – Zugriff auf Anfrage auf Daten anderer Akteure

  – gemeinsame Steuersysteme

☐ Sind die Informationssysteme untereinander kompatibel?

☐ Werden die Möglichkeiten der Auftragsvergabe, Sendungsverfolgung, Abrechnung etc. per Internet genutzt?

☐ Gibt es ein unternehmensübergreifendes Bestandsmanagement?

☐ Kennt der Hersteller die handelsseitigen Verkaufsprognosen?

☐ Ist ein automatisches Bestellwesen implementiert?

☐ Findet eine Weitergabe von Informationen des Lagerbestandes des Handels an den Hersteller statt?

*Logistikcontrolling*

☐ Ist die Stelle eines gesonderten Logistikcontrollers mit u. a. folgenden Aufgaben installiert?

- Bestimmung der strategischen Bedeutung der Logistik für das Unternehmen
- Integration der Logistik in die strategische Unternehmensplanung
- Festlegen von Logistikzielen und -strategien
- Festlegen von Umweltschutzzielen und -strategien
- Festlegen von qualitätshebenden Zielen und -strategien
- Aufbau der strategischen Kontrolle

☐ Werden folgende Kostenarten zu Logistikkosten gezählt?

- Logistikpersonalkosten
- Kosten der Auftragsbearbeitung und -abwicklung
- Verpackungskosten
- Lagerhaltungs-, Konservierungs- und Finishingkosten
- Kosten der Kennzeichnung
- Kommissionierungskosten
- Beladungskosten
- Umschlagkosten
- Zollkosten
- Kosten verursacht durch Schäden an der Ware

- externe Lagerungskosten

- kalkulatorische Zinsen und Wagnisse für Lagerbestände

- Sach- und Unterhaltungskosten für EDV-Anlagen, Fördermittel und -systeme, Behälter etc.

- Qualitätssicherungskosten

- Kosten für den Umweltschutz

- Sicherheitskosten

☐ Liegt ein unternehmensübergreifendes Gesamtkostendenken vor?

☐ Besteht Kostentransparenz in der Logistikkette?

☐ Bestehen Ansätze zur Einführung einer Prozeßkostenrechnung?

☐ Werden unternehmensübergreifende Kennzahlen/Kennzahlensysteme ermittelt?

- Anteil umweltverträglicher Verkehrsträgerwahl (z. B. kombinierter Verkehr) und einzelner Transportmittel (Lkw, Bahn, Schiff, Flugzeug)

- Anteil umweltverträglicher Technikmittelwahl (z. B. Euro-2-Motoren, Aerodynamische Maßnahmen etc.)

- Auslastung der Transportmittel

- Erreichen der gewünschten Transportschnelligkeit und zeitgenaue Anlieferung

- Anteil Kompatibilität mit anderen Verkehrsträgern und Möglichkeiten der Modularisierung

- Anteil der Transportbündelungen durch Kooperationen zwischen Verladern, Zulieferern, Handel und Logistikdienstleistern

- Anteil ökologieorientierter Spediteursauswahl (z. B. Auswahl eines Gebietsspediteurs vs. mehrerer Spediteure)

- Anteil ökologieorientierter Zulieferorganisation (global sourcing, single sourcing oder modular sourcing)

- Anteil Nutzung von GVZ, Teilnahmen an Frachtbörse

- Anteil Einsatz von City-Logistik

- Anteil Einsatz „intelligenter" Informations- und Kommunikationstechnologien (z. B. Nutzung von Verkehrsleitsystemen und Tourenplanungsprogrammen)

- Anteil flexibler Transporte (z. B. Verlagerung des Transportes in verkehrsarme Zeiten)

☐ Findet ein Einsatz der Prozeßkostenrechnung statt?

☐ Werden bei Logistikkosten mit überwiegendem Gemeinkostenanteil die Prozeßkosten nach dem Top-down-Verfahren ermittelt?

– Vorstrukturierung und Abgrenzung der logistischen Funktionen

– Definition der Logistikprozesse und -leistungen und Bildung einer Prozeßhierarchie

– Aufnahme der Logistikleistungen und Festlegung der Bezugsgröße

– Bildung der Prozeßkostensätze durch Zuordnung bzw. Verrechnung der Budgetwerte über die Bezugsgrößen auf die erbrachten Leistungen bzw. Prozesse

– Durchführung von Kostentreiberanalysen

☐ Werden bei Logistikkosten mit überwiegendem Einzelkostenanteil die Prozeßkosten nach dem Bottom-up-Verfahren ermittelt?

– Erfassung und Zerlegung der Teilprozesse in ihre kleinsten, sinnvoll beschreibbaren Basisleistungen bei jedem Akteur

– Zuordnung der jeweils anfallenden Kosten auf diese Basisleistungen

– Aggregation über alle Akteure

☐ Ist ein integriertes Qualitäts- und Umweltinformationssystem installiert?

– Eintrag aller notwendigen Sollkennzahlen der Unternehmen der Prozeßkette, die durch die Qualitäts- und Umweltplanung vorgegeben werden als interne Meßgrößen (z. B. auf Basis von Kunden- und Mitarbeiterbefragungen, internen Audits, Auswertungen von Kundenreklamationen etc.)

– Eintrag aller lokal vorhandenen Daten, Informationen und des Qualitäts- und Umweltwissens aller Mitarbeiter aller Unternehmen der Prozeßkette

– Abbildung des Ist-Zustandes des aktuellen Qualitäts- und Umweltschutzstandes der einzelnen Unternehmen durch Zusammenfassung aller relevanten Daten aus den unterschiedlichen Datenbanken zu den relevanten, für das Informationssystem verarbeitbaren Informationen

– Eintrag aller Informationen, die durch Qualitätsmanagementmethoden wie z. B. durch die FMEA gewonnen wurden

## 2. Gestaltung der Logistik unter dem Qualitätsaspekt

☐ Wurden die QMS in der Logistikkette gemeinsam entwickelt?

☐ Wenn nicht, hat eine nachträgliche Anpassung der QMS mit den Systemen anderer Akteure stattgefunden?

☐ Teilen alle Akteure die gleiche Einschätzung über die Relevanz der Qualitätssicherung in der Logistikkette?

☐ Werden qualitätssichernde Technologien (Fördertechnik, EDV) eingesetzt?

☐ Werden Mitarbeiter hinsichtlich qualitätsorientierten Wissens und Fertigkeiten geschult?

☐ Wurde der Bildungs- und Informationsbedarf in der Qualitätssicherung erfaßt?

☐ Ist eine entsprechende Unternehmenskultur aufgebaut (Sorgfalt, Konzentration als wichtige Werte)?

☐ Erfolgt ein permanentes gemeinsames Controlling der Qualitätskriterien?

- Lieferzeit der Schnittstelle (in Stunden)
- Anzahl der Verspätungen
- Anzahl der „Notmaßnahmen" zur Einhaltung der Verträge
- Kurzfristige Lieferbarkeit in verschiedenen Losgrößen
- Art und Umfang der transportbegleitenden Informationen
- Reaktionszeit auf Wünsche anderer Akteure der Logistikkette
- Standortwahl ausgerichtet auf die logistische Prozeßkette
- Anzahl Schadenshäufigkeit
- Zustand der Lieferung
- Schutz vor Beschädigung durch Einsatz spezieller Verpackungen
- Art des Service (z. B. Telefonservice, persönliche Betreuung)
- Automatisierung der administrativen Schnittstelle (Reduktion von Fehlermöglichkeiten durch verringerten Anfall von Rechnungen sowie keiner manuellen Dateneingabe, Verringerung der Auftragsabwicklungsdauer)
- Art und Umfang der weitergeleiteten Daten (täglich aktualisierte PoS-Daten, Absatzprognosen, Sendungsverfolgungssysteme)

☐ Bestehen Vereinbarungen mit anderen Akteuren der Logistikkette über Qualitätsmaßstäbe und -verletzungen?

- Lieferzeiten und -mengen

- Lieferung des richtigen Gutes

- Beschädigungen

- Lieferung mit dem gewünschten Transportmittel

- Risiken z. B. Gesundheitsschädigungen

- Übermittlung besonderer Wünsche an andere Logistikkettenpartner konstant
  online

## 3. Gestaltung der Logistik unter dem Umweltschutzaspekt

☐ Wurden die UMS in der Logistikkette gemeinsam entwickelt?

☐ Wenn nicht, hat eine nachträgliche Anpassung der UMS mit den Systemen anderer
Akteure stattgefunden?

☐ Teilen alle Akteure die gleiche Einschätzung über die Relevanz des Umweltschutzes
in der Logistikkette?

☐ Werden umweltschutzsichernde Technologien (Fördertechnik, EDV) eingesetzt?

☐ Wird der Güterfluß gebündelt?

☐ Wird der unternehmensübergreifende Güterfluß an den Schnittstellen „physisch"
vereinfacht?

- Standardisierungen der Ladehilfsmittelwahl

- Standardisierung der Fahrzeug- und Transportsysteme

- Standardisierung der Entlade-, Umlade- und Verladeprozesse

- Standardisierung der Gestaltung des Lagerhauses, Standardisierung der
  Kommissionierung

☐ Werden Mitarbeiter hinsichtlich umweltschutzorientierten Wissens und Fertigkeiten
geschult?

☐ Wurde der Bildungs- und Informationsbedarf im Umweltschutz erfaßt?

☐ Ist eine entsprechende Unternehmenskultur aufgebaut (Sorgfalt, Konzentration als wichtige Werte)?

☐ Erfolgt eine Messung der Umweltverträglichkeit (z. B. mit Hilfe von Checklisten, interner Kennzahlen, Kundenbefragungen, Erhebungen neutraler Institute)?

☐ Erfolgt ein permanentes gemeinsames Controlling der Umweltschutzkriterien?

- Verringerung der Emissionen

- Verringerung der (Verpackungs-)Abfälle

- Verringerung des Lärms

- Verringerung des stofflichen Inputs

- Erhöhung des Sicherheitsniveaus

- Reduzierung der infrastrukturellen Wirkungen

☐ Bestehen diesbezüglich Vereinbarungen mit anderen Akteuren der Logistikkette über Umweltschutzmaßstäbe und -verletzungen?

☐ Sind alle relevanten Umweltvorschriften dokumentiert?

☐ Findet eine Optimierung der Verpackungen über die gesamte Kette hinweg statt?

- Verwendung von Mehrwegverpackungen/Recycling von Verpackungen

- Vermeidung überflüssiger Verpackungen, Verminderung von Volumen und Gewicht

- Erfüllung der Schutzfunktion zur Vermeidung von Umweltschäden und Gefahren durch das zu verpackende Gut sowie Sicherung der Stabilität gegen qualitative Veränderungen des verpackten Gutes

- Verbundfähigkeit, d .h. Kompatibilität der Verpackungen mit anderen Bestandteilen von Logistiksystemen, z. B. Verbesserung der Stapeleigenschaften

- Integrierbarkeit der Verpackungen in vollautomatische Sortieranlagen

- Codierbarkeit zur Deklaration der Inhaltsstoffe

- Universelle Transportierbarkeit

- Modularisierung

## 4. Integrierte Qualitäts- und Umweltmanagementsysteme

*Gemeinsame Zieldefinition*

☐ Wurden Leitlinien einer gemeinsamen Qualitäts- und Umweltpolitik der Logistik formuliert?

☐ Gibt es eine gemeinsame Willenserklärung durch die Geschäftsführungen?

☐ Sind die Ziele ausreichend quantifiziert?

☐ Sind angemessene Mittel bereitgestellt?

☐ Ist ein Zeitplan erstellt, in dem die angestrebten Ziele zu erreichen sind?

☐ Existierte eine bereichs- und firmenübergreifende Verantwortung und Befugnis von Personal, welches die Qualität und die Umweltauswirkungen beeinflußt?

☐ Finden regelmäßige Treffen der Qualitäts- und Umweltbeauftragten statt?

*Ablauforganisation*

☐ Sind alle relevanten Waren- und Informationsflüsse abgebildet?

☐ Sind alle Kunden-/Lieferantenbeziehungen dokumentiert?

☐ Sind alle Kunden/Lieferanten einbezogen?

☐ Sind alle notwendigen Prozesse betrachtet?

☐ Sind die Prozeßgrenzen und Schnittstellen festgelegt?

☐ Ist der gesamte Ablauf systematisch in elementare Funktionseinheiten zerlegt worden?

☐ Sind die funktionalen Abhängigkeiten (Reihenfolgebedingungen) dieser Funktionseinheiten ermittelt?

☐ Sind die Anforderungsprofile an die einzelnen Prozesse ermittelt (z. B. durch „Rückwärtsprofilierung")?

☐ Ist die Kundenzufriedenheit mit den bestehenden Abläufen und Bedeutung des einzelnen Prozesses für den Kunden erfaßt (z. B. mit Hilfe von Leistungsprofilen)?

☐ Sind Maßnahmen zur Erhöhung der Qualität und des Umweltschutzes entwickelt?

☐ Sind die Wirkungen dieser Maßnahmen untereinander und auf die Kundenanforderungen erfaßt (z. B. mit Hilfe des House of Quality)?

☐ Sind mögliche Fehlerquellen an jeder Stelle des Funktionsbaums identifiziert?

☐ Ist die Bedeutung des Fehlers, die Wahrscheinlichkeit des Auftretens des Fehlers sowie die Wahrscheinlichkeit des rechtzeitigen Entdeckens des Fehlers ermittelt?

☐ Sind Vergleichswerte von anderen Logistikketten erhoben?

- – Auswahl der Benchmarkingpartner
- – Festlegung von Prozeßkennzahlen als Vergleichsgrößen
  Durchführung des Benchmarking
- – Zielfestlegung und Maßnahmenvereinbarungen
- – Regelmäßige Kontrollen

☐ Ist mit den Führungskräften und betroffenen Mitarbeitern geklärt, welche umwelt- und qualitätsrelevanten Abläufe in Verfahrensanweisungen geregelt werden müssen?

*Aufbauorganisation*

☐ Gibt es Abstimmungstätigkeiten der qualitäts- und umweltverantwortlichen Mitglieder der Führungskreise?

☐ Sind alle Verantwortlichkeiten, Befugnisse und Beziehungen zwischen den Beschäftigten in Schlüsselfunktionen genau festgelegt (z. B. welcher Mitarbeiter bezüglich welcher Aufgaben verantwortlich, mitwirkend oder zu informieren ist)?

☐ Ist ein Prozeßverantwortlicher installiert, der unternehmensübergreifend die Prozesse festlegt, mißt und steuert, um sie fortlaufend zu verbessern?

☐ Sind unternehmensübergreifende Zirkel installiert?

☐ Sind die Mitarbeiter im Hinblick auf den Umgang mit dem integrierten Umwelt- und Qualitätsmanagementsystem geschult?

☐ Sind die Mitarbeiter mit ausreichend Eigenverantwortung ausgestattet, so daß sie ein Bewußtsein für die Wirkung ihrer Tätigkeit auf den Gesamtprozeß entwickeln und die Verantwortung hierfür tragen können?

☐ Besteht in geeigneten Abteilungen die Möglichkeit, daß die Mitarbeiter auf der operativen Ebene der Logistik das Tagesgeschäft der jeweils „anderen Seite" beim vor- bzw. nachgelagerten Akteur über einen etwas längeren Zeitraum erleben, um Mißverständnisse von vornherein zu vermeiden?

☐ Erfolgt eine aktive Kommunikation mit allen Mitarbeitern bezüglich umwelt- und qualitätsrelevanter Themen (z. B. Abteilungs-/Meisterbesprechungen, Betriebsbegehungen)?

*Dokumentation*

☐ Existieren gemeinsame Handbücher für unternehmensübergreifende Projekte?

☐ Sind Schnittstellen für eine unternehmensübergreifende Dokumentation geschaffen?

☐ Gibt es gemeinsame Verfahrensanweisungen für die Dokumentationslenkung (Ort und Art der Dokumentationsaufbewahrung etc.)?

☐ Sind die Aufbau- und Ablauforganisation ausreichend dokumentiert (z. B. in Form von Stellenbeschreibungen, Funktions-Kompetenz-Matrizen)?

☐ Sind Verfahrensanweisungen, die die Abläufe im Umwelt- und Qualitätsmanagement beschreiben, festgelegt?

*Auditierung*

☐ Sind die zu erfassenden Bereiche aller beteiligten Unternehmen abgegrenzt?

☐ Sind die zu prüfenden Tätigkeiten abgegrenzt?

☐ Sind die zu berücksichtigenden Qualitäts- und Umweltstandards erfaßt?

☐ Ist ein Auditierungsteam gebildet?

- Teilnahme von jeweils zwei Mitarbeitern aus jedem beteiligten Unternehmen, einem Vertreter der Geschäftsleitung sowie Qualitäts- und Umweltbeauftragten bzw. Prozeßverantwortlichen

- Kenntnisse der zu prüfenden Sektoren und Bereiche, darunter Kenntnisse und Erfahrungen in bezug auf Managementsysteme sowie relevante rechtliche Fragestellungen

☐ Hat eine Vorbereitung aller Beteiligten (Prüfer, Unternehmensleitung sowie Mitarbeiter) im Hinblick auf ihre Rollen und Aufgaben stattgefunden?

☐ Sind die notwendigen Mittel bereitgestellt?

☐ Ist die Spezifizierung und Dokumentation der für die Kontrolle anzuwendenden Verfahren (z. B: Reporting-Leitlinien für umwelt- und qualitätsrelevante Daten in der Logistikkette) festgelegt?

☐ Finden gemeinsame Betriebsrundgänge statt?

☐ Finden gemeinsame Eingangs- und Endprüfungen (z. B. beim Verladen beim Kunden) statt?

## Abkürzungsverzeichnis

| | |
|---|---|
| BSH | Bosch-Siemens Hausgeräte |
| $CO_2$ | Kohlendioxid |
| COMPASS | Company Management Performance Assessment |
| CRP | Continuous Replenishment |
| DFÜ | Datenfernübertragung |
| DIN | Deutsche Industrie Norm |
| ECR | Efficient Consumer Response |
| EDI | Electronic Data Interchange |
| EDIFACT | Electronic Data Interchange for Administration, Commerce and Transport |
| EDV | Elektronische Datenverarbeitung |
| ELA | European Logistics Association |
| ELD | Elektrolux Logistic Division |
| EMAS | European Environmental Management and Audit Scheme |
| EWG | Europäische Wirtschaftsgemeinschaft |
| GVP | Gemeinsame Verkehrspolitik |
| GVZ | Güterverkehrszentrum |
| HACCP | Hazard Analysis Critical Control Point |
| HC | Kohlenwasserstoffe |
| IMS | Integrierte Managementsysteme |
| ISO | International Standardisation Organisation |
| IuK-Technologien | Informations- und Kommunikationstechnologien |
| IWU | Institut für Warenprüfung und Umwelt |
| JIT | Just in Time |
| KEP | Kurier-, Express- und Paketdienstleister |
| Kfz | Kraftfahrzeug |
| kWh | Kilowattstunde |
| Lkw | Lastkraftwagen |
| MoB | Make or Buy |
| MTV | Mehrwegtransportverpackung |

| | |
|---|---|
| $NO_x$ | Stickoxide |
| PoS | Point of Sale |
| QMS | Qualitätsmanagementsystem |
| SQAS | Sicherheits- und Qualitäts-Assessment-System |
| tkm | Tonnenkilometer |
| TQM | Total Quality Management |
| UMS | Umweltmanagementsystem |
| VDA | Verband der Automobilindustrie e. V. |
| WRS | Westricher Recycling |

# Abbildungsverzeichnis

# Tabellenverzeichnis

# Literaturverzeichnis

**Aberle, G. (1996):** Transportwirtschaft; München 1996.

**Baumgarten, H. (1996):** Trends und Strategien in der Logistik 2000. Analysen - Potentiale - Perspektiven; Berlin 1996.

**Baumgarten, H./Benz, M. (1997):** Karrierechancen in der Logistik. Ergebnisse der Untersuchung Trends und Strategien in der Logistik 2000; Berlin 1997.

**Baumgarten, H./Bott, A./Hagen, T. (1997):** Logistik und Kosten. Ergebnisse der Untersuchung Trends und Strategien in der Logistik 2000; Berlin 1997.

**Baumgarten, H./Hidber, C./Steger, U. (1996):** Güterverkehrszentren und Umwelt; Bern/Stuttgart/Wien 1996.

**Baumgarten, H./Penner, H. (1997):** Baustellenlogistik Potsdamer Platz. Akzeptanz - Wirksamkeit - Übertragbarkeit; Berlin 1997.

**Berlage, M./Büllingen, F. (1994):** Einsatz und Diffusion von Telekommunikation im Güterverkehr - Das Beispiel der elektronischen Fracht- und Laderaumausgleichsbörsen, Diskussionsbeitrag Nr. 133; Bad Honnef 1994.

**Blom, P. (1990):** Wie sag ich`s meinen Lieferanten? in: Beschaffung aktuell, H. 6, 1990, S. 44 f.

**Bundesumweltministerium und Umweltbundesamt (1996) (Hrsg.):** Handbuch Umweltcontrolling, München 1996

**Bundesverkehrsministerium (1996):** Verkehr in Zahlen 1996; Bonn 1996.

**Carl. H./Oster, M./Sesterhenn, J. (1997):** Konzeption eines Qualitätsinformationssystems für die Disposition in der Logistik-Dienstleistung; Aachen 1997.

**Dyllick, Th. (1995):** Die EU-Verordnung zum Umweltmanagement und zur Umweltbetriebsprüfung (EMAS-Verordnung) im Vergleich mit der geplanten ISO-Norm 14 001 - Eine Beurteilung aus Sicht der Managementlehre, in: ZfU, Nr. 3, 1995, S. 299 - 339.

**ECR Europe (Hrsg.) (1996):** European Value Chain Analysis Study; o.O. 1996.

**Electrolux (Hrsg.) (1996):** Environmental Report 1996; Stockholm 1996.

**European Logistics Association (ELA) (1993):** What is ELA?; Bern 1993.

**European Logistics Association (ELA) (1997):** Towards the 21st Century, Trends and Strategies in European Logistics; Berlin/Brussels 1997.

**Forschungsgruppe FEU (1998):** Evaluierung von Umweltmanagementsystemen zur Vorbeugung der 1998 vorgesehenen Überprüfung des gemeinschaftlichen Öko-Audit-Systems, bisher unveröffentliches Manuskript.

**Gege, M. (1997):** Kosten senken durch Umweltmanagement: 1000 Erfolgsbeispiele aus 100 Unternehmen, München 1997

**Goralczyk, D./Heller, M. (Hrsg.) (1995):** Strategisches Umweltschutzmanagement in der Industrie; Wien 1995.

**Groll, U. (1994):** Umweltmanagement im Total Quality Management, in: UWF, Nr. 6, 1994, S. 47 - 51.

**Hallay, H. (1990):** Ökologische Unternehmensführung durch Öko-Controlling, in: IÖW, (Hrsg.), Pressestimmen und Artikel zum Thema Ökobilanzen und Umweltcontrolling, INFOTECH, 2/90, 1990, S. 13 - 18.

**Ihde, G. B. (1991):** Transport, Verkehr, Logistik: Gesamtwirtschaftliche Aspekte und einzelwirtschaftliche Handhabung, 2. Aufl.; München 1991.

**Isermann, H. (1994):** Logistik in Unternehmen - eine Einführung, in: Isermann, H. (Hrsg.), Logistik, Beschaffung, Produktion, Distribution, 1994, S. 21 - 43.

**Ludwig, D. (1997):** Optimierung logistischer Schnittstellen in der externen Kunden-Lieferantenbeziehung, Arbeitspapier der Deutschen Außenhandels- und Verkehrs-Akademie, Forschungsinstitut, PG 32.

**Pfohl, H.-Ch. (1996):** Logistiksysteme: Betriebswirtschaftliche Grundlagen, 5. Aufl.; Berlin u.a. 1995.

**Quelle (Hrsg.) (1997):** Quelle Schickedanz AG & Co. - Geschäftsbericht 1996/97; Fürth 1997.

**Quelle (Hrsg.) (o.J.):** Unternehmensgrundsätze - Leitlinien für Zusammenarbeit, Führung und Verantwortung; Fürth.

**Richter, G./Riedl, C./Tiebler, P. (1997):** Umweltdynamik im Transport - Chancen für Spediteure und Verlader; Bern/Stuttgart/Wien 1997.

**Spelthahn, S./Schlossberger, U./Steger, U. (1993):** Umweltbewusstes Transportmanagement; Bern/Stuttgart/Wien 1993.

**Stabenau, H. (1996):** Globalisierung der Wirtschaft ist ohne Logistik undenkbar, in: Deutsche Verkehrs-Zeitung 24.10.1996, S. 1.

**Stahlmann, V. (1989):** Ökologisierung der Unternehmenspolitik durch eine umweltorientierte Materialwirtschaft, in: Vogl, J./Heigl, A./Schäfer, K. (Hrsg.), Handbuch des Umweltschutzes, Band 8, Kennziffer III-3.2., Ergänzungslieferung; München 1989.

**Steger, U./Ebinger F. (1996):** Das Öko-Auditing als Instrument der Organisationsentwicklung und der Deregulierung, in: Klemmer, P./Meuser, Th. (Hrsg.): EG-Umweltaudit - Der Weg zum ökologischen Zertifikat; Wiesbaden 1996, S. 215 - 234.

**Straube, F./Hartmann, R. (1996):** Zur Optimierung sind transparente Daten nötig, in: Beschaffung aktuell, H. 2, S. 39 - 42

**Weber, J. (1996):** Weltweite Umweltnorm: Öko-Audit „light"?, in: VDI-Nachrichten, Nr. 9, 1.3.1996, S. 7.

**Zentes, J. (1991):** Computer Integrated Merchandising - Neuorientierung der Distributionskonzepte im Handel und in der Konsumgüterindustrie, in: Zentes, J. (Hrsg.): Moderne Distributionskonzepte in der Konsumgüterwirtschaft; Stuttgart 1991, S. 3 - 15.

**Zentes, J. (1994):** Effizienzsteigerungspotentiale kooperativer Logistikketten in der Konsumgüterwirtschaft, in: Isermann, H. (Hrsg.): Logistik - Beschaffung, Produktion, Distribution; Landsberg/Lech 1994, S. 349 - 360.

**Zentes, J. (1996):** ECR - eine neue Zauberformel?, in: Töpfer, A. (Hrsg.): Efficient Consumer Response, Ergebnisse 1. CPC TrendForum, Heilbronn 1996, S. 24 - 46.

**Zentes, J. (1998):** Global Sourcing - Strategische Allianzen - Supply Chain Management: Neuorientierung des Beschaffungsmanagements im Handel, in: Scholz, C./Zentes, J. (Hrsg.): Strategisches Euro-Management, Band 2, Stuttgart 1998, S. 133 - 146.

## Zusammenstellung aller befragten Unternehmen

Adam Opel AG

Allkon Logistik GmbH

Aral Shop GmbH

B. Dettmer Reederei GmbH & Co.

Bahlsen KG

Baulog GmbH

Bayer AG

Bayer Industrieprodukte GmbH & Co. KG

Bell AG

Bertelsmann Distribution GmbH

BLG Automobile Logistics GmbH & Co.

BM Logistic GmbH & Co.

Bosch-Siemens Hausgeräte GmbH

Braas Dachsysteme GmbH

Bremer Lagerhaus Gesellschaft

Carl Zeiss

Chep Deutschland GmbH

Coop Schweiz

Daimler-Benz AG

Deutsche Bahn AG DB Cargo

Deutsche Binnenreederei GmbH

Deutscher Paket Dienst Denkhaus GmbH

Deutscher Paket Dienst Gebr. Hellmann GmbH & Co. KG

Distrilux Italia Spa.

dm Drogeriemarkt GmbH & Co.

Dow Deutschland Inc.

EC Erdölchemie GmbH

Erik Strasser Spezialtransporte GmbH & Co. KG

Fiege WDZ Erfurt GmbH & Co. KG

Gebr. Hellmann GmbH & Co. KG

Gebr. Stahl GmbH

Gehe France

Gehe Pharma Handel GmbH Niederlassung Kaiserslautern

Gillette Deutschland GmbH & Co.

Globus Handelshof Dr. Walter Bruch KG Güdingen

Globus-Betriebe GmbH & Co. KG

Golden Team Sport GmbH

Hamburg Süd

Gebr. Hellmann GmbH & Co. KG

Henkel Waschmittel GmbH

Hochtief AG

Hoechst AG

HOYER Internationale Fachspedition GmbH

Ifco International Food Container Organisation

Interfunk Fachhandelsgruppe eG

Kapella Baustoffe GmbH

Kaufring Logistik GmbH

Kraft Jacobs Suchard Erzeugnisse GmbH & Co. KG

Kühne & Nagel AG & Co.

Lear Corporation GmbH & Co. KG

Lekkerland Nord-West GmbH & Co. KG

Log Sped - Pfennig GmbH

Lufthansa Cargo AG

Mercedes-Benz AG

Mitsubishi Autohaus Burg GmbH

MMC Auto Deutschland GmbH

MSAS Cargo International GmbH

Nestlé Suisse S. A.

OBI Bau- und Heimwerkermärkte GmbH & Co. KG

OBI-Markt Lahr

Office World AG

Opel Eisenach GmbH

Osram GmbH

Otis GmbH

Paul Günther Cargo GmbH

Procter & Gamble GmbH

Quelle Schickedanz AG & Co.

Radio Bruckner GmbH

Ratsapotheke Homburg

REWE-Zentral-AG

Rhenus AG & Co. KG

Rohrwerke Muldenstein GmbH

Ruhrkohle Verkauf GmbH

SARA LEE D. E. Deutschland GmbH

Schenker International GmbH

Sehn GmbH

SGL Steinbeck Global Logistics Deutschland GmbH

Siemens AG

Sport-Pur GmbH

Stadtwerke Bremen AG

Stahlwerke Bremen AG

Stora AB

Stute Verkehrs-GmbH

Südkraft GmbH

Transmed Transport GmbH

Unternehmensgruppe Tengelmann

VBH Vereinigter Baubeschlag Handel Süd GmbH

Verbundnetz Gas AG

Vobis Microcomputer AG

Volkswagen Transport GmbH & Co. OHG

VW Autohaus Windels GmbH

Wertstoff-Recycling Schumacher

Westricher Recycling GmbH

Winkhaus Technik GmbH & Co. KG

Zanussi Elettrodomestici Spa

KG Dortmund Kassel

FW Transporte

# Autoren

*Prof. Dr.-Ing. Helmut Baumgarten*, Jahrgang 1937, Studium des Wirtschaftsingenieurwesens (Dipl.-Ing.). Praxis in Verkehrsforschungs- und Energieversorgungsunternehmen. Promotion zum Dr.-Ing. im Bereich Transportlogistik 1972. Habilitation 1974. Seit 1976 Professor an der Technischen Universität Berlin, Bereich Logistik. Forschungstätigkeit in Kooperation mit der Wirtschaft sowie im Auftrag des Bundesministeriums für Bildung, Wissenschaft, Forschung und Technologie (BMBF) im Bereich Angewandte Logistik. Aufbau des Institutes für Technologie und Management an der TU Berlin. Berater von führenden Unternehmen der deutschen und europäischen Wirtschaft. Stellvertretender Vorsitzender des Vorstandes der Bundesvereinigung Logistik (BVL). Vorsitzender der Trend- und Strategiekommission (BVL). Mitglied des Vorstandes des Verbandes Deutscher Wirtschaftsingenieure (VWI). Mitglied des Beirates der IVG Holding AG. Über 290 Veröffentlichungen im Forschungsbereich Logistik, Unternehmensplanung und Materialflußtechnik. Mitherausgeber der Schriftenreihe der Bundesvereinigung Logistik. Gründer und Gesellschafter von Beratungs- und Planungsunternehmen für die Bereiche Logistik und Unternehmensplanung. Mitinitiator mehrerer Neugründungen von Unternehmen im innovativen Technolgie- und Multimediabereich.

*Dr. Hanspeter Stabenau*, Jahrgang 1934, Dr. rer. pol., Dipl.-Volkswirt, Studium in Köln mit dem Schwerpunkt: Verkehrswissenschaft, Vorsitzender des Vorstandes der Stiftung Deutsche Außenhandels- und Verkehrs-Akademie (DAV), Vorsitzender des Vorstandes der Bundesvereinigung Logistik (BVL) e.V., Vorsitzender des Beirates der Kühne-Stiftung und Mitglied des Stiftungsrates, Mitglied der Jury Wolfgang Ritter Preis, Mitglied der Jury Carl Pirath Preis bei der DVWG, Schwerpunkt der Lehrtätigkeit: Unternehmenslogistik, Verkehrsbetriebslehre, Marketing für Dienstleistungsunternehmen, verantwortlich für das Forschungsprojekt: Transport und Umwelt der Kühne Stiftung, über 100 Veröffentlichungen als Monographien und Beiträge für Sammelbände und Fachzeitschriften.

*Prof. Dr. Ulrich Steger*, Jahrgang 1943, nach Lehre und Tätigkeit im wirtschafts- und steuerberatenden Bereich Studium der Wirtschaftswissenschaften in Bochum, Examen 1972, Promotion über mathematische Wachstumstheorie 1975. Von 1976 bis 1984 Mitglied des Deutschen Bundestages, 1984 bis 1987 Hessischer Minister für Wirtschaft und Technik. Seit 1987 Professor an der European Business School in Oestrich-Winkel, Vorsitzender des Institutes für Ökologie und Unternehmensführung e.V. an der European Business School. 1990 Gastprofessor an der Hochschule St. Gallen. Volkswagen Markenvorstand für Umwelt und Verkehr 1991-1993. Seit 1995 Professor für den Alcan Chair for Environmental Management am International Institut for Management Development Lausanne und Management Director des International Program for Senior Executives.

*Prof. Dr. Joachim Zentes*, Jahrgang 1947, Studium der Betriebswirtschaftslehre an der Universität des Saarlandes von 1966 bis 1971, dort Promotion 1975, 1977 Habilitation für das Fach Betriebswirtschaftslehre, von 1971 bis 1980 Wissenschaftlicher Mitarbeiter am Lehrstuhl für Allgemeine Betriebswirtschaftslehre, insbesondere Warenhandelslehre der Universität des Saarlandes, zugleich Wissenschaftlicher Mitarbeiter am Handelsinstitut an der Universität des Saarlandes, Berufung auf den Lehrstuhl für Betriebswirtschaftslehre, insbesondere Produktion und Absatz der Johann-Wolfgang-Goethe-Universität, Frankfurt am Main 1981, von 1982 bis 1991 Professor für Betriebswirtschaftslehre, insbesondere Marketing der Universität GH Essen, 1988 Ruf an den Lehrstuhl für Marketing (Chaire de Marketing) der Universität Fribourg (Schweiz). Seit 1991 Inhaber des Lehrstuhls für Betriebswirtschaftslehre, insbesondere Außenhandel und Internationales Management an der Universität des Saarlandes und Direktor des Instituts für Handel und Internationales Marketing an der Universität des Saarlandes, 1993 Ruf auf das Ordinariat für Betriebswirtschaftslehre der Philosophisch-Historischen Fakultät Basel (Schweiz). Seit 1992 Gastprofessor an der Szkola Glowna Handlowa, Warschau (Polen) und seit 1994 Gastprofessor an der Universidad Gabriela Mistral, Santiago (Chile). Seit 1983 Mitherausgeber der Zeitschrift „MARKETING - Zeitschrift für Forschung und Praxis".

Gabriele Richter / Clemens Riedl / Petra Tiebler

**Umweltdynamik im Transport**

XXX + 315 Seiten, 23 Abbildungen, 34 Tabellen

gebunden Fr. 44.– / DM 49.– / öS 358.–

ISBN 3-258-05633-1

Innovative Umweltkonzepte durch Speditionen und Frachtführerbetriebe gewinnen eine immer größere Bedeutung für das Transportmanagement. Eine maßgebliche Voraussetzung für ihren Erfolg ist die Integration des Umweltschutzes
in die betrieblichen Abläufe und Prozeßketten.

Das Buch richtet sich vornehmlich an die Verantwortlichen in Speditionen und der
verladenden Wirtschaft mit dem Ziel, Mut zu machen, sich der ökologischen
Verantwortung zu stellen und eigene Initiativen auch in Kooperation zu ergreifen.
Es soll auch dazu beitragen, die Meinungsbildung und Entscheidungsfindung in
der Politik und in Verbänden des Verkehrs- und Umweltbereichs praxisnah anzu-
reichern. Letztlich soll es der sachgerechten Erörterung des Themas «Transport
und Umwelt» in der Fachöffentlichkeit dienen.

Haupt